RALPH GIORDANO

# DEUTSCHLANDREISE

Aufzeichnungen
aus einer schwierigen Heimat

Kiepenheuer & Witsch

1. Auflage 1998


Umschlaggestaltung: Rudolf Linn, Köln
Umschlagfoto: Brigitte Friedrich
Gesetzt aus der Garamont Amsterdam (Berthold)
bei Kalle Giese Grafik, Overath
Druck und Bindearbeiten: Graphischer Großbetrieb Pößneck, Pößneck
ISBN 3-462-02739-5

# Inhalt

# Vorwort

Wie alle meine Bücher, so hatte auch dieses eine lange Aufbereitungszeit, und wie fast alle handelt es von Deutschen und Deutschem. Vor langer Zeit, so in der Mitte des Lebens, hatte ich mir vorgenommen: Später, viel später – vorausgesetzt, du wirst überhaupt so alt (wie ich jetzt bin), vorausgesetzt auch, du hast es ausgehalten mit den anderen, so wie sie mit dir – wirst du dieses Land durchqueren, von Ost nach West, von Süd nach Nord, und fragen, was denn mittlerweile geworden ist aus diesem Verhältnis – deinem zu Deutschland und seinem zu dir.

Das hatte ich mir in den Kopf gesetzt, ein Fernprojekt, dem manch andere Publikation vorausgehen würde, das mir aber immer vor Augen blieb, auch als eine Art Klärung und Bilanz gedacht, ob denn die frühe Entscheidung – zu bleiben, trotz allem, was vor und nach 1945 hier geschehen ist – die richtige war.

Dabei glaubte ich lange, daß die Reiseroute, die persönlichen Begegnungen, Erlebnisse und Geschehnisse auf die Grenzen der alten Bundesrepublik beschränkt bleiben würden, Menschen und Landschaften der DDR also nur aus der Sicht eines Ausgesperrten in das Buch einbezogen werden könnten. Als es dann aber endlich soweit war, als die *Deutschlandreise* tatsächlich begonnen werden konnte, 1996, sieben Jahre nach dem 9. November 1989, da war ihr Radius längst nicht mehr auf das Territorium zwischen Rhein und Elbe eingezäunt, sondern der Weg frei vom niederrheinischen Kleve bis zu den Seelower Höhen, vom winterlichen Ellenbogen auf der Insel Sylt bis an den brandenburgischen Stechlin, vom mecklenburgischen Stubbendorf bis an Bayerns alpine Grenze.

Ich war auf Rügen, im Spreewald, auf dem Darß und dem Zingst, lauter Landschaften, die ich für alle Zukunft für unerreichbar gehalten hatte. Bin in Hoyerswerda neuen, und auf dem Obersalzberg alten Nazis begegnet. Stand in einem Sägewerk des Schwarzwaldes vor dem glücklichsten Greis, der mir je begegnet ist – Anton, achtzig. Ließ den Hobbymüller von der Bockwindmühle im Oderbruch stundenlang auf Band sprechen. Fand an der Wand der evangelischen Apostelkirche im islamisch dominierten Duisburg-Laar, auch Klein-Istanbul genannt und vom Streit um den öffentlichen Muezzinruf erschüttert, die Botschaft, daß »Allah kein Gott, sondern sein Zerrbild« sei. Und besuchte an einem bestimmten Datum Dresden, um auf eine mir selbst immer beunruhigter gestellte Frage die Antwort zu finden.

Manches war geplant und vorbereitet, vieles improvisiert und zufällig, ständig anwesend jedoch das Problem der Auslese – wie es nicht anders sein kann, wenn eben das, wovon der Autor sich alltäglich umgeben sieht, gleichzeitig sein Thema ist.

Und so wird »Deutschlandreise« denn nun zur Prüfung vorgelegt, Bruchstücke unserer Gegenwart, mit Assoziationen aus den Schächten meiner Biographie und eingefaßt in Kapitel über jene beiden Städte, die darin wie keine anderen Schicksal gespielt haben: Köln und Hamburg.

# Auf der Domplatte zu Köln

Da sticht er hoch vor mir, der Dom mit seiner Doppelspitze, hinein in den bedeckten, heute viel zu kühlen Junihimmel – alles aufwärtsstrebend, alles nach oben gestreckt, die Bögen und Spitzen, die ganze ornamentale Gotik. So nahe davor, den Kopf weit nach hinten gebeugt, wird einem plötzlich schwindlig. Aus dieser Perspektive verdichtet sich die ungeheure Sakralfront, erdrückt ihre architektonische Gewalt jedermann hier unten, macht einen noch kleiner, als man im Vergleich ohnehin ist, läßt einen förmlich schrumpfen. Alles duckt sich vor dem massigen und doch filigranen Bau, an dem es keine ungestaltete Fläche gibt, nicht einen Quadratzentimeter.

Dann der Platz davor, die Domplatte: Forum, Öffentlichkeit schlechthin, Durchgangsstation und Besucherziel von Menschen aus aller Herren Länder. Am Werk: Zeichner und Maler, über den Platz verteilt. Eine junge Frau hantiert weltverloren mit bunten Stiften auf den steinernen Fliesen, hat ein Rechteck von wohl drei mal fünf Metern abgesteckt und arbeitet an einem schon erkennbaren Frauenporträt. Kein Name, kein Titel, keine Erklärung, nur »Leonardo da Vinci, 1452–1519«. Wie wird ihr das Lächeln der Mona Lisa gelingen?

Auf der Domplatte auffällig viele Japaner, wie immer in Gruppen, traubenförmige Pulks, sich gegenseitig unterrichtend, pausenlos Fotos schießend und offenbar völlig unbeeindruckt von der heute früh gehörten Nachricht, daß die Banken ihres Heimatlandes mit umgerechnet 600 Milliarden Mark verschuldet sind.

Schülerinnen und Schüler etlicher Nationen wimmeln nur so herum, weiße, braune und schwarze, darunter Zehnjährige mit blauen Mützen und dem Aufdruck »Cologne 96« auf ihren T-Shirts. Plötzlich stocken sie.

Links neben dem Domportal hat sich ein junges Mädchen hingekauert, fast ein Kind noch, im Gesicht die Schmerzenszüge von Geburt an Armer und vor sich ein Schild: »Ich komme von Sarajewo. Bitte um eine kleine Spende. Danke.«

Die Mädchen und Jungen, *english speaking* und etwa im Alter der Bosnierin, stutzen bei dem Anblick, gehen unschlüssig weiter und bleiben dann mit unterschiedlichem Mienenspiel stehen. Die einen ernst, sichtlich bewegt, die Brauen zusammengezogen, ratlos, was zu tun sei, andere, wie in Abwehr, mit gewollt skeptischem Ausdruck, ohne jedoch Mitempfinden völlig verbergen zu können. Einige greifen in die Taschen, zögernd, ziehen die Hände aber leer hervor. Keiner wagt, nach vorn zu gehen, keiner gibt etwas. So verbleiben sie in einer Entfernung, die nicht aufdringlich wirkt, eine ganze Weile, schauen immer wieder hinüber und trollen sich dann, langsam, als machte es ihnen Mühe.

Als das Mädchen aufschaut, treffen sich unsere Blicke. Da erhebt es sich, zu schwerfällig für seine Jahre, und kommt auf mich zu, mit ausgestreckter Hand und dem Gesicht einer Greisin hinter der jugendlichen Fassade.

In der Mitte der Domplatte hat sich inzwischen eine Gruppe in bunten Trachten aufgestellt, eine Frau und zwei Männer. Einer schlägt auf einem Xylophon, der andere zieht die Harmonika, sie singt, melodiös, weich, fremdartig - auf russisch. Eine Weile scheint alle Bewegung ringsum zu stocken, als die Töne über der Platte klingen, jetzt alle drei im Ensemble, dann einmal hämmernde, einmal schmelzende Soli der Männer, während die helle Frauenstimme an der Domfassade emporzuschweben scheint.

Um das musikalische Trio hat sich rasch ein Ring junger Leute gebildet, die rhythmisch mitgehen und wahrscheinlich, wie törichterweise auch ich, auf ein bestimmtes Lied warten. Und da kommt es auch schon, so abgenutzt, wie es abgenutzter nicht sein könnte, und doch von mitreißendem Wohlklang und atemberaubender Beschleunigung, hingewirbelt von den Xylophonschlegeln, aus dem Faltenbalg der sich windenden Ziehharmonika nur so herausgefaucht, und über allem der dramatische Sopran der Sängerin: Kalinka! (Soll Stalins Lieblingslied gewesen sein. Aber was, zum Teufel, kann der graziös-dynamische Ohrwurm dafür?)

Zu ihrem Glück ohne jede Kenntnis solcher historischen Zusammenhänge, spenden die jungen Leute kräftigen Applaus, doch sonst passiert nichts. Kein Schein wird gezückt, keine Münze blinkt, und das wohl auch hier nicht aus Geiz, sondern aus Mangel an Barem – eine Erfahrung, die die Künstler kaum zum erstenmal machen, wie die feine Mischung aus Dankbarkeit und Ironie erkennen läßt, mit der sie die lediglich ideelle Zustimmung quittieren.

An der professionellen Begeisterung der Musiker aus Smolensk (wie sich später herausstellt) ändert die monetäre Zurückhaltung des Publikums nichts. Stimme und Instrumente werden erst abrupt gestoppt, als es von den Türmen zwölf Uhr mittags schlägt und die Glocken des Doms trommelfellschädigend zu läuten beginnen. Ich habe also Muße, mich auf der Platte ein wenig umzusehen – denn das ist bis jetzt nicht geschehen. Zwar habe ich meinen Wohnsitz seit 25 Jahren in Köln-Süd, war aber bisher an dieser Stelle um ihrer selbst willen so selten wie in den fünfzig Jahren davor auf dem Michel, dem Wahrzeichen meiner Geburtsstadt Hamburg.

Am Rand der Platte, vor einem fünfstufigen Treppenaufgang und in Originalgröße, 9,5 Meter hoch und 4,6 Meter breit, lastet schwer eine Kopie der Kreuzblume auf beiden Türmen, Symbol der Bauvollendung des Kölner Doms 1880, 700 Jahre, nachdem der Grundstein gelegt worden war. Von hier aus, schräg hochblickend, sind die Originale droben deutlich zu erkennen.

Mit verhaltener Scham vor mir selbst bekenne ich, wie spät sich meine Hand auf den steinernen Bogen legt, der einst zum Seitenportal des Nordtors der im Jahr 50 christlicher Zeitrechnung errichteten römischen Siedlung gehörte: *Colonia Claudia Ara Agrippinensium*. So steht es auf einer Plakette, die ich zum erstenmal sehe, obwohl ich die Platte oft überquert habe. Gut, daß das, jedenfalls bis zu dieser Lektüre, keiner meiner Kölner Freunde weiß.

Auf einem der Quader hat sich ein Zeitgenosse eingemeißelt, eine frische, dilettantische Gravur. Wie macht man das, bei dem harten Material, unbemerkt? Oder ist es bemerkt, dagegen aber nicht eingeschritten worden?

So konnte sich ein *Tikko* stolz in dem römischen Stein verewigen – auch eine Genugtuung.

Gerade, als ich denke, von welchen Sklaven wohl – germanischen, gallischen, iberischen, ägyptischen? – die römische *Colonia* erbaut und bis zu ihrem Ende im Jahr 450 christlicher

Zeitrechnung instand gehalten worden ist, entlassen die Kloaken zweier Tauben nahe über mir in schöner Eintracht ihre ätzenden Exkremente zielgenau auf meiner immer noch auf dem Torbogen ruhenden Hand. Eine, wie ich finde, nicht unverdiente Strafe für mein spätes Interesse an der historischen Stätte.

Schande auch, so bohre ich weiter, daß mir erst jetzt, hier vor dem Metallmodell der römischen Stadt, bekannt wird, daß der heutige Heumarkt damals vor der römischen Mauer lag, der Neumarkt aber innen an die Westmauer grenzte. Was, wenn mich jemand danach gefragt hätte?

Und ruhig fließet der Rhein – wenigstens das damals wie heute (wenngleich von hier aus nicht sichtbar).

Auf der Domplatte von Köln tummeln sich keineswegs nur Kunst und Geschichte. Was sich daneben, stiernackig und unter Ausnutzung der internationalen Publicity des Platzes, breitmacht, ist Kommerz pur, sind die schillernden Attribute der Konsumgesellschaft – grelle Werbung für Zeitungen und Magazine; Lotterien mit lockenden Sofortgewinnen; die neuesten Fernsehgeräte, die die Bilder noch knalliger, noch bunter auszustrahlen versprechen als bisher schon. Und dazu, als Hauptattraktion, schräg aufgebockte und auf Hochglanz polierte Automodelle. Dazu dröhnt von links herüber, wo das vornehme Hotel »Excelsior« steht, »Muß i denn, muß i denn zum Städtele hinaus«, während sich rechts das noch vornehmere Dom-Hotel in aristokratisches Schweigen gehüllt hat. Ganz verschwunden dagegen ist etwas, das jahrelang den Charakter der Stätte geprägt, Hunderttausende von Menschen angezogen und auf seine Weise etwas Einmaliges dargestellt hat: die *Klagemauer* auf der Domplatte von Köln!

Gut, daß ich kurz vor dem Abriß noch hier war und meine Eindrücke festgehalten habe.

Da war eine wie ein Segeltuch aufgespannte Fläche von vielen braunen und weißen Pappschildern, auf denen sich Menschen aus aller Welt eingeschrieben hatten. Eine Lektüre, die mich nach einer Weile in ihren Bann schlug, so wahllos zusammengewürfelt zunächst schien, was ich da las (und in mein Tonbandgerät diktierte).

Etwa die Botschaft des großen chinesischen Dissidenten Ari Wu über seinem Foto: »Schluß mit Chinas Straflagern!« Daneben die Strichzeichnung eines Unbekannten, ein junges Mädchen und ein junger Mann in zärtlicher Umarmung, kalligraphisch kommentiert: »Liebe? – Liebe!« Dann: »Rabin kann man töten, aber die Hoffnung auf Frieden in Israel/Palästina lebt weiter.« Und weiter: »Penner, Punker, Junkies, Huren, Alte, Einsame, Hoffnungslose, Trinker, Kranke – seid froh, daß es sie gibt.«

Beim Weiterlesen setzte sich allmählich etwas, gerann zu einem Eindruck dessen, was hier vorherrschte und wofür die *Klagemauer*, wie sie allgemein genannt wurde, da war: Mitmenschlichkeit.

Ein Spruch des Dalai Lama: »Möge das Licht des Mitgefühls und der Liebe, durchdrungen von aufrichtigen Gedanken, grenzenlos und überall strahlen.«

Kazu Soda, ein Überlebender der Atombombe auf Nagasaki, war hier gewesen, um zwei Pakete mit 44 000 Unterschriften in Empfang zu nehmen, die im Zeichen des »Hiroschima-Appells 1993« hier vor der *Klagemauer* gegen den Krieg gesammelt worden waren.

Ich stand an einer Stätte offener Bekenntnisse und überzeugter Selbstentblößungen bei der persönlich unterzeichneten Auflehnung gegen die Welt und ihre »Großen«, gegen ihre Grausamkeit und ihre Kälte, gegen gebrochene Versprechen und die wieder und wieder zerstörten Hoffnungen.

Ich hielt inne und schaute mich vorsichtig um – mir war, als stünden wir alle hier ohne Kleider, nackt und den eigenen Gefühlen schutzlos preisgegeben.

Rechts neben mir buchstabierten junge Leute, dem Aussehen nach südostasiatischer Herkunft, in fremdartig klingendem Deutsch die Inschrift: »Quimbo Morales, Charangospieler, wegen illegalen Aufenthaltes schon zwei Wochen in Abschiebehaft«.

Links von mir stand ein Jüngling, intellektuelles Profil, Schüler einer gymnasialen Oberklasse, schätzte ich, und murmelte mit leicht süddeutschem Dialekt hörbar den Text des Pappschildes vor ihm nach: »Ich bin ein indianisches Selbst, geboren aus Sonne, Erde, Asche, blauem Regen, verschmolzen mit roter

Erde, aufgeborstenem Land, Wasser, endlosem Leben.« Als er langsam wegging, trat ich an seine Stelle und las: »›Indianische Identität‹ – Aus dem Museum of American Indian Art, Santa Fe«. Und weiter diese Mahnung eines Häuptlings vom Stamm der Cree, folgenlos, wie wir wissen, an den weißen Mann gerichtet: »Erst wenn der letzte Baum gerodet, der letzte Fluß vergiftet, der letzte Fisch gefangen ist, werdet ihr verstehen, daß man Geld nicht essen kann.«

Die Internationalität der *Klagemauer* hatte die Sache der Indianer zur eigenen gemacht. Vor der Domwand war ein Zelt aufgebaut mit einer Mahnwache für *Leonard Peltiers Freilassung*, eines Aktivisten des *American Indian Movement*, während der letzten zwanzig Jahre immer wieder politischer Gefangener der US-Justiz und deshalb der »indianische Nelson Mandela« genannt.

Angebracht und aufgestellt hatte das eine Gruppe amerikanisch-indianischer Bürgerrechtler auf Besuch in Deutschland. Nicht ohne an das Massaker am Wounded Knee Creek zu erinnern, wo im Winter 1890 etwa 300 halb verhungerte Sioux von der 7. Schwadron der US-Kavallerie niedergemetzelt worden waren, meist Kinder, Frauen und Alte. Letzter, allerletzter Akt der großen Tragödie eines 400jährigen und von vornherein aussichtslosen Kampfes der roten Völker gegen die weiße Flut von der Ostküste Nordamerikas bis zum Pazifik.

Daneben das Foto jener vier ehemaligen US-Präsidenten, deren fünfzig Meter hohe Köpfe am Mount Rushmore, vormals ein heiliger Berg der Sioux, als Touristenattraktion eingemeißelt wurden – *Go West*! Hier mit dem Kommentar, daß die Indianer unter diesen Präsidenten – nicht auch unter allen anderen? – »besonders gelitten haben«.

Gerade, als ich versuchte, mich ihrer Namen zu erinnern, und es mir auch gelang – George Washington, Thomas Jefferson, Abraham Lincoln und Theodore Roosevelt –, hoben die Glokken des Doms wieder dröhnend an zu läuten. Eine Messe war zu Ende, und aus dem Portal strömte die Masse heraus, Menschen vieler Rassen und Haarfarben – blond, grau, schwarz, braun.

Über ihnen Tauben, in der Luft, in den Nischen und Höhlen der Domfront, inmitten der unzähligen gotischen Schnörkel und Windungen, aber auch hier unten, auf der Domplatte, zwischen den Menschen und voller Vertrauen zu ihnen. Niemand hat ihnen hier je ein Leid getan.

Wohl aber Menschen einander, was die *Klagemauer* auch bezeugte: 40 000 Obdachlose, so las ich, suchen in Köln Tag für Tag und Nacht für Nacht eine notdürftige Unterkunft. Von der Stadt gebe es kein wirkliches Angebot, nur die »Zumutung Annostraße – Massenpferche, 16 in einem Raum, Streß ohne Ende, keine Privatsphäre. Von Stadtratten abgezockt, um die Sozialknete geprellt, gegängelt, wie Dreck behandelt. Von wegen ›unantastbare Würde des Menschen‹. Es ist Zeit, uns zu wehren.« Dazu die Aufforderung: »Die Schließung des katholischen Johanneshauses in der Annostraße wäre eine Tat christlicher Nächstenliebe.« Unterschrift: »Die Obdachlosen von der Domplatte«.

Wer konnte das lesen, ohne daß es ihm den Tag und mehr verhagelte? Aber dann doch wieder Hoffnung, Zuversicht, Appell: »Träume nicht dein Leben, sondern lebe deinen Traum.« Darunter, von einer Frau geschrieben: »Eines Tages werden wir in der Sonne sitzen und miteinander reden, werden laut sprechen dürfen, was wir denken, und merken, daß wir füreinander dasein müssen. Wir werden in den Himmel emporblicken und in den Wolken die Freiheit sehen, in den Blättern der Bäume den Frieden erkennen, nachts zu den Sternen blicken und die Endlosigkeit spüren. Irgendwann, wenn die Liebe den Haß besiegt hat und es den Krieg nicht mehr gibt.«

Ewige Sehnsüchte, über die ich nicht lächeln mochte, Visionen, daß es so werden könnte, sollte, müßte, die ich nicht zerstören will. Plötzlich fühlte ich Wut in mir hochsteigen, einen schweren Zorn. Aber nicht gegen die Verfasser solcher Utopien, sondern gegen die, die sie sofort verächtlich zerpflücken und zerreden, sie der Sentimentalität bezichtigen und ihnen das eigene rationale, ach so wirklichkeitsbezogene, ganz coole Ego als Vorbild entgegenhalten würden.

Den Hals könnte ich ihnen umdrehen!

Meldete sich hier nicht etwas Urmenschliches zu Wort, die Vorstellung vom Elysium? Suchte hier das ungelebte Leben nicht verzweifelt nach der besseren Gegenwelt? Will hier nicht Zuversicht, trotz allem, unbesiegt bleiben?

Und wie steht es ums eigene Ich? habe ich mich damals vor der *Klagemauer* auf der Domplatte von Köln selbst befragt. Wie sieht es aus mit meiner Zuversicht? Ist da etwas weggeschmolzen von der ursprünglichen Kraft, wie ich manchmal beunruhigt zu registrieren meine? Nein, sie sind immer noch da, glaubte ich antworten zu können, der alte Kampfeswille und die Zuversicht, und die *Klagemauer* stachelte beide an. Aber schwerer geworden im Lauf eines langen Lebens ist es schon und ein höherer Aufwand an innerer Energie nötig. Das gestand ich mir ein an der Kölner *Klagemauer*, diesem Mikrokosmos des Weltschmerzes und Prisma der Welthoffnung. Aber aufgeben, resignieren, ja, nur zurückstecken, während die Gegenseite weitermacht? Nein.

Hut ab vor Menschen, die sich, so las ich hier, bei der Verlagerung von Tiefflügen aus Deutschland nach Kanadas angeblich menschenleerem Labrador Gedanken darüber machen, welche Folgen das hat für das Jägervolk der Inuit, die wir als Eskimos kennen, und inwiefern der Dauerlärm und die neu angelegten Flugplätze die Lebensgrundlage der Karibuherden dort bedrohen! Und Hochachtung vor denen, die aus 10 000 Kilometer Entfernung hierherkamen, um uns zu berichten, daß von den durch die kanadische Regierung in der Provinz Alberta gerade zur Abholzung freigegebenen 29 000 Quadratkilometern Wald 63 Prozent den Cree gehören - von denen viele bei Protesten immer wieder verhaftet werden.

Dann dies: »Der Köllsche Franz ist tot! 62 Jahre hat er gelebt, vom 8. Dezember 1933 bis zum 30. Dezember 1995. Seit Jahren obdachlos, lebte er ein einfaches franziskanisches Leben. Zeuge täglicher Gewalttätigkeiten, strahlte er Freundlichkeit aus.«

Das Konterfei zeigte den so Geehrten, großes Gesicht, Wucherbart, üppiges Haupthaar, an einem Tisch, beide Arme aufgestützt, vor sich eine Tasse und daneben einen ausgelaugten Teebeutel. Er lacht dabei, der Köllsche Franz, bürgerlich Franz Jungblut, mit Augen, die so freundlich sind, wie der kleine Nekrolog darunter behauptet.

Gleich daneben Alarmzeichen, schrille Warnungen, heftiger Protest: gegen die Absicht, die *Klagemauer* auf der Domplatte von Köln zu schleifen, sie abzubauen, aufzuheben, verschwinden zu lassen.

Ich las: »Die Prozeßlawine rollt. Die Stadt, der Staat und seine Justiz lassen die Klagemauer für Frieden nicht in Frieden. Die aufgezwungenen Prozesse bringen neben allem Ärger auch Kosten. Helft bitte, die zu tragen.«

Und darunter: »Klagemauergründer verlor den Prozeß. 17. 1. 96«.

Das also hatte die Stunde geschlagen, so weit war es gekommen. Widersacher gegen die damals fünfjährige Existenz der *Klagemauer* auf der Domplatte waren in diesem Punkt traut vereint: die Stadt Köln, der hiesige Haus- und Grundbesitzerverein und das Domkapitel.

Bis jetzt (so notierte ich seinerzeit) haben sie zwar keinen Erfolg gehabt, denn sie steht ja noch, die *Klagemauer*, aber der Rechtsweg zu ihrer Beseitigung ist längst beschritten worden. »Wie wird es ausgehen?« fragte ich damals, Anfang Mai 1997.

So: Mit Spruch vom 26. Mai 1997 bestätigte der Zivilsenat des Oberlandesgerichts Köln das Urteil des Landgerichts vom 24. September 1996: Die Stadt sei »nicht verpflichtet, die Klagemauer als ständige, festinstallierte Einrichtung zu dulden. Ihre Zwangsräumung ist rechtlich nicht zu beanstanden.«

Und so geschah es.

Nun gibt es die sogenannte »mobile Klagemauer«, ein Holzpferd, an dem Papptafeln angebracht sind. Das ist zwar rechtlich nicht zu beanstanden, aber kein wirklicher Ersatz für das weltbekannte Original.

Was eigentlich konnten Erzbischof und Dompropst, Kölns Oberbürgermeister, die Vorsitzenden der Stadtratsfraktionen, das Ordnungsamt und die Polizei haben gegen ein international hochangesehenes öffentliches Forum, das unzähligen Menschen aus Europa und aller Welt Gelegenheit bot, ihre Gedanken, ihre Gebete, ihre Gedichte und Wünsche zu den Themen Frieden, Menschenrechte und ökologische Bedrohung der Erde in vielen verschiedenen Sprachen auf das phantasievollste und oft genug in zauberhaftem Stil zu publizieren? Darunter der Dalai Lama, der nicaraguanische Schriftsteller Ernesto Cardenal und große Menschenrechtler wie der inzwischen verstorbene Russe Lew Kopelew, der Nigerianer Wole Soyinka und der Chinese Harry Wu.

Was sind das für Personen und Instanzen, die dieses lebendige Stück demokratischer Kultur nicht ertragen zu können glaubten und deshalb seine Veranstalter seit Jahr und Tag schikanierten und beeinträchtigten, mit dem Ziel, den Stein des Anstoßes ganz zu entfernen? Was ihnen dann ja auch gelungen ist.

Wird dieses Urteil das letzte Wort bleiben? Der Rechtsweg ist mit dem Urteil des Oberlandesgerichts Köln erschöpft. Bleibt der Gang nach Karlsruhe, zum Verfassungsgericht. Er ist, erfahre ich, beschritten.

Jetzt trete ich noch einmal zurück, schaue hoch an der dunkelgrauen Steinfront, die nie ohne Einrüstung ist und doch den Eindruck großer Unversehrtheit macht. 262 Luftangriffe sollen während des Zweiten Weltkriegs auf Köln geflogen worden sein, mit 20 000 Toten und umfassenden Verwüstungen. Aber der Dom und seine Türme haben es, wenn auch schwer beschädigt, überstanden.

Es ist aufschlußreich, zu beobachten, wie die Passanten reagieren auf die Malereien, die da von mehr oder weniger begabter Hand, immer aber in kräftigen Farben, den Steinboden der Domplatte schmücken. Einige gehen achtlos darüber hin, sehen gar nicht, was unter ihren Füßen ist, völlig kontaktlos zu ihrer Umgebung und trotz offener Augen eigentlich blind. Andere schreiten energisch darauf zu, gewahren dann das Bild auf der Erde vor sich, machen respektvoll einen Bogen drum herum, bleiben stehen und schauen zurück. Dritte wieder schlagen ebenfalls einen Bogen, jedoch eher ärgerlich über den Umweg und ohne einen zweiten Blick auf das Hindernis zu werfen.

Das Bild der Mona Lisa ist inzwischen fast fertig. Wenngleich sich auch hier nur wieder die Unnachahmlichkeit des Originals dartut – doch keine schlechte Imitation, wahrlich.

Die Hand, die daran noch peripher zeichnet, ist ganz dunkel. Als die Malerin aufschaut und die Anerkennung in meiner Miene gewahrt, lächelt sie.

So verabschieden wir uns.

Ein paar Schritte zurückgetreten, in Richtung Wallrafplatz-Hohe Straße, und ich stehe vor dem Stammhaus des Westdeutschen

Rundfunks: jenes Senders, der das Schicksal meiner zweiten Lebenshälfte bestimmt und mich ohne jede Vorplanung und -ahnung von meiner Geburtsstadt Hamburg an den Rhein katapultiert hat. Das begann 1964.

Damals war ich seit drei Jahren in der Ost-West-Redaktion des Norddeutschen Rundfunks als Autor für Fernsehdokumentation beschäftigt, doch dann bot mir der WDR Möglichkeiten, die ich mir in meinen kühnsten Träumen nicht hätte ausmalen können - ein Stichwort, und ich konnte hinausziehen in die Welt, und das über 25 Jahre hin. Es war ein Leben buchstäblich wie im Flug, jenseits der Schwerkraft und ohne daß die Spannung je nachgelassen hätte.

Schadenfrohes Epigramm: Wenn mir in Hamburg Gleichwertiges geboten worden wäre, so wäre ich gern geblieben. Aber da es den NDR-Verantwortlichen an Scharfblick gebrach, sind sie ganz zu Recht bestraft worden durch meinen Abgang nach Köln.

Natürlich schafft eine so ausgefüllte Profession über eine so lange Zeit Bindungen an Ort und Stelle, entstehen Freundschaften, Bekanntschaften, innere Beziehungen auch zur Stadt, zu ihrer Gegenwart und Geschichte.

Bald war ich dahintergekommen, daß es von hier aus nur wenige Stunden sind bis Amsterdam, Brüssel oder Paris; daß Köln kulturell aus allen Nähten platzt; daß man prächtig radeln kann am autofreien Rheinufer entlang, von Bayenthal-Marienburg über Rodenkirchen bis an die Hänge und Auen von Weiß und Sürth; und daß es ein hoffnungsloses Unterfangen war und ist, am Rosenmontag gegen das Naturereignis Karneval auch nur ein Fitzelchen an dem gerade bearbeiteten Film schneiden zu wollen.

So wächst man, ob man will oder nicht, meist aber unmerklich, als Zugereister in eine andere Gemeinschaft hinein.

Dazu kommt, daß sich mir alltäglich von meiner Wohnung aus der Anblick auf den etwa drei Kilometer entfernten Dom bietet, an dessen sichtbaren oder unsichtbaren Konturen ich ablesen kann, wie es gerade um Luftreinheit oder Luftverschmutzung über der Stadt bestellt ist. Nachts ist das Bauwerk angestrahlt - kostspielig, aber imperial.

Die verstörendste Entdeckung gewachsener Vertrautheit jedoch ist semantischen Ursprungs, und es fällt mir keineswegs leicht, ihn aufzudecken. Auf kölsch heißt Hund in der Einzahl »Hunk«, in der Mehrzahl aber »Hüng«. Als ich eines Tages bemerkte, daß ich mir den weicheren Plural – Hüng – geradezu genüßlich von der Zunge gehen ließ, wußte ich, daß mein Integrationsprozeß in einer Art Seßhaftigkeit gemündet war.

Warum aber dennoch Hamburg die Urbindung bleibt, das sieht sich, nach dem verdienten Lob Kölns hier zu Beginn des Buches, an seinem Ende erklärt.

Dazwischen liegen Beobachtungen über Deutschland auf einer langen Reise.

# Rheinfahrt verkehrt

Gerade, als der Intercity den Bahnhof Bingen in Richtung Koblenz hinter sich läßt, kommt mir eine überraschende Idee: Was ist eigentlich mit dem Blick nach links auf die zugnahe, die »verkehrte« Seite des Rheintals? Also nicht auf die rechte, die mit der Panoramasicht nach Osten über den Strom und auf das Drama der Windungen und Schleifen dieser burgen- und weindekorierten Kulisse drüben bis Boppard hoch und weiter nördlich noch.

Wieso bin ich nicht viel früher auf den Gedanken gekommen, sondern habe in all den Jahrzehnten, ob nun von Nord nach Süd oder von Süd nach Nord, immer nur auf die östliche Seite gestarrt? Verspüre ich doch schon nach fünf Minuten Fahrt hinter dem Binger Loch, wie der Anblick wunderbarer, wie zum Greifen naher Fachwerkhäuser und einer altmodischen Firmeninschrift – »Secthaus Geiling« (mit c!) – ein ganz neues Wahrnehmungsgefühl in mir entstehen läßt.

Aber nein, bisher hat es nur dieses einseitige Interesse für das rechte Rheinufer gegeben – was ja nicht heißt, daß es das nicht verdient hätte. Gestehe ich doch ohne Zögern meine tief sentimentale Verlorenheit an diese Seite des Stromes ein, wie sie da hochwuchtet mit ihrem Geschichtsfeuerwerk von Burg Katz bis Burg Maus, im Zentrum meiner Anspannung natürlich immer die Felsnase der Loreley, an der ich kein einziges Mal vorbeifahren konnte, ohne »Ich weiß nicht, was soll es bedeuten« vor mich hingesummt und innig an Heinrich Heine gedacht zu haben. Wie stromabwärts dann, ebenso unvermeidlich, an seinen »Rabbi von Bacharach«.

Nicht zu vergessen all die im Lauf der Zeit gespeicherten Momentaufnahmen von der *richtigen* Seite!

Die Ästhetik der großen Flußbögen und die Poesie ihrer Rebenhänge: bei tiefen Wolken dunkel, düster, bei Gegenlicht die Grate augenschmerzend abgehoben; im Frühling flirrendzart begrünt, im Sommer satt getönt, im Herbst mit mürber Laubpracht und im Winter frostig, auch ohne Schnee.

Die roten Bojen des Rheins; die schweren Lastkähne, stromauf mit quirlig aufgewühlter Schraubenspur, stromab mit flacherer

Bugwelle; bei Sonne lauter Gold und Silber auf dem schnell fließenden Spiegel. Hoch darüber, bei Trechtingshausen, wohl fünf Jahre her, eine einsame Möwe; gegenüber von Niederheimbach die Trauben kurz vor der Ernte; bei Assmannshausen, hell blinkend, ein Auto nordwärts und in der Gegenrichtung, endlos, die Metallschlange eines Güterzugs, beides anzusehen wie Spielzeug. Gegenüber von Bad Salzig trutziges Burggemäuer, an seinem Fuß grell blühende Forsythienpracht neben der Farbexplosion der japanischen Kirsche, und an den Burgtürmen, urige Wächter, kletterndes Grün. Dann die kleinen, aber gefährlichen Stromschnellen vor Kaub, und dort, hell im Tageslicht, auf einer Felsinsel mitten im Rhein, weiß und rot, die Pfalz, die alte kurpfälzische Zollburg aus der ersten Hälfte des 14. Jahrhunderts. Auch sie immer wieder magnetischer Blickpunkt und jedesmal noch verknüpft mit der Assoziation vom Rheinübergang Blüchers und seiner preußischen Truppen in der Neujahrsnacht 1813/14 gegen Napoleon.

Und dann die Bilder von den Hochwassern!

Die Flut stellenweise bis heran an den Bahndamm; die Pontons der Landebrücken hochgedrückt, eine davon, bei Rhens war's, schwer verbogen durch die Druckgewalt von unten; ufernahe Schrebergärten und Kioske bei Spay überschwemmt und die erste Häuserzeile von Boppard von der steigenden Welle schon erreicht.

Auf dem Strom Stillstand, nichts bewegt sich; die Brücken versperrt durch den hohen Pegelstand; deshalb überall festliegende Kähne, einheitlich mit dem Bug gegen die Strömung verankert. Ausgenommen jenes in der Mitte des Stroms schwerfällig manövrierende Containerschiff vor ragender Uferkulisse mit stilgerecht krönender Burgruine hoch droben. Die bliebe unbenetzt und außer Gefahr, selbst wenn die Eiskappe des Nordpols und alle Festlandgletscher der Antarktis auftauten.

Bis heute also war mein Blick allein auf diese, die *richtige*, rechte Seite des Rheintals zwischen Bingen und Koblenz gerichtet gewesen, ohne je einen Gedanken an die andere, die linke, die Westseite zu verschwenden, die ohne die distanzierende Majestät des großen Stroms so gar keine Fernsicht zuläßt und wahrscheinlich deshalb bisher nicht zu ihrer Erforschung angereizt hatte.

Aber warum eigentlich nicht? Bin ich doch entzückt über das, was sich meinen Augen hier auf der linken, der *verkehrten* Rheinseite bietet!

Auf den Höhen auch hier Burgen, man muß nur den Kopf weit nach hinten biegen, um die martialischen *towers* da oben zu erspähen. Auch hier luft- und windzerfressene Türme und Zinnen, schrundig vom Zahn der Zeit und grimmig ausgezackt. Doch gleich darauf, wie gut, unten, sozusagen parterre, die pralle Gegenwart - Bäcker Kunz vierschrötig vor seinem Brotladen, dessen Duft ich durch die Zugscheibe einsaugen zu können mir einbilde, und gleich darauf, in vornehmer Zurückhaltung, betont aristokratisch, die Fassade der »Fürstenberg Weinkellerei«.

Oft läuft die Landstraße direkt parallel zum Schienenstrang, so daß Wettfahrten zwischen Eisenbahn und Auto denkbar wären. Man könnte, führe der Zug nicht so schnell, den Leuten direkt in die Wohnungen schauen, und Lokomotive und Waggons schrammen daran oft derart hart vorbei, daß sich unwillkürlich die Frage stellt, wie die Anwohner das lärmende Gerolle an einer der meistbefahrenen Strecken des deutschen Bahnnetzes bloß aushalten.

Auch an vorspringenden Felsformationen rauscht der Intercity so knapp vorbei, daß man meint, über die von geologischen Äonen in den Stein gefrästen Löcher und Höhlen mit der Hand streichen zu können, wenn die Fenster zu öffnen wären.

Immer wieder aber tritt die Wand auch zurück, sind kurze Ausblicke ins westliche Hinterland zugelassen, in Täler, schmal und kurvig, ehe einem die Sicht schnell aufs neue genommen wird.

Dann jedoch, gegen alle Selbstzusicherungen, auf meinem linken Platz streng durchzuhalten, werde ich erst unruhig, dann weich, und wechsle, die Sünde sei eingestanden, zum Gott sei Dank freien Sitz der rechten Zugseite. Und das so pünktlich, daß ich noch mitkriege, wie ein lauer Wind die schwarz-rot-goldene Fahne auf der Spitze der Loreley schwach bewegt, während sich mir bei ihrem Anblick auch diesmal wieder die ebenso unbeantwortbare wie abwegige Überlegung einstellt, wie viele Millimeter oder Zentimeter von dem senkrechten Schieferfelsen wohl seit Heines Zeiten abgewittert sind.

Doch gleich darauf zurück nach *links* und wieder ausgespäht.

Da flitzt es nur so vorbei: ein alter Torbogen, vegetationsumwuchert; ein wie von vorzeitlicher Maurerhand errichteter Wall; Ruinen, feuchtes Gestein, Fensterhöhlen und Pflanzengeflecht, als hätte die Zivilisation abgedankt. Schluchten, so verlassen, als wären sie nie von eines Menschen Fuß betreten worden. Schließlich Oberwesel, sein gewaltiger Söller, die Kirche und ihr Backsteingefüge; die alte Stadtmauer, verwittert und zu nichts mehr nütze, als den Blechdschungel der davor parkenden Autos zu bewachen.

Zwar merkt man auch auf dieser Seite deutlich, wenn sich der Zug in die großen Kurven der Rheinbögen legt, aber während man auf der anderen dann aus dem Fenster Zuganfang oder -ende erblicken kann, fehlen nun alle Weitsicht und jeder Horizont, ist alles Ausschnitt, Nähe, Flucht – und doch gerade das der Reiz.

Schade, daß es nicht noch länger so weitergeht – eben wird unsere baldige Ankunft in Koblenz durchgesagt, wenn auch um leidliche zehn Minuten verspätet.

Doch da türmen sich noch einmal großartig Felsen auf, so hoch, daß der Kopf ganz nach hinten gelegt werden muß, um hinaufschauen zu können, ehe dann das Flußtal endgültig seinen Schluchtcharakter verliert. So, wie es auch bei Bingen ist, nach Süden zu, wo das Tal sich lichtet, ausläuft und drüben das grünspakige Denkmal der *Germania* sichtbar wird, die Rechte immer noch dräuend hochgereckt gegen den einstigen Erbfeind Frankreich, seltsam winzig in der Ferne und so geschichtsüberholt, wie es sich überholter nicht denken ließe. Doch auch dieser Anachronismus kann nichts an der Erkenntnis beschädigen: Am »schönen Rhein« ist der nun auch von mir besungene mittlere Abschnitt der allerschönste – beidseitig!

Und so kehre ich denn nach Köln zurück mit einem ganz neuen, faszinierenden Reiseerlebnis.

Wird zur Nachahmung ausdrücklich empfohlen.

# Plädoyer für die Promenade von Bad Wörishofen

Es war nicht etwa ein Kurbedürfnis, das mich in dieses 636 Meter über dem Meeresspiegel liegende Heilbad des Unterallgäu geführt hat, es war der Beschluß meines alten Freundes und WDR-Kameramannes Heinz T., nach der Pensionierung 1980 mit Frau Rita von Köln an den Wörthbach umzusiedeln, obwohl er aus Norddeutschland stammt und sie die Kölscheste aller Kölschen ist.

Ich bin mit Heinz T. für das WDR-Fernsehen über Jahrzehnte in aller Welt unterwegs gewesen, und wir hatten uns stets so prächtig verstanden, daß auch der Ortswechsel daran nichts ändern konnte. Seither habe ich mich oft nach Bad Wörishofen aufgemacht, habe Frau Ritas Gastfreundschaft genossen und bin mit Heinz, acht Jahre älter als ich und nie ohne Hund unterwegs, in die herrliche Umgebung aufgebrochen. Durch Wald und Feld, buchstäblich über Stock und Stein, in paradiesischer Landschaft von hoher Luftreinheit, mit den saubersten Gewässern der Republik, eine klare Welt, die bei Föhnlaune den Fernblick auf das erhabene Schauspiel schneebedeckter Alpengipfel erlaubt.

Stunde um Stunde geht das so mit dem wandererprobten Freund, der die Marathonstrecke zusammen mit dem Hund Tag für Tag eisern durchhält, egal ob Sommer oder Winter, ob Regen oder Schnee. Dagegen pflegen sich bei mir, dem Jüngeren, beschämenderweise schon nach einigen Kilometern erste Erschöpfungserscheinungen einzustellen, verbunden mit der zusätzlichen Anstrengung, den Kräfteverfall zu verbergen und das gnadenlose Schrittempo durchzuhalten. Nicht gerade selten, daß der drahtige Exkameramann so frisch zurückkehrte, wie er ausgezogen war, während die ausgemergelte Miene des Gastes Frau Rita immer wieder zu harscher Kritik am unverwüstlichen Gatten provozierte. Natürlich ohne daß sich dadurch auch nur das geringste am Ablauf der Schwitz- oder Frosttour änderte, sozusagen einer Pflichtübung, der sich nur langsam die Kür hinzugesellte. Will sagen, meine Neugierde auf mehr, auf das Heilbad, auf die seltsam vom Alltag abgehobene Sonderatmosphäre, die hier, wie in jedem Kurort, so fühlbar herrscht. Neugierde vor allem aber auf die Menschen, die gekommen sind, um sich nach den strengen Regeln jener Wasserkuren behandeln zu lassen, die Sebastian Kneipp (1821–1897) zu einem erstaunlicherweise bis heute kaum veränderten System ausgebaut hat. Durch eigenes Leiden angeregt, war ihm 1848 die Idee gekommen, Gliederschmerzen und andere Krankheiten durch ein ganzes Bündel von Heilmethoden zu lindern: durch Kaltwasserbehandlungen, Packungen und Waschungen, Duschschauer, Dampfstrahl und Blitzguß, aber auch durch Sonne, Luft, Gymnastik, Diät. Und Bad Wörishofen hatte die Ehre, nicht nur zum Sitz des Kneipp-Bundes zu werden, sondern auch den Ruhm des Initiators widerzuspiegeln. Was sich hier an allen Ecken und Enden bemerkbar macht, und zwar so sehr, daß selbst Wohlwollende, ja, Dauerbesucher, meinen, es sei des Guten einfach zu viel: Kneipp, Kneipp und noch mal Kneipp!

Und in der Tat, der Geist des Gründers schwebt ziemlich penetrant über den Wassern des still durch die Stadt plätschernden Wörthbachs wie auch über Straßen und Plätzen – und Hauptzeuge dafür ist die Promenade von Bad Wörishofen.

Natürlich trägt sie, längst Fußgängerzone, den berühmten Namen, wie auch die dortige Apotheke und die Buchhandlung (von der noch zu sprechen sein wird). Und selbstverständlich existiert hier auch, eifrigen Hinweisen zu entnehmen, ein Kneipp-Museum, während die Kneipp-Kurklinik Sebastianeum der Barmherzigen Brüder, hoheitsvoll und kreuzgeschmückt, geradezu einschüchternde Vornehmheit ausstrahlt.

Auch der Gast, der keineswegs beabsichtigt, dem Wassertreten zu huldigen, wird nolens volens in dessen Geheimnisse eingeweiht – am hellichten Tage und unter freiem Himmel.

Ich lese: »Kneipp-Gesundheitsanlage. Prinzip bei der Anwendung des kalten Wassers ist ein vorher aktiv erwärmter Körper. Wenn das nicht der Fall ist, holen Sie dies durch flotte Bewegung wie Gymnastik oder Laufen nach.« Gleichzeitig fällt mein Auge auf die Warnung: »Benutzung der Anlage auf eigene Gefahr. Eltern haften für ihre Kinder. Hunde bitte fernhalten.«

Beide Anschläge beziehen sich auf ein promenadennahes Kneippbad unter einem Glasdach. Dort stakt gerade ein Mann mit hochgezogenen Hosen an einer hölzernen Barriere entlang durchs Wasser: »Wie ein Storch!« entfährt es mir unwillkürlich bei seinem Anblick. Und schon wird mir schriftlich bestätigt, daß es so sein soll: »Beim Wassertreten die Füße mit jedem Schritt aus dem Wasser heben – Storchengang.« Na also! Und was wäre, im Fall eines Falles (der bei mir ganz sicher nicht eintreten wird), noch zu bedenken? Zum Beispiel dies: »Vorsicht bei Blasen- und Nierenleiden. Nur so lange im Wasser bleiben, bis starker Kältereiz in den Beinen eintritt. Danach Wasser abstreifen und auf der Tretwiese wieder warm laufen.«

Und das tun sie dann auch, die Kurbenutzer, gleich nebenan – die Großen, die sich eben noch mit gerafften Hosen und hochgerissenen Knien bis zur Hüfte naß machten, und die Kleinen, Kurzbehosten, die nichts zu schürzen brauchen und sich lustvoll vom Scheitel bis zur Sohle beplanschen. Nun versuchen die Angehörigen der unterschiedlichsten Altersgruppen gemeinschaftlich durch vorschriftsmäßiges Treten, Stampfen und Marschieren ihre normale Körpertemperatur zurückzugewinnen – ein Bild ungestellter Volksbelustigung und quietschvergnügter Gymnastik.

Herz der Ortschaft aber und Glanzpunkt ihrer Promenade ist die fontänenumsprudelte Statue des Gründers und Genius loci – Sebastian Kneipp! Ursprünglich von Beruf Weber, dann Student der katholischen Theologie, Kaplan und seit 1851 schließlich Pfarrer in Wörishofen, wacht der Urvater aller Wasserkuren auf dem nach ihm benannten Platz gebieterisch über die Reinheit seines Werks.

Gerade bricht hinter Wolkenschleiern die Sonne durch und bescheint die Szene mit mildem Licht, während leichter Wind mein Gesicht mit kaum spürbaren Tröpfchen benetzt.

Von irgendwoher schlägt es zehn Uhr vormittags.

Mir gegenüber, vor dem Café Matzberger (abends ein beliebtes Tanzlokal), sind die Stühle draußen noch gegen die Tische geklappt – bis auf einen. Darauf sitzt eine ältere Dame – Brille, weiße Hose, rotes Jackett, Sandalen – und liest in der »Bild«-Zeitung, seit einer Viertelstunde und ohne dabei bisher auch nur ein einziges Mal aufgeblickt zu haben. Rechts von ihr fegt eine junge Frau, Kopftuch, Ausländerin, mit einem Besen den Boden, in sorgfältig berechneten Quer- und Längsbahnen, linealgenau bis zu den Grenzen des Cafés und so hingebungsvoll, daß auf der Erde vor Matzberger kein Stäubchen mehr haftengeblieben sein kann.

Erst jetzt bemerke ich, daß da drüben je zwei Metallstühle aneinandergekettet sind - offenbar, um einen heimlichen Abtransport zu erschweren. Ich stutze - schleicht sich nun auch hier, gegen alle Tradition, eine Kriminalität ein, die zu solcher Vorsicht zwingt?

Den Zeigefinger seiner Rechten zwischen die Seiten eines Buches geklemmt, dem Aussehen nach kirchlicher Würdenträger, steht ein beleibter Mann lange und sinnend vor Kneipps dunkel ragender Statue. Als er zurücktritt, an die zehn Schritte wohl, sich erst dann vorsichtig umwendet und bedächtig entfernt, da bestätigt sich mir noch einmal, daß das Gehen im Alter schwieriger wird. Die selbstverständliche Elastizität der Beine und Gelenke über eine lange Periode des Lebens ist hin, sie ist unsereinem irgendwie abhanden gekommen. Es wird nicht mehr *gegangen* oder gar *geschritten*, es wird eher *getappelt*. Man muß sich mühen, Kurs zu halten - ich weiß, wovon ich rede.

Und die Promenade von Bad Wörishofen, gegen Mittag allmählich stärker besucht, bezeugt auch diese gerontologische Facette. Dazu gehört offenbar, daß das Skelett des Menschen im fortgeschrittenen Lebensstadium zu schrumpfen beliebt, irgendwie in sich zusammensackt, sich verkürzt, bei Frauen vielleicht noch mehr als bei Männern. Selten will ich so viele kleinwüchsige ältere Damen an einem Ort versammelt erlebt haben wie hier. Etwa vor dem Café »Die Terrasse«, auf dessen gelbe Schirme jetzt die Sonne wärmer strahlt.

Doch wenn hier auch zuweilen mehr Getappel ist als Gehen - von Gebrechlichkeit, wehleidigen Mienen, kurzatmigem Verhalten und ähnlichen Alterssymptomen keine Spur! Statt dessen rüstige Frauen und Männer, die ich, nach einem zusammenfassenden Eindruck befragt, am ehesten noch als »adrett« bezeichnen würde, und das inzwischen nun mit gesamtdeutscher Anwesenheit. Dringt doch just laut und unverfälscht Sächsisches an mein Ohr, ein Dialekt, der mir gewöhnlich, pardon, Gehörschmerzen bereitet, mich hier aber nicht ohne deutliche Genugtuung an die verschwundene Mauer erinnert. Da nehme ich denn gern auf mich, daß das G zum K, das K zum G und das A zum O wird.

Nicht, daß es hier keine mittleren Jahrgänge oder Jugend gäbe. Fährt doch soeben, zwei Rappen vorgespannt, eine Kutsche voller Kinder vorbei. Welch ein Anblick: blonde und schwarze Schöpfe, blitzende Augen, anarchisches Geschnatter, Optimismus und Zukunft. Und immer wieder bietet sich hier das anrührende Bild von Winzlingen an der Hand von Großeltern oder gar Urgroßeltern.

Daß die Kleinen auch sonst nicht vergessen sind, ja, verwandtschaftliche Anhänglichkeit gerade unter Kurbedingungen offenbar besonders zärtlich ist und also kommerziell leicht ausbeutbar, das zeigt sich unverblümt an dem üppigen Angebot von Kindermoden, Teddys und Bergen anderer Stofftiere in den Schaufenstern der einschlägigen Läden.

Dennoch bleibt Bad Wörishofen für mich eine Stadt der Betagten und Betagteren, jedenfalls in der Saison. Und das ist es, was mich ungeachtet meiner Kurabstinenz in diese Gesellschaft einfügt.

Und doch auch wieder nicht.

Es ist *mein* Alter, auf das ich hier gedrängt stoße, Menschen so um die Siebzig, Fünfundsiebzig herum. Zusammen mit ihren Eltern, deren Mehrheit bei Geburtsdaten bis zurück an das Ende des 19. Jahrhunderts inzwischen wohl verstorben sein dürfte, sind es also die Generationen, mit denen ich mich seit meinem zehnten Lebensjahr auseinandergesetzt habe – Nazizeit, Nachkrieg, Gegenwart. Den Jahren nach da vor mir auch die beiden Männer, die unter einer hölzernen Bedachung mit riesigen, doch leicht verschiebbaren Figuren öffentlich Schach spielen. Der eine gebeugt, fast ohne Haare, der andere größer, beweglicher, mit ausgezogenem Jackett.

Mal rasch, mal bedächtig, rücken sie auf dem ebenerdigen Brett überdimensionale Läufer, Springer und Türme von einem Feld auf das andere – freundliche Zeitgenossen, gesittet, ansprechbar.

Um sie herum, in einem Halbrund, interessierte Gleichaltrige, dem unaufgeregten Spielverlauf teils stumm, teils mit dezentem Kommentar folgend.

Darunter der Herr mit dem Jägerhut und dem strengen Profil, neben dem sich die Physiognomie seines Nebenmannes geradezu gutmütig ausmacht, während sich zwei langsam herantretende und aufmerksam zuschauende Damen mit Blumenhütchen auf silbergrauen Haaren von einem vierschrötigen Krachledernen freundlich in den Kreis eindienern lassen.

Ich brauche nur auf einen inneren Auslöser zu drücken, und schon sehe ich sie alle vor mir in ihrem Habitus von damals: den Jägerhut als Standortkommandant der Wehrmacht im besetzten Frankreich, die Schachspieler als uniformierte Fanfarenbläser der Hitlerjugend, den Krachledernen als Landser auf Rußlands sommergedörrten oder wintervereisten Fluren und die Silberhaarigen unter den Blumenhütchen jugendfrisch in Reih und Glied des Bundes Deutscher Mädel (BDM).

Ihre Verhaltensweisen und die ihrer Erzeuger und Mütter vor und nach 1945 sind mein publizistisches Hauptthema, die Fragen nach den ungleichgewichtigen Proportionen ihrer *Unfähigkeit zu trauern* und ihrer *Lernfähigkeit* der Gegenstand mehrerer meiner Bücher. Und das Charakteristische an den Beziehungen waren eher Gegenpositionen als Übereinstimmungen. Wenn Vertreter dieser Generationen in meiner Anwesenheit anfingen zu politisieren, dann spürte ich, wie meine Haare sich zu sträuben begannen, noch bevor eine entsprechende Artikulation solche Reaktion gerechtfertigt hätte. Tatsächlich habe ich sie immer gefürchtet, nicht in einem persönlichen, wohl aber in einem politischen Sinn, ungeachtet dessen, daß ihre Majorität eigentlich über alle Legislaturperioden das gezeigt hat, was man *demokratisches Wohlverhalten* zu nennen pflegt.

Trotzdem, ich konnte mich drehen und wenden, wie ich wollte – über all die Jahrzehnte hin habe ich bei ihrem Anblick, wie bei dem der vom Lebensalter her für Hitlers Triumph viel stärker verantwortlichen Elterngeneration, auf diesen inneren Auslöser gedrückt und mir dabei die Frage gestellt: Wie, wer, was waren sie damals, diese freundlichen, umgänglichen Zeitgenossinnen und Zeitgenossen von heute? Welches Antlitz trugen sie und in welcher Funktion?

Gleich darauf aber folgte immer auch jene andere, zweite Frage, die mir gestern gestellt wurde, gegen Mitternacht schon und am Ende einer ebenso unvergeßlichen wie ungeplanten Zusammenkunft: »Wie denken die Deutschen heute?«

Es war ein Zufall, nicht verabredet, daß ich im hiesigen Kurhotel »Residenz« auf eine Gruppe Menschen stieß, die ich nie zuvor gesehen hatte und die mir dennoch bekannt vorkam – ihr Auftreten, ihre Mimik und Gestik, die gedämpfte Haltung und zurückgenommene Sprache, ein Typus, den ich schon aus großer Entfernung zu orten gelernt habe: Überlebende des Holocaust. Männer und Frauen verschiedener nationaler Herkunft, aber alle in Deutschland ansässig; Ehepaare, Ledige und Verwitwete, aus Frankfurt am Main und anderen Städten, wie sich herausstellte, die meisten in meinem Alter und drum herum, insgesamt achtzehn an der Zahl. Hier kommen sie aus Tradition zusammen, seit vielen Jahren, um zu kuren, wie sie betonen – wobei sie lachen (und ich mich freue, daß sie es nicht verlernt haben).

Sie hatten mich zu sich gebeten, aber ich wäre ohnehin auf sie zugegangen, den Stichworten nach, die ich mit langen Ohren zuvor schon aufgefangen hatte, Schauplätze gleichen Schicksals, längst vergangen, doch immer noch gegenwärtig, und das wohl bis zum letzten Tag. *Birkenau* hatte ich vernommen und *Majdanek*; von der *Rampe* war die Rede, vom *Warschauer Ghetto* und von der Mischform *Arbeitslager-Tötungsstätte*.

Vorverständigung unnötig.

Neben mir eine Jüdin polnischen Ursprungs, seit langem in Hamburg lebend, mit wachen Augen, immer noch deutlichem Akzent und höchst lebhaft. Dabei rutscht ihr Ärmel hoch, ich sehe ihre Auschwitznummer und lege, wie immer, eine Art ritueller Zwangshandlung angesichts eines mir erspart gebliebenen Grauens, meine rechte Hand darauf.

Es bestätigt sich – auch die überlebenden Opfer haben, wenngleich aus ganz anderen Motiven als die Täter, den Kindern gegenüber geschwiegen. Als ihre Tochter sie zum erstenmal gefragt hatte, was die Zahlen auf dem Arm bedeuteten, hatte diese Mutter geantwortet: Das sei eine wichtige Telefonnummer.

»Später hat mein Kind die Wahrheit erfahren. Als Adolf Eichmann angeklagt wurde, durfte sie das Verfahren im Fernsehen verfolgen. Es hat eben seine Zeit gedauert. Trotzdem hätte ich es gern vor ihr verschwiegen.«

Ausschnitte aus den Tonbandaufnahmen an jenem Abend, Nachtgespräche im Kurhotel »Residenz«, Bad Wörishofen:

»Wir wurden am 1. Januar 1945 von Auschwitz in Marsch gesetzt.« – »Als wir in Bergen-Belsen ankamen, waren die Barakken, in denen deutsche Juden gewesen waren, schon geräumt.« – »Bei uns hat es zehn Tage von Auschwitz nach Bergen-Belsen gedauert, mal zu Fuß, mal in Viehwaggons.« – »Wir lagen im Schnee auf der Erde und konnten trotzdem schlafen – damals. Heute ginge das nicht mehr.« – »Sie waren in Auschwitz?« »Ja, aber nur ein paar Tage, dann kam ich in das Ghetto von Warschau.« – »Ich stamme aus Siebenbürgen, da waren Arbeitslager.« – »In Ungarn sind hauptsächlich Juden aus Budapest deportiert worden, in den ländlichen Gemeinden weniger. Die nahende Front ließ Eichmann nicht genug Zeit für alle.«

Wir blieben zusammen bis Mitternacht.

Beim Abschied kam sie dann endlich, die Frage, die ich erwartet hatte, weil sie typisch ist für Angehörige der jüdischen Gemeinschaft in Deutschland, fünf Worte, auf die alles zusteuert: »Wie denken die Deutschen heute?«

Ja, wie denken sie?

Beschränkte ich mich auf die NS-beteiligten Generationen und legte ihre Stereotypen zugrunde, die sich über die Nachkriegszeit hinaus bis in unsere Gegenwart, wenn auch in abnehmendem Maß, als weitgehender Konformismus der Verdrängung erhalten haben, so lautete der Tenor etwa so: Schwer war es gewesen, das Leben, sehr schwer – der Krieg (für manchen von ihnen der zweite); gefallene und verwundete Angehörige; dazu der Luftkrieg und seine Toten (»Bomber-Harris« wird ihnen einfallen und noch einmal, bitter: »Bomber-Harris!«). Dann: Flucht und Vertreibung vieler Millionen, die Massenvergewaltigungen deutscher Frauen durch Rotarmisten und schließlich, nach 1945, der Hunger, der schreckliche Hunger. Aber dann – und nun werden sich ihre Mienen aufhellen – dann, nach der Währungsreform, der ungestüme Neubeginn, die unglaublich rasche Beseitigung der Trümmergebirge, das *Wirtschaftswunder*, kurz, der grandiose *Wiederaufbau*! »Jedenfalls bei uns, in der Bundesrepublik.«

Nach allen Erfahrungen würden dabei weder die Ursachen der Zerstörung erwähnt werden, noch daß die Wehrmacht in diesem durch Deutschland vom Zaun gebrochenen Krieg weite Teile Europas in Schutt und Asche gelegt hat. Auch würde weder der Name Adolf Hitler oder ein Begriff wie Nationalsozialismus fallen, so wenig wie von eigener, persönlicher Mitverantwortung am Unglück der überfallenen, besetzten und ausgemordeten Völker die Rede wäre, oder gar von der funkensprühenden Bindung einer überwältigenden Mehrheit der damaligen Deutschen an den *Führer*, obschon der seinen Gewalttätigkeitswahn und fanatischen Antisemitismus nie verheimlicht hatte. Als hätte es ihn nie gegeben, so würde der Mann unerwähnt bleiben, der mit seinem Angriff auf die Nachbarn, auf Europa und die Welt überhaupt erst jene Lawine losgetreten hat, die dann schließlich auch Deutschland unter sich begrub, allem voran seine Städte. Und höchst erstaunt würden sie dreinschauen, würfe man auf ihr »Bomber-Harris!« ein: Spätestens seit dem 1000-Maschinen-Angriff der Royal Air Force auf Köln im März 1942 habe Hitler doch gewußt, daß es gegen die ungeheure Überlegenheit der Angloamerikaner mit ihren Langstreckenbombern der Lancasterklasse und den viermotorigen *Fliegenden Festungen* keine wirksame Abwehr gab. Trotzdem aber habe er eine deutsche Stadt nach der anderen »ausradieren« lassen.

Überraschung würde sich bei solchem Einwurf auf ihren Gesichtern malen, denn auf diese Sicht der Verantwortung für den Dynamit- und Feuertod von 600 000 deutschen Männern, Frauen und Kindern wären sie von sich aus nie gekommen.

Und natürlich teilen sie unverzüglich mit, daß sie »von nichts gewußt« hätten, kurz nachdem sie gerade verlauten ließen, daß »wir doch nichts dagegen machen konnten«. Wogegen? Gegen das, was sie nicht gewußt haben wollen?

Ach ja.

So sinniere ich hier auf der Promenade von Bad Wörishofen vor mich hin, während ich den temperamentvollen Zügen der beiden alten Schachspieler mit dem Interesse eines Laien zuschaue, der zwar die Regeln kennt, aber trotz eines schachleidenschaftlichen Vaters dessen Begabung für die Königin der Spiele nicht geerbt hat.

Gar zu gern würde ich auch wissen, wie die älteren Herrschaften beiderlei Geschlechts da vor mir und um mich herum die Bestell- und Auslesekriterien der Kneipp-Buchhandlung am Anfang der Promenade beurteilen würden. Ist doch das Schaufenster geschmückt mit Titeln wie »Die deutsche Armee« – »Jagdflieger« – »Rommel« – »Das waren die deutschen Stuka-Asse«. Im besten Fall distanzlos, indifferent, dümmlich apologetisch, aber selbst dann immer noch geschichtsfälschend nach dem Motto vom »wertfreien Kampf der Hitlerwehrmacht« (wie gut, denke ich, daß wenigstens die junge Generation keine Ahnung mehr hat, daß Stuka die Abkürzung für Sturzkampfbomber ist). Das wird auch nicht dadurch ausgeglichen, daß im Schaufenster der Kneipp-Buchhandlung Teddy Kolleks »Jerusalem und ich«, Shimon Peres' »Shalom« oder Alice Schwarzers »Marion Dönhoff. Ein widerständiges Leben« ausgelegt sind.

Jetzt, am späteren Nachmittag, ist die Promenade von Bad Wörishofen, also die Kneippstraße, voller Menschen, dicht an dicht.

Neben mir rotiert, von einem Wasserstrahl plätschernd getrieben, ein künstliches Mühlrad. Rund um die Bäume am Rand sind Stiefmütterchen gepflanzt, und die Stege, die über den uferregulierten Wörthbach führen, sind ebenfalls blümchendekoriert. Die Meßapparaturen der Kneipp-Apotheke zeigen sechzehn Grad Celsius, und das Barometer steht, bei neunzig Prozent Luftfeuchtigkeit, auf Hoch.

Angezeigt vor Konditoreien und Cafés: Zwetschgendatsch, Erdbeertorte und Streuselkuchen. Kaffeeduft weht herüber.

Es geht das Gerücht, daß der Kurbetrieb um dreißig Prozent zurückgegangen sei, das schlug vorhin an mein Ohr und jetzt wieder: »Die Regierung, der Seehofer!«

Ich blicke mich um.

Abgestellte Räder, exakt an den dafür vorgesehenen Plätzen; zu dieser Tageszeit die älteren Damen mit großen Handtaschen bewaffnet, Herren gemächlichen Schrittes, viele Hunde – alle ohne Verkehrssorgen in der Fußgängerzone.

Letzte Nacht, im Kreis der Holocaustüberlebenden, habe ich versucht, gerechte Antworten zu finden. Ich weiß nicht, ob es mir gelungen ist. Ich weiß nur, daß ich bei der Beurteilung der älteren Generationen nicht an dem Punkt stehengeblieben bin wie eben hier bei meinen Überlegungen auf der Promenade von Bad Wörishofen. Denn plötzlich hörte ich mich davon sprechen, daß auch unter den Alten und Älteren, also unter den Kriegsgenerationen, Differenzierungen stattgefunden hätten, neue Erkenntnisse gewonnen worden seien. Daß es unter den äußeren Verkrustungen auch innere Wandlungen gegeben habe, tröstende Signale, daß der Funke natürlicher Menschlichkeit nicht völlig und bei allen ausgeglüht war.

Und *die* Deutschen, hörte ich mich sagen – die gibt es schon lange nicht mehr. Neue Generationen sind herangewachsen, mit einem ganz anderen Lebensgefühl als dem ihrer Vorväter und -mütter, da sie unter völlig anderen Bedingungen groß geworden sind. Heute kann gesagt werden, daß Auschwitz und alles, was der Name symbolisiert und materialisiert, von der Mehrheit der heutigen Deutschen als historisches Faktum anerkannt worden sind – wer die Möglichkeit zum Vergleich mit dem Denken der Deutschen in den ersten Nachkriegsdezennien hat, der weiß, welch ein großer Bewußtseinssprung da stattgefunden hat.

So hörte ich mich gestern nacht sagen, und das nicht aus Zweckoptimismus, um Menschen, die für diese Fragen besonders sensibilisiert sind, zu beruhigen, sondern in Übereinstimmung mit meinen mannigfachen empirischen Erfahrungen.

Das letzte, was ich fürchte, ist eine Wiederholung des 30. Januar 1933 und seiner geschichtsbekannten Folgen, und sei es auch in modern abgewandelter Form. Nein, es gibt weit und breit keine Alternative zur demokratischen Republik, zur parlamentarischen Demokratie, diesem offenbar kleinsten aller Übel in der Staatsgeschichte der Menschheit, um einem großen Wort von Winston Churchill die eigene Fassung zu geben. Mit all ihren Mängeln und Üblerem ist sie, so gestern nacht weiter, der beste Schutz vor unberechenbaren Renaissancen. Schlimm genug, was in Deutschland an Fremdenhaß und Antisemitismus von einst verblieben oder neu auferstanden ist, schlimmer noch, wie sich beide im Schutz demokratischer Rechte austoben können. Aber die Demokratie werden sie nicht aushebeln können.

Daraufhin war im Kreis der Holocaustüberlebenden eine seltsame Stille eingetreten. Und in sie hinein dann wurde die zweite, die andere große Frage von Menschen mit solcher Biographie gestellt, immer wieder gehört und doch mit ihren abgründigen Voraussetzungen mich stets aufs neue erschütternd: »*Könnten die Deutschen von heute wiederholen, was damals geschah?*«

Ich habe geantwortet: »Auch damals hätte eine Mehrheit dem physischen Mord an Millionen von Juden nicht zugestimmt, wären die Deutschen dazu gefragt worden und die Durchführung des Holocaust davon abhängig gewesen (bei einer wahrscheinlich nicht unbeträchtlichen Minderheit, die sehr wohl auch dazu ihre Zustimmung gegeben hätte). Die Deutschen sind aber seinerzeit nicht gefragt worden, und *es liegt im Wesen des damaligen Systems, daß das nicht geschah*.

Das aber läßt keine andere Schlußfolgerung als diese zu: Sollte ein solches oder ähnliches System seine Macht wieder etablieren können, wäre es für jede Gegenwehr zu spät und damit jede Art von Verbrechen wieder möglich – hier wie anderswo auf der Erde. Die Gefahren sind allgegenwärtig, und die Nachrichten zeigen stündlich die gräßlichsten Menetekel, ohne daß die Massenmorde an allen Ecken und Enden der Erde auch gleich schon Schoah-Dimensionen erreichen oder ihnen ihre Motivationen und Doktrinen zugrunde liegen.«

Wieder Stille. Und dann, leise und insistierend, aufs neue die Frage, diesmal von der Frau mit der Auschwitznummer auf dem Arm neben mir und direkt an mich gerichtet: »*Was glauben Sie – könnten die Deutschen von heute wiederholen, was damals war?*« Meine sofort, ohne Zögern gegebene Antwort: »Es gibt keinerlei Anlaß, das zu glauben« brachte in der Runde der Holocaustüberlebenden gegen Mitternacht jene Reaktion hervor, von der ich nur zu gut weiß, daß mehr nicht geht, sie aber schon viel bedeutet: hoffende Skepsis.

Auf der Promenade von Bad Wörishofen ballen sich jetzt, gegen Abend dieses wohltuend temperierten Augusttags, die Menschen, der zentrale Platz mit der Kneipp-Statue ist voll. Alle

Stühle im und vorm Café Matzberger sind besetzt, auch die Bänke ringsum. Ich sehe erdige Gestalten und elegante Flaneure, Lodenmäntel und Maßanzüge, große Damenhüte und simple Haarknoten im Nacken.

Ich picke mir meine Altersklassen aus dem bunten Bild der Generationen heraus und habe damit keine Mühe – ihre Angehörigen sind zahlreich vertreten. Ich betrachte sie mir und denke: Lieb' Vaterland, magst ruhig sein, von ihnen ist nichts zu befürchten, weder Krieg noch Aufruhr. Politisch neigen sie eher der Mitte zu, mit einem Drall nach rechts vielleicht, aber mehr auch nicht. In ihren Köpfen wird viel Unverarbeitetes aus ihrer Jugendzeit verblieben sein, doch wählen werden sie die Rechtsextremen nicht.

So rede ich vor mich hin und staune bei der plötzlichen Erkenntnis, daß ich hier und jetzt ebenso wie gestern nacht sowohl im buchstäblichen als auch im übertragenen Sinn ein Plädoyer für die Promenade von Bad Wörishofen gehalten habe! Wohl mit Einschränkungen, Nischen der Kritik und gedämpftem Optimismus, aber ohne taktische Schwarzweißmalerei. Solange Demokratie in Deutschland herrscht, gebe ich meinem mir von den Nazis injizierten Fluchtinstinkt nicht nach. Und noch einmal: Ich sehe weit und breit keine Alternative zu dieser Staats- und Gesellschaftsform.

Es ist, wenn auch spät, Nähe aufgekommen, eine versöhnlichere Position als früher, größere Bereitschaft, zuzuhören, verstehen zu lernen. Dennoch – Distanz zu den Menschen meiner und der älteren Generationen wird bleiben und wohl nur manchmal gänzlich aufgehoben werden.

Wie es gerade jetzt, in diesem Augenblick, geschieht – durch jenes alte, sehr alte Paar, das auf der Suche nach einem Sitz über den Platz kommt, nichts findet und unschlüssig stehenbleibt: seit prähistorischen Zeiten verheiratet, beide die Hälften ein und desselben Daseins, um sich eine Aura humaner Zweisamkeit, die nur erfahrbar, nicht mitteilbar ist, und Hand in Hand. So gehen sie fort, auf die Promenade, wo ich sie nach links aus den Augen zu verlieren drohe. Deshalb stehe ich auf, hole sie ein und gehe langsam hinter ihnen her. Es ist ohnehin meine Richtung, aber in die entgegengesetzte wäre ich ihnen genauso gefolgt.

Nicht, daß mein letzter Tag in Bad Wörishofen jetzt, gegen achtzehn Uhr, schon geschafft wäre – steht mir doch noch die Wandertour mit Freund Heinz und Hund bevor, sogar die große, wie von ihm zu seinem Entzücken und meinem Entsetzen angekündigt.

Aber nach dem Anblick, den das alte Paar Hand in Hand da vor mir bietet, wird mir selbst diese Tortur leichtfallen.

## Königssee – Wanderer, kommst du von Thaler

Nachdem es auf der berüchtigtsten aller Autobahnen seit dem frühen Morgen südöstlich von München in Richtung Salzburg zunächst nach einem Stau ausgesehen hatte, der alle bildschirmbekannten Horrorszenarien noch mühelos übertreffen wollte, plötzlich die Auflösung – bei Rosenheim wird die Strecke frei, und bald darauf unter einem verschleierten Blauhimmel auch das Alpenvorgebiet sichtbar.

Ich fahre nicht, ich segele durch die Landschaft wie in einem lang entbehrten Paradies.

Kühe auf der Weide, Kirchen mit Zwiebeltürmen, sanfte Hänge und Matten, mächtige Gehöfte mit vorkragenden Dächern. Höhen bis zu tausend Metern ansteigend, aber bewaldet, noch nicht der blanke Fels, doch dahinter schon die Ahnung des Massivs. In der Luft taumeln weiße Flusen, von Bäumen abgeweht, und der grüne Inn schickt, ein Fluidum, seine kühle Frische herauf.

Das ist das Bayern, das ich liebe. Links der Herrenchiemsee, von geblähten Segeln weißbetupft, sonnenwarm. Drüben die große Insel mit dem Schloß, und die kleine daneben, die Krautinsel. Die Wasserfläche ist vorn gekraust, nach Norden hin flach und glatt, die Sicht bis Gstaadt und Seebruck offen.

Jetzt rechts ab nach Bad Reichenhall und über Berchtesgaden und Schönau hinein ins Gebirge.

Ich suche nach einem ruhigen Hotel, finde es, öffne in meinem Zimmer die Tür zum Balkon – und blicke auf ein ungeheuerlich getürmtes Gestein. In Jahrmillionen von geologischen Gewalten aus der Erdkruste hochgestemmt, ein Felsklotz von Milliarden und Abermilliarden Tonnen, daneben ein Granitbuckel, der aussieht wie eine hoch emporgereckte Walflosse – so bietet sich mir zum erstenmal in meinem Leben der Anblick des *Watzmanns*.

Ich bin dabei, mir einen uralten Wunsch zu erfüllen, ich fahre an den *Königssee*.

Immer, wenn ich Fotos oder Gemälde von dem dunklen Gewässer gesehen habe, hat es mich neugierig geschaudert. Da wirbelten irgendwelche Sagenvorstellungen in meinem Hirn, und dazu seltsamerweise auch lebhafte Erinnerungen an James Fenimore Coopers »Lederstrumpf«, erster Band: »Der Wildtöter« – See-Glimmerglas, die betörenden Schilderungen seiner waldgesäumten Herrlichkeit, seiner Himmel, seiner Stürme und seiner Gefahren. Die brachte ich mit dem Königssee zusammen.

Denn der Königssee, das war nicht das gleiche wie Niedersachsens Steinhuder Meer, wie der Plöner See in der Holsteinischen Schweiz oder der Baldeneysee bei Essen. Die sind gewiß auch schön, aber eben nicht geheimnisvoll und, vor allem, nicht dunkel.

Wie bei manch anderem Wunsch noch in meinem Leben, hat es also auch bei diesem lange gedauert, bis er sich erfüllen sollte.

Aber nun bin ich auf dem Weg, und das zu Fuß, denn anders kommt man nicht dahin, wo es die beste Aussicht geben soll – zum Malerwinkel.

Den Wagen habe ich in Thaler gelassen, einer kleinen Ortschaft, von der es, so steht es da, bis zum Malerwinkel 1,1 Kilometer weit ist.

Der Himmel hat sich bezogen, aber die Sonne nicht ganz vertrieben, die Luft ist merklich dünner.

Es geht bergauf, die Gegend zeigt Urwaldcharakter, alles scheint naturbelassen zu sein. Und da kann ich zum erstenmal einen Blick auf den See werfen, auf einen Ausschnitt des langgestreckten Gewässers durch lichtbeschienenes Blätterwerk hindurch. Ein Schifflein zieht da unten seine Bahn, und auf der anderen Seeseite steilen gewaltige Felswände hoch, von denen es leise, wie aus einem Muscheltrichter, herüberrauscht.

Außer mir ist weit und breit kein Mensch zu sehen.

Doch wirklich näher gekommen bin ich meinem Ziel offenbar immer noch nicht, obwohl ich die angegebenen 1,1 Kilometer längst hinter mich gebracht habe. Im Gegenteil, es sieht so aus, als käme man auf diesem Weg immer weiter ab vom See, als nähme der Marsch kein Ende. Und nirgends eine Orientierung.

Die stellt sich dann schließlich doch ein. Denn da strömt unter einer waghalsigen Brücke hinweg, tobend und Kieselsteine mit sich reißend, jener Bach herab, an dem man – so die

Versicherung eines Ortskundigen im Hotel - »schon die Hälfte bis zum See zurückgelegt hat«.

Schon?

Also, Wanderer, kommst du von Thaler des Weges, laß dich nicht täuschen durch Hinweisschilder mit stark verkürzten Distanzen - die sind nämlich falsch.

Natürlich gerate ich hier leicht in den Verdacht, einer von denen zu sein, die ihre Brötchen von nebenan mit dem Auto zu holen pflegen. Aber weit gefehlt - ich will nur präzise Entfernungsangaben.

Wer junge Beine hat, dem macht solch Streckenmogelei nichts aus, aber es gibt viele Leute mit älteren Gehwerkzeugen, und die sind übel dran, wenn sie merken, daß die Strecke wohl doppelt so lang ist wie - warum eigentlich? - bei Thaler angezeigt.

Allerdings, wider Erwarten dann tatsächlich am Malerwinkel angekommen, haben solche Gedanken und Schimpfereien plötzlich keine Bedeutung mehr.

Denn da liegt er, der Königssee, nach Süden hin tief einzusehen in seiner schlanken Schönheit zwischen schroffen Felswänden, auf die jetzt Sonnenstrahlen fallen wie die Strähnen eines goldenen Regens. Rechts die nahe Granitwand, eine abschüssige Mauer, darüber Tannen, wie dichtes grünes Haupthaar, und unten, weit auf dem Wasser, zwei knabenhafte Ruderer in einem Boot, das hinter Blättergeflirr zeitlupenhaft verschwindet.

Außer mir ist hier nur noch ein junges Paar, das sich oberhalb der drei leeren Bänke auf einem Sockel niedergehockt hat und ausdauernd und wortlos auf das Wasser schaut.

Die Sonne läßt dort Myriaden von Funken aufleuchten, Glühwürmern gleich, winzige Blitze, die hin und her zucken und nun tief da unten, in der Mitte des Sees, durchgepflügt werden von einem wie durch Geisterhand gesteuerten Schiff, dessen Schraube eine dünne Gischtspur hinterläßt.

Es ist hellster Mittag, die Lichtpfeile schießen völlig unbehindert herab, dennoch bleibt es hier für mich dunkel, düster, steil, eingepreßt. Nicht gar so antik patiniert, nicht so übertrieben romantisch, wie der Königssee auf manchen Gemälden wolfsschluchtartig dargestellt worden ist, aber eigentlich noch viel eindrucksvoller in seiner realen Topographie, die von der Eiszeit unter unvorstellbarem Druck lang und schmal ausgehobelt worden war, bevor sich die Gletscher widerwillig schmelzend zurückgezogen haben.

Ruhig ist es hier noch, so früh am Malerwinkel, ganz windstill ist es, und ich denke: Welch ein Gegensatz zu den italienischen Seen am Südabhang der Alpen, die auf die nämliche Weise entstanden und doch von gänzlich anderer Atmosphäre sind – der Lago Maggiore, der Comer und der Gardasee, mit ihrem weichen Glanz, ihrer Zikadenakustik und dem Parfüm ihrer schwellenden Vegetation.

Wie gut, daß es beides gibt.

Eine Stunde später ist der Platz nicht wiederzuerkennen.

Eine Reisegruppe hat sich auf den Bänken häuslich niedergelassen und picknickt, mit gelegentlichem Blick auf den See. Gurkengläser werden geleert, Bananenschalen, Papier und Blechdosen achtlos auf den Boden geworfen, und älteren Leuten, obwohl sichtlich erschöpft, von Jüngeren weder Platz noch Hilfe angeboten.

Jetzt schiebt sich auf der hölzernen Barriere vor dem Abgrund schwankend ein Dreikäsehoch an ein Fernrohr heran, patscht mit den Händen an dem Metall herum und droht jeden Augenblick herunterzufallen – mir stockt der Atem. Eine falsche Bewegung, und der Vierjährige liegt hundert Meter tiefer da mit gebrochenem Genick. Wo sind die Eltern?

Es wird Zeit, zu gehen.

Also auf den Rückweg nach Thaler, der mir nun viel kürzer erscheint als der Anmarsch. Da ist er auch schon, der Bach, der rauschend und mit glasklarem Wasser unter einer Via-Mala-Brücke dem See zutost, und auch der Durchblick wieder, der, nun links, die Sicht auf den Königssee zuläßt. Der geringere Kraftaufwand als vorhin ändert nichts an dem Groll, den ich beim Anblick des falschen Hinweises »Malerwinkel 1,1 km« empfinde und der in mir dräuende, dann aber doch lieber unterbliebene Korrekturgelüste etwas jenseits der Legalität provoziert.

Am nächsten Morgen dann, dem Hotel gegenüber, noch einmal das zyklopische Drama des Watzmanns.

Rechts eine felsige Riesenbeule unter dem wie desinfiziert klaren Himmel, der Gebirgsstock des zweigipfligen Giganten, die Watzmannkinder (2713 und 2712 Meter hoch); links, mit ihnen durch einen Felsklippengrat verbunden, der Kleine Watzmann (2307 m), die versteinerte Walflosse.

Es dauert eine Weile, bis ich mich von dem Ensemble dieses großartigen Naturschauspiels losreiße, ehe es dann da oben rasch zuzieht und ich mich auf die zweite Etappe dieser Reise mache – mit Beklemmungen.

Ziemlich großen sogar.

# Obersalzberg oder »Wir waren ja Göring«

Ich bin auf der Fahrt zum Obersalzberg, einst Hitlers montaner NS-Staat *en miniature* und spätere *Alpenfestung* – der Probe halber. Hinter Schwöhl geht es in die Berge, aber erst bei Vorderbrandkopf gehen sie über in das Terrain, das ich die *richtigen Alpen* nenne. Unten im Tal wallt Nebel; dunkle Tannen klettern aus Senken hoch bis heran an die Straße, die Wipfel wie gelabt von der feuchten Kühle und dem Kuß der niedrig hängenden Wolken.

Irreführende Hinweisschilder, verspätete Ankunft – der Obersalzberg ist kein Berg, auch keine Bergkuppe, noch weniger eine Ortschaft, sondern ein Hang in tausend Meter Höhe über einem alten Salzbergwerk.

Ins Berchtesgadener Land war Hitler schon 1923 gekommen, bei der Arbeit am zweiten Teil seines Buches »Mein Kampf«, in dem heftig gegen »die Hebräer an der Spitze der Hochfinanz« gewettert wird. Damals waren unter den Hausbesitzern am Obersalzberg noch etliche deutsche Bürger jüdischen Glaubens.

Das änderte sich bald, und keineswegs nur für sie, nachdem besagter Autor im Januar 1933 zum Reichskanzler des deutschen Volkes avanciert war und romantischerweise sogleich beschloß, seinen zweiten Regierungssitz auf dem Obersalzberg errichten zu lassen. Zu diesem Zweck wurden ohne Federlesen 55 private Anwesen am Hang abgerissen und 400 Menschen vertrieben – die einen mit ein paar Mark pro Quadratmeter billig abgespeist, die anderen im KZ rasch belehrt, wer hierzulande nunmehr das Sagen hatte.

Damit war der Weg frei für jenes gigantische Bauvorhaben, das innerhalb weniger Jahre hier oben auf einem 106 Hektar großen Gelände entstand, abgehoben wie eine Gralsburg und umzogen von 27 Kilometer Zaun – der alpine Ableger zentraler Herrschaft: eine zweite, ebenfalls von Albert Speer entworfene und mit Säulenhalle, Hakenkreuzemblemen am Boden und holzgetäfelten Wänden ganz dem Berliner Original nachgestaltete Reichskanzlei; Hitlers *Berghof*; die Häuser von Hermann Göring und Martin Bormann; der riesige Komplex der SS-Kasernen samt Garagen; das Hotel »Platterhof«; die Gebäude des Reichssicherheitshauptamtes und der Gestapozentrale, und schließlich, gleichsam die Eingeweide des Komplexes, ein von KZ-Häftlingen 2800 Meter in den Fels gehauenes unterirdisches Bunkersystem (worauf noch zurückgekommen wird).

Außer diesen Katakomben hat der Lauf der Weltgeschichte von Hitlers Obersalzbergresidenz fast nichts übriggelassen, buchstäblich keinen Stein auf dem anderen. Bombergeschwader der Royal Air Force sollen ihr in mehreren Angriffswellen just an dem Tag oberirdisch den Garaus gemacht haben, als Eva Brauns Möbel neu lackiert werden sollten - am 25. April 1945.

Was immer daran wahr sein mag oder nicht - wenig später, noch im Mai, zogen dort, wo Hitler einst in luftiger Höhe den britischen Premier Chamberlain, den französischen Ministerpräsidenten Daladier und andere europäische Staatsmänner teils mit, teils ohne Erfolg empfangen hatte, die Amerikaner ein. Und das gerade noch so rechtzeitig, daß sie ganz in der Nähe dreier intensiv gesuchter Nazigrößen habhaft werden konnten: des Polen- und Judenschlächters Hans Frank, des als Landschaftsmaler getarnten »Stürmer«-Herausgebers Julius Streicher (beide in Nürnberg hingerichtet) und Robert Leys, des ehemaligen Leiters der NS-Arbeitsfront (der sich im Gefängnis selbst das Leben nahm).

Danach hat das Sternenbanner noch 51 Jahre auf dem Obersalzberg geweht - erst im Juni 1996 räumten die Amis den Platz und übergaben ihn dem Freistaat Bayern als uneingeschränktem Eigentümer.

Aber der zeigte sich, seltsam, darüber keineswegs erfreut, sondern versuchte geradezu verstört, den Abzug rückgängig zu machen.

Wie anders wäre denn, nach Absprache mit Bonn, das stoßatmige Angebot der Landesregierung an die verblüfften Amerikaner zu verstehen, ungeachtet sonst leerer Kassen dreißig Millionen Mark für Renovierungskosten springen zu lassen, wenn die US-Hoheit auf dem Obersalzberg noch einmal um weitere zehn Jahre verlängert werden würde?

Kein Zweifel, in München und am Rhein ging offenbar die Furcht um, der Obersalzberg könnte zu einem Schauplatz rechtsradikaler Umtriebe werden.

Dann jedoch, als die Amerikaner, unbeeindruckt von den deutschen Nöten, termingerecht abzogen, trat die Regierung des Freistaats die Flucht nach vorn an. Es war Finanzminister Erwin Huber, der das Wunschbild der verunsicherten bayerischen Obrigkeit von dem nunmehr staatlichen Obersalzberg als kulinarisch-gemütliches Programm anpries: »Das ist ein wunderschönes Stück Erde, auf dem künftig nach Herzenslust gegessen, getrunken und gewandert werden soll. Im übrigen gibt es da oben gar nichts zu gedenken – schon gar nicht eines Menschen, der da Duftmarken gesetzt hat.« Ach ja? Aber wieso sind dann dessen Ausdünstungen hier oben so penetrant haftengeblieben, ja, gleichsam eingedickt worden in den Flacon Obersalzberg, daß sie einen vom ersten Augenblick der Ankunft an geradezu einnebeln?

Denn schon was einen auf den ersten Blick hier oben an Schlagzeilen anschreit, läßt nichts Gutes ahnen, auch wenn heute, am 19. August, nicht mehr nachgeprüft werden kann, ob auch in diesem Jahr wieder um den 20. April herum, also zu *Führers Geburtstag*, auf dem Obersalzberg frische Vergißmeinnicht gepflanzt und Grablichter aufgestellt worden sind.

Dafür gleich am Busstand grelle Titel: »Von Adolf Hitler bis heute« – »Die Entstehungsgeschichte der Alpenfestung« – »Der Obersalzberg im Dritten Reich«. Ich nehme mir die Freiheit, darin zu blättern, wahllos, und lese, neben einem Foto von Hermann Göring: »Als Reichsforstminister war er eng verbunden mit dem Wald und mit den Tieren. Er war im Grunde ein sportlicher Mensch.« Tatsächlich – bei dem Leibesumfang?

Und da die Gelegenheit günstig ist, wird gleich noch eines anderen Tierfreundes gedacht, nämlich keines geringeren als Adolf Hitlers selbst und dessen innigen Verhältnisses zu einer bestimmten Hunderasse – was zahlreiche Fotoposen illustrieren und ein gefühlvoller Text so kommentiert: »Die Mentalität des deutschen Schäferhundes vereinbarte sich sehr gut mit Hitlers Einstellung zum Deutschtum. Durch Kraft, Stärke, Kampfmut und Treue gelangte der deutsche Schäferhund noch zu mehr Ruhm und Ansehen.«

Als ich nach dieser Charakteristik des liebevollen Verhältnisses zwischen Hund und jenem Herrenmenschen, dessen Duftmarken hier oben angeblich getilgt sein sollen, die Lektüre trotz heftigen Brechreizes fortsetze, stoße ich auf folgende weltgeschichtliche Einschätzung des großen Tierfreundes von damals: »Adolf Hitler, wer kennt den Namen nicht. Millionen Menschen, nicht nur aus Deutschland, schauten hoffend zu ihm auf, selbst seine erbittertsten Gegner mußten seine überragende Persönlichkeit widerwillig anerkennen.« Auch ein Kolleg in NS-Geschichte, allerdings à la Obersalzberg!

Da sollte es niemanden wundern, daß das Elend und der Tod vieler KZ-Häftlinge beim Ausbau des *Führergebiets*, ihre Qualen in den Arrestzellen und die Grausamkeiten der SS-Bewacher folgendermaßen relativiert werden: »Die Geschichte der Vertreibung Deutscher aus den Ostgebieten kennt so viele und so himmelschreiende Ungerechtigkeiten, daß das, was am Obersalzberg geschah, harmlos erscheinen muß.« Da haben wir's, da wird es uns Andersdenkenden noch einmal in aller Deutlichkeit um die Ohren geschlagen und unser auf den Kopf gestelltes Weltbild wieder zurechtgerückt: Nicht die überfallenen, besetzten, ausgemordeten Völker Europas sind die Opfer – die Deutschen sind es!

Wer also auf dem Obersalzberg naiverweise nach dem Täter Deutschland fahnden würde, der könnte sich gleich auf den Weg zurück machen.

Hier fehlt nur noch das Poster »Antifaschistische Störenfriede unerwünscht!«

Im Klartext: Publizistisch wird unverblümt NS-Verherrlichung betrieben oder haarscharf daran vorbeigeschrammt, das meiste so dreist wie dümmlich, im besten Fall unreflektiert und indifferent. Was insgesamt jenem Ungeist entspricht, der von Berchtesgaden aus lokal und überregional über Jahrzehnte hin hochwölkte, um sich dann in der Person eines gewissen Kurt Hegeler zu inkarnieren. Dieser einstige Leibdiener Hermann Görings auf dem Obersalzberg soll, vielfachen Zeugenbekundungen nach, bis in unsere Tage noch den kurz vor seiner Hinrichtung in Nürnberg durch eigene Hand dahingeschiedenen Luftmarschall nie anders als »Chef« tituliert haben. Hegeler muß damals so etwas wie ein Familienfaktotum gewesen sein, das auch später noch in der Huld von Emmi Göring gestanden hat (erinnerlicherweise in besseren Zeiten als *Hohe Frau* angeredet). Denn nicht zuletzt ihrer Empfehlung – »Er war immer treu und fleißig« – hatte der von den Amerikanern zum Liftführer umfunktionierte Kurt Hegeler es zu verdanken, daß er in den Genuß einer Bundeswehrpension kam. Was aber offenbar auf sein Demokratieverständnis keinen Einfluß hatte.

Zwar soll Hegeler kein Mitglied der NSDAP gewesen sein – von ihm knapp, aber erschöpfend erklärt mit »Wir waren ja Göring!« –, er sich Besuchern aber stets als stolzer Besitzer von dessen Wappen, einer eisernen Faust im Ring, und der kostbaren Manschettenknöpfe des *Chefs* vorgeführt haben. Auch war der ehemalige Leibdiener und spätere Fahrstuhlführer bekannt dafür, daß er unter konspirativem Gehabe gern sorglich bewahrte Fotos hervorzog, die ihn im Ledermantel der Luftwaffe mit Klein-Edda im Arm zeigen, der Vater links daneben, und in intimer Nähe, lächelnd, der *Führer*.

Über diese und andere Memoiren soll Kurt Hegeler neunzig geworden sein. Ich habe keine Ahnung, ob das NS-Fossil noch lebt, und werde mich hüten, meine Sensoren nach ihm auszufahren. Er wird's ohnehin leicht verschmerzen, denn sollte er noch atmen – über Mangel an Neugierigen und Sympathisanten hatte sich »Wir waren ja Göring« nie zu beklagen.

300 000 Besucher, so brüstet sich stolz eine lokale Statistik, werden alljährlich auf den Obersalzberg gekarrt, die meisten mit dem Bus. Alles braune Brüder und Schwestern? Wohl kaum, wenn ich mich so umsehe und die Menschen in Augenschein nehme. Trotzdem würde ich gerne wissen, was sie hier heraufgeführt hat und mit welchen Erwartungen.

Doch davon später.

Zunächst einmal die gleiche Frage an mich selbst gestellt, der sich hier oben wiederfindet unter schwer zu beschreibenden Gefühlen, aber in bestimmter Absicht, die eine lange Vorgeschichte hat – nämlich mit meiner Biographie verbundene Horrorplätze aufzusuchen, um der *äußeren* Befreiung die *innere* folgen zu lassen.

Die eine ließ zwölf Jahre auf sich warten, dann war sie da. Aber wie sieht es, nach mehr als einem halben Jahrhundert, mit der anderen aus?

Der Obersalzberg – das soll diesmal der Prüfstand werden, um einer Antwort näherzukommen.

Der erste Versuch seiner Art ist es nicht.

Als meine Familie und ich am 4. Mai 1945 den Wettlauf zwischen der *Endlösung* und dem *Endsieg* der Alliierten wider Erwarten gewonnen hatten und wir aus unserem illegalen Verlies in den Trümmern Nordhamburgs krochen, da war daran nicht nur die 8. britische Armee des Feldmarschalls Montgomery beteiligt, sondern in unseren Augen die ganze Anti-Hitler-Koalition des Zweiten Weltkriegs, eine gigantische Bundesgenossenschaft, der wir, im wirklich allerletzten Moment, unser Leben zu verdanken hatten.

Aber die innere Befreiung von der Nazizeit, von ihren Schrekken, der Bürde ihrer unverblaßten Erinnerungen, ihren Zwangsvorstellungen bei Tag und den nächtlichen Heimsuchungen durch Alpträume in immer kürzeren Abständen – dieser Versuch eines Heilungsprozesses dauert schon viel länger als das historische Erlebnistrauma selbst. Auf sich selbst zurückgeworfen, eingekerkert in seine Psychosen, Neurosen und seelischen Versehrungen, steht der Traumatisierte vor dem Problem, ob ihm die innere Befreiung, dieser mentale Verzweiflungsakt, allein oder nur mit Hilfe von außen gelingen könnte – wenn überhaupt.

Bei dieser nunmehr fast lebenslangen Auseinandersetzung habe ich nie äußere Hilfe erwartet, keine Sekunde lang. Die Gründe für die bleibenden Schatten, für die Depressionen, die Wiederkehr der furchtbaren Bilder und der Ängste um die Nächsten und um das eigene Leben, die Gründe für diese Heimsuchungen waren ja klar und brauchten nicht erst mühsam im Unterbewußtsein erforscht zu werden.

Deshalb hat es für mich nur einen, von Anfang an bis heute durchgehaltenen Weg gegeben: mir selbst zu helfen dadurch, daß ich berühre, daß ich anfasse, andenke, was mir seinerzeit Abscheu, Todesangst, Grauen eingeflößt hat – daß ich mich ihm stelle.

Was nicht nur heißt, mich kontinuierlich als Publizist und Schriftsteller mit dem Nationalsozialismus und seinem

Erbe auseinanderzusetzen, sondern auch die Plätze aufzusuchen, die für mich Tatorte oder Symbole gewesen waren. Also die Stätten meiner Selbsterlebnisse, und Stätten, die mir zwar erspart geblieben, jedoch Millionen anderen Menschen zur Todesfalle geworden sind. Sie waren immer in mein Leben einbezogen und werden es bis zuletzt sein.

Aber es hat bei der inneren Befreiung weit länger als ursprünglich vermutet gedauert, den emotionalen Widerstand tiefer Berührungsängste zu überwinden und der elementaren Bereitschaft, ihnen auszuweichen, nicht nachzugeben.

Erst nach Jahren konnte ich das rattenverseuchte Kellerloch wieder aufsuchen, in dem wir uns versteckt hielten. Und noch mehr Zeit mußte verstreichen, bis ich ohne Atemnot am Johanneum vorbeigehen konnte, der Schule, die mir, dem Fünfzehnjährigen, von dem *Speckrolle* genannten Klassenlehrer zur antisemitischen Hölle gemacht worden war.

Wann habe ich es zum erstenmal gewagt, wieder einen Blick auf das *Stadthaus* zu werfen, Sitz der Gestapoleitstelle Hamburg, wohin ich im September 1939 gebracht und vier furchtbare Tage gefangengehalten worden war? Oder auf das Haus der *Rassengestapo* am Johannisbollwerk gegenüber der Hafenfront, das mich im August 1944 in eine Obhut genommen hatte, der lebend zu entkommen ich nicht mehr geglaubt hatte? Davon später mehr.

Aber fast noch höhere Hürden als die Stätten meiner Erlebnisse errichtete die gesuchte Konfrontation mit den Symbolstätten, den Synonymen für das Grauen.

Auch sie aufzusuchen hatte ich immer wieder aufgeschoben, auch bei ihnen hatte ich nach Ausflüchten gesucht, nach Vorwänden, und ihnen oft genug nachgegeben.

So erging es mir mit der *Wolfsschanze*, Hitlers Hauptquartier 1941–44, dem ich während der Recherchen zu meinem Buch »Ostpreußen ade. Reise durch ein melancholisches Land« in den Jahren 1992/93 immer wieder nahe gekommen war, ohne es aufzusuchen. Es hatte mehr als ein Jahr gedauert, bis die innere Blockade abgebaut war und ich mich, inmitten der dynamitzerfetzten Betonklötze mit ihren bis zu acht Metern dicken Mauern, auf den Trümmern jenes *Führerbunkers* sah, der einst das Zentrum unseres Todfeindes war. Jenes Erzbedrohers also, der sich schon vor einem halben Jahrhundert mit einem Schuß in den Mund seiner Verantwortung entzogen hatte, während ich mich hier als Überlebender einfand, wenn auch, zugegeben, zitternd und bebend.

Besonders lange hat sich meinen Versuchen zur inneren Befreiung die Reise nach Auschwitz widersetzt. Seit Jahrzehnten geplant, habe ich die festgefressene Sperre erst am Ende meiner Recherchen für das Ostpreußenbuch überwinden können.

Nach einer Fahrt quer durch Polen bin ich dann durch das Stammlager gegangen, Auschwitz I, und seine Relikte; habe ich die Todesmauer gesehen und den Galgen, an dem Rudolf Höß, von 1940–43 hier Kommandant, am 16. April 1947 gehenkt worden ist. Habe vor den Bergen von Haaren, Prothesen, Krücken, Gebissen, Koffern, Zahnbürsten und Schuhen gestanden – Kinderschuhen. Bin dann durch das Tor über den Grund des Vernichtungslagers gegangen, Auschwitz II, Birkenau; an die Rampe und an den grasüberwachsenen Gleisen entlang; vor die gesprengten Gaskammern und Krematorien und in die riesige Barackenstadt daneben.

Und hatte dort plötzlich gewußt, daß ich, der sein ganzes Leben lang alles mitteilen konnte, was ihm begegnete und widerfuhr, über jenen Septembertag des Jahres 1993 nie mehr werde schreiben können, als es jetzt hier geschieht, mit diesen Zeilen, zum ersten- und gleichzeitig auch zum letztenmal.

Nicht anders erging es mir mit Buchenwald, Dachau, Neuengamme, Sachsenhausen-Oranienburg – auch sie Prüfstände der inneren Befreiung, der Enttabuisierung des Traumas Hitler in mir selbst.

Und nun der Obersalzberg.

Dabei sind nicht dieser Hang und seine Ruinen mein eigentliches Ziel – Endstation ist das Kehlsteinhaus, von den Amerikanern *Eagle nest* getauft, Hitlers *Adlernest*, 1834 Meter hoch, sozusagen das Privatissimum des sonst stets uniformierten *Führers*, ein für mich in seiner zivilen Verlogenheit besonders gefürchteter Platz. Die einzigen Fotos und Filmaufnahmen von Hitler nach 1933 im Anzug, die mir vorgelegt worden sind, kamen von hier, seinem verniedlichend auch *Teehaus* genannten sporadischen

Domizil. Unerträgliche Idyllen, mit Eva Braun und Schäferhunden, familiäres Ambiente, linkische Gebärden und eherner Blick des einzigen auf die grandiose Bergwelt ringsum. Zusätzlich zu meiner Massenphobie im allgemeinen und der lokalen im besonderen sind das Bilder, die mir die Auffahrt zum Kehlsteinhaus extrem schwer machen, gepaart mit der Beklemmung, dort oben möglicherweise zum Zeugen mehr oder weniger verborgener Hakenkreuznostalgien zu werden.

Man gelangt da hinauf nur mit Bussen, der eigene Wagen muß auf den weiträumigen Parkplätzen des Obersalzbergs bleiben.

Jede halbe Stunde geht es los, die Fahrtzeit ist mit 25 Minuten angezeigt. Vor der Kasse eine Schlange, Muße also, die Preise zu studieren. Erwachsene 20 Mark, mit Kurkarte 19; einfache Fahrt 16 Mark, mit Kurkarte 15; vier- bis elfjährige Kinder Hin- und Rückfahrt 13 Mark, mit Kurkarte 12; Kinder einfach 11,50 Mark, mit Kurkarte 10,50. Neben Ermäßigungen für Gruppen und Schwerbehinderte gibt es solche auch für Familien ab dem zweiten Kind bis zum Alter von elf Jahren.

Mich schaudert's angesichts all der Zahlen und ihrer Abstufungen, dieser peniblen Differenzierungen! Wären die in anderen Ländern möglich? Warum erschrecken mich immer noch Preislisten, in denen Kinder und Erwachsene getrennt aufgeführt werden? Vielleicht, weil die aus allen Ecken und Enden des deutsch besetzten Europas deportierten Juden unterschiedliche Preise für ihre Fahrt in den Tod bezahlen mußten? Kinder pro Kilometer weniger als Erwachsene, zum Beispiel für den Transport vom griechischen Saloniki nach Auschwitz, acht Tage in geschlossenen Viehwaggons.

Plötzlich ein Impuls in meinem Kopf, wie eine Kurzbelichtung: Kann es nicht irgendwann genug sein mit solchen Assoziationen? Hat die außer mir hier noch jemand, oder bin ich der einzige?

Im Bus dann um mich herum viele Ausländer, fremde Sprachen, laute Stimmen, am lautesten Italienerinnen und Italiener. Sie lachen, scherzen und verbinden mit dieser Fahrt offensichtlich ganz andere Empfindungen als ich. Aber statt darüber befremdet oder empört zu sein, spüre ich eher Erleichterung. Darauf ein zweiter Impuls, kürzer noch als der erste: Wie gut, daß nicht alle so geschlagen sind mit ihrer Vergangenheit, so unentrinnbar verstrickt in sie, wie gut zudem, daß ihnen die Voraussetzungen dafür fehlen, daß sie nicht erlebten, was mein Leben so nachhaltig verdüstert.

Aber wieso kommt Verständnis dafür erst so spät in mir auf? Warum habe ich so lange jeder und jedem übelgenommen, wenn sie nicht in die gleiche Trauer verfielen wie ich?

Gedanken, während es zügig mit dem Bus hoch geht, von den 970 Metern des Obersalzbergs hinauf zum Kehlsteinhaus (1834 Meter), und das auf einer schmalen Straße, die nach Lautsprecherauskunft (auf deutsch, englisch, französisch, italienisch) in den Jahren 1936 bis 1938 erbaut worden ist.

Von meinem Fensterplatz aus wird jetzt der Blick nach rechts frei, ins Tal, wo Berchtesgaden liegt, eine Ansammlung von lauter Spielzeughäusern vor dem wuchtigen Hintergrund. Aufregung im Bus über die phantastische Aussicht: »Meraviglioso!« – »Look at it, look!« – »Das kann nicht wahr sein!«

Doch, es ist wahr: Bruchtaler, Steinernes Meer, Großer Hundstod, Großes Teufelshorn, nicht weit der Hochtaler – eine betörende Kulisse. Auf der Straße Haarnadelkurven, Tunnels, Anzeigen »1300 m über NN« – »1600 m über NN« (NN: Normalnull).

Dann die Ankunft oben, auf einer Plattform unterhalb des *Eagle nest*.

Bis da hinauf sind es noch einmal 124 Meter, per Lift.

Ein messingglänzender Fahrstuhl ist das, in den sich nun hineingezwängt wird, dicht an dicht, juchzend, lachend, in aufgeräumtester Stimmung – nicht nur der Klaustrophobe in mir entscheidet sich für den Fußweg über die Serpentinen, rechts hoch.

Ich lese: »Naturschutzgebiet Königssee. Bitte Weg nicht verlassen, Steinschlaggefahr. Bei Gewitter Haus aufsuchen, Lebensgefahr.« Und daß es per pedes etwa zwanzig Minuten dauern soll.

Bis auf einige Wolkenlöcher ist die Landschaft unten verdeckt.

Aber bin ich hier heraufgekommen, um mich nur an ihr zu ergötzen, oder aus ganz anderen Gründen? Sachte Atembeschwerden, wenn auch nicht der dünnen Luft wegen, Flucht- und Umkehrgedanken, je höher hinauf, desto bedrängender.

Dazu das alte Bedürfnis, die wahren Motive für den Wunsch, davonzulaufen, vor mir selbst zu verschleiern, etwa so: »Warum tust du dir die Strapaze bloß an? Von allen Ankömmlingen bist du ohnehin der einzige, der hier auf Schusters Rappen aufwärts strebt. Außerdem - der asphaltierte Pfad ist löchrig, geradezu perforiert, die Wegkante höchst ungenügend mit rot-weißen (!) Bändern markiert, ja, an einigen Stellen weggebrochen, die Bankette überhaupt weich, die Warnung da unten mehr als berechtigt. Was also soll das ganze Abenteuer?«

Dazu fällt der Blick nach rechts auf graue Felsen, rissige Wände, schrundigen Stein und Schluchten, tiefe Schluchten. Wer hier abstürzt, der wird nie gefunden werden. Im übrigen sind die zwanzig Minuten, die der Aufstieg dauern soll, längst verstrichen.

Da kommt, ich traue meinen Augen nicht, ein Mann mittleren Alters in Sportdreß auf einem Rad den steilen Pfad hochgekeucht, passiert die Kehre, bis zu der ich es immerhin gebracht habe, und ruft mir zu: »24 Gänge hat das Velo, 24! Aber nicht darauf kommt es an, sondern auf die Ausdauer!« Dann tritt er noch wütender in die Pedale und entschwindet mit extrem hoch aus dem Sattel gehobenem Hintern meinen ungläubigen Blicken an der nächsten Kurve.

Ich bleibe stehen, sehe durch ein Wolkenloch drüben den Ausschnitt einer Gebirgsflanke und denke: Etwas unheimlich, dieser Wille zum Durchhalten. Da war doch mal einer, einst hier ganz in der Nähe, der bis zuletzt dazu aufgerufen hatte. Was mag mich da oben erwarten? Oder sehe ich überall Gespenster?

Dann eine Bank, fürsorglich aufgestellt, die Hälfte eines Baumstammes, quer gelegt, das tut gut. Ein junges Paar kommt herunter, sieht mir die Anstrengung an und versucht, mich freundlich zu trösten: Weit sei es nicht mehr - Leute aus Dänemark, dem typischen Idiom mit dem scharfen S nach.

Jetzt wird es auf dem Weg hinauf steiler und steiler, und die Zahl der Krähen immer größer. Geradezu unheimlich, wie sie so nahe an einen heransegeln, daß die Luftschwingungen ihrer Flügelschläge zu spüren sind, und dann unter fortwährendem Kraha, Kraha wieder schwirrend im Dunst verschwinden. Wenn es aus der Gattung der Rabenvögel eine Art gibt, die hierher paßt, dann diese, egal ob nun Nebel-, Aas- oder Saatkrähe.

Dann kommt die letzte Etappe in Sicht, eine steinerne Treppe, deren 76 Stufen ich hinaufstapfe, ehe ich mich endlich angelangt sehe – zunächst mit dem Rücken zu Hitlers *Adlernest*.

So soll es auch noch eine Weile bleiben, bis ich mich getrauen werde, es in Augenschein zu nehmen.

Vor mir ein Verkaufsstand, irgendwie improvisiert, das Angebot deutlich im Zeichen der lokalen Attraktion, sonst aber ganz wie unten: Postkarten, Gläser, Bierhumpen, Sprüche, die an Dämlichkeit nicht mehr zu übertreffen sind, geistloses Gestammel, zum Beispiel: »An diesem schönen Platz hab' ich an Dich gedacht, und Dir zur Freude dieses Bildchen mitgebracht« – »Von diesem schönen Platz der Welt bring' ich Dir mit das große Geld«.

Ferner: preiswerte Offerten an einschlägigen Kassetten, darunter einstündige, auch in englischer Sprache – »Herr Hitler – the Truth«; der Verkaufsschlager »Historischer Rückblick«; Ansteckembleme *Eagle nest*, Enzian, Gamsböcke »mit Naturgamshaar« (20 Mark).

»Visa und Eurocard werden gern angenommen.«

Hinter dem Stand ein Fernrohr, Panoramablick: auf Loferer, Steinberge, Schönfeldspitze, Hohes Brett, Jägerkreuz – wenn die Sicht frei wäre. Sie ist es aber nicht.

Der Nebel braut jetzt so dick, daß das keine fünfzig Meter entfernte Kehlsteinhaus wie verschwunden ist. Dann, als es sich langsam aus dem fliehenden Grau herausschält, bleibt mein Blick an ihm haften.

Vor meinem inneren Auge passieren hier auf der Terrasse des Teehauses noch einmal besagte Fotos und Filmaufnahmen Revue – Hitler als Zivilist unter seinen Nächsten (soweit das außer dem Schäferhund überhaupt auf ihn zutreffen konnte), der *Führer* im Anzug, eine Verkleidung, die mich seit eh und je in ihrer betrügerischen Verharmlosung entsetzt hat – und die einstige Bühne für all das da unmittelbar vor mir.

In gewisser Weise ist mir hier noch beklommener zumute als in den Trümmergebirgen der *Wolfsschanze*, des Hauptquartiers in der Nähe des ostpreußischen Rastenburgs. Das gesprengte

Betonuniversum dort, die elefantenhaften Mauerreste aus geborstenem Stein, hinter denen Hitler Jahre verbrachte – sie waren der dieser tödlichen Existenz gemäße Rahmen, der Offenbarungseid einer Gigantomanie, die nur so enden konnte wie ihr Bauherr – in der Apokalypse.

Das Kehlsteinhaus dagegen ist mir, ungeachtet seiner stumpfen Protzigkeit, angesichts dieses Hausherrn zu täuschend, zu verharmlosend – und gerade deshalb noch unheimlicher.

Das macht die Zentnergewichte an Füßen und Beinen, als ich nun hineingehe.

Vorbei an den Braten- und Kochdünsten der Küche ins Innere, vor den Kamin, auf dessen eiserner Wand die Jahreszahl 1938 steht. Ein Stand – Süßigkeiten, Postkarten, Kuhglocken, bayerische Seppln als Stoffpuppen. Fotos, die das bis zur halben Höhe eingeschneite Haus zeigen, wolkenfreie Ausblicke, die Hakenkreuzfahne auf dem Dach und Gemütvolles darunter und davor: neckisch kostende Köchinnen und Köche; Eva Braun vor flackerndem Kaminfeuer und Hitler in allen möglichen Posen, mal mit Kindern, mal mit hohen Offizieren, mal mit Schäferhund, und immer in Zivil.

Das Restaurant ist vollbesetzt, unterdrücktes Stimmengewirr, die Leute essen und trinken, ohne daß auch nur ein Funken Andacht zu verspüren wäre. Dennoch ist die Atmosphäre seltsam gedämpft.

Hier halte ich es nicht lange aus.

Wieder draußen, sehe ich ganze Schwärme von Krähen in der Luft, ein flatterndes Spektakel, menschenvertraut, zum Greifen nahe und bei der Suche nach Freßbarem immer Kopf und Schnabel nach unten geneigt.

Ich setze mich auf eine Bank neben dem Fernrohr mit dem Panoramablick und schaue auf das Haus da vor mir.

Also auch hier hat der Mann gelebt, der die Zerstörung Europas ausgedacht und verwirklicht hat, dessen Hirn die physische Vernichtung der Juden in seinem Machtbereich entsprungen ist und der eine bloße Arabeske der Weltgeschichte geblieben wäre, wenn er nicht massenhaft Anhänger gefunden hätte, die ihm blindlings ins fremde und eigene Verderben gefolgt wären.

Ganz plötzlich reißt die Wolkendecke auf, und unten wird das Tal sichtbar, grüne Matten, bewaldete Flächen – ein unerwarteter, herrlicher Anblick.

Da setzt sich ein Trio auf meine Bank, eine Frau und zwei Männer, alle drei in meinem Alter – ein Ehepaar aus der Umgebung von Ulm, wie sich rasch herausstellt, mit einem Freund.

Erste Reaktion: aufstehen und weggehen, ganz undemonstrativ, weil ich niemanden verletzen will – nur fort von hier.

Wenn es Junge oder Jüngere gewesen wären, hätte ich den Drang sicher nicht so stark in mir gefühlt, aber es ist meine Problemgeneration. Deshalb will ich weg, will ich aufstehen und lieber nicht zuhören, was sie sprechen, möglicherweise gerade hier, gerade an dieser Stelle. Alle drei hatten sich vor meinem inneren Auge sofort in ihr damaliges Bild verwandelt, die Frau jung und in BDM-Tracht, die beiden Männer in Hitlerjugend- und Wehrmachtuniform. Und nun fürchte ich, alsbald zum Zeugen gewisser Bekenntnisse zu werden, offener oder auch nur heimlicher, denen ich natürlich, wie fast immer bei Ohrennähe, sofort widerspräche, die mir aber gerade hier noch mehr zusetzen würden als sonst schon.

Seltsamerweise jedoch gebe ich meinem ersten Impuls, aufzustehen und wegzugehen, nicht nach. Und das nicht nur, weil es, so brüsk vollzogen, unhöflich hätte aussehen können, sondern weil ich durch eine winzig flackernde Hoffnung plötzlich neugierig geworden bin. Ängstige ich mich vielleicht ganz umsonst?

Also bleibe ich, immer noch entschlossen, bei erster Bestätigung meiner Befürchtungen mir entweder möglichst unauffällig die Ohren zu verstopfen oder, weit wahrscheinlicher, mich ungebeten ins Gespräch einzumischen.

Und dann sprechen sie, die drei, zwar leise, doch verständlich. Aber weder von ihrer Jugend noch von Hitler, noch von ihren Gedanken und Empfindungen hier oben, noch überhaupt von Politik. Vielmehr erfahre ich von der Tragödie einer ihnen offenbar nahestehenden Frau, die sich erst jüngst einer schwierigen Operation zu unterziehen hatte, bei der im Körper »etwas vergessen worden war«. Der Chirurg, geschildert als ein spröder, wortkarger Mann, soll nach diesem Kunstfehler nicht wiederzuerkennen gewesen sein, wie das bis dahin ebenfalls ziemlich verschlossene Personal, sie alle in großer Panik, daß »das Versäumnis« herauskommen würde. So mußte noch einmal operiert werden, und es mußte schnell gehen, weil die Patientin und ihr Mann vor ihrer goldenen Hochzeit standen. Die Operierte aber erwachte nicht mehr aus der Narkose. Ob man gegen die Verantwortlichen nun klagen solle oder nicht?

Betretenes Schweigen.

Danach geht es mit belegten Stimmen um die Frage, ob man hier wohl photographieren dürfe, was schließlich mit dem Hinweis bejaht wird, daß »die anderen es ja auch tun«.

Woraufhin das Ehepaar aufsteht und zu dem Kreuz geht, das den höchsten Punkt auf dem Plateau des Kehlsteinhauses bildet, während der Freund der Familie auf der Bank sitzen bleibt. Während des Gesprächs hatte es sich herausgestellt, daß die Verstorbene seine Schwester war.

Ich rege mich nicht vom Fleck – und schäme mich. Schäme mich wegen meiner Lauscherei, während ich erleichtert darüber bin, daß sich meine Befürchtungen nicht bestätigt haben, ich den Leuten also mit meinem Vorurteil Unrecht getan habe. Und dies, ohne daß die drei auch nur die geringste Ahnung haben von meinen Ressentiments und wie sie korrigiert worden sind.

Ich sitze stumm an einem Ende der Bank, der Bruder der Verstorbenen am anderen. Er ist ein paar Jahre älter als ich, trägt eine Brille, könnte Arzt sein oder Gelehrter oder auch Journalist, was ich gern wüßte. Obwohl ich mehr erfahren möchte, wage ich weder zu fragen noch sonstwie unter irgendeinem Vorwand mit ihm ins Gespräch zu kommen.

Und plötzlich habe ich zu allem auch ein schlechtes Gewissen, nicht so sehr wegen der immer noch bestürzenden Tiefe meines Mißtrauens gegenüber Angehörigen von Generationen, die mir dafür wahrlich oft genug Grund gegeben haben, sondern wegen meiner Pauschalisierungen und Unterstellungen. Warum nicht davon ausgehen, daß sich in fünfzig Jahren sehr wohl vieles geändert und gewandelt haben kann, und daß auch unter den Alten und Älteren nicht alle unbelehrbar sind?

Jetzt kommt das Ehepaar zurück, alle drei gehen rechts am Kehlsteinhaus vorbei und entziehen sich meinen Blicken.

Da mache auch ich mich auf den Rückweg.

Also die Treppe hinunter, an deren unterster Stufe mir, frappierender Anblick, ein Mann mit Skiern auf den Schultern entgegenkommt, und dann weiter den schmalen Pfad mit seinen brüchigen Serpentinen hinab.

Die Bank, auf der ich vorhin ausgeruht hatte, ist nun besetzt von einem Mann und einer Frau, die in meinem Alter sind und so vertieft in ein Buch mit dem Titel »Geheimnis Kehlstein«, daß sie mich nicht wahrnehmen.

Von hier lieber schnell weg - Wechselbad der Gefühle und Vermutungen.

Auf der Plattform warten die Busse, der messingfunkelnde Lift speit seine Ladungen aus, und früher als erwartet geht es wieder auf die Fahrt nach unten.

Nach zehn Minuten stoppt der Bus in einer Parknische, um den Gegenverkehr durchzulassen - für zwei Fahrzeuge nebeneinander ist die Straße zu eng. Es wird, sagt der Buslenker, eine Weile dauern.

Ich steige aus und trete an die Brüstung.

Da liegt es, weit unten: ein Stadtkern, der an den Rändern zerfasert und übergeht in weite Waldflächen mit schimmerndem Grün, heute wie damals für die Öffentlichkeit das eigentliche Zentrum der Region - Berchtesgaden.

Rasch hatte sich das Wintersportzentrum nach 1933 dank prominenter Nähe gemausert, hatte sich mit Gebirgsjägerkaserne, Sparkasse, Finanz- und Postamt urbanes Flair zugelegt und mit BDM-Sportschule, HJ-Heim und Jugendherberge die Zeichen der Zeit erkannt. Berchtesgadens Stolz und eigentliches Prunkstück aber wurde, wenn auch mit Untersberger Marmor und vier Gleisen sichtlich überproportioniert, der neue Bahnhof, Ausgangs- und Endstation für Hitlers Paladine, hohe Staatsgäste aus dem Ausland und *Kraft-durch-Freude*-Sonderzüge.

960 Millionen Reichsmark übrigens sollen Obersalzberg und Kehlsteinhaus den deutschen Steuerzahler damals gekostet haben, und die Alpenmarotte des *Führers* hat manche Berchtesgadener Baufirma reich gemacht. Natürlich wollte später niemand mehr wissen, wer damals von der Riesensumme profitiert hat, am wenigsten die Firmenerben, die diesbezüglich bis heute

eisern sprachlos geblieben sind. Mit anderen Worten – Berchtesgaden hat beide Male profitiert: damals vom NS-Personenkult, später von seinen Nachwehen, und dies bis heute. Die Stadt *boomt*, wie es heißt. Aber das natürlich nicht, weil ein gewisser Herr dort und in der Umgebung seine Duftmarken gesetzt hatte. Oder doch?

In meiner Nähe, hier oben an der Brüstung, unterhält sich eine ältere Dame mit dem ebenfalls ausgestiegenen Busfahrer. Das heißt, der Mann, so um die Vierzig, sagt nicht viel, während sie ihm den Obersalzberg von einst kenntnisreich in seine Bestandteile zerlegt – nur dann und wann kommentiert durch ein nicht sonderlich interessiertes »Ach ja?« oder »Tatsächlich?« oder auch »Hab' ich gar nicht gewußt«.

Nun weiß er es.

In diesem ungleichgewichtigen Dialog fällt mir aus dem Mund der Frau ein Wort ganz besonders auf, und das sowohl durch seine gewollte Betonung als auch häufige Wiederholung: *er*.

Zum Beispiel: »Auf dem Berghof, da war *er* am liebsten.«

Oder: »Die Pläne hat alle *er* selbst entworfen.« Oder, anerkennungssatt: »Nur *er* hat da oben bestimmt, kein anderer.«

Als ich es mir nicht verkneifen kann, heuchlerisch zu fragen: »Verzeihen Sie meine Einmischung, aber wen meinen Sie eigentlich mit *er*?«, verstummt die ältere Dame und zuckt dabei zusammen, als fühlte sie sich ertappt bei einer Untat, für die sie sich nun überraschenderweise zu rechtfertigen hätte. Also nimmt sie einen Anlauf, und noch einen, bringt den Namen aber nicht heraus. Sie wird erlöst durch das für den Massentourismus auf Hitlers einstiger Privatstraße notwendig gewordene Ausweichsystem zwischen Berchtesgaden und dem Kehlsteinhaus: Mit mächtigem Hupen kündigt der von unten aus der Kurve heranröhrende Bus sein Vorfahrtrecht an!

Am Obersalzberg angekommen, steige ich in mein Auto um und mache mich auf die Suche nach dem Bunker, den *er* nach angeblich eigenen Plänen hat anlegen lassen – ungefähr das einzige, was von der sogenannten Alpenfestung übriggeblieben ist.

Der Eingang dazu liegt auf dem Gelände der ehemaligen Gestapozentrale, heute Hotel »Zum Türken«. Fünf Mark in einen Automaten geworfen, und es geht durch ein Gitter und über eine Wendeltreppe hinunter in ein gruftiges, feuchtes, kühles Verlies!

Gefängniszellen des ehemaligen Reichssicherheitsdienstes; Schlafräume der Leibwache; Hundezwinger; an den Wänden Schmierereien – »Deutschland erwache!« – Grüße von Skins an Skins, frisch übertüncht, aber noch lesbar. MG-Nester, daneben eine Plakette: »Wenn Sie die Treppe hinuntersehen, sehen Sie den ersten Maschinengewehrstand. Die drei Löcher sind ein Sehschlitz und drei Maschinengewehrscharten. Es wäre unmöglich gewesen, gewaltsam einzudringen.«

Wie toll, alle Achtung! Und in der Tat, der Schöpfer des Dritten Reichs ist bekanntlich nicht hier zugrunde gegangen, obwohl er in seinem *Adlernest* noch ein paar Tage länger hätte leben können als in dem von der Roten Armee umzingelten Berlin.

Ich sehe Hinweise auf Verbindungsstollen, anachronistische Gebilde, taub und stumm und doch auf fürchterliche Weise gegenwärtig: zum *Bormannbunker*, zur *Verwaltung*, zum *Filmarchiv*, zu den *SS-Kasernen* – endlose Verschlingungen in den Eingeweiden der *Alpenfestung* Obersalzberg.

Welch ein Irrsinn, zu glauben, daß diese Katakomben in einem geschlagenen und besetzten Deutschland zum Refugium für ihren Erbauer hätten werden und er selbst sich dort länger als einen Tag hätte verkriechen können, ehe die ersten GIs sich über die Leichen seiner SS-Leibwache den Weg zu ihm freigeschossen hätten!

Und immer weiter geht es noch, immer tiefer und tiefer. Der Gang, an dem ich angelangt bin, endet sechzig Meter weiter unten – steht hier. Soll er! Ich schaue hinab, wo er sich diffus verliert, und erspare mir die unterste Etage dieses glitschigen Labyrinths, das ein wahnsinniger Minotaurus hier einsenkte, eine Krypto- und Katastrophenexistenz, ein Maulwurf und Unterirdischer.

»Ausgang« lese ich aufatmend und kann gar nicht so schnell hochsteigen, wie mir danach zumute ist, zurück an die frische Luft und auf den Boden der zweiten deutschen Demokratie. Bei all ihren Mängeln, Fehlern und Schlimmerem: welche Kostbarkeit!

Und wenn der NS-Ungeist und seine heutigen Apologeten auch zäh weiterleben und wenn ich auch meine Kritik daran über zwei Drittel meines bisherigen Lebens noch einmal summarisch Revue passieren lasse – in diese Höhle da unten tief im Bauch der deutschen Alpen wird kein neuer *Führer* einziehen! Sie bleibt Museum und sonst gar nichts, mag das Schreckgespenst eines fiktiven Vierten Reiches noch so heftig in den Phantasien mancher Zeitgenossen herumrumoren.

Mir hat das Dritte genügt.

Und nun, vor der Abfahrt, noch hier oben, eine Bilanz.

Wie sie sich heute in ihrem äußeren Bild darbieten, sind Obersalzberg und Kehlsteinhaus, erstens, das unsägliche Spiegelbild einer unsäglichen Gesinnung, die Nazizeit zu interpretieren und zu kommerzialisieren – fern jeder Ernsthaftigkeit und jeden guten Willens, verdrängerisch bis hinein in die NS-Verherrlichung, gegen alle einschlägigen Gesetze und gegen die Präambel des Grundgesetzes. Wer an diesem Platz, der wie kaum ein anderer dazu herausfordert, kritische Publizistik sucht, wird sie nicht finden, wohl aber widerwärtig augenplinkernde Komplizenschaft.

Ein Wallfahrtsort Unbelehrbarer scheint das Stück historisch schwerbelasteter Bergwelt, zweitens, jedoch auch nicht zu sein, jedenfalls, was die Mehrheit derer betrifft, die sich hier tummeln. Nostalgisches hält sich in Grenzen, was nicht bedeutet, daß dergleichen hier nicht herauffände. Wie denn nicht, da das Angebot doch ganz darauf zugeschnitten ist? Doch wenn der Schund auch seine Wirkung tut, überschätzt werden sollte sie nicht.

Auf logistische Schwierigkeiten dürften hier oben allerdings alte und neue Hitleranhänger bei demonstrativen Treffen und Versammlungen stoßen, und schuld daran ist ironischerweise das nachgerade göttlicher Abgehobenheit und Menschenferne zustrebende Separierungsverlangen ihres Idols. Denn auf den Obersalzberg kommt man nur auf zwei, zum Kehlsteinhaus gar nur auf einer Straße. Beide könnten mit geringem Aufwand gesperrt und damit leicht zur Mausefalle für neonazistische Provokationen werden. Hoffentlich aber gibt es inzwischen auch noch andere Gründe, die die Befürchtungen der bayerischen

Landesregierung bei der Rückgabe des Hangs durch die Amerikaner Lügen strafen und die bisher weder den Obersalzberg noch das Kehlsteinhaus zum Wallfahrtsort brauner Jüngerschaft gemacht haben.

Und schließlich, welche Wirkung hatte, drittens, der Prüfstand Obersalzberg/Kehlsteinhaus auf mich und mein Problem der inneren Befreiung? Hat mich die selbstgewählte Konfrontation weitergebracht oder nicht? Steige ich um ein Molekül unbelasteter hinunter, als ich hier heraufkam?

Ich weiß es nicht, weiß es wirklich nicht. Immerhin stellt sich keine Reue ein, was bedeuten könnte, daß weitere Beschädigungen ausgeblieben sind.

Dafür aber sehe ich mich, wie stets an solchen Stätten, und das gewiß auch künftig, wieder vor diesem unaufhebbaren, auch nach fünfzig Jahren noch staunenden Zweifel: »Hast du das wirklich überlebt?«

Offenbar.

Denn nicht nur, daß ich den feinen Nieselregen als angenehme Dusche empfinde, nein, gleich darauf werde ich auch Zeuge, wie auf der Straße vor dem Bunker bei einem Überholversuch beide Autofahrer ihre Fingerkuppen heftig gegen die eigene Stirn schlagen, mich mit diesem neudeutschen Gruß also trostreich auf den Boden unserer Wirklichkeit zurückholen und mich dergestalt gegen alle Halluzinationen lehren, daß ich weder im Rachen Luzifers noch im Himmel gelandet bin.

Doch erst als ich, den Obersalzberg und das Kehlsteinhaus im Rücken, unter dem inzwischen strahlend blauen Himmel ein Restwölkchen, wie eine Rauchfahne an die Spitze des Watzmanns geschmiegt, erblicke, erst da gewinne ich die zweifelsfreie Gewißheit, daß ich *bin*.

# Der Alte von Todtmoos und andere Schwarzwaldgeschichten

Von Geisingen her, aus der Gegend Singen–Donaueschingen auf den Schwarzwald zu, also von Osten – zum erstenmal.

Ich kann nicht mehr zählen, wie oft ich auf der anderen Seite an ihm vorbeigefahren oder in das Waldgebirge hinein abgebogen bin, auf dem Weg in die Schweiz, nach Italien oder um Freunde am Westhang zu besuchen und von dort aus mit ihnen Touren zu unternehmen. Doch aus dieser Richtung habe ich mich dem Schwarzwald noch nie genähert.

Einstweilen ist von ihm auf der Bundesstraße 31 nichts zu sehen – »Freiburg 71 km«, lese ich hinter Geisingen.

Über allem sanfte Nachmittagssonne, rechts hochsprossiger Mais, mit langer Seide aus den Hüllblättern, links Weizengewoge, beidseitig Tannenschonungen, aber noch nicht der Wald.

Dann, vor Löfflingen, zeichnen sich Höhenzüge am Horizont ab, es wird hügelig, und nun steigt es, vorbei an Titisee-Neustadt, auf den Osthang zu sachte an.

Und dann bin ich mittendrin, macht der Schwarzwald seinem Namen gleich alle Ehre, mit dunklen Tannenfronten unter einem plötzlich grau eingestimmten Himmel, wahre Nadelholzphalangen, hoch wie Masten und steiler noch, kerzengerade, die Wipfel und Spitzen himmelwärts – hunderttausend Bäume und mehr auf einen Blick und wie aus einem Stück.

Schluchten, Hänge, Täler; Häuser mit borkigen Fassaden, anzusehen wie Flechten auf einer Fischhaut; Berghütten; Scheunentore wie offene Riesenmäuler; Gehöfte, die unter dem Gewicht ungeheurer Dachhelme erdrückt zu werden scheinen; blumengeschmückte Balkons – und Tannen, Tannen, nichts als dunkelgrüne Tannen.

Weit links jetzt der Feldberg, mit der Wetterstation und dem Aussichtsturm, und vor mir das Höllental, die Ravennaschlucht, der Bergkamm.

Vorbei mit der geraden Straße, paßartige Windungen, Ausblicke wie in Urgründe und auf Hänge, wo, Stamm an Stamm, nie eines Menschen Fuß hingetreten ist.

Hier prahlt er, der Schwarzwald, stellt sich höchstselbst aus, preist er sich malerisch an, seiner unsagbaren Schönheit bewußt und sie hochmütig beschweigend.

Dabei ist die Formation geologisch ein Kümmerling, in den Äonen ganzer Erdzeitalter herabgewittert vom Hochgebirge auf kaum fünfzehnhundert Meter an seinen äußersten Erhebungen – Feldberg, Belchen, Herzogenhorn –, wenngleich an manchen Stellen fundamentale Quader noch etwas von der Mächtigkeit des einstigen Felsengebirges erahnen lassen.

Aber wenn auch die majestätischen Häupter der nahen Alpen mit ihren Gipfeln im ewigen Eis hier nicht erreicht werden, ja, der Schwarzwald weiter abwittern und abflachen wird, während das steinerne Meer zwischen Genua und Garmisch-Partenkirchen, Genfer See und Graz mit seinen jungen Formationen aus dem Tertiär und Quartär von der Kinetik einer dynamischen Erdkruste immer noch weiter hochgestemmt wird – mir will dieser bewaldete Erdrücken menschennäher vorkommen, zutraulicher, entgegenkommend und berechenbar.

Großartig ist der Schwarzwald, aber er erschlägt einen nicht; grandios seine Aussicht, doch Abstürze sind nicht zu befürchten. Mag sein, daß die Durchquerung mit der Kutsche oder gar zu Fuß vielleicht noch bis hinein in unser Jahrhundert ein Abenteuer gewesen ist, heute winken, leicht erreichbar, Gasthöfe mit so poetischen Namen wie »Falkensteig«, »Himmelreich« oder »Zwei Tauben« zu Rast und Einkehr.

Nach Norden hin wird die Sicht offener, die Strecke flacher und die Straße gerader. Aber es bleiben die Höhenzüge zu beiden Seiten, geschwungen oder spitz, sanft oder keck hervorstechend, und alles weich in Wald gebettet.

Bis Freiburg sind es jetzt noch 13 Kilometer.

Von Todtmoos aus ins Wehratal.

Wieder dieser überwältigende Eindruck – Tannen, Meere von Tannen; Felsgestein; Bäche in ihren uralten Betten. Hinter Todtmoos-Au dann riesige Stapel gefällter Bäume, zerschnittene Stämme, Legionen von Brettern – ein Sägewerk links der Talstraße.

In der von Holzstaub halskratzend geschwängerten Luft kreischende, mahlende, fressende Geräusche; aus einem geschlossenen Stauwehr Rinnsale, die gut acht Meter tief in die Wehra triefen, und unter dem Dach der hohen Lagerhalle ein alter Mann, der einen schweren Baumstamm an einem Haken Zentimeter um Zentimeter in die sägegerechte Lage bringt.

Er erweist sich als mitteilsam, heißt Anton, ist 1917 in Todtmoos geboren, hat auf dem Kopf eine schäbige Mütze und hinter Brillengläsern lustig zwinkernde Augen. Ein Mensch, der fast sein ganzes Leben hier gearbeitet hat, wie sich herausstellt, verwachsen mit dem Wald und seinem Holz, voll vorindustrieller Erfahrungen noch und deshalb, wie er sagt, froh, den sechs Meter langen Fichtenstamm da am Haken nicht mehr wie früher per Hand in die richtige Position bringen zu müssen, sondern das eine Tonne schwere Stück auf Knopfdruck wie ein Leichtgewicht zwischen zwei zupackende Profilbacken klemmen zu können. Dann, nachdem Anton den Platz hinter der Säge frei gemacht hat, läßt er den Motor an, und eine Reihe vertikal arbeitender Stahlzähne frißt sich unwiderstehlich Zentimeter um Zentimeter in den hölzernen Koloß hinein.

Dahinter muß gewaltiger Druck stecken, dessen Ursprünge mir auf meine neugierige Frage hin von Anton triumphierend vorgeführt werden: eine vom Stauwehr getriebene Turbine und ein Dieselmotor, die eine wie der andere Elektrizitätserzeuger. Ein Doppelsystem, dessen Energie sowohl im Verbund, Wasser und Strom, als auch einzeln, Wasser oder Strom, nutzbar gemacht werden kann, je nach Bedarf. Im Augenblick scheinen beide zusammenzuwirken, so dröhnt und rattert es in dem ebenso engen wie glühendheißen Raum.

Ich möchte raus, aber der Alte, offenbar von Lärm und Hitze unberührt, hat die rechte Hand an die Turbine gelegt, stolz, als wäre sie seine Erfindung, ruft »50 PS!«, erkennt dann aber meine Bedrängnis und verläßt, von mir dankbar gefolgt, behende wie ein Junger den Höllenraum.

Inzwischen haben sich acht der zehn Sägeblätter fast durch die Fichte gefräst, die beiden äußeren laufen leer – hier könnten also noch mächtigere Stämme verarbeitet werden.

Ich setze mich irgendwo hin und bleibe eine gute Stunde, nur um Anton zuzuschauen. Der Achtzigjährige hantiert mit den Bewegungen eines Fünfzigjährigen, lacht und pfeift wie ein

Frischverliebter und bewegt fachmännisch die schwersten Stämme mit Geräten, die den Eindruck vorsintflutlicher Herkunft machen. High-Tech ist in diesem Sägewerk des Wehratals nicht zu finden, aber nichts wäre deplacierter. Denn es paßt alles gut zueinander, das volle Ensemble, das sich hier meinen Augen bietet: die alten Maschinen zu ihrem betagten Bediener; die Baumrinde zu seiner gegerbten Haut; das Sägemehl zu den Haarsträhnen, die unter dem Mützenrand hervorstehen, und das Rauschen des Wehrs zu den anderen Geräuschen, die die Atmosphäre erfüllen.

Ausgenommen einige Zeit im Zweiten Weltkrieg, wie ich von ihm erfahre, hat Anton sein Leben zwischen Todtnau im Norden und Schopfheim im Süden zugebracht, in diesem herrlichen Wehratal, stationär - und zufrieden; nie ohne Mühsal - und nie ohne Freude an ihr; ganz gewiß daseinslang ausgebeutet - aber dennoch nicht bereit, mit irgend jemandem zu tauschen.

Einen ganzen Tag hätte ich hier verbringen mögen, mit lauter Fragen an Anton, und Rückfragen an mich.

Doch schließlich händeschüttelnder Abschied, und weiter, im Ohr noch lange das charakteristische »Ratsch! Ratsch!« des Sägewerks. Auf die gewundene Straße nach Süden, immer neben der Wehra her, vorbei an steilen Felswänden und leuchtenden Panoramen von Tannen, von Laubbäumen, von Mischwald, rechts die Hohe Möhr, links der Hornberg - ich fahre durch eine der schönsten Passagen des Schwarzwalds überhaupt.

Und bin in meinen Gedanken seiner Natur heute dennoch nicht so nahe wie sonst, weil ganz vorn in meinem Kopf, geradezu festgestanzt, das Bild des alten Holzarbeiters bleibt, wie er dagestanden und mir nachgewinkt hat, ununterbrochen tätig und trotzdem in sich ruhend, in harmonischer Übereinstimmung von Körper und Seele. Während ich wieder mal darüber nachsinne, wie unübertragbar und rätselhaft doch die Voraussetzungen für das sind, was wir sehnsuchtsvoll Glück zu nennen pflegen.

Morgens bei hellem Sonnenschein ins Hexental, ohne festes Ziel, nur hinein in den südlichen Schwarzwald.
Aber ich komme nicht weit.

Vorbei am Schönberg, rechts, durch Bollschweil auf die Badische Weinstraße, dann bald, links, die herrische Silhouette der Burg von Staufen – und ich stehe vor einem gewaltigen Bauwerk: der Schloßanlage des Johanniter-Malteser-Ordens von Heitersheim.

Ragende Türme, aufstrebende Dächer, ein Mammutbaum, wohl 25 Meter hoch, ein englisch gepflegter Rasen, gestutzte Hecken und überall Wasser, sprühendes Wasser.

An einer Wandtafel lese ich: »Unsere Bruderschaft wird unvergänglich sein, weil der Boden, auf dem diese Pflanze wurzelt, das Elend der Welt ist, und weil, so Gott will, es immer Menschen geben wird, die daran arbeiten wollen, dieses Leid geringer, dieses Elend erträglicher zu machen.

Meister Gerhart vom Hospital zu Jerusalem I, Großmeister des Johanniter-Malteser-Ordens 1100–1120.«

Es folgen die Namen aller Großmeister und Großpriore vom 13. bis in unser Jahrhundert.

Unsere Bruderschaft wird unvergänglich sein ...

Ich stehe vor dem Monument einer fast tausendjährigen Ritterorganisation, dem steinernen Zeugnis ihrer Kontinuität, die mit Geschichtsdaten und -namen aus dem Mittelalter bis in unsere Gegenwart reicht. Stichworte aus der Ordenschronik: 1099 die Eroberung Jerusalems durch die Kreuzritter; 1291, nach dem Fall von Akko an die Türken, wird Zypern Ordenssitz; 1310 Rhodos, das 1522 an die Osmanen verlorengeht. 1530 dann Rückzug auf Malta, wo der Orden zwar Suleiman den Prächtigen abwehrt, aber 1803 von Napoleon nach Catania auf Sizilien vertrieben wird.

Der vom hiesigen Johanniter-Malteser-Museum herausgegebene »Überblick über die Geschichte« stoppt bei der Jahreszahl 1914 (im Ersten Weltkrieg seien in den Lazarettzügen des Ordens mehr als eine halbe Million Verwundete transportiert und gepflegt worden), während die Daten über die Nutzung der Schloßanlage bis in unsere Zeit reichen – Herberge für einen Sonderkindergarten, Sonderschule für geistig Behinderte und eine Behindertenwerkstätte.

Aber das sind keine karitativen Neuerungen: Schutz den Kranken und Verwundeten, den Armen und Pilgern; Kampf dem Hunger und dem Elend, Hilfe bei Unfällen und Katastrophen.

Da liegt es, das ehemalige Wasserschloß, nun längst ohne Gräben und Mauern – und erzeugt sehr zwiespältige Gefühle in mir.

Denn natürlich hat es immer auch Hau und Stich gegeben, Beharrung auf dem alleinseligmachenden Glauben; begegnen mir in Text und Kontext des Ordens Schreckwörter wie *Großkommandeur* und *Großkanzler*, *Profeß-* und *Nichtprofeßritter*, militante Substantive wie *Herrenmeister* und *Ordenswerkleiter*, der ganze Kodex einer gestrengen Hierarchie, tut sich für mich wieder der unaufhebbare Gegensatz zwischen religiösem Anspruch und einer Wirklichkeit auf, die er nicht bewältigen kann. Dazu die Frage: Eine halbe Million Verwundeter zwischen 1914 und 1918 transportiert und gepflegt (und im Zweiten Weltkrieg wohl noch mehr, wenn auch im Prospekt seltsamerweise ausgespart) – gut. Aber was getan, um Krieg, Tod und Verwundung die Wurzeln auszuziehen?

Wie trostlos also eigentlich die Ordenscharta »Unsere Bruderschaft wird unvergänglich sein ...« – weil das Elend ewig dauern wird.

Auch wenn sie auf zehn Jahrhunderte zurückblicken können und tatsächlich manches bewirkt haben, ich bleibe bei meiner Skepsis gegenüber so hoch gesetzten Ansprüchen – da es doch nie ohne Doktrin, nie ohne Machtstreben oder Anpassung an die Mächtigen ging, soweit man sie nicht selbst verkörpert hat.

Und dennoch erschöpfen sich mit solchen Überlegungen meine Reaktionen und Assoziationen auf dem Schloßgrund des Johanniter-Malteser-Ordens von Heitersheim nicht, möchte ich bleiben und fragen, was mich so hartnäckig hält und fesselt.

Sicher auch die himmlische Abgeschiedenheit und Stille, die hier walten, das Wasser und die Blumen, diese traditionell eingespielte Lautdämmung, die meinem immer stärkeren Ruheverlangen so sehr entgegenkommt.

Mehr noch hält mich eine eher jüngere Entdeckung an mir selbst, etwas, das zwar seit langem in mir gearbeitet haben muß, aber – nach allem vielleicht nicht unverständlich – bis in mein achtes Lebensjahrzehnt hinein regelrecht blockiert blieb: ein weiter zurückreichendes Verständnis für die Geschichte dieses Landes, als es die vorherrschende Auseinandersetzung mit seinen Problemzonen in unserem Jahrhundert bisher zugelassen hat; eine neue Dimension innerer Verknüpfung, die bis zu den Fundamenten der in Stein gefaßten Zeugnisse hin reichen soll. Nicht, daß Geschichte mich je gleichgültig gelassen hätte, im Gegenteil, ein universales Interesse für sie hat mich von Jugend an begleitet, die nationale Historie eingeschlossen. Aber jetzt ist eine frische Neugierde auf die *deutsche* Geschichte da, eine befreite Aussicht über hartnäckige Barrikaden hinweg.

Ich habe das Empfinden, daß, neben all den mentalen Zerstörungen, ihren Folgen und dem Zorn auf ihre Urheber, in mir nun doch allmählich so etwas aufgeflackert ist wie ein verschämter Stolz auf die Zugehörigkeit zu einer Kulturgeschichte von imponierender Tiefe.

Und die Schloßanlage in Heitersheim, südlicher Schwarzwald, bestätigt es mir nur noch einmal.

Wie, zum Beispiel, Freiburgs Münster auch.

Mit rötlichem Grundton leuchtet der Turm schon von der Stadtperipherie her über die Dächer, ehe ich über das fließende Wasser des *Bächle* der Herrengasse in die Buttergasse gelange und von dort den ersten Durchblick auf dieses Meisterwerk gotischer Baukunst habe – das Langhaus, das riesige Mittelschiff, seine zwölf mächtigen Pfeiler. Ob ich will oder nicht, für diese Ansicht finde ich nur das Wort *erhaben*.

Es ist wenige Minuten vor sechs Uhr am Abend, die Sonne ist verschwunden, das Licht aber nicht. Mir wird schwindlig, als ich, so nahe am Portal, hochschaue bis zur Spitze, der steinernen Kreuzblume auf diesem »schönsten Turm der Christenheit«. Ohne mich seines Ursprungs zu erinnern, weht mir das Zitat durch den Kopf, wie auch einige aus Gymnasiumszeiten aufgeschnappte Historienhäppchen, mir haftengeblieben vom Geschichtsunterricht eines Lehrers auf dem Hamburger Johanneum mit stark sächsischem Akzent – so die Zahl 1120, Freiburgs Gründung durch Herzog Konrad II. von Zähringen; die Rolle der berühmten Münsterbauhütte bei der Errichtung der Kirche, erst in spätromanischem, dann in gotischem Stil, während wirklich Ernst gemacht wurde erst ab 1330, über 183 Jahre hin - 1513 war das Werk vollendet.

Vollendet? Vielleicht künstlerisch, nicht materiell, denn restauriert und repariert wurde immer und wird es, über die Kriegsschäden hinaus, auch weiterhin - ich blicke auf Gerüste, auf Maschinen und Werkzeuge und auf eine verständnisheischend plakatierte Erklärung über den Sinn der ewigen Baustelle.

Ein Lüftlein streicht sanft von den Hängen des Schwarzwalds über den Platz und bewegt die dünnen, tief herunterhängenden Zweige einer Birke, die in einer drahtversperrten Nische an der Seite gleich rechts neben dem Portal wurzelt.

Davor drei Jungen im Alter zwischen elf und dreizehn Jahren, sich balgend und frei von jeglicher Nächstenliebe. Der größte fordert den kleinsten auf, ihn zu schlagen - »auf den Arm«. Was der auch tut, mit Hingabe, es aber offenbar dabei zu weit treibt, denn nun wird er das Ziel körperlicher Attacken, die ihn in die Flucht schlagen. Als er zurückkehrt, geht das Buffen und Boxen weiter, pubertäre Kräfte, die sich austoben wollen, wobei sorgsam achtgegeben wird, daß die teure Kleidung - edle Pullover, gefältete Hemden, graue Hosen mit Kniff - keinen Schaden nimmt.

Da kommt ein Vater daher mit seiner zweijährigen Tochter und Hund. Das winzige Mädchen, in den Händen einen Ball, wird auf einen steinernen Sockel gesetzt, und der Hund, eine Dackelart, angeleint. Die drei Jungen laufen auf das Tier zu, rufen laut »Miau, miau«, stubsen der Kleinen die Nase, nehmen ihr den Ball weg, spielen damit und schießen ihn über ein Metallgitter auf ein hermetisch verschlossenes Gelände, wo Sanierungsarbeiten durchgeführt werden.

Rote Köpfe - über den Zaun kann niemand hinwegsteigen. Plötzlich sehen die drei aus wie begossene Pudel. Aber der Vater lacht nur, flüstert seiner Tochter etwas ins Ohr, woraufhin sie freudig in die Hände patscht - ist ihr ein neuer Ball versprochen worden?

So ziehen sie ab, samt Hund, und winken noch zurück.

Keine Minute später geht die Balgerei zwischen den dreien vor dem Freiburger Münster weiter, nur noch heftiger als zuvor.

Da marschiert ein Spielmannszug mit Trommeln und Pfeifen auf den Platz, Jungen und Mädchen, vor ihnen ein Tambourmajor mit einem Blumenstrauß in der freien Hand und etwas zu gebieterischen Gebärden. An den Mauern der Kirche schlagen die zündenden Klänge von »La cucaracha, la cucaracha« (»Die Küchenschabe«) hoch, einer Melodie, die ich seit meiner Kindheit kenne und auch hier sofort wieder in Zusammenhang bringe mit dem mexikanischen Revolutionär Pancho Villa (von Wallace Beery in einem Hollywoodfilm der dreißiger Jahre unvergessen gespielt) – eine akustische Exotik, die an keinem Ort deplacierter wirken könnte als an diesem.

Schließlich gehe ich doch noch in das Münster.

Brennende Kerzen, Hochgewölbe, in mir immer die gleichen zwiespältigen Gefühle – Glaubenslosigkeit, gepaart mit Bewunderung für die Schöpfungen des Glaubens. Aber da, unter den Glasgemälden aus dem 14. Jahrhundert in einem Seitenschiff, eine Gruppe Frauen – mit Kopftüchern. Ich nähere mich, horche, finde bestätigt: Musliminnen. Sie stehen da, in enger Tuchfühlung, sprechen leise miteinander auf arabisch, machen sich gegenseitig lebhaft aufmerksam auf alles, was ihr besonderes Interesse erregt, und bleiben im Halbkreis vor dem Hochaltarbild (1512–16) von Hans Baldung, genannt Grien, lange stehen.

Der Anblick, den die streng verhüllten Musliminnen da im Freiburger Münster bieten, ist so ungewohnt, daß ich vor Wißbegierde fast zu platzen drohe, aber sie nach ihren Motiven für den Besuch einer christlichen Kirche zu fragen, scheint mir nicht ratsam zu sein. Und so unterlasse ich es, bleibe jedoch so lange, wie sie bleiben – wohl eine gute halbe Stunde noch.

Draußen gehen die Frauen über den Münsterplatz zum roten Kaufhaus, einst Sitz der städtischen Markt-, Zoll- und Finanzverwaltung, ein Gebäude aus dem 16. Jahrhundert. Sie stehen vor den vier goldgerandeten Bogen, blicken hoch zu den mittelalterlichen Figuren mit Schwertern auf dem Balkon und entfernen sich dann gemessen in Richtung Buttergasse, während ich bleibe und einem alten Mann zuschaue, der unter dem letzten Bogen rechts auf einer Steinbank sitzt und wunderbar geigt. Eine ebenso alte Frau mit roter Kappe wirft ein Geldstück in die Mütze auf der Erde, verharrt sinnend und entfernt sich dann, langsam und sich immer wieder umblickend. Wo hat der Mann so geigen gelernt?

Dann mache ich mich auf zum Augustinerplatz.

Da liegt sein Amphitheater im warmen Licht des späten Nachmittags, gesäumt von der gelblichen Gebäudefront des alten Eremitenklosters und besetzt von lauter Jugend, die sich auf dem abfallenden Terrain malerisch gelagert hat, meist wohl Studentinnen und Studenten der Universitätsstadt Freiburg.

Einige sitzen stumm da, allein, schlecken Eis, andere stehen in Gruppen herum, parlieren, lachen - Entspannung liegt in der Luft. Oben der ragende Stein, an den Fahrräder gelehnt sind und auf den vier farbige Männer mit ausgestreckten Armen ihre Handflächen gelegt haben, unter Fluchen und Stöhnen mit vorgebeugten, schwer arbeitenden Oberkörpern fiktiv damit beschäftigt, den gewaltigen Trumm umzustürzen, ehe sie schnaufend und zähneblitzend aufgeben.

Farbige auch unter den vielen Kindern auf dem Hof vor dem Augustinerkloster, einer Art Spielwiese, mit Schaukeln, Rutschbahnen und hölzernen Bauten, in denen es krabbelt und wimmelt, während die Kleinsten von den Müttern auf dem Arm gehalten werden.

Vor mir, mit dem Hosenboden auf dem Pflaster, ein junger Mann und ein junges Mädchen, er zwischen ihren gespreizten Beinen mit dem Rücken an ihrer Brust, sie mit dem Kinn auf seinem Kopf. Dann und wann küßt sie ihn, leise, wie hauchend, aufs Haar, fährt mit der Nase darüber hin, streichelt seine Wangen. Er, die Hände über dem Bauch gefaltet und die Beine wie eine Schere gekreuzt, bewegt flüsternd die Lippen, lächelt, greift nach hinten und fährt ihr sanft übers Gesicht. Dann schaukeln sie einander zärtlich hin und her.

Weiter unten tollen zwei Mädchen mit einem wunderschönen Hund herum, andere, Jungen und Mädchen, liegen in ihrem strapazierfähigen Alltagsdreß einfach auf dem blanken Stein, haben Laternenpfähle wie Rettungsanker umschlungen oder kommen mit der blitzschnellen und beneidenswerten Leichtigkeit ihrer jungen Glieder wie von einer Feder geschnellt in die Senkrechte zurück. Die Sonne verschwindet hinter den Dächern, es wird fahler, ohne daß das Bild auch schon seinen buntscheckigen, fröhlichen Charakter verliert.

Von unten, vom Fuß des Augustinerplatzes aus gesehen rechts, strömt in einer Rinne gurgelnd Wasser herab, eines der zahlreichen Freiburger Bächle, und verschwindet in einer vergitterten Öffnung unter die Erde.

Dann allmählich doch Aufbruchsstimmung.

Und plötzlich ist sie wieder da, nun förmlich aufgedrängt durch das Bild hier vor mir auf dem Augustinerplatz zu Freiburg, die ebenso kühne wie, angesichts der ihr bereits innewohnenden Antwort, zugleich auch wohltuende Frage: Sind die jungen Deutschen von heute nicht die unkriegerischsten in unserer ganzen bisherigen Geschichte?

Das bejahe ich abermals sogleich, hier an Ort und Stelle und vor mir selbst, restlos, ohne Vorbehalt und abstrahiert auf eine gegenwärtige und morgige Mehrheit von ihnen.

Dann mache ich mich auf und besuche die Freiburgerin, deren Name für mich zum Synonym für diese Stadt geworden ist – Freundin, Schicksalsgefährtin, Schriftstellerkollegin.

## Von »Fürchten Sie nichts« bis »Europa, was nun?«

Wir hatten uns auf denkwürdige Weise kennengelernt, vor langer Zeit, 1982, kurz nach Erscheinen meiner Hamburger Familien-und-Verfolgten-Saga »Die Bertinis«.

Im Frühling jenes Jahres war ich von einer offenbar sehr irritierten Frau aus Freiburg angerufen worden: Sie habe vor einigen Tagen mein Buch geschenkt bekommen und es soeben zu Ende gelesen. Nun aber habe sie ein bereits im Druck befindliches Buch mit gleichem Thema geschrieben, keinen Roman, sondern die Chronik ihrer während der Nazizeit ebenfalls rassenverfolgten Familie in Hamburg, und das mit vielen gleichen Schauplätzen, Personen und Schrecken, so daß sie fürchte, man könnte es für ein Plagiat halten.

Zur Erklärung ihres Wohnorts: Im Sommer 1943 in Hamburg ausgebombt, habe sie mit Tochter und Mutter zunächst in Staufen, danach in Freiburg Domizil gefunden.

Dann nannte sie, mit unverkennbar hanseatischem Akzent, ihren Namen – Ingeborg Hecht, Jahrgang 1921.

Ich habe meine Entgegnung von damals noch im Ohr: »Seien Sie beruhigt, zehn Leute an ein und dasselbe Thema gesetzt, und es werden zehn verschiedene Resultate herauskommen.«

Ich glaube, ich konnte Ingeborg Hecht sogar ein wenig beruhigen, beließ es aber nicht allein dabei, sondern fand bald auch Gelegenheit, sie zu besuchen, hoch im fünften Stock ihrer Freiburger Dachwohnung.

Dort wurde ich bekannt mit einem Lebenslauf, der mich durch und durch erschütterte. Nicht nur, daß das Trauma ihrer Jugenderlebnisse in der Nazizeit mit qualvollen gesundheitlichen Störungen sichtlich schwer auf ihr lastete, sie wurde zu allem auch noch drangsaliert von einer mentalen Krankheit, die in der Fachsprache Agoraphobie genannt wird, einer starken bis unüberwindlichen Angst bei der Überquerung freier Plätze oder Straßen – hier zweifellos mit tiefen Wurzeln in den gänzlich unverwundenen Erlebnissen unterm Hakenkreuz. Was in ihrem Fall dazu geführt hatte, daß sie, von ganz seltenen Ausnahmen abgesehen, ihre Wohnung seit 1951 – also seit über dreißig

Jahren - nur in ärztlicher Begleitung verlassen hatte. Weitere Schicksalsschläge, wie der Tod ihres Mannes, des Juristen und Schriftstellers Hanns Studniczka im Jahr 1975, der plötzliche Tod ihrer 1941 geborenen Tochter Barbara 1977 und das Ableben ihrer Mutter zwei Jahre später, hatten das Ihre zur Verlängerung der Immobilität getan. Kein Wunder also, daß es Ingeborg Hecht, obschon nie ohne gute Freunde, doch so schien, als sei sie für alle Zeiten in die eigenen vier Wände eingeschlossen.

Schien - denn an diesem Dezembertag des Jahres 1982, in der Stunde unserer persönlichen Begegnung von Angesicht zu Angesicht, geschah etwas Unvorhergesehenes, ja, Unvorhersehbares. Gleich nach dem ersten Telefongespräch hatte sie mir Bücher geschickt, die sie geschrieben hatte: über geschichtsträchtige Städtchen im Breisgau und im Markgräflerland, darunter »Staufen, ein Stetlin im Brisgow«. Dies noch aus eigener Anschauung, vor den Behinderungen durch die Phobie, die anderen im wesentlichen auf der Basis von Material, das ihr von den jeweiligen Bürgermeisterämtern und Archiven zugeschickt worden war. Mit der Intuition ihrer Sensibilität, ihrer Liebe zur Region, zu deren Geschichte und Menschen, sind daraus wahre Kleinodien zwischen zwei Buchdeckeln entstanden.

In Kenntnis dieser Lektüre, aber noch in Unkenntnis der Platzangst und ihrer Folgen, bat ich nun Ingeborg Hecht, mit mir ins Markgräflerland zu fahren, mir seine Schönheiten zu zeigen und mich von ihrem kulturhistorischem Wissen profitieren zu lassen - eine Aufforderung, die ihr den ebenso entsetzten wie traurigen Aufschrei entlockte: »Aber das geht doch nicht - ich kann die Wohnung doch gar nicht verlassen!« Woraufhin mir in selbstherrlicher Beschützerpose die Versicherung entfuhr: »Fürchten Sie nichts, ich bin ja bei Ihnen!«

Ein Schlüsselwort, wie sich herausstellen sollte.

Denn am nächsten Tag fuhren wir tatsächlich durchs Markgräflerland und ins Münstertal, hatte sie ihre Wohnung, wenn auch mit schweren Beklemmungen, nach Jahrzehnten zum erstenmal mit einem ihr bis vor kurzem noch ganz Unbekannten verlassen, war der Bann gebrochen. Damals setzte, wenn auch langsam, das ein, was Ingeborg Hecht seither ihr »zweites Leben« nennt, einschneidende Veränderungen einer Biographie, die, um es im Zeitraffertempo zu sagen, aus einer in höchster Zurückgezogenheit lebenden Frau einen der Öffentlichkeit zugewandten Menschen, eine engagierte Zeugin der Zeitgeschichte machen sollten.

Denn was ihr erster Anruf schon angedeutet hatte: Ingeborg Hecht hat *ihr* Buch geschrieben und veröffentlicht, 1984: »Als unsichtbare Mauern wuchsen. Eine deutsche Familie unter den Nürnberger Rassengesetzen« – mit einem Vorwort von mir und ohne daß es zu irgendwelchen Kollisionen mit meinem Roman kam.

Es ist eine Chronik systematischer Entrechtung und Verfolgung, das Drama selbsterlebter Isolation und Demütigung. Das Buch ist ihr literarisches Denkmal für den jüdischen Vater, den Rechtsanwalt Dr. Felix Hecht, der in Auschwitz ermordet wurde, und für die Qualen ihrer »arischen« Mutter, Edith Hecht, die sich 1932 aus Gründen, die mit dem bevorstehenden Sieg der Nazis nichts zu tun hatten, in beiderseitigem Einverständnis von ihrem Mann scheiden ließ – und sich deshalb bis zuletzt für sein Ende verantwortlich und schuldig fühlte. Schuldig, da die Beibehaltung der ehelichen Gemeinschaft den begrenzten Schutz einer sogenannten *privilegierten Mischehe* bedeutet hätte.

»Als unsichtbare Mauern wuchsen« ist die dokumentarisch belegte Biographie der Autorin (nach der damaligen Rassenarithmetik *jüdischer Mischling ersten Grades*), eine Lektüre von Erlebnissen, deren starke Wirkung sich, wie es in meinem Vorwort heißt, aus dem Gegensatz zwischen der gebändigten Form und der Wiedergabe des Erlittenen ergibt: »Das zuckt und bebt, all dies Unvergeßliche und Unvergeßbare, aber die Chronik des persönlichen Schreckens wird aufgezeichnet von einer außerordentlich disziplinierten Schriftstellerin.«

Auf diese Weise entstanden einige der aufwühlendsten Szenen der deutschsprachigen NS-Verfolgtenliteratur: die Versuche der Mutter, sich gegen das Gestapoverbot mit dem verfemten Felix *Israel* Hecht zu treffen, und seine Verschleppung bei der fünfzehnten Deportation Hamburger Juden im Januar 1944; die schlimmen und die guten Erfahrungen mit den Menschen ihrer nächsten Umgebung; die erste Liebe unter liebesfeindlichsten Bedingungen; die Geburt der Tochter, deren Vater dann im

Krieg fällt; die Ausbombung bei den schweren Luftangriffen auf Hamburg im Juli 1943 durch die Angloamerikaner, auf deren Sieg sie alle Hoffnungen setzt; die Flucht von der Elbe ins breisgauische Staufen und die Befreiung dort – am 23. April 1945 durch französische Truppen.

»Von diesem Tag an konnten die unsichtbaren Mauern, die zwischen uns und den ›anderen‹ aufgerichtet worden waren, langsam wieder abgetragen werden. Aber leicht war das nicht«, schreibt Ingeborg Hecht am Schluß des Buches.

Wie das geschah und welchen versöhnlichen Ausgang die Auseinandersetzung nahm, nachdem das Buch erschienen war, darüber hat Ingeborg Hecht ein zweites Werk geschrieben, das von der großen Resonanz auf das erste berichtet: »Von der Heilsamkeit des Erinnerns. Opfer der Nürnberger Gesetze begegnen sich«, trostreiche Erfahrungen als Zeitzeugin und Erweiterung der Chronik ihrer »Wiedergeburt«, wie sie es in einer Widmung an mich einmal genannt hat. Denn längst hat Ingeborg Hecht ihr stationäres Dasein gesprengt, längst reist sie, wenngleich immer in Begleitung, durch Deutschland und ins Ausland, ist sie als Gesprächspartnerin begehrt, liest sie häufig aus ihren Büchern, am liebsten vor Schülerinnen und Schülern, Angehörigen der jungen Generation, der sie großes Vertrauen entgegenbringt.

Inzwischen ist »Als unsichtbare Mauern wuchsen« auch ins Englische, Dänische und Französische übersetzt und fürs Theater dramatisiert worden, die Autorin vielfach ausgezeichnet und geehrt: mit dem Anne-Frank-Anerkennungspreis, der Verdienstmedaille des Landes Baden-Württemberg und der Senator-Biermann-Ratjen-Medaille ihrer Vaterstadt Hamburg.

Kurzum – heute lebt Ingeborg Hecht ein Leben, wie sie es sich selbst in ihren kühnsten Träumen nicht hätte vorstellen können. Ich schreibe das nicht, um mich als jener zu brüsten, der die Initialzündung dazu gegeben hat mit diesem 1982 von mir eher hingeprotzten »Fürchten Sie nichts, ich bin ja bei Ihnen«, sondern in schierer Freude darüber, daß ich zu diesem Wunder beitragen konnte, mehr nicht – denn alles andere ist Ingeborgs Hechts persönliche Leistung.

Ich komme gerade von ihr, aus der Dachwohnung des Hauses in der Freiburger Dreikönigstraße, deren fünf Stockwerke sie trotz Alter und physischer Behinderung mit bewunderungswürdiger Kraft am Stock hinab- und hinaufsteigt.

So auch morgen, denn dann wird es wieder nach Frankreich gehen, ins Elsaß, mit den Freunden Ursula und Achim R., freudig erwartete Ausflüge, fast schon ein Ritual.

Von meinem Stammzimmer aus im Hotel »Luisenhöhe«, oberhalb von Horben, liegt im Westen die Rheinebene im leichten Abenddunst, doch durchsichtig genug, um dahinter die Höhenzüge der Vogesen zu erkennen, schroffer als die des Schwarzwalds und so nahe, als hätte es dazwischen nie eine Grenze zum Erbfeind von einst gegeben.

Dort drüben werden wir morgen sein, und dort, auf der französischen Seite der Fähre zwischen Rhinau und Kappel-Grafenhausen, war es auch, wo wir im letzten Jahr in einer prekären Situation durch tätige Mitmenschlichkeit Hilfe erfuhren, die keiner von uns je vergessen wird.

Wir hatten in meinem Wagen bei Breisach den Rhein überquert, auf dem Beifahrersitz Ingeborg Hecht und im Fonds die Freiburger Freunde Achim und Ursula, beide gute Kenner des Gebirges. Bei diesen Fahrten seit Anfang der neunziger Jahre, stets im September, war es hochgegangen auf die schönste Strecke der Südvogesen, auf die Route des Crêtes, die Kammstraße, von Süd nach Nord, mit variierenden Etappen: Vieil Armand, Hartmannswiller Kopf, am Übergang zur Burgundischen Pforte; Grand Ballon, der Große Belchen, mit dem atemverschlagenden Blick über das ganze Rheintal bis zum deutschen Belchen im Schwarzwald; der wilde Stausee Lac Noir; die wunderbaren Fachwerkhäuser der malerischen Ortschaften wie Kaysersberg und Riquewihr (Reichenweiher); der Wahnsinn der auf Anweisung Kaiser Wilhelms II. erbauten Hochkönigsburg, dem Mittelalter nachgeäfftes Festungsmonstrum, Millionen-Goldmark-Grab, steingewordene Hybris, nun aber längst als Relikt einer überwundenen Epoche deutsch-französischer Geschichte jenseits von Gut und Böse – und natürlich eine unverbrauchbare Touristenattraktion dazu. Dann, mit meist knurrendem Magen,

Einkehr in die Fermen, urige Käsereien der Region und gleichzeitig Gaststätten, die Fleischkuchen und Münsterkäse anbieten, Melkermahlzeit und Sauerkraut auf elsässisch - Baeckaoffa, Fleischnacka, mal in der Küche, mal draußen serviert. Immer aber, wie diese ganze Vogesentour, ein Stück vom Elysium, Tage mit glücklichem Wetter, sicherem Frieden und dem Schwur zur Wiederkehr.

Wohl waren das ausgedehnte Touren, ihre Planungen aber doch zugeschnitten auf die Kräfte von Ingeborg Hecht, stets stillschweigend davon ausgehend, daß die Grenzen des Möglichen durch umsichtigen Zeitsinn eingehalten würden und nichts dazwischenkommen dürfte.

Selbstverständliche Überlegungen also auch beim vorjährigen Ausflug, der uns an jenem sonnensatten Septemberabend dann bei Rhinau unangestrengt auf der Zufahrt zu der Fähre sah, die uns ans deutsche Rheinufer zurückbefördern sollte. Sollte - aber nicht tat.

Denn als ich den Zündschlüssel bediente, gab der Motor keinen Laut mehr von sich, und es zeigte sich auch, daß die gesamte Elektronik streikte - das auf meiner Seite halb heruntergekurbelte Fenster und das weit geöffnete Schiebedach ließen sich nicht bewegen.

Ratlos, ja verstört, nur um etwas zu tun, die Motorhaube hochgeklappt, unter der es für uns Laien aber nicht anders aussah als sonst, obwohl doch irgend etwas defekt sein mußte. Und das an einem Samstag, gegen neunzehn Uhr, auf französischem Boden - ein Territorium, das dem ADAC, wie Achim wußte, versperrt ist. Das rettende, das deutsche Ufer also ganz nah, nur dazwischen eben, in der Mitte des Rheins verlaufend, die plötzlich nun doch höchst hemmende Grenze zwischen den beiden EU-Ländern.

Verstohlene, vor Ingeborg möglichst verborgen gehaltene Blicke in die Ortschaft hinein; erste vage Gedanken an eine hiesige Übernachtung, bei gleichzeitigem Zweifel, ob es solche Möglichkeit überhaupt geben würde - und was, wenn nicht? Weitere, wenn auch völlig sinnlose Zündungsversuche; die Gesichter von Achim und Ursula, wie meines wahrscheinlich auch, immer bleicher; am gefaßtesten noch Ingeborg, wiewohl wir wußten, daß sie den Eindruck um unseretwillen erwecken wollte – eine ganz und gar nicht geheuere Situation.

In diesem Augenblick platzte er aus unserer Mitte hervor, jener Ausruf, von dem ich zwar nicht mehr weiß, aus wessen Mund er kam, der mir in seiner Symbolik jedoch unvergessen ist und bleiben wird: »*Was nun, Europa!*«

Aber da erschien die Angerufene auch schon, kam sie eindrucksvoll, wenngleich in der maskulinen Gestalt des deutschen Kapitäns, von der Brücke der Fähre herab an Land und entschied, nach unserer kleinlauten Aufklärung und einem eigenen vergeblichen Versuch mit dem Zündschlüssel: »Hier kann Hilfe nur von außen kommen!«

Woraufhin die Mienen noch betretener wurden – ausgenommen die des Käpt'n, der nicht nur sogleich das Heft in die Hand, sondern auch uns den Pessimismus der Hilflosen nahm.

Als erstes übergab er seinem Steuermann das Fährkommando, dann stapfte er, den beiden Frauen im Wagen freundlich zuwinkend und Freund Achim und mich im Schlepp, in die Ortschaft hinein, wo er über das Telefon eines ufernahen Imbißstands die nächste Pannenhilfe zu erreichen hoffte. Als das nach langem Bemühen fehlschlug (der Steuermann hatte die Fähre derweil in beiden Richtungen sicher über den Rhein gelotst), bugsierte der Kapitän uns tiefer nach Rhinau hinein, holte vor einem großen Tor einen Schlüssel aus der Tasche, öffnete es und wies in einer geräumigen Halle auf ein Telefon: »ADAC-Zentrale München – dann Lyon.«

Lyon? – Um Gottes willen! Lag das nicht am anderen Ende Galliens? Und wie lange würde es selbst mit einem Rennwagen dauern, um vom Mittellauf der Rhone bis Rhinau zu kommen? Fragen über Fragen.

Aber da war der Mann schon fortgegangen, nein, -gelaufen, wenn auch mit dem Versprechen, rasch wiederzukommen, nachdem er »auf dem Boot nach dem Rechten gesehen« habe. Und während die beiden Frauen im Wagen verharrten und langsam zu frieren begannen, wiederholten sich Ankunft und Abgang des Kapitäns in geregelten Intervallen – Besuche, ohne die nichts gelaufen wäre. Denn Freund Achim und ich kamen nicht so recht voran.

Es war der Fährmann, der immer wieder abgerissene Kontakte aufs neue knüpfte, dabei auf säumige Gesprächspartner am anderen Ende der Leitung wahre Schimpfkanonaden niedergehen ließ und – wieder raus war. Aber nur, um zurückzukehren und nach dem Stand der Dinge zu sehen – ein für die Verständigung mit der französischen Seite ganz unerläßlicher Dolmetscher. Denn inzwischen war es dem ADAC an der Isar zwar gelungen, die Verbindung zu seinem Pendant in Lyon, der Notrufzentrale für ganz Frankreich, herzustellen und uns die Telefonnummer des *Dépannement Lyon* zukommen zu lassen. Doch dessen Wochenendbesetzung konnte noch schlechter Deutsch als ich Französisch (ein Wahlfach, dem ich in der Frühstunde zweier prähistorischer Gymnasialjahre als damals berüchtigter Langschläfer leider nur sporadisch begegnet war). Ohne unseren zweisprachigen Helfer wären wir rettungslos verloren gewesen. Doch dann, endlich, war es soweit.

Nach fast drei Stunden unermüdlicher Hilfe durch den Kapitän der Rheinfähre, lange nach Einbruch der Dunkelheit und bei so erheblich gefallenen Temperaturen, daß die beiden Frauen im offenen Wagen ihr Zittern nicht mehr verbergen konnten, waren die Männer des nächstgelegenen *Dépannement* (Sélestat/Schlettstadt) endlich da. Zwei wetterfeste Gestalten, versehen mit unverwüstlicher Laune und so schwerem Gerät, daß selbst große Trucks federleicht auf den Anhänger hätten gehievt werden können.

Der Aufwand erwies sich allerdings als gewaltig übertrieben.

Denn kaum, daß der eine Franzose, den Kopf unter der hochgeklappten Haube, mit der Hand eine winzige, kaum sichtbare Handbewegung gemacht und der andere gleich darauf den Zündschlüssel nach rechts gedreht hatte, sprang der Motor auch schon an – nie wieder wird sein Summen mir lieblicher in den Ohren klingen. Großes Aufatmen, sichtliche Erleichterung, natürlich vor allem Ingeborgs wegen. Die Formalitäten waren rasch erledigt, und unsere Gefühle gegenüber dem Fährmann, ohne den wir vier nicht weitergewußt hätten, nur schwer zu beschreiben – eine erstaunliche Begegnung. Müßig zu sagen, daß jedweder Dank von ihm strikt zurückgewiesen wurde.

Schon bei unserer Überfahrt mit dem nunmehr wieder betriebsfähigen Wagen auf dem Rhein von Frankreich nach

Deutschland legte ich deshalb mir gegenüber das stumme Versprechen ab, sobald sich die Gelegenheit böte, dieses Menschen zu gedenken, der unsere Frage *»Was nun, Europa?«* beantwortet hatte, wie es herzlicher und nüchterner zugleich nicht ginge.

Und so löse ich es denn, immer noch bewegt, an dieser Stelle ein.

Der Tag hatte dann aber doch noch ein kleines Nachbeben. Durch die lange Wartezeit hungrig geworden, beschlossen wir, im nahen Kappel-Grafenhausen Rast zu machen. Als dann vor einem einladend aussehenden Gasthof die vier Wagentüren per Zentralverschluß fest gesichert waren, entdeckte ich, daß ich den Zündschlüssel steckengelassen und – keinen Zweitschlüssel bei mir hatte.

Ratlosigkeit, wie vorhin, Schock über die Duplizität des Unglücks – »Das kann doch nicht wahr sein!«

War es aber.

Also wieder Frustration, Galgenhumor, wie schade es sei, daß sich keiner von uns aufs Wagenknacken verstünde, und als Ausweg wieder nur die Hoffnung auf einen fremden Retter.

Doch wer könnte es sein, und von woher sollte er kommen gegen 22 Uhr an einem deutschen Wochenende?

Da sehe ich in der Nähe eine Tankstelle, deren Lichter gerade gelöscht werden, treffe dort einen Mann, der offensichtlich energisch im Begriff ist, Feierabend zu machen, und – erlebe mit den anderen das zweite Wunder dieses denkwürdigen Tages.

Denn der Tankwart bewaffnet sich wortlos mit einem Stück Draht, bugsiert ihn so routiniert wie sensibel zwischen Dach und vorderem Türrahmen ins Wageninnere hinein, setzt die kunstvoll gebogene Schlinge an und zieht mit einem Ruck den Verschlußknopf hoch. Abermalige Dankesbekundungen, wiederum Aufatmen und Verständnis, als der Tankwart unser Angebot eines gemeinsamen Essens in der Gaststätte freundlich ablehnt, und das mit dem überzeugenden Hinweis, seine Frau warte zu Hause mit einem nun etwas verspäteten Abendbrot.

Also ab nach Freiburg, und bis dahin nichts, nicht das geringste mehr riskiert!

Dort sind wir dann aber doch eingekehrt, bei einem Inder, und haben uns gelabt an köstlichen Spezialitäten, geradezu euphorisch, daß wir uns nach so geballter Unbill unversehrt in vertrauter Umgebung wiederfanden.

Denn selbst wenn der Wagen jetzt wieder nicht anspringen würde – von hier aus hätten wir Ingeborg leicht mit jedem Taxi vor die Haustür befördern können.

Morgen also, fast auf den Tag ein Jahr nach dem unvergessenen Erlebnis, werden wir vier uns früh in die Vogesen aufmachen, hin zur Route des Crêtes und zum Weinfest in Eguisheim (wo Papst Leo XII. geboren sein soll); dann vielleicht nach Turckheim, wo heute noch der Nachtwächter singend durch die Stadt zieht; in die Humanistenbibliothek von Schlettstadt (deren ältestes Buch aus dem 8. Jahrhundert stammt) und zur gegebenen Zeit in die Sondernacher Ferme Landersen, deren Quiche Lorraine weithin berühmt ist.

Aber wie auch immer unsere Route aussehen wird, ganz sicher werden wir uns am Ende dann, auf dem Rückweg, wieder bei Rhinau mit der Fähre über den Rhein setzen lassen und – auf ein Wiedersehen hoffen.

# Notizen von einer Lesereise

Heidelberg.

Träge treibt der Fluß gen Westen.

Von links, knapp über dem Wasser, rauschen mit mächtigen Schwingen zwei Schwäne heran und verschwinden zeitlupenhaft majestätisch aus dem Bild; hier vorn ein ankerndes Ausflugsboot, »Germania«; drüben, gegen das andere Ufer, eine rote Boje; dahinter am grünen Hang hoch, wie Spielzeug, Häuser – vom Fensterausschnitt der Stadthalle eingerahmte Neckaridylle an einem kalten Tag.

Lübeck.

Unvergeßliche Erinnerung an einen Januar vor zwanzig Jahren, während der Dreharbeiten für eine Fernsehsendung über deutsche Literaturnobelpreisträger, hier natürlich über Thomas Mann: das Holstentor und sein Ambiente – Bäume, Büsche, Rasen schneeverzaubert, eine winterliche Schönheit sondergleichen, unbeschreiblich filigran, als wäre ihr Weiß nur für ein paar Sekunden auf die Erde hingehaucht, um dann, eine gefrorene Fata Morgana, zu verschwinden, als hätte es sie nie gegeben. Auch jetzt liegt vor dem Holstentor wieder Schnee, nicht so jungfräulich, so makellos und dicht wie damals, aber doch hartnäckig genug gefallen, daß sich daraus ein wuchtiger Schneemann errichten ließ und ein Dutzend junger Männer und Mädchen sich in der Anlage mit fliegenden Eisbällen juchzend und schäkernd malträtieren kann.

Eben bin ich an dem doppeltürmigen Wahrzeichen stadteinwärts vorbei, beginnt es aufs neue zu schneien – die Trave tropfenzersplittert, die ehrwürdige Backsteinfassade der Wallstraße dunkel benetzt, und die Wolken so niedrig, daß in den alten Häusern drüben schon jetzt, gegen vierzehn Uhr, die Lichter angegangen sind. Weiter die Holstenstraße entlang, rechts der Kolk, die Fassade des Puppentheatermuseums, dann, ein Stück weiter, das Massiv der Petrikirche. Zwischen den Häusern steilt der Turm hoch, ehernes, durch starke Metallzangen verstärktes Gemäuer von backsteinernem Rot, eine mächtige Fassade, an der nun, keine einzige der anderen formgleich, Myriaden von Schneeflocken herabsprühen.

Bei Ankunft, wie immer, melancholisch gestimmt, werde ich heute vom Weihnachtsmarkt vor dem Rathaus nicht ganz ohne Trost gelassen. Nüsse gab es dort, ganze Körbe voll, Granatäpfel, dazu sämtliche Variationen von Christsternen, heißen Punsch, Maronen, ja, sogar Geschnitztes aus Rothenburg ob der Tauber. Doch ich fahnde nur nach jenem bunten, südlich der Elbe nur schwer erhältlichen Süßzeug, das sowohl das Gaumenglück meiner Kindheit war wie die Vorliebe meiner Mutter, der wir Söhne zu ihrem Geburtstag kein schöneres Geschenk machen konnten als das herrliche Wabbelgummi pfundweise – *Hamburger Speck*!

Und so hocke ich später denn in meinem Zimmer im Senator-Hotel, schaue aus dem Fenster über den eisfreien Arm der Trave auf die beiden grüngekupferten Türme der Marienkirche mit den Wetterhähnen auf der Spitze und denke, selig meinen Speck mümmelnd: Altes Lübeck, wunderbar!

Später dann, in meinem Hotelzimmer schon halb eingeschlafen, zappe ich mich lustlos durch die Programme des öffentlich-rechtlichen und des privaten Fernsehens. Da flimmert via Kabel WDR 3 auf, vernehme ich eine bekannte Melodie: »Spaniens Himmel breitet seine Sterne über unsre Schützengräben aus«, lese den Titel der Sendung »Der Krieg ist aus – Spanien 60 Jahre nach dem Beginn des Bürgerkrieges. Eine Dokumentation« und bin hellwach. Zwanzig Jahre nach dem Ende der Franco-Diktatur, sagt der Sprecher, keime dort eine neue Sensibilität für die eigene schreckliche Vergangenheit auf, wachse die Bereitschaft einer neuen Generation, sich mit der eigenen Geschichte offener als bisher auseinanderzusetzen.

Die Wandlung bestätigt sich, wie weiter berichtet wird, auch an dem großen Interesse, das Medien und Publikum jüngst in Madrid einer Zeremonie von geradezu staatsaktähnlicher Feierlichkeit entgegengebracht haben: der Verleihung der spanischen Ehrenstaatsbürgerschaft mit Urkunde und Orden an Überlebende der einstigen »Internationalen Brigaden«, also an Männer und Frauen aus vieler Herren Länder, darunter auch Deutsche, die von 1936 bis 1939 gegen den Putschisten und nachmaligen

Sieger, den vom *Caudillo* zum *Generalissimus* avancierten Francisco Franco, gekämpft hatten. Nun soll ihnen, ein Zeichen der Versöhnung, späte Anerkennung gezollt werden.

Alt sind sie inzwischen geworden und gebrechlich, die Kombattanten von damals, wie so manche von ihnen da an Stöcken oder in Rollstühlen langsam der persönlichen Ehrung näher und näher rücken, alle gezeichnet von acht Lebensjahrzehnten und die meisten längst wohl Urgroßmütter und -väter - ein anrührendes Bild.

Und doch sind meine Empfindungen beim Zuschauen zwiespältig.

Natürlich erinnere ich mich noch gut meiner glühenden Parteinahme zwischen dem dreizehnten und sechzehnten Lebensjahr für die Sache der spanischen Republik und gegen die Falangisten, der Empörung über die »Nichteinmischungspolitik« der westlichen Demokratien, der Wut über die militärische Unterstützung Francos durch das faschistische Italien und das nationalsozialistische Deutschland und schließlich meiner ohnmächtigen Trauer über den Triumph des Diktators.

»Spaniens Himmel breitet seine Sterne über unsre Schützengräben aus ...« - wie oft habe ich das Kampflied der »Thälmann-Kolonne« vor mich hin gesummt.

Nur hat sich das unbefleckte Bild, das ich damals und lange noch von den Franco-Gegnern hatte, so nicht bewahren können, weiß die Welt mittlerweile, daß nicht nur Hitler und Mussolini, sondern auch Stalins lange Mordhand in diesen Bürgerkrieg eingegriffen hatte; liegen die Berichte vor über das Wüten seiner Schergen in den GPU-Kellern hinter den republikanischen Fronten, auch mit deutschen Helfershelfern; sind wir längst informiert worden, wie unter »mißliebigen«, sprich nichtstalinistischen Spanienkämpfern blutig aufgeräumt worden ist, ja, vermelden die Chroniken, daß diese »Verluste« an manchen Abschnitten höher waren als die durch die Kugeln des Gegners.

Das macht Franco und seine mordgierige Soldateska nicht besser, läßt aber angesichts der Vorgänge auf dem Bildschirm die Gott sei Dank historisch irrelevante Frage zu, was denn gewesen wäre, wenn die andere Seite die Oberhand behalten hätte? Wie wäre das wohl ausgelaufen? Und von welcher politischen

Zugehörigkeit waren damals jene Männer und Frauen, die da in langer Schlange geduldig ihrer Ehrung durch Repräsentanten der spanischen Demokratie zustreben?

Sehr wahr, die Internationalen Brigaden setzten sich keineswegs nur aus Kommunisten zusammen, in ihren Reihen kämpften auch bürgerliche Demokraten, Sozialisten, gläubige Christen und überzeugte Republikaner. Aber nicht sie gaben den Ton an.

In diesem Moment erblicke ich auf dem Bildschirm, es kann nicht wahr sein, Kurt G.

Einst hochrangig untergebracht im Filmwesen der DDR; ein Privilegierter mit Reisemöglichkeiten ins westliche Ausland auch nach dem Bau der Mauer noch; so etwas wie das Aushängeschild des »verordneten«, nach Osten hin also streng unkritischen Antifaschismus, Personifizierung des einäugigen »Friedenskämpfers« und Urtyp des KPD/SED-Funktionärs alten Schlages, unbeirrbar linientreuer Apparatschik und – Auschwitzhäftling. So kannte ich Kurt G., hochgewachsen, hager, von fast asketischem Aussehen, und nun auch er älter, viel älter geworden, seit wir uns zuletzt gesehen hatten.

Das war 1993 gewesen, in Berlin, eine persönliche Begegnung, deren Quintessenz in Kurt G.s ebenso kurzem wie bündigem Verdikt bestand: »Ich habe davon nichts gewußt.« Was mich förmlich auf meinen Sitz zurückprallen ließ. War das doch genau die monotone Verdrängungsformel, die auch Kurt G. nach 1945 unzählige Male aus dem Mund derer gehört haben muß, denen er seine Zeit in Auschwitz zu verdanken hatte. Nun wiederholte er die Floskel, als hätte er sie erfunden – ein gespenstisches Erlebnis.

Nichts gewußt? Von den Mauertoten, der Terrorjustiz, der Einparteienherrschaft, den fehlenden Menschenrechten und aufgehobenen Freiheiten in diesem angeblichen Arbeiter-und-Bauern-Staat? Von der Stasikrake, von Bautzen und den Internierungsplänen im »Ernstfall«? Darauf Kurt G.: »Das meine ich doch gar nicht, ich meine die Sache mit den IMs, den Inoffiziellen Mitarbeitern, das Ausmaß der Verwanzung – *davon* habe ich nichts gewußt.«

Und sonst – alles okay? Alles in Ordnung, kein Grund zur Opposition, zu Ablehnung, Widerstand? Er wurde mir immer unheimlicher, dieser Mann mit der von der SS eintätowierten

Nummer auf dem Arm. War mir doch die gleiche Fähigkeit zur Ausblendung unzählige Male begegnet bei Leuten, die beteuerten: »Ich habe von Auschwitz nichts gewußt« und sich dadurch vollständig entlastet fühlten, gerade, als sei im Dritten Reich bis zur Installierung der Gaskammern im Jahr 1942 nichts geschehen, was seinen verbrecherischen Charakter offenbart hätte.

Und jetzt wieder dieses »Ich habe davon nichts gewußt«, nur statt unter dem Vorzeichen des Hakenkreuzes nun das gleiche Wahrnehmungsdefizit, die nämliche Sortierung von Wirklichkeiten unter dem der DDR-Geschichte – und die ganze Parallelität bestürzenderweise aus dem Mund eines Auschwitzhäftlings.

Ich erinnere mich nur zu genau noch meiner konsternierten Reaktion dort in Berlin vor fünf Jahren: Da war der Große Bruder, die sowjetische Muttermacht samt ihrem deutschen Ableger, war das Weltsystem des real existierenden Sozialismus an den eigenen Lügen, Gegensätzen und Widersprüchen implodiert, hatte es, auf immer abgetreten, den historischen Offenbarungseid ablegen müssen. Nur – im Kopf und in der Vorstellungswelt dieses Mannes da vor mir, mit der Gewißheit trennte ich mich von ihm, hatte sich nichts geändert. Keine Zweifel an seiner SED-Vita, keine Spur von neugewonnener innerer Beziehung zu den Eingekerkerten, Verschleppten, Ermordeten von gestern; keinerlei Unrechtsbewußtsein oder Einsichten – aber alle Feindbilder von einst unversehrt konserviert.

Kurt G., das ergaben die hundertzwanzig Gesprächsminuten, war nicht nur Stalinist gewesen, sondern auch einer geblieben.

Und nun soll dort in Madrid diesem Mann, der sein ganzes Leben die Demokratie, darunter auch die zweite deutsche, als Staats- und Gesellschaftsform notorisch bekämpft, sie auch als Angehöriger der Internationalen Brigaden niemals gewollt hatte – ausgerechnet ihm nun soll, stellvertretend für die anderen deutschen Interbrigadisten, vom Sprecher des frei gewählten spanischen Parlaments die hohe Ehrung überreicht werden.

Vor ihm in der Reihe nur noch wenige andere Anwärter. Derweil summe ich, Melodie und Text des alten Kampfliedes noch fest im Ohr, vor mich hin: »Rührt die Trommel! Fällt die Bajonette!/Vorwärts, marsch! Der Sieg ist unser Lohn!/Mit der roten Fahne brecht die Kette!/Auf zum Kampf, das Thälmann-

Bataillon!« Und höre mich gleich darauf den in der Schlange langsam weiterrückenden Kurt G. fragen: »Was, wenn es tatsächlich Ihr Sieg geworden wäre? Hätte er jenes demokratische Spanien geboren, von dem Sie sich jetzt ehren lassen? Oder nicht weit wahrscheinlicher ein iberisches Sowjetmodell mit all den bekannten Schrecken des Originals, ein linkes Pendant des furchtbaren Franco-Regimes und ihm mindestens ebenbürtig? Es genügt nicht, gegen einen Feind zu kämpfen oder gekämpft zu haben - ich will auch wissen, wie man sich als Sieger verhalten hätte. Das allein gibt Auskunft über das wahre Motiv des Kampfes - unterscheidet es sich vom gegnerischen, oder geht es bloß um Machtaustausch? Die Bereitschaft, sein Leben zu opfern, besagt gar nichts über ihre Ethik.«

Der nächste Geehrte dort in Madrid wird Kurt G. sein.

»Die Heimat ist weit, doch wir sind bereit/Wir kämpfen und siegen für dich - Freiheit!« Fordernd war die Melodie, dynamisch der Text (beide von Paul Dessau), knapp hervorzustoßen, das letzte Wort getragen. Nur: »Freiheit?« stelle ich, von Kurt G. wiederum ungehört, mir aber wichtig, weiter Fragen: »Welche Freiheit wäre das geworden? Und wie fühlt sich das an, von einer Hand geehrt zu werden, auf die man als Sieger gespuckt hätte, von der man sich, in Verleugnung seiner wahren politischen Auffassung und Praxis, nun aber doch ehren läßt?

Das, Genosse Kurt G., nenne ich Chuzpe!«

Soweit mein grimmiger Monolog im Lübecker Hotel gegen Mitternacht vor dem Bildschirm bei der Ehrung ehemaliger Angehöriger der Internationalen Brigaden des Spanischen Bürgerkriegs, der 800 000 Tote gekostet hat.

Aber jetzt, da Kurt G. endlich an der Reihe ist, da ihm tatsächlich ein Orden an die Brust geheftet wird und er die Urkunde der spanischen Ehrenstaatsbürgerschaft erhält, da will mich plötzlich ein ganz anderes, schwer zu beschreibendes Gefühl beschleichen.

Sehe ich doch auf dem Bildschirm vor mir einen alten, hochgewachsenen Mann, der ganz still halten will und doch vor Bewegung zittert, dessen Stimme im spanischen Dankgestammel mit deutschem Akzent unhörbar wird und der, als der Akt vollbracht ist, mit der Rechten noch einmal zaghaft nach dem Orden tastet, gerade als könnte er es nicht glauben und wollte sich noch einmal vergewissern, daß ihm die Auszeichnung auch wirklich angesteckt worden ist.

Ich habe eben, als ich das sah, geschneuzt, stimmt, irgendwie geschneuzt.

O du verdammtes, du ambivalentes 20. Jahrhundert – warum bloß setzt du einen immer wieder solchen Wechselbädern der Gefühle aus?

Menden im Sauerland.

Nach gestriger Lesung, bei meinem lieben Freund und Buchhändler Andreas V., nun frühmorgens auf dem Bahnhof der Ortschaft, eine Stätte unvorstellbarer Öde – aber die Wandbemalung, die Choreographie der Graffiti!

»Io ti amo tanto, Salvatore« (ist dieses italienische »Ich liebe Dich so sehr« nun von ihm an sie oder von ihr an ihn gerichtet?). – »He du, Pimmelmann, ich schlaf gleich ein, und deshalb schreib ich auch nicht weiter« – »Bumsen, blasen, alles auf dem Rasen. Ist der Rasen naß, macht es auch im Stehen Spaß« – »Ich liebe Daniela, aber sie weiß es nicht«.

Wie gut, daß der Zug Verspätung hat!

Ich lese: »Du Schlampe, ich bring Dich um, Du bist tot« – »Anna, Du fehlst mir so!«

Wo anfangen, wo aufhören? Es sind Hunderte von Inschriften. Darunter diese: »I love you forever«. Ach ja, mein Gott, so fängt es immer an. Dann: »Jack and Jill went up the hill to have a little fun. But Jill forgot her pill and now we have a son!« Haha! Doch von wem stammt das Englische, dem wir, wahr geworden oder als Angstvision, entnehmen können, daß Jill ihre Pille vergaß und sie und der Autor nun gemeinsam einen Sohn haben?

Ich tippe auf farbige Asylanwärter aus ehemals britischen Kolonien.

Aber was steckt hinter diesem mit klarer Schrift geschriebenen Nachruf: »Hier starb mein Sohn in wildem Handgemenge«?

Ich bin seit fast einer halben Stunde allein auf dem Bahnsteig, es hat sich kein anderer Fahrgast dazugesellt. Die Verspätung des Zugs wird immer größer, ohne daß es irgendeine Information darüber gibt. Wie auch und von wem? Ich sehe weit und breit kein Personal, bin darüber aber nicht böse. Hätte ich sonst doch nicht mitgekriegt, was sich hier, in einer Gedrängtheit wie selten, ungefragt darbietet.

Eine mörderische Tristesse spricht aus dieser Wandbeschriftung, Glanz und Elend der Zweisamkeit, das rasche Ende des *honeymoon*; die Gefühlsverkehrung durch enttäuschte Erwartung und Idealisierung der Partnerin oder des Partners; die Dämonie der Sexualität und ihre Nähe zur Gewalt, Männergewalt – der ganze Jammer des Umgangs der Geschlechter miteinander. Am meisten berühren mich die Hoffnungen Jugendlicher inmitten der dokumentierten Zerstörungen, die von Erwachsenen angerichtet wurden.

Wovon ich aber nicht loskomme, ist der Nekrolog der Mutter auf den umgekommenen Sohn – die unfreiwillige, unbewußte Poetik: »in wildem Handgemenge«.

Es hat geregnet, und alles ist feucht. Der Steinboden des Bahnsteigs ist übersät von Zigarettenstummeln, Papier, weggeworfenen Essensresten, die Papierkörbe sind ungeleert, und diese Station im Sauerland keine Visitenkarte für die Bundesbahn.

Es kann öde, verdammt öde sein in Deutschland – heute.

Lünen an der Lippe.

Gegenüber dem Hotel, an der Kreuzung von Straße und Fußgängerzone der Innenstadt, ein Pylon mit einer Uhr oben. Auf gläsernen Seitenflächen mit grünem Hintergrund eine junge Frau in einem fast fußknöchellangen blütenweißen Kleid unter großem Hut, beides längst aus der Mode und vielleicht gerade deshalb so anziehend und elegant – Werbung.

Ich kenne die grazile Gestalt seit meiner Kindheit, mit dem Spruch »Persil bleibt Persil«, so schlicht war das damals, so unschreierisch. Nun ist sie wieder hervorgeholt worden, ganz wie seinerzeit, unverändert und blendend, mit den sanften Linien einer Dame, die nicht auf jung getrimmt ist, unaufdringlich und gern akzeptiert. Und doch ist es nicht das gleiche wie damals, schält sich ein seltsamer Gegensatz heraus zwischen der überzeugenden Vornehmheit von einst und der hämmernden Werbesprache von heute: für das »neue Persil«, das »energieverstärkter und waschaktiver« sein soll als je zuvor, es möglicherweise auch ist, und dennoch einen schalen Geschmack von krampfhafter Steigerungssucht hinterläßt. Von weitem, wenn der Text unsichtbar wird, schimmert die Persildame dann so zeitlos schön wie eh und je zu einem herüber.

Und drüben die drei Bullen aus Metall? Sie sollen wohl den ländlichen Ursprung Lünens symbolisieren, schwere, dunkle Tiergestalten, an einigen Stellen durch Berührungen gelblich abgewetzt und – ohne Hoden. Welcher verlogenen Ästhetik sind die urigen Geschlechtsmerkmale zum Opfer gefallen?

Von dieser Frage offenbar unbehelligt, turnen zwei Teenies auf den Kolossen herum, springen dann herab und machen einer jungen Mutter Platz, die ihr Töchterchen auf den breiten Rücken des vorderen Bullen hebt.

Lünen hat 100 000 Einwohner und ist hart getroffen vom Strukturwandel im Ruhrgebiet, wie ich von einem Angehörigen der Volkshochschule, Veranstalterin der heutigen Lesung, erfahren habe.

Zur allgemeinen Misere der Montanindustrie kommt hier erschwerend dazu, daß die Nordwanderung der Kohle zu immer tieferem Abbau zwingt, hier schon einen vollen Kilometer, was viel Geld kostet. Der Boden hat sich eingedellt, Häuser sind eingesunken, andere auf Betonsockel gestellt worden, die doch nur von der nächsten Absenkung nach unten gezogen werden. Die Arbeitslosigkeit ist hoch, die Perspektiven sind nicht gut.

Ich gehe die Münsterstraße hinunter, Fußgängerzone, hier dürfen nur Linienbusse verkehren. Jetzt, zwischen sechzehn und siebzehn Uhr, ballen sich Menschentrauben an den Stationen. Darunter viele Ausländer, auch überall sonst Frauen mit Kopftüchern.

Es dunkelt langsam.

Vor einem Tabakladen auf einem festen Sockel windet sich ein Hubschrauber für Kinder nach allen Seiten und in die Höhe, hinab und hinauf, ein großes Vergnügen für die Kleinen, ihrem Kreischen nach.

»Kinderflohmarkt« – unter einem überdachten Podest haben drei Mädchen, zwölf-, dreizehnjährig, ihr Angebot ausgebreitet – Schuhe jeder Größe, darunter besonders hochhackige Pumps, Spiele, Stofftiere, Vasen, Bücher, Textilien. Eines der Mädchen hat sich auf der Fläche unter eine Wolldecke verkrochen, nur das blonde Köpfchen guckt hervor.

Türkische Sprachfetzen dringen an mein Ohr, an mir gehen junge Mädchen mit Kopftüchern vorbei, völlig unbefangen.

Im Schaufenster eines Konfitürengeschäfts entdecke ich alte Fotos von amerikanischen Filmstars der dreißiger Jahre, stark vergrößert und mir noch gut im Gedächtnis - Myrna Loy und Dick Powell. Er küßt sie, in der Nähe des Ohrs, und sagt (so steht es da): »Liebling, wo hast du den Nougat versteckt?«

Das animiert mich, Gewicht hin, Diät her, hineinzugehen.

Als ich zurück auf der Brücke über der Lippe stehenbleibe, ist es schon fast dunkel, aber ich sehe noch, wie da unten Enten heftig gegen die Strömung anpaddeln.

Vom 9. auf den 10. November 1938, also in der Reichspogromnacht, soll es in Lünen besonders scheußlich zugegangen sein, habe ich, ebenfalls von den Veranstaltern der Lesung, erfahren.

Neben vielen Verletzten hatte es drei Tote gegeben. Einer davon ist damals dort unten ertrunken. Er soll ins Wasser geworfen und dann daran gehindert worden sein, sich ans Ufer zu retten.

Bei der Lesung hat niemand etwas davon gemerkt, aber ich habe sie die ganzen 75 Minuten lang gegen die Vorstellung seines Todeskampfes durchstehen müssen.

Leipzig.

Der Hauptbahnhof - ein Riesenschlund aus Stahl und Stein, aus dem es unablässig hinaus- und hineinströmt. 26 Bahnsteige ziehen sich unter seinem Dach hin, womit dieser der größte Sackbahnhof Europas, ja, der Welt sein soll (was mir seit meiner Kindheit bekannt ist).

Heute ist Leipzigs Hauptbahnhof ein Renovierungs- und Umbauungetüm, voll von unerträglichem Lärm der Preßlufthämmer und von Staub, Staub, Staub - wo die Sonne hereinfällt, quillt es dickschwadig auf. Wie nur hält das Ladenpersonal, halten die Verkäuferinnen der Bäckerei, des Imbißstandes, der Pressekioske das akustische Inferno den ganzen Arbeitstag über aus? Schlimm genug schon für die Reisenden, nur können die bald fliehen.

Zwischen der großen Fassade und den Bahnsteigen gähnt eine einzige Bauhöhle, liegen die Eingeweide der alten Hallengewölbe wie nackt da, sind riesige Lastwagen anzusehen wie Miniaturfahrzeuge, die von dem Tohuwabohu der Röhren, Flanschen und Holzstapel einfach verschluckt werden, ehe sie mühsam wieder nach oben kraxeln. Ungeheure Sockel werden sichtbar, die Fundamente des wilhelminischen Bahnhofs, an die hundert Jahre verdeckt, jetzt aber bloßgelegt und von nassem Sand und Matsch umspült - ein dauernder Kampf gegen das Grundwasser.

Keiner der Arbeiter mit den gelben Helmen hat übrigens, soweit ich sehe, einen Lärmschutz über die Ohren gestülpt.

Vor dem Bahnhof frage ich einen von ihnen, was das denn hier werden solle. Nach seiner Auskunft wird der Leipziger Hauptbahnhof ein riesiges Souterrain bekommen, ein labyrinthisches zweistöckiges Untergeschoß, mit Läden, Kinos, Serviceleistungen, wie anderswo auch, nur in einer auf dem Territorium der ehemaligen DDR bisher noch nicht vorhandenen Dimension. Ich spüre einen skeptischen Unterton, den der Mann dann auch schon im nächsten Augenblick bestätigt (dabei so klassisch sächselnd, daß ihn zu imitieren ich hier gar nicht erst versuche): »Und wenn es dann endlich steht und glänzt und wartet, stehen wir davor - ohne Geld.«

Sprach's und machte sich wohlgemut an die Arbeit.

Bis zur Lesung sind es noch einige Stunden hin, und so besteige ich ein Taxi und lasse mich ein wenig in der Stadt herumfahren. Beim Anblick des ehemaligen Reichsgerichts zwischen der Dimitroff- und der Beethovenstraße überkommt mich heute wie damals ein gelindes Grausen angesichts der unheilvollen Rolle, die seine Richterschaft in der Weimarer Republik und der Nazizeit gespielt hat.

Dann links in die Schwägrichenstraße, wo ich vom Oktober 1955 bis zum Juni 1956 am ersten Lehrgang des Instituts für Literatur teilgenommen hatte - jene heilsame Periode, die meinem seit 1946 mit dem Eintritt in die KPD, Landesorganisation Hamburg, währenden stalinistischen Irrtum den überfälligen Todesstoß versetzen sollte.

Jetzt stehe ich davor, mit unverbrauchbarem Staunen, solche und ähnliche Situationen zu erleben; erinnere ich mich an die Zeit vor mehr als vierzig Jahren, an Alfred Kurella, den *Natschalnik* genannten damaligen Leiter des Instituts und Erzstalinisten, eines der abschreckendsten Beispiele von Enthumanisierung aus Parteiräson, die mir je begegnet sind. Denke ich an Erich Loests mühsam unterdrückte Wut gegen die Apparatschiks; an meinen jüdischen Lebensfreund Fred aus Wien, den ich dort kennenlernte, wie auch seine wunderbare, 1977 viel zu früh verstorbene Frau Maxie Wander, die so unvergeßliche Bücher geschrieben hat wie »Guten Morgen, Du Schöne« (über Frauen in der DDR) und »Leben wär' eine prima Alternative« – die ihr nicht gewährt worden ist.

Ich stehe vor dem Gebäude, bewegt von widerstreitenden Gefühlen, unentschieden, wie weit ich die Rückkehr nach vier Dezennien treiben und ob ich hineingehen soll – tue es dann aber nicht, sondern besteige wieder das Taxi.

Zunächst bleibe ich noch in Stötteritz, laß mich dort vor das Haus fahren, in dessen erstem Stock ich logiert hatte bei einem für mich damals »älteren Ehepaar« (das gut zwanzig Jahre jünger gewesen sein mochte, als ich es heute bin), und dann in einem Anfall von Sadomasochismus vor die unzerstörbare Scheußlichkeit des 1913 eingeweihten Völkerschlachtdenkmals. Inzwischen habe ich längst mit dem Taxichauffeur ein Gespräch über die Probleme der Gegenwart begonnen, vor allem über die Großbaustelle Leipzig (»Die Kräne werden erst verschwunden sein, wenn meine Enkelkinder erwachsen sind«), und dann darüber, wie es zugegangen ist 1989 – »in jenem Jahr«.

Dabei erfahre ich, eher in einem Nebensatz, daß er seinerzeit bei der *VoPo* war, der *Volkspolizei*, und in den kritischen Herbsttagen uniformiert »auf der anderen Seite« gestanden hatte, gegen die Demonstranten und Bürgerrechtler, »als alles auf des Messers Schneide war, besonders am 4. Oktober«.

»Und? Wie war es damals? Wie hat es in Ihnen ausgesehen?«

Ich schätze den Mann, der das Taxi souverän lenkt, auf etwa 35 Jahre – von meinem Platz rechts im Fond aus kann ich ihn gut beobachten. Er kraust die Stirn, zögert und sagt dann: »Es lag eine ungeheure Spannung in der Luft – mir ist noch jetzt, als wäre es gerade gestern gewesen.«

»Sie waren bewaffnet?«

»Ja, natürlich«, er stockt, und setzt dann nach: »Mit allem Drum und Dran, schwer.«

Wir waren inzwischen wieder am Hauptbahnhof angelangt.

Da frage ich: »Hand aufs Herz – hätten Sie geschossen, wenn der Befehl gegeben worden wäre?«

Daraufhin passiert folgendes: Der Mann läßt das Steuer los, als hätte ihn ein elektrischer Schlag getroffen. Dann packt er es gleich wieder, fährt abrupt an den Straßenrand, stoppt dort und stellt den Motor ab – im strengsten Halteverbot. Ich weise ihn darauf hin, aber er scheint es nicht gehört zu haben – nur seine Kiefer mahlen.

Es ist, als hätte die Frage ihm die Sprache verschlagen, seine Zunge gelähmt. Er nimmt ein paar Anläufe, als müßte er innerlich etwas überwinden, schafft jedoch die Hürde noch nicht.

Ich beginne, ein schlechtes Gewissen zu bekommen.

Dann endlich sagt der Taxichauffeur und ehemalige Volkspolizist, mit fester Stimme, als bestätigte er sich selbst, was ihn schon lange beschäftigte, ohne daß er es bisher ausgesprochen hatte: »Ich hätte geschossen, und alle anderen mit – wenn der Befehl gekommen wäre.« Und, nach einer Weile: »Einen Befehl zu verweigern, dazu waren wir nicht erzogen worden, das war undenkbar.«

Zwischen diesem Erlebnis und seiner Niederschrift ist einige Zeit verstrichen. Aber wie lange es auch immer zurückliegen wird, nie werde ich den Ton staunender Erleichterung vergessen, der in diesem Bekenntnis durchklang, eine Art Genugtuung, sich selbst gegenüber endlich ehrlich zu sein.

Dann zündet er den Motor und setzt mich vor meinem Hotel ab. Als ich zahlen will, macht er eine Abwehrbewegung, die keinen Widerspruch duldet.

Es wird wohl die erste und sicherlich auch letzte unbezahlte Taxifahrt meines Lebens gewesen sein.

Am nächsten Tag, auf der Bahnfahrt nach Erfurt auf den Höhen längs des Flußlaufes, einst »stolz und kühn«, wie es in dem alten

Lied »An der Saale hellem Strande« heißt: Zinnen, Burgen, Ruinen, zerbrochenen Kronen gleich: »Ihre Dächer sind zerfallen, und der Wind streicht durch die Hallen.« Auch heute ziehen tatsächlich »Wolken drüberhin«.

Wie eine Schlange, dauernd vom Zug überquert, windet sich der mäandernde Strom dahin.

Später, stark sächselnd, die Durchsage: »In wenigen Minuten erreichen wir Weimar.«

Und bald dahinter, von mir auch diesmal wieder mit Beklemmung erwartet, der Ettersberg. Ein gewaltiger Buckel, ein Schwellkörper der Natur, mit dem schrecklichen Zeichen seines einstigen Lagers obendrauf, noch aus weiter Entfernung sichtbar, als wollte es nicht aus dem Blickfeld verschwinden.

Und im Ohr dabei, die ganze Zeit, das gestrige Bekenntnis: »Einen Befehl zu verweigern, dazu waren wir nicht erzogen worden, das war undenkbar.«

Welche Prolongierung, welche Aktualisierung einer deutschen Negativtradition. Und, so unterschiedlich das Verbrechensgewicht zwischen dem Hakenkreuz- und dem Hammer-und-Zirkel-Staat auch immer war, welche Analogie zu Daniel Jonah Goldhagens »Hitlers willige Vollstrecker. Ganz gewöhnliche Deutsche und der Holocaust«. Die schlimmste Erkenntnis daraus: Wann immer es der Mörder bedurfte, sie waren zur Stelle. Die Deutschen, die damals nicht in die Lage kamen, unschuldige Männer, Frauen und Kinder massenhaft zu töten, konnten sich dazu nur beglückwünschen. Denn wenn sie in die Situation gekommen wären, hätten sie genauso gehandelt wie die, die in sie gekommen sind. Einige wenige hätten nein gesagt, die anderen hätten geschossen. Es gibt keinerlei historische Ermutigung für einen gegenteiligen Schluß. »Befehl ist Befehl« – ein schrecklicher Bogen, eine unheimliche Kontinuität über die Strecke fast des ganzen Jahrhunderts hin, transportiert, bewahrt, exekutiert von den blutigen Biographien zweier untergegangener Gewaltregimes.

Aber ist mit ihnen auch schon die Unausdenkbarkeit, einen Befehl zu verweigern, mit untergegangen? Wie ernst wird, im Fall eines Falles, der Paragraph 11 des bundesdeutschen Soldatengesetzes genommen werden, in dem es, Absätze 2 und 3, heißt: »Der Untergebene hat seinen Vorgesetzten zu gehorchen und ihre Befehle nach besten Kräften vollständig, gewissenhaft und unverzüglich auszuführen. Keinesfalls hat er den Vorgesetzten unbedingten Gehorsam zu leisten. Ist ein Befehl unverbindlich, d. h., verstößt er gegen die Menschenwürde, ist er ohne dienstlichen Zweck, braucht er nicht befolgt zu werden.«

Möge die Bundeswehr nie in die Lage kommen, die Probe aufs Exempel bestehen zu müssen - *out of area*.

Mainz.

Der Ausschnitt des Doms im Torbogen des Erbacher Hofs - rötliche Pracht, kaskadenhaft aufsteigend, mit Spitzen, die scharf in den von Schäfchenwolken dekorierten Himmel stechen.

Dann stehe ich vor dem gewaltigen Bau, seinen Säulen und schlanken Seitentürmen, der barocken Wucht von St. Martin und St. Stephan - ein Meer aus Stein, wie erstarrte Brandung, geformte Lava - beschädigt, aber nicht zerstört in der Bombennacht vom 27. Februar 1945, als die Altstadt von Mainz unterging.

Ungeheuer ist der Dom, ein Sakralbau von erdrückender Erhabenheit - die Wipfel einer Platane, fünf Baumarme aus einem Stamm, ragen gerade mal bis ins erste Drittel seiner Höhe.

Ob ich will oder nicht, mir schleicht sich bei dem Anblick so etwas wie Ehrfurcht ein, nicht aus Religiosität, sondern angesichts der geistigen Kraft, die sich hier vor mir aufreckt. Der Glaube an Gott muß ein immanentes Bedürfnis des Menschen sein, verschüttet in Zeiten des Glücks und des Überflusses, aber bei Gefährdung und Not sofort weckbar. Besser und besser verstehe ich, je älter, desto mehr, daß Glaube Trost geben kann, möchte ich manchmal doch nur zu gern glauben, kann es aber nicht, obschon ich selbst oft genug des Trostes bedürftig bin, und auch das je älter, desto mehr.

Im Dom. Der Hauptaltar mehrere Stufen hoch, die Fenster leuchtend bemalt und jetzt von der Sonne sanft durchschienen. Keine Rosette. Wie lange hat es gedauert, den West- und Ostchor zu errichten? Wer hat die Krypten, das Chorgestühl, den Kreuzgang geschaffen, die Vielzahl der Grabdenkmäler mit den Gebeinen der Erzbischöfe seit dem 13. Jahrhundert?

Die Menschen hier im Dom geben sich, wie immer in christlichen Kirchen, gedämpft - ausgenommen die Kinder. Ihre

Silhouetten huschen vor einem dreistufigen Gerüst mit brennenden Kerzen hin und her, sie rufen, benehmen sich wohltuend unandächtig und legen kaum ein anderes Gebaren an den Tag als draußen auch. Nicht ganz so laut, nicht so ungebrochen motorisch wie dort, aber doch sehr im Gegensatz zu ihren Eltern, deren veränderte Haltung sie offenbar gar nicht wahrzunehmen scheinen.

Vor mir eine Mutter mit einem Säugling auf dem Arm, Japanerin, eine statische Szene, der der filmende Ehemann aber doch immer neue Perspektiven abzugewinnen vermag.

Mächtige Herren waren die Mainzer Bischöfe einst gewesen, mit Einfluß und Wirkung bis nach Prag hin und ganz Menschen ihrer Zeit. Für die Juden hieß das – mal so, mal so.

Ihre Stunde in Mainz hatte am 27. Mai 1096 geschlagen. Die frommen Pilger des Ersten Kreuzzugs warteten mit ihrem Tatendrang nicht bis zur Ankunft im Morgenland, sondern schlachteten, von Frankreich kommend, schon auf dem Weg dahin die Juden des Rheintals ab.

Ohne Gegenwehr geschah das nicht, vielmehr bekunden die Chroniken, daß die jüdischen Gemeinden mit allen Mitteln versuchten, das sich schon lange vorher drohend ankündigende Unheil von sich abzuwenden. So erkauften sie sich den Schutz geistlicher und weltlicher Herren, führten Verhandlungen mit den Kreuzfahrern und griffen, wenn alles andere versagte, auch zu den Waffen.

Genutzt hat es ihnen nichts. Als der Zug der Kreuzfahrer nach Süden verschwunden, der Pogrom vorüber war, gab es beiderseits des Rheins keine jüdischen Gemeinden mehr.

Zu Ehren des Mainzer Bischofs muß gesagt werden, daß er den Juden der Stadt Zuflucht in seinem Palast bot. Als die Hoffnung, die Stätte würde respektiert werden, zerrann und die Glaubensritter sich zum Sturm anschickten, legten die Juden, so Salomon bar Simon in seiner Schreckenschronik, Hand an sich selbst. Sie töteten sich gegenseitig mit Messern, was heißt, daß der letzte sich ins eigene Herz stach – nach tausend Jahren ein zweites Massada.

Nur hatten sich auf dem Felsplateau am Toten Meer vor dem

letzten Angriff der römischen Legionen an die 900 Belagerte entleibt. In Mainz waren es über 1100.

Der Schlachtruf der Totschläger hatte gelautet: »Die Juden haben unseren Herrn Jesum ans Kreuz geschlagen!«

Wie reimt sich das? frage ich mich auch hier in der Bischofskirche von Mainz angesichts des Gekreuzigten wieder – zum wievielten Male? Fragt man Christen, was nach ihrem Verständnis der Sinn der Kreuzigung sei, so wird in Übereinstimmung mit der Lehre geantwortet: Gottvater hat seinen Sohn geopfert, um die Menschheit zu erlösen. Wieso aber war die Kreuzigung Jesu dann ein jüdisches Verbrechen? Wenn Golgatha der Wille des Vaters war, vollzogen am Sohn zum Zweck eben dieser Erlösung, was anderes kann die Kreuzigung dann gewesen sein als ein gottgewolltes Initialereignis? Ohne Kreuzigung also keine Heilslehre, kein Evangelium, kein Neues Testament, keine Auferstehung, kein ewiges Leben, keine Kirche, kurz – kein Christentum.

Wieso sind dann aber über ein Jahrtausend hin wegen eines Ereignisses, dem die Christen ihre Religion verdanken, Juden verfolgt, ghettoisiert, lebendig verbrannt, gerädert und auf mannigfach andere Weise ermordet worden? Ermordet also für ein von Gott beschlossenes Opfer, das den Totschlägern ihren Glauben schenkte?

»Tod den (!) Juden, denn sie haben unseren Herrn ans Kreuz geschlagen.« – ?

Ließe man sich einmal ein auf den haarsträubenden Widerspruch, der soviel jüdisches Blut gekostet hat – was anderes wären die damals Beteiligten denn gewesen als Werkzeuge eines Gottes, der einen Sohn ans Kreuz nageln ließ, um die Menschheit zu erlösen (auch ihre nichtchristliche Mehrheit gleich mit?)? Und weiter, wenn man das Unsägliche fortspinnen will: Wieso die Sippenhaftung für die Nachfahren über die Jahrhunderte hin, und das auch noch bis vor kurzem liturgisch festgeschrieben im Osterritual? Welch fürchterlicher Rachegeist wirkte da, und was soll an ihm christlich sein?

Ich will nicht den gleichen Fehler begehen und Christen generalisierend verantwortlich machen für den jüdischen Leidensweg, der über eine unendliche Strecke der abendländischen

Geschichte hin mit dem Ruf »Tod den Juden, denn sie haben unseren Herrn ans Kreuz geschlagen« motiviert worden ist.

Ich will nur darauf hinweisen, daß der Widerspruch, der darin liegt, unbegreiflich ist: für ein Ereignis zu bestrafen, das, vom eigenen Gott gewollt, der Fokus der eigenen Religion ist. Ich kann an keiner Kirche vorbeigehen, in keine eintreten, auch nicht in diese zu Mainz, ohne daran gedacht zu haben, welche entsetzlichen Folgen christliche Ungereimtheiten für Juden nach sich gezogen haben.

Mir geht eine bestimmte Szene aus Claude Lanzmanns neunstündigem Dokumentarfilm »Schoah« nicht aus dem Sinn.

Einer der wenigen Überlebenden des einstigen Vernichtungslagers Treblinka, vielleicht der letzte, Srebnik, ein Israeli, war nach langem Widerstand von Lanzmann überredet worden, mit ihm an die Stätte des Grauens zurückzukehren. Und so stand Srebnik – ein schlichter Mensch mit einem freundlichen Gesicht – denn unter der polnischen Bevölkerung des seinerzeit Treblinka nächstgelegenen Orts, darunter Menschen, die sich noch an ihn erinnern konnten: »Er mußte einen SS-Mann mit einem Boot über den Fluß bringen und dabei singen«, sagte einer, und andere nickten.

Das war geblieben in den Köpfen und im Ohr der älteren Dorfbewohner, die wußten, was Treblinka für die Juden bedeutete. Und so standen sie nun um ihn herum, freuten sich, daß er noch lebte, berührten ihn und zeigten ihm ihre Sympathien. Und Srebnik, mitten unter ihnen, lächelte freundlich in die Kamera, fast so, als begriffe er gar nicht richtig, was um ihn herum vor sich ging.

Doch dann geschah etwas Unerwartetes, etwas, bei dessen Rekonstruktion mir immer noch kalte Schauder den Rücken hinunterlaufen. Plötzlich, ich weiß nicht mehr, wovon ausgelöst, vielleicht durch eine Frage Claude Lanzmanns, vielleicht durch eine Bemerkung aus der Gruppe, schrie jemand: »Recht ist den Juden geschehen, denn sie haben Jesus ans Kreuz geschlagen. Dafür sind sie bestraft worden.« Woraufhin tumultartige Zustimmung aufkam, während Srebnik lächelte, sichtlich – und zum Glück – unfähig zu verstehen, was sich da um ihn herum entlud: eben noch »Hosianna!«, nun »Kreuzigt ihn!«

Ich saß wie erstarrt vor dem Bildschirm. Nicht so sehr, weil hier Hitler zum Vollstrecker göttlichen Willens avancierte, sondern weil jede und jeder einzelne dieser Polinnen und Polen, hätte man sie nach dem Sinn der Kreuzigung gefragt, selbstverständlich und in Übereinstimmung mit der Lehre geantwortet hätte: Gottvater hat den Sohn geopfert, um die Menschheit zu erlösen.

Es genügt deshalb keineswegs, den klerikalen Antijudaismus als das zu erklären, was er war – der Geburtshelfer des modernen, des rassistisch-doktrinären Antisemitismus. Es muß vielmehr gefragt werden, ob der Ursprung der christlichen Judenfeindschaft nicht in der Lehre selbst und ihrer Stiftungsurkunde steckt.

Es kann keine ehrliche christlich-jüdische Auseinandersetzung mit dem Antisemitismus geben, wenn nicht die Frage nach seinen neutestamentlichen Wurzeln gestellt wird, was erfreulicherweise eine Minderheit kritischer Christen schon tut, so bitter es auch für sie sein mag, da es nicht mehr allein um die Institution Kirche geht, sondern auch um die Lehre selbst. Als weiterführende Wahrheit über das Alte Testament hinaus ist das Neue jedenfalls nicht haltbar. Und die Einverleibung des Alten Testaments in die christliche Lehre erst recht nicht. Die Annexion der älteren Religion durch die jüngere ist der Grundirrtum des Christentums.

Gedanken im Dom zu Mainz.

Sie tun übrigens meiner Bewunderung für die Kunstschöpfungen des christlichen Glaubens keinerlei Abbruch und ebensowenig meiner Entschlossenheit, jedem Angriff auf seine wie auch auf die Freiheit jedes anderen Glaubens entgegenzutreten.

Draußen, ganz nahe, ragt die *Heunensäule* auf – schartig, löchrig, von der kurmainzischen Stadt Miltenberg für den Dom geliefert, aber nicht darin eingefügt. »O bedenkt das End«, steht oben an Säule zu lesen.

»Was heißt das – ›O bedenkt das End‹?« fragt mich ein Junge von etwa acht Jahren, wobei er ganz zutraulich an mich herantritt, »und was ist das für ein Fisch darauf?« Neugierig und dringlich fragt er das und schaut mich dabei an, als wollte er sagen:

»Du bist ja erwachsen, also mußt du es auch wissen.« Aber, leider, ich weiß es nicht, habe keine Ahnung, so daß mir nichts übrigbleibt, als die traurige Wahrheit zu stammeln. Daraufhin tritt der Junge ein paar Schritte zurück und sagt dann, Verwunderung in der Stimme: »Das weißt du nicht? Dabei siehst du doch ganz intelligent aus«, und geht kopfschüttelnd davon.

Am nächsten Morgen mit dem Taxi vom Hotel zum Hauptbahnhof, am Steuer eine junge Frau.

Dort angekommen, gibt es an der Spitze der mobilen Warteschlange einen Auflauf, erregte Stimmen vor einem Wagen, dessen linkes Seitenfenster ein Fahrer heruntergedreht hat, der mit verstocktem Gesicht dahockt und durch Blockade seiner Kollegen daran gehindert wird, zwei eingestiegene Gäste zu befördern.

Es stellt sich heraus, daß er soeben einem fernöstlich aussehenden Paar, das verschüchtert an die Seite getreten ist, die Fahrt verweigert hat. Die Empörung unter den Taxifahrern ist allgemein und droht in Handgreiflichkeit auszuarten. Die junge Frau, die mich gefahren hat, geht auf den Verweigerer zu und fragt mit unterdrückter Wut: »Warum hast du das getan?« Ich kann seine Antwort nicht verstehen, offenbar aber hat sie die Fragestellerin nicht überzeugt, denn sie sagt, laut: »Zieh ab mit deiner Fuhre, aber glaube nicht, daß du ungeschoren davonkommen wirst.«

Als ich zahle, sehe ich, wie ihre Hände zittern.

Dieser Morgen hat gut begonnen.

Im Zug zurück nach Köln dann kann ich in Ruhe auspacken, was mir heute morgen Prälat Walter S. zugesteckt hat. Kennengelernt hatte ich den katholischen Geistlichen vorgestern im Erbacher Hof, ein Mann, dessen Antlitz und Rede mich annehmen ließen, daß er nicht nur humane Grundsätze predigte, sondern auch nach ihnen lebte. Das hatte mich dazu verführt, an einem Morgengottesdienst teilzunehmen, an dem Walter S. vor gestandenen protestantischen Frauen und Männern sprach, und das so schnurrig und unpenetrant ökumenisch, daß ich bis zum Ende blieb.

Gestern dann hatte der Prälat mich zu einem gemeinsamen Mittagessen eingeladen, eine fröhliche Stunde, die allerdings zunächst dadurch getrübt schien, daß ich, lebenslang schon Nichtalkoholiker, den angebotenen Wein höflich ablehnte und, ungeachtet des Wildschweinbratens auf dem Teller vor mir, beim Tafelwasser blieb – eine Barbarei, die auf der Stirn des Prälaten ein sachtes Runzeln hervorrief.

Auf diese mimische Reaktion hin hatte ich geglaubt, mich bei Walter S. entschuldigen zu müssen, und zwar mit der Erklärung, daß ich alkoholische Getränke einfach nicht vertrüge, ohne Abstinenzfanatiker zu sein oder als Antialkoholiker missionieren zu wollen. Daraufhin glätteten sich die Falten auf der Stirn des Prälaten, verschwanden dann zu meiner Freude aber völlig, nachdem ich dazu noch preisgegeben hatte, daß ich, damals siebzehn, meinen ersten Liebeskummer in Bier mit Kümmel ersäuft hatte, und daß meine prinzipielle Ablehnung des Alkohols nachweisbar überwunden werden könne durch solche Getränke, denen der bittere Geschmack herausdestilliert worden sei: »Etwa durch Spätlesen oder Eisweine.«

Nun also packe ich gespannt das Geschenk des Mainzer Prälaten Walter S. aus, entschäle aus der papierenen Hülle eine Flasche und lese: »Aßmannhäuser Höllenberg, Spätburgunder Weißherbst, Eiswein-Auslese aus den Eltviller Staatsweingütern – 1972«.

»Dank, Herr Prälat, großen Dank für die kostbare Gabe«, so ließ ich, kaum in Köln angekommen, Walter S. in meinem Dankschreiben umgehend wissen, »aber von Ihrer praktizierenden Nächstenliebe war ich schon vorher fest überzeugt.«

Aachen.

Vom Hotel bis zur Mayerschen Buchhandlung sind es nur ein paar Schritte, aber wie immer versichere ich mich auch diesmal der genauen Geographie des abendlichen Tatorts; ich tue dies selbst dort, wo ich schon gewesen bin – was hier noch nicht der Fall war.

Und wie sonst habe ich viel zuwenig Zeit, mich in die Geschichte des Ortes zu vertiefen, will mich aber dennoch wenigstens ein bißchen umsehen in der Stadt Karls des Großen.

Also zum Katschhof und vor das auf den Grundmauern der karolingischen Kaiserpfalz errichtete Rathaus mit dem gewaltigen Söller. Gegenüber der Dom, sein achteckiger Mittelbau, die gotische Chorhalle, Friedrich Barbarossas Radleuchter, der Marmorthron Karls des Großen, der goldene Schrein mit seinen Gebeinen, der Domschatz – es ist eine Schande, daß ich nicht drei Tage bleibe.

Draußen der alte Brunnen, die Figur des Kaisers mit Reichsapfel, Schwert, Krone und – vielen Obdachlosen ringsum. In Gruppen und Grüppchen, auf dem Platz und an Hausmauern gelehnt, teils auf dem nackten Stein, teils auf untergelegten Textilien, so trinken sie, singen »Theo, wir fahr'n nach Lodz« und torkeln über den Platz, eher fröhlich als aggressiv. Vor dem Rathaus steht ein Polizeiwagen, vom Rathausturm herab erklingt die Melodie »Freude, schöner Götterfunken, Tochter aus Elysium ...«

Die Sonne scheint warm, und ich schlendere zurück zum Holzgraben. Dort kommen mir eine Frau und ein Mann entgegen, beide ein paar Jahre jünger als ich, stutzen, als sie mich sehen, verhalten den Schritt, zögern – und sprechen mich dann an: Günter P. und seine Frau Ingrid.

Es wird eine unglaubliche Begegnung.

Zuletzt gesehen haben Günter P. und ich uns vor über fünfzig Jahren, 1945, während einiger Herbst- und Winterwochen im Hamburger Stadtteil Eimsbüttel.

Dort hatten sich in einer kalten Wohnung ehemalige Hitlerjungen eingefunden, die uns mißtrauisch, aber sprechbereit erwarteten. Uns – das war außer mir Gerd M., ein Angehöriger der britischen Streitkräfte, Jude aus Hamburg, mit einem Kindertransport 1938 nach England verschickt und so dem Holocaust entkommen, im Gegensatz zu Eltern und Verwandten. Am 3. Mai 1945 war er mit der 8. Armee des Feldmarschalls Montgomery in die Stadt seiner ersten fünfzehn Lebensjahre zurückgekehrt, fest entschlossen, seinen Teil zur *reeducation* der Deutschen beizutragen.

Durch einige Veröffentlichungen in Hamburger Tageszeitungen auf mich aufmerksam geworden, hatte Gerd M. noch im Sommer jenes Jahres plötzlich, in Uniform und nach gutem Tabak duftend, vor mir gestanden und mich in akzentfreiem Deutsch gefragt, ob ich bereit sei, mit ihm junge Menschen aufzusuchen, die unter Hitler den Weg ihrer Generation gegangen, immerhin aber zu Gesprächen mit Nazigegnern und ehemals Verfolgten bereit seien. Er habe da Verbindungen geknüpft, die ihm nicht ganz aussichtslos erscheinen wollten.

So kam es, daß Gerd M. mich mit seinem Jeep abholte und wir zusammen nach Eimsbüttel fuhren, wo wir auf vier ehemalige HJler stießen, die zwar gern nach den mitgebrachten Gaben aus den Beständen der britischen Besatzungsmacht griffen - Sandwiches, Schokolade, Zigaretten -, aber nicht den Eindruck machten, als ließen sie sich dadurch korrumpieren.

Einer von ihnen war Günter P.

Ich erinnere mich nicht mehr an Gesichter von damals, auch an seines nicht, wohl aber an Diskussionen, die mir Einblick gaben in das Ausmaß der politischen Infizierung von Menschen, die von ihrem Lebensalter her - 1933 noch nicht schulpflichtig, 1945 unter zwanzig - gar keine Chance hatten, etwas anderes zu werden als Nazis, ausgeliefert einer übermächtigen Propaganda und Söhne von Eltern, die kein Gegengewicht boten.

Die Verheerungen waren entsprechend. Ohne daß mir Einzelheiten aus den insgesamt etwa Dutzend Gesprächen im Gedächtnis geblieben wären, weiß ich noch, daß ich nach jedem Abschied das Gefühl völliger Hoffnungslosigkeit hatte, nicht glaubte, daß in diese jungen Köpfe und Herzen je so etwas einziehen könnte wie Mitmenschlichkeit, Erbarmen, daß sie ihr ideologisiertes Geschichts- und Weltbild korrigieren würden.

Als die Zusammenkünfte dann unterblieben, noch vor dem Jahreswechsel 1945/46, empfand ich eine enorme Erleichterung, nicht zuletzt, weil ich tief unzufrieden mit mir selbst war. Quoll all das, was eben gerade zu Ende gegangen war, doch noch ganz heiß, schwer in Worte zu fassen, aus mir heraus, spürte ich den Widerstand, der sich eher durch Schweigen als expressis verbis ausdrückte, schien es mir, als fände ich keinen Zugang zu diesen Hamburgern, die nur drei, vier Jahre jünger waren als ich, aber in einem anderen Universum gelebt hatten.

Geblieben ist mir aber auch, daß es keine Rüpeleien gab, keine persönlichen Attacken, keine vorsätzlichen Verletzungen. Was vor allem Gerhard M.s Strategie zu verdanken war, der, im Gegensatz zu mir, nie laut oder heftig wurde und offenbar viel stärker an die Möglichkeit eines Bewußtseinswandels glaubte als ich.

Schließlich aber hatte auch er aufgegeben.

Und jetzt, mehr als ein halbes Jahrhundert danach, hatte mich Günter P. hier in Aachen auf dem Holzgraben angesprochen und sich als einer der vier Hitlerjungen von damals zu erkennen gegeben. Was würde daraus werden? Würden meine Prognosen von einst bestätigt, mir die gewohnten Verdrängungsvokabeln präsentiert, ich wieder mit den bis zum Überdruß bekannten Thesen der *zweiten Schuld* konfrontiert werden?

Es kam ganz anders.

Wir setzten uns vor ein Café, die Sonne schien warm, und wir sprachen miteinander – mehr als zwei Stunden lang. Ich darf sie ohne Übertreibung zu den lehrreichen meines Lebens zählen.

Günter P., Jahrgang 1928, hatte mich wiedererkannt, als ich Mitte der sechziger Jahre im Fernsehen auftauchte, und mich seitdem, wie er sagte, »nicht mehr aus den Augen verloren«.

Die Verbindung zu seinen Hamburger Freunden von damals blieb, obwohl der Beruf Günter P. bald nach Aachen versetzt hatte. Immer an Flugzeugen und ihrer Konstruktion interessiert – »das war nie anders« –, hatte er hier eine Lebensstellung gefunden, bis zu seiner kürzlichen Pensionierung.

Von der Gegenwart kommen wir rasch auf die Vergangenheit.

Ich rekonstruiere das Gespräch aus dem Gedächtnis, da ich das Wagnis, mein Tonbandgerät einzuschalten, nicht eingehen wollte – voll der Erfahrung, daß dann selbst zwischen Gutwilligen und bei großem gegenseitigen Vertrauen sofort Befangenheit und Hemmung aufkommen. Günter P.s kritische Selbsteinschätzung: ein überzeugter, aber kein fanatischer Nazi. Was sich auf eine Weise äußerte, über die er später lange nachgegrübelt hat. Anfang der vierziger Jahre hatte er Zugang zu einer »Kulturgruppe« gefunden, die ganz und gar nicht im Sinn der Machthaber war. Es wurde aus Büchern gelesen, die auf dem Index standen, Musik von Debussy und anderen »Entarteten« gespielt und Reden geführt, die der offiziellen Propaganda entgegengesetzt waren. Einer der Teilnehmer des Kreises fiel, was alle wußten, als jüdischer *Mischling erstens Grades* unter die Nürnberger Rassengesetze. Der übergab eines Tages Günter P. seine Tagebücher und erhängte sich in der folgenden Nacht.

»Ich frage mich heute, wie das Vertrauen zustande gekommen ist, das er mir mit der Übergabe seiner Tagebücher bezeugt hatte. Er wußte doch, daß ich ein gläubiger HJler war, ein Hitleranhänger. Woher kam sein Vertrauen zu mir, und das der anderen?« Immer wieder geht Günter P.s Stimme unter im Lärm der Autos, der Straßenbahnen und dem Kläffen eines Hundes, der sich ganz in der Nähe die Seele aus dem Leib bellt.

An den Sieg der deutschen Waffen hatte er noch bis zur Ardennenoffensive im Dezember 1944 geglaubt, danach nicht mehr – Anfang 1945 war ihm klar, daß der Krieg verloren war. »Einer Einberufung bin ich dann durch Gehorsamsbruch ausgewichen.«

Ich: »Bei unseren damaligen Zusammenkünften machten Sie und die anderen einen geradezu monolithischen Eindruck. Warum haben Sie von diesen Brüchen, Spaltungen in sich bei unseren Zusammenkünften nichts berichtet?«

»Das wollten wir nicht, wir wollten nicht in uns schauen lassen. Sie waren Feinde – aber interessante. Manches, was von Gerd M. und Ihnen kam, hatte uns nachdenklich gemacht, aber zugegeben hätten wir es nicht. Gewirkt hat es erst später, viel später.«

Neben Günter P., ein paar Jahre jünger, seine Frau Ingrid. Natürlich war sie im Bund deutscher Mädel gewesen und ebenfalls völlig aufgegangen im Geist der damaligen Zeit.

Jetzt sagt sie: »Wir beide hatten eine ähnliche Sozialisation gehabt, wie man es heute nennt. Was dann kam, die Eröffnungen über die KZs, den Mord an den Juden, stürmte so übermächtig auf uns ein, daß man zunächst nur auf Abwehr bedacht war. Viele sind dabei geblieben. Wir beide wollten das nicht.«

Das Gespräch ist durchweht von einem Trauma, ohne daß Zahlen genannt werden – sechs Millionen oder fünf Millionen – oder überhaupt eine der üblichen Reaktionen auf den Holocaust aufscheint. Aber die Schoah ist in allem, was gesagt, betrachtet und gewertet wird, eingebunden, ist allgegenwärtig. Die Last ist ganz unterschieden von der meinen, der des gerade noch Verschonten, sie kommt von einer anderen Seite, einer, die ich zu ergründen versuche, doch irgendwie vergebens, da ich mich nicht in ihre Hilflosigkeit versetzen kann.

Was völlig fehlt, ist das Vokabular der Verdränger, die kompensatorische Attitüde, das gewohnte Aufrechnungsmuster.

Sichtbar dagegen wird Abscheu vor Gewalt, alter und gegenwärtiger, ohne jede Spur von Welterneuerungs- und -beglükkungstheorien. Es ist die Art und Weise, wie Günter P. etwas sagt, die mich überzeugt.

»Was so endete, konnte nicht gut gewesen sein«, war ein Satz da vor dem Café am Holzgraben in Aachen.

Es ist auch postum schwer, meine Empfindungen nach dieser Begegnung zu beschreiben, nur spüre ich, daß ich es gern tue.

Aus diesem ehemaligen HJler, dieser einstigen Angehörigen des BDM sind in einem wahrscheinlich schwierigen Prozeß Menschen geworden, die nicht nur alle Alarmglocken in mir unprovoziert und meinen tief eingepflanzten Fluchtinstinkt schlummern ließen, sondern wohltuenderweise auch eine mit großer Wahrscheinlichkeit zutreffende Assoziation herstellten: daß sie nicht die einzigen aus ihrer Generation sein können, die den Verlust der humanen Orientierung aufgeholt oder sie überhaupt erst gewonnen haben; daß es von ihnen mehr gibt, als das äußere Bild der Nachkriegszeit, die Konjunktur politischer Unbelehrbarkeit im Zeichen des Kalten Kriegs erkennen ließen; daß sich vieles jenseits der Trompetenstöße der *zweiten Schuld* vollzogen hat, seiner Natur nach eher zurückgenommen und mit sich selbst beschäftigt. Und daß damit auch das Bild von dieser Generation, die ja vom Alter her auch die meine ist, graduell differenziert werden könnte, nun auf das gemeinsame Ende zu. Ohne damit die bitteren Erfahrungen im Lauf eines langen Lebens nun etwa als unexemplarisch zu widerrufen oder zu schönen, wo es nichts zu schönen gibt.

Aber die stille Glaubwürdigkeit, die überzeugende Wandlung, die mir da auf dem Platz vor dem Café am Holzgraben von Aachen gegenübersaßen, sie können schlechterdings nicht nur auf Menschen beschränkt sein, die mir begegneten.

Vielleicht gab es derer mehr, als ich bisher angenommen habe?

Dann der Abschied.

Der Pensionär Günter P. hat sich nur offiziell zur Ruhe gesetzt. Er kann das Fliegen nicht lassen, ist gerade gestern mit einem Sportflugzeug aus Irland zurückgekehrt und schwärmt mir nun von der *grünen Insel* vor.

»Nicht nötig«, sage ich, »das Werk, aus dem ich auf dieser Lesereise zitiere, heißt ›Mein irisches Tagebuch‹.«

# Brandenburger Elegien

Ich bin auf dem Weg nach Neuglobsow, zu Freunden dort, und an den Großen Stechlin.

Vom nördlichen Berliner Autobahnring geht es bei Birkenwerder ab nach Oranienburg und dann auf der Bundesstraße 96 weiter nach Norden. Es ist eine Strecke, die ich nie zuvor gefahren bin, aber immer fahren wollte – ohne geglaubt zu haben, daß es zu meinen Lebzeiten jemals möglich sein würde.

Ich bin dabei, den deutschen Osten für mich zu entdecken, oder wenigstens Teile davon. Ausgenommen das verlorene Ostpreußen, über das ich ein Buch schrieb, stammen alle anderen Kenntnisse aus Büchern, Fotos, Filmen und Fernsehsendungen. Wie zur Bestätigung des Defizits blitzt bei der Überquerung des Oder-Havel-Kanals für kurze Sekunden seitlich etwas auf von der Schönheit eines Landstrichs, der mir bisher nur vom Hörensagen bekannt war.

Wie schon auf meinen Reisen für die Bücher über Israel, Ostpreußen und zuletzt Irland ist auch diesmal wieder mein alter Ford, Baujahr 1982, mit von der Partie.

Bis Löwenberg noch zwanzig Kilometer.

Über Brandenburg Sonne, Quellwolken, Wärme. Die Bäume sind in Gesichtshöhe mit hellen Streifen versehen. Am Straßenrand werden Kirschen angeboten, Zwiebeln, Kartoffeln. Das gibt es auch im Westen, und doch ist es hier atmosphärisch anders, ackernäher, ländlicher, riechbarer, ein Fluidum. Ich werde, obschon so weit davon entfernt, an das Ermland, an Masuren, an die Johannisburger Heide erinnert.

Herrliche Alleen auch hier (wehe, wenn sie wegen Straßenerweiterung gefällt würden, und sei es auch nur auf einer Seite!); das strotzende Gelb endlos gedehnter Rapsfelder; die Matten des Leinsamens, ganze Prärien sanftblauer Blümchen; weite Grasflächen, baumgesäumt, und die Schwarzweißen, weidend oder wiederkäuend, über die Landschaft hingesprenkelt.

Noch dreizehn Kilometer bis Gransee.

Der Sommertag erinnert mich an meine Kindheit, stark und

seltsam. Da wird etwas hervorgeholt aus mir, das mit Licht und Wärme zu tun haben muß.

Bei Altlüdersdorf geht es links ab, auf Nebenstraßen, tiefer hinein ins Brandenburgische. Bisheriger Eindruck – das Land ist dünn, oder besser, nicht dicht besiedelt.

Auf den Feldern vor Neulögow schwere Ballen gepreßten Strohs, in der Ortschaft dann Trabbis, teils verrottet, teils geliftet. Ansonsten herrscht hier, wie überall, der Typus unterer Mittelklassewagen vor (auf diesem Sektor scheinen die Gegensätze zwischen Ost und West noch am geringsten zu sein).

Nicht zum Hinsehen: verfallene Gebäude darniederliegender Landwirtschaftlicher Produktionsgenossenschaften (LPG). Einen trostloseren Anblick als diesen kann es nicht geben. Geradezu erlösend dagegen und schon von weitem sichtbar – Großwoltersdorfs markanter Kirchturm. Dahinter artig angezeigt: Menz.

Ich bin auf der richtigen Spur.

Alte Bäume, alte Häuser, Kopfsteinpflaster. Meine Begeisterung dafür verheimliche ich sogar vor mir selbst, bewußt, daß daran nichts Poetisches ist. Und doch, angesichts des dickbäuchigen Katalogs von Bau- und Erneuerungssünden mit ihren irreparablen Schäden zwischen Rhein und Elbe, glimmt leise die Hoffnung, daß aus Schaden gelernt wird und Modernisierung nicht immer gleich auch *tabula rasa* meint.

Endlich der Hinweis »Neuglobsow, Kreis Oberhavel, 1 km«. Daneben, weiße Schrift, roter Grund: »Wildschweinepest. Gefährdeter Bezirk«.

Dann der Ort, freundliche Häuser, aber unfreundliche Begrüßungen, zum Beispiel: »Freilaufender Hund. Wenn Hund kommt, flach auf den Boden legen, auf Hilfe warten. Wenn keine Hilfe kommt – viel Glück.«

Und etwas weiter, an einer adretten Gartentür befestigt, hinter der bis zu dem schmucken Haus nichts zu sehen ist als der Frieden liebevoll angelegter Blumenbeete, die Warnung: »Betreten auf eigene Gefahr!«

Soll über solchen »Humor«, verdammt noch mal, etwa gelacht werden? Zum Glück bin ich hier bei einer anderen Gattung von Zeitgenossen untergebracht, einem langjährigen Freund und weitgereisten WDR-Kollegen, Peter Laudan, und seiner Frau Ulrike. Begeisterter Leser Fontanes, hatte er aus dem »Stechlin« in Erinnerung behalten, daß der alte Dubslav nach dem Abtritt Bismarcks und der Aufhebung des Sozialistengesetzes für den Deutschen Reichstag kandidiert hatte, und zwar in einer Wahl, die, gemessen am Status quo ante, durchaus als frei bezeichnet werden konnte. Hundert Jahre später, im April 1990, nach dem Fall der Mauer, hatte nach langer Diktatur auf deutschem Boden wieder eine freie Wahl stattgefunden – zur letzten Volkskammer der Noch-DDR. Ihr schlossen sich im Mai Kommunalwahlen an, und die wollte sich der Reporter Peter Laudan am Stechlinsee anschauen.

Dabei interviewte er Ulrike C., ansässig in Neuglobsow und Kandidatin des »Neuen Forums« für den Kreistag Gransee. Nachdem beide ihre Sympathien füreinander entdeckt hatten und sich dazu noch herausstellte, daß sich ihre Kinder aus vorangegangenen Ehen gut vertrugen, haben sie 1992 geheiratet. Seither teilen sich Leben und Arbeit der Familie Laudan zwischen Neuglobsow und Berlin – ein erfreuliches deutsch-deutsches Schicksal.

Bei diesen zuverlässigen Freunden, interessanten Gesprächspartnern und herzlichen Gastgebern sollte ich nun auf meinen Entdeckungsreisen *östlich der Elbe* für ein paar Tage unterkommen.

Nach der Begrüßung dann über eine scheußliche Betonpiste gleich hinunter zum Stechlin, der da abendsonnenbeschienen durch die Bäume schimmert. Möwen, flach über dem Spiegel, leichte Wellen, so gut wie kein Lüftchen. Tief ragt von drüben, von der Rheinsbergseite, die Halbinsel in den See hinein.

Boote, viele Boote, zum Paddeln, Rudern, Segeln. Vorn steht eine Frau, mit den nackten Füßen im Wasser, das vollkommen klar ist, ohne die kleinste Trübung.

Kann es wahr sein, daß ich hier stehe? Nach so viel Fontane-Lektüre über ein ganzes Leben hin, inhaliert, aufgesogen in der trauernden Gewißheit, nie an die geschilderten Plätze zu gelangen, um so resignierter, je weiter das Jahrhundert voranschritt, und ohne jede Vorahnung von dem Tag, der mir diese Stunde beschert hat, dem 9. November 1989.

Zwar war der alte Dubslav Stechlin eine erfundene, eine Romanfigur, aber den See, der Theodor Fontane zur Namengebung inspiriert hatte, gibt es wirklich – für mich sozusagen das Synonym einer Sehnsucht, die längst an keine Erfüllung mehr geglaubt hatte.

Aber nun hat sie sich doch noch aufgemacht, jenen neuen Planeten zu erkunden, für den ich, der geborene Hamburger und Wahlkölner, Bürger der alten Bundesrepublik und Globetrotter auf vier Kontinenten, ein Kodewort gefunden hatte: *östlich der Elbe*.

Und das beginnt ganz wörtlich gemeint dort, wo das Bundesland Mecklenburg-Vorpommern an Schleswig-Holstein grenzt, der einstigen innerdeutschen Trennlinie also sehr nahe und doch schon sichtbar unterschieden von allem, was westlich davon liegt: mit dem grandiosen, dem überwältigenden Wunder der Baumalleen zwischen Boizenburg und Zarrentin!

Ein Hamburger Freund und Kollege, Kameramann des NDR, Frank B., hatte mir Anfang der siebziger Jahre, nach Drehaufnahmen in der DDR, begeistert und staunend davon berichtet. Ich solle doch, so sein Ratschlag, auf meinen häufigen Transitfahrten von Hamburg nach Berlin und umgekehrt den Abstecher wagen und die zwanzig Kilometer abfahren – sie würden sich für jeden lohnen, dem die Natur noch etwas bedeutet.

Aber sollte ich, der *Renegat*, der die stalinistische KPD verlassen und aus seinen Gründen dafür öffentlich keinen Hehl gemacht hatte, das Risiko eingehen, von der vorgeschriebenen Transitroute abzuweichen und dabei, wer weiß mit welchen Folgen, ertappt zu werden?

Diesen Triumph wollte ich den Häschern denn doch nicht gönnen, wie heftig auch hinter oder vor Zarrentin immer wieder die Versuchung war, alle Bedenken über Bord zu werfen.

Aber dann habe ich es doch gesehen, das Baumwunder, das Frank B. so enthusiastisch geschildert hatte – 1994, als ich zusammen mit Joseph Kaufmann für den WDR filmte, was von der deutsch-deutschen Grenze geblieben ist. Obschon, wie immer, in großer Zeitnot – auf einem Teil der B 195, irgendwo zwischen Boizenburg und Zarrentin, habe ich den Wagen verlassen und bin zu Fuß gegangen, habe die Bäume berührt und in die Wipfel geschaut, bis mir schwindlig wurde – und wollte es auch diesmal nicht glauben.

Ganz so wie jetzt, hier am Ufer des Stechlin, bei Neuglobsow, Kreis Oberhavel.

Erster Ausflug in die Umgebung, heute in Begleitung des ortskundigen Freundes Peter Laudan.

Die alte Kirche in Buchholz, Fachwerkbau und Holzturm. Auf dem Dach Gräser, kletternder Efeu an den Wänden, hier vorne alles voller Brennesseln. Es regnet. Was mich nicht stört, sondern meiner Grundstimmung entgegenkommt.

Der Friedhof war bis 1989 verwaist, die Leute haben sich, höre ich, nicht getraut, ihre Toten auf Kirchengelände zu bestatten. Jetzt gibt es Gräber aus den neunziger Jahren, und frische Blumen darauf.

Durch eine Seitentür ist der Zugang zur Kirche offen – der hölzerne Fußboden ist mit Steinen bedeckt, der Putz von den Wänden gefallen. Stellenweise ist Beton gegossen, von außen wuchert Grün durch die glaslosen Fenster herein, andere sind zugemauert. Risse an der Wand, Reste alter Tafeln, für Lieder oder Bibelstellen. Von der letzten Ankündigung ist nur »VII., 6.1« stehengeblieben.

Hier ist restauriert worden, gearbeitet, geschuftet, soviel ist zu erkennen. Aber auch, daß derzeit jede Tätigkeit eingestellt worden sein muß und dadurch auch dem bereits Renovierten der Verfall droht. Freund Peter braucht den Grund nicht zu nennen, er liegt auch so offen zutage: Geldmangel.

Nicht viel besser steht es um das Arnimsche Herrenhaus aus dem 18. Jahrhundert in Zernikow bei Neuruppin.

Der von dem Architekten Wenzeslaus von Knobelsdorff 1740 entworfene zweigeschossige Backsteinbau mit acht Fensterachsen unter einem Mansardendach bietet derzeit einen mehr als traurigen Anblick.

Zwar sind Dach und Dachrinne provisorisch erneuert und die oberen Fenster verglast worden, darunter aber können Wind und Wetter ungehemmt Einzug halten. Der rote Putz bröckelt, Ziegel werden sichtbar, Scheune und Ställe machen einen ähnlich heruntergekommenen Eindruck. Dazu ist noch zu DDR-Zeiten hinter das Haus ein Betontrumm gesetzt worden, dessen ästhetische und optische Barbarei nicht zu übertreffen ist. Und von dem Park, diesem Juwel des einstigen Herrensitzes, sind nur noch die Maulbeerbäume für die einstige Seidenraupenzucht erhalten geblieben.

Hier hatte Achim von Arnim (1781–1831), berühmter Dichter und Gatte der nicht minder berühmten Bettina von Arnim, zwar nur in Kindheit und früher Jugend einige Sommermonate zugebracht. Aber weite Wanderungen durch die unberührte Natur der Umgebung und die Inspirationen durch die große Hausbibliothek können getrost als Quelle seiner romantischen Empfindungen und starken Empfänglichkeit für Spukgeschichten angesehen werden. Allerdings kehrte Arnim, obwohl das Gutshaus in Familienbesitz blieb, nie hierher zurück, sondern bewohnte bis zu seinem Tod das väterliche Schloß im berlinnahen Wiepersdorf.

1945 lebte in Zernikow noch eine ferne Nachfahrin des Dichters, Clara von Arnim, die sich durch ihre Memoiren dann selbst einen Namen machen sollte.

Nach Enteignung und Bodenreform wurde das alte Gutshaus auf verschiedene Weise benutzt, als Gemeindebüro, Abstellkammer, als Sprechzimmer und Wohnung eines Arztes – nicht gerade Bedingungen, die dem wachsenden Verfall hätten Einhalt gebieten können. Und nachdem Anfang der neunziger Jahre dann auch noch Versuche der Alteigentümer, hier ein Forschungsprojekt für Wind- und Solarenergie einzurichten, mißlangen, war guter Rat teuer, und das ganz buchstäblich: für die Restaurierung des »Schlosses« (wie es unter Einheimischen immer noch heißt) werden zehn Millionen Mark benötigt.

Dennoch besteht Hoffnung, das Arnimsche Kleinod wiederherzustellen. Durch Initiative der Gemeinde Zernikow ist zwischen ihr und einem finanzstarken Münchener Konsortium eine Arbeitsgemeinschaft gebildet worden, die hier ein Touristenzentrum errichten will: mit einem Museum der friderizianischen Epoche, der reaktivierten Brennerei und einer Gaststätte im Kavaliershaus – keine schlechte Idee für diese strukturschwache Ecke Brandenburgs.

Nur, denke ich bei dem wahrlich erneuerungsbedürftigen Anblick da vor mir: Wird dem Platz jene Originalität erhalten bleiben, die selbst von hundert Jahren Vernachlässigung nicht zerstört werden konnte? Oder steht Schlimmeres ins Haus?

Ich weiß, daß es ungerecht ist, aber überall, wo hier beim Auf-, Um- oder Neubau Wessis die Hand im Spiel haben, gerät mir nun mal sofort das Disneyland-Schreckgespenst vor Augen.

Dann allein über die B 96 nach Fürstenberg und von dort ostwärts auf die Straße nach Prenzlau. Sie ist gesäumt von Mischwald, die Laubbäume dominierend, dicht, füllig und naß.

Es regnet in Strömen - ich bin in meinem Element.

Durch Lychen auf Küstrinchen zu und weiter nach Hardenbeck. Die Straße schnurgerade, lang, lang nach vorn. Am Rand Biotope, wie es sie auf dem Boden der alten Bundesrepublik nicht mehr gibt, subtropisch fast, von Wasserpflanzen bedeckte blühende Seen und Teiche. Zu beiden Seiten riesige Fichten, die kahlen braunen Stämme durch die Nässe noch dunkler gefärbt. Links ein See, schilfbestanden, waldgesäumt, auf dem Wasser Schwäne.

Und unter den Alleedomen prasseln jetzt die Tropfen wie Hagel auf Wagendach und Motorhaube.

Ich steige aus und werde naß, klitschnaß bis auf die Haut, was mir aber völlig egal ist: Brandenburg im Regen - wundervoll!

Dabei muß ich hier, zwischen Prenzlau und Neustrelitz, schon hart an der Grenze zu Mecklenburg-Vorpommern sein, dann und wann vielleicht auch drüber hinaus.

Über Thomsdorf an den Carwitzer See - Lehmwege, Schlaglöcher, Pfützen, Wald, düster. Knappe Ausweichmöglichkeiten bei entgegenkommenden Fahrzeugen, was jedoch selten ist. Streckenweise habe ich den Eindruck, der einzige Mensch auf der Welt zu sein.

Vor Carwitz ein Lupinendschungel, Tausende blauer Blütenkerzen. Im Ort Kopfsteinpflaster und, ungewöhnlich häufig, Gartenzwerge, große, kleine, von Modellwindmühlen garniert und alle mit der obligatorischen Zipfelmütze.

Mitten im Carwitzer See eine Industrieanlage, auf mächtigen Schwimmtrögen ruhend, ein gewaltiger, alles verunzierender Riesenbehälter.

Doch kann das Monstrum meiner Verliebtheit in die Brandenburger Landschaft nichts antun, und sei sie auch noch so verregnet. Jetzt sind die Wolken übrigens höher, und auf dem Rückweg, bei Lüttenhagen, leuchtet der Raps wieder, und das Laub schaukelt im Wind.

Dann, vor Fürstenberg, Ravensbrück.

Heute, Montag, ist die Gedenkstätte des ehemalig größten Konzentrationslagers für Frauen geschlossen.

Aber ich will auch gar keine Führung, keinen Kommentar, keinen vielleicht sogar immer noch propagandistisch gefärbten Text. Ich will nur daran denken, wie Frauen hier gelitten haben und gestorben sind, Frauen aus sechzehn Ländern, wie die Mauer mit den Inschriften der Herkunftsländer in alphabetischer Folge - von Albanien bis Ungarn - anzeigt.

Ich sehe die ungeheure Walze, vor die Frauen gespannt worden sind, und versuche, das Gestänge zu heben, vergebens - es ist im Grund verankert. Ich sehe die kleinen vergitterten Fenster der Zellenunterkünfte, und ich kann mir die einstige Verzweiflung, die Angst dahinter vorstellen.

Aus der Ferne ruft ein Kuckuck.

Es ist gut, daß ich keinen Menschen treffe. Im Lauf meines Lebens bin ich immer empfindlicher geworden gegenüber Gestaltungen von Gedenkstätten und möchte, daß des Unsagbaren nur dort gedacht wird, wo es stattgefunden hat. Und auch da äußerste Schlichtheit und Zurückhaltung, weil das Grauen des Ortes für sich spricht.

Ich besuche das Frauenlager Ravensbrück zum erstenmal - und halte mir die Ohren zu. Für mich schreit hier alles noch wie damals, obwohl seit der Eröffnung des KZ, 1939, an die sechzig Jahre vergangen sind, und mehr als fünfzig seit seiner Befreiung. Außerhalb der Gedenkstätte, aber in ihrer Nähe, nur auf der anderen Seite der Straße, ist eine andere gesetzt worden, für die gefallenen Rotarmisten - in Form eines sowjetischen Panzers. Dort lese ich auf einer Tafel: »Ruhm und Ehre. Am 30. April 1945 wurde das KZ Ravensbrück von Soldaten und Offizieren der Roten Armee befreit.« Es regnet wieder, und an der stählernen Wand des Panzers tropft es herab. Fünf Räder unter den Ketten hat das Kampffahrzeug auf beiden Seiten, davon je ein kleineres hinten und vorn.

Ich stehe davor und denke: Welches Zeitmolekül, welchen Sekundenbruchteil hat dieser sowjetische Panzer zur Befreiung meiner Familie beigetragen? In mir die alten, lebenslangen Gefühle untilgbarer Dankbarkeit gegenüber einer Armee, die die größten Opfer im Kampf gegen Hitlerdeutschland und seine Wehrmacht zu tragen hatte. Auch wenn ich heute weiß, was dann an Schrecklichem zurückschlug auf den, der den Bumerang der Aggression mit dem Überfall auf die Sowjetunion am 22. Juni 1941 ausgesandt hatte. Nichts war fürchterlicher als das, was die Anti-Hitler-Koalition des Zweiten Weltkriegs am 8. Mai 1945 besiegt hatte, was an Verbrechen von Deutschen begangen wurde – die Voraussetzungen für die Verbrechen an Deutschen (die gleichwohl rückhaltlos auf den Tisch müssen).

Das sind die Vorzeichen, unter denen ich den sowjetischen Panzer vor der Gedenkstätte des Frauen-KZ Ravensbrück begrüße.

Auf dem weiteren Gang jedoch wird mir unbehaglich zumute.

Mit dem Blick über den Stolpsee, steht, noch zu DDR-Zeiten errichtet, auf hohem Podest eine Frauengestalt, die eine andere Frau in ihren Armen trägt.

Ich versuche, meine Aversion zu unterdrücken, doch gelingt mir das nicht angesichts der Plakativität der Statue, die sich da den Augen bietet. Wut aber steigt in mir erst auf, als ich eine Inschrift lese, deren Text von Anna Seghers stammt: »Sie sind unser aller Mütter und Schwestern. Wir könnten heute weder frei lernen noch spielen, ja, Ihr wäret vielleicht gar nicht geboren, wenn solche Frauen nicht ihre zarten, schmächtigen Körper wie stählerne Schutzschilde durch die ganze Zeit des faschistischen Terrors vor Euch und Eure Zukunft gestellt hätten.«

Mag das aushalten, wer's kann – ich nicht. Und an dieser Stelle schon gar nicht.

Poesiebemühte Sinnentleerung – »wie stählerne Schilde«; geschichtsverfälschende Sprachregelung – »faschistischer Terror« statt nationalsozialistischer. Und die Lüge, die Bewohner des Staats, zu dem Anna Seghers sich bekannte und dessen Aushängeschild sie bis zu ihrem Tod im Jahr 1983 blieb, hätten »frei lernen« können. Um wieviel glaubwürdiger wäre die Autorin des Buches »Das siebte Kreuz« gewesen, wenn sie ihre Sensoren gegen Gewalt und für Menschenrechte so weit nach Osten ausgefahren hätte wie nach Westen, und ihre Stimme gegen die Verbrechen Stalins so laut getönt hätte wie gegen die Barbarei Hitlers und seiner Anhänger.

Aber was kann, wenn ein Gewaltregime seine Zeichen gegen ein anderes setzt, schon anderes herauskommen, als daß es den eigenen Gewaltcharakter zu verheimlichen sucht?

Und drüben, über den See hinweg, damals wie heute sehr nahe, der Kirchturm von Fürstenberg.

Geschichtslos ist Neuglobsow ganz und gar nicht.

Mehr, es ist als Ortschaft durch Theodor Fontane sogar in die Weltliteratur eingezogen, sowohl in seinen »Wanderungen durch die Mark Brandenburg« als auch im Roman »Der Stechlin«. Legt der alte Dubslav darin dem Pfarrer Lorenzen doch ans Herz: »Teuerster Pastor, sorgen Sie dafür, daß die Globsower nicht zu sehr obenauf kommen.«

Dafür scheinen die Leute in dem alten Glasbläserdorf höchst disponiert gewesen zu sein, jedenfalls läßt sich Aufmüpfigkeit gegen strenges Regiment periodisch nachweisen.

Hier übten als Gutsherren und Glashüttenbesitzer die Litzmanns eine junkerlich-autoritäre Herrschaft aus, die in der Person des Generals der Infanterie Karl Litzmann (1850–1936) gipfeln sollte.

Wer sich die überflüssige Mühe macht, in seinen nach 1918 erschienenen »Erinnerungen« zu blättern, der muß den Eindruck gewinnen: Der größte deutsche Feldherr des Ersten Weltkrieges heißt nicht Ludendorff, nicht Hindenburg, nicht Moltke, sondern – Karl Litzmann!

Und das, weil dem General im November 1914 erinnerlicherweise bei Brzeziny, einem Ort nördlich von Lodz, der große, der einmalige, der Litzmannsche Durchbruch an der russischen Front gelungen war. Ein militärischer Erfolg von solcher Bedeutung, daß ihm, immer dem General nach, eigentlich der Gesamtsieg der deutschen Waffen an allen Fronten hätte folgen müssen, wenn, ja, wenn die Geschichte einen gerechten Verlauf genommen hätte. Das aber tat sie bekanntlich nicht, sondern mündete auf den Monat genau vier Jahre später, 1918, in einer Niederlage, die, laut Litzmann und einem gewissen Adolf Hitler, dem *Dolchstoß* der *Novemberverbrecher* in den Rücken der *im Felde unbesiegten Armee* zu verdanken war. So der frühe Gleichklang zwischen dem General und dem politisch bald heftig hervortretenden ehemaligen Gefreiten aus Braunau am Inn – ein Bündnis, das sich bewähren wird.

Zunächst jedoch beobachteten die Neuglobsower (nicht ganz ohne Häme, so wird übermittelt), wie nach dem verlorenen Krieg weiteres Ungemach über Karl Litzmann hereinbrach. Die Glashütte machte pleite, und der verarmte Heros sah sich finanziell so in die Enge getrieben, daß er, völlig unstandesgemäß, im Jahr 1920 eines seiner Häuser vermieten mußte.

Dabei schloß er einen Vertrag mit einem gewissen Armin T. Wegner ab – doch nur, um ihm bald darauf schon die Kündigung zuzuschicken. Der Eigentümer der Immobilie hatte nämlich herausbekommen, daß Wegner Pazifist und Mitgründer des Berliner »Bundes Internationaler Kriegsdienstgegner« war.

Aus der Hand solcher Weichlinge aber konnte ein Karl Litzmann Geld, wenngleich allernötigst gebraucht, nicht entgegennehmen. Doch nun geschah etwas, was die Neuglobsower bisher noch nicht erlebt hatten: Armin T. Wegner trotzte dem siebzigjährigen Junker, er parierte nicht, sondern pochte auf seinen Vertrag und blieb. Woraufhin sich Neuglobsow in zwei Lager spaltete: eines für den Widerständler (und seine Frau Lola) und ein anderes für den zu spät aufgewachten Vermieter Litzmann. Wobei die Sympathien bzw. Antipathien sich zunächst noch im Gleichgewicht hielten.

Das änderte sich jedoch zugunsten des Zugezogenen in dem Maß, wie dessen Unerschrockenheit gegenüber dem eingeborenen Herrscher die Neuglobsower mehr und mehr beeindruckte und – ansteckte. Kein Zweifel, da begann etwas abzubröckeln von der bisher so selbstverständlichen Unterwürfigkeit, machte sich Bürgersinn bemerkbar, der aufmuckte und eine Mehrheit fand, die sich offen auf die Seite des Aufrührers schlug.

Aber der war auch kein Geringerer als jener Armin T. Wegner, der später »Dichter gegen die Macht« genannt werden wird, ein furchtloser Rufer gegen die Diktatoren seiner Zeit und, neben Johannes Lepsius, der große Chronist des Völkermords an den

Armeniern im türkisch-osmanischen Reich während des Ersten Weltkriegs. Ihm ist es zu verdanken, daß dieser erste Genozid unseres Jahrhunderts für alle Zeiten optisch dokumentiert worden ist auf Hunderten und Aberhunderten von Fotos, von denen viele an Schrecklichkeit den Bildern aus den Konzentrationslagen unmittelbar nach deren Befreiung nicht nachstehen.

Diese Aufnahmen hatte der Sanitätsgefreite Wegner im Stab des Feldmarschalls von der Goltz auf dem Marsch von Konstantinopel nach Bagdad 1915 gemacht – trotz strikten Verbots und unter Lebensgefahr. Die Originale seiner Fotos, Glasplatten, altmodisch, aber von gestochener Qualität, liegen heute im Deutschen Literaturarchiv zu Marbach am Neckar.

Von all dem dürften die Leute am Stechlin damals keine Ahnung gehabt haben, doch tat das Beispiel des Widerspruchs gegen den lokalen Potentaten seine Wirkung. Denn eines Tages wurde eine Imitation des Generals an das rohe Holz des Gasthofs geschlagen und von dort wie ein aufgeblasener Drachen heruntergeholt – es heißt, die Neuglobsower seien damals »sehr obenauf« gewesen.

Es sollte bald noch schlimmer, viel schlimmer kommen. Aber nicht für Karl Litzmann, sondern für Armin T. Wegner. Der war am 30. Januar 1933 zwar längst nicht mehr am Stechlin, aber ganz der alte Kämpfer geblieben, weshalb er in einem Brief an Hitler nach dessen Machtantritt furchtlos gegen die Verfolgung der Juden eintrat. Die Folge: sofortige Verhaftung durch die Gestapo Berlin, Verschleppung in die Lager Oranienburg, Bürgermoor und Lichtenburg – von der Folter dort wird der Häftling Wegner sich nie erholen. Als er 1934 entlassen wird, emigriert er erst nach England, dann, 1936, nach Italien, wo er 1944, nach vielen bestandenen Gefahren, von den Westalliierten befreit wird.

Als Armin T. Wegner 1978 92jährig in Rom verstarb, war er zwar von Israelis und Armeniern hochgeehrt, charakteristischerweise aber in Deutschland vergessen, so daß es nicht die kleinste Notiz von seinem Ableben gab.

Karl Litzmann dagegen hatte, als er 1936 im stolzen Alter von 86 Jahren dahinschied, zur Zertrümmerung der Weimarer Demokratie und zum Aufstieg des Nationalsozialismus in so reichem Maß beigetragen, daß Hitler 1940 die polnische Stadt Lodz, so nahe bei Brzeziny, wo damals der Durchbruch gelang, in *Litzmannstadt* umbenennen ließ (was, wie wir wissen, auch nicht für die Ewigkeit war).

Von Neuglobsow in der Nazizeit gäbe es kaum Besonderes zu berichten, außer vielleicht, daß es in der zweiten Hälfte der dreißiger Jahre zu einem wahren Tummelplatz der NS-Freizeitorganisation *Kraft durch Freude* (KdF) wurde, Ausflugsziel sonnenhungriger und eben deshalb oft enttäuschter Urlauber, ein Ferienort, dessen Bewohner angesichts solcher Masseninvasionen der Ruhe kühlerer Jahreszeiten förmlich entgegenlechzten.

Ein ähnliches, nur viel länger dauerndes Kapitel seiner Touristikgeschichte brach über Neuglobsow herein, als es Anfang der sechziger Jahre in das Visier des Freien Deutschen Gewerkschaftsbundes (FDGB) und seines Feriendienstes geriet. Die Folge: In der Saison hatten 500 Ureinwohner mit täglich bis zu 5000 Urlaubern und 300 FDGB-Mitarbeitern fertig zu werden.

In ihrer Verzweiflung über die periodischen Heimsuchungen durch diese Form der Übervölkerung sollen die Neuglobsower den Stechlin, das Objekt der Bade- und Erholungsbegierde, wohl dann und wann bitter verflucht haben. Fälle von bleibendem Sympathieentzug aber sind weder bekannt geworden noch zu vermuten.

Bis die Neuglobsower dann, entsprechend der Warnung des alten Dubslav Stechlin, wieder einmal »sehr obenauf« waren, mußte eine enorme Zeit verstreichen, nämlich fast die gesamte Lebensdauer der Deutschen Demokratischen Republik.

Aber dann, im Frühjahr 1989, war es endlich wieder soweit. Neuglobsow stand in Flammen, doch seine Bürgerinnen und Bürger jubelten. Den Kern der Genugtuung vorweggenommen: Bei den Kommunalwahlen wurde der Kandidat der SED von seinem Bürgermeisterposten abgewählt. Dergleichen hatte es seit Gründung des Arbeiter-und-Bauern-Staats im Jahr 1949 noch nie gegeben. Die Zusammenhänge, in Kürze: Es ging um den Genossen Bernd J., einen an die Dolce vita und seine Privilegien so sehr gewöhnten Provinzapparatschik, daß er den Zeichen der Zeit gegenüber offenbar blind und taub gegenüberstand.

Mitte Vierzig, verheiratet, doch bekannt als einer, der gern und ungestraft in fremden Ehegärten wilderte; von der Arbeit meist schon so erschöpft, daß er von ihr ausruhen mußte, bevor er überhaupt mit ihr begonnen hatte, lebte die lokale Zierde der Staatspartei öffentlich ein so penetrantes Parasitendasein, daß es selbst seinen Oberen zu mißfallen begann. Und so wurde denn der 1987 ohne Wahl an die Stelle des angeblich aus gesundheitlichen Gründen zurückgetretenen früheren Amtsinhabers getretene Bürgermeister Bernd J. auf höheres Geheiß zum Leiter des Ferienheims »Ernst Thälmann« im benachbarten Rheinsberg ernannt – allerdings ohne seines Vorsteherpostens in Neuglobsow entkleidet worden zu sein.

Das werden andere besorgen.

Fest entschlossen, sich der Drohne nicht länger gefügig zu zeigen, begannen die Neuglobsower, sich heimlich zusammenzurotten. Zentrum der »Verschwörung« wird das Fontanehaus am Ende der Fontanestraße. Was dort besprochen wurde, machte später seine Runde über die Gartenzäune hinweg und schien überall auf starke Zustimmung zu stoßen. Denn als die große Stunde der Bürgermeisterwahl herangekommen war, trug sie, in völligem Gegensatz zum bisherigen Stil, den Charakter eines Volksfestes – eine Fröhlichkeit, die der SED-Obrigkeit nur unheimlich sein konnte.

Und tatsächlich – ihre Ahnungen trogen nicht. Denn als die Kreiswahlkommission, wie üblich, auf Blockwahl bestand, was Bernd J.s leichten Sieg bedeutet hätte, wurden Gegenkandidaten gefordert.

Unerhörtes bahnte sich an.

Die entscheidende Sitzung fand am 22. März 1989 im Jägersaal des Restaurants »Seeterrasse« statt, gegenüber dem Fontanehaus. Gekommen war die beträchtliche Zahl von 120 Neuglobsowern, aus deren Mitte zum Entsetzen der Einpeitscher gleich eingangs zwei unsittliche Anträge gestellt wurden: Man solle über die Kandidaten einzeln abstimmen, erstens, und, zweitens, Bernd J. von der Liste entfernen. Dann wurde, erst geflüstert, dann laut und immer lauter, als Gegenkandidat einer genannt, von dem jeder wußte, daß er nicht der SED angehörte – Michael C. Der sprach in die nachfolgende Stille die mannhaften Worte:

»Wenn ich gewählt werden würde, dann würde ich die Wahl annehmen.«

Donnernder Applaus, Freudenbekundungen am Tatort, dem Jägersaal der »Seeterrasse«. Dann die Wahl, bei der zum erstenmal demonstrativ von den Kabinen Gebrauch gemacht und – Bernd J. gestürzt wurde.

Zum Bürgermeister wurde dann allerdings doch nicht der parteilose Michael C. gekürt, sondern die 32jährige Meteorologin Petra Nagel, ihres Zeichens zwar SED-Mitglied, aber eine Frau, aus deren Mund der verwegene Satz zu hören war: »Ich bin nicht mehr bereit, mich einzig daran zu orientieren, was oben passiert.«

Sic!

Die Neuglobsower waren jedenfalls mal wieder »sehr obenauf«. Der Aufstand war geprobt und das bereits in Verwesung befindliche System des real existierenden Sozialismus schon ohne die Kraft, dem Lauf der Dinge Einhalt zu gebieten oder sie gar umzukehren. Die Chronik vermeldet weiter, und das nicht ohne Stolz, daß danach niemand aus Neuglobsow mehr in die Bundesrepublik geflüchtet ist.

»Die Revolution hielt diesmal ihre Kinder beisammen«, lese ich in jener »Merian«-Sondernummer über die untergegangene DDR, der ich die dramatischen Ereignisse dieses *Vornovembers* seit Stunden entnehme.

Es ist zwei Uhr früh, und nachdem ich das Heft zugeklappt und das Licht ausgeschaltet habe, liege ich hier im Hause meiner Freunde mit offenen Augen da.

Von der Fontanestraße fällt Laternenlicht durch die Vorhänge, und draußen herrscht eine Stille, die man ohrenbetäubend nennen könnte, wenn sie nicht dann und wann von Hundegebell unterbrochen würde. So liege ich da, kann nicht einschlafen und denke: Hättest du je gedacht, daß du einmal hierher kämest, ohne Kontrolle und ohne Stempel, in *einem* Deutschland, zu deinen Lebzeiten?

Unglaublich ist das, und unglaublich wird es bleiben, da könnte ich alt werden wie Mose oder Methusalem.

In der Frühe dann herzlicher Abschied von den Laudans, meinen freundschaftlichen Gastgebern, und vor der Weiterfahrt noch einmal an den Stechlin.

Ein kühler, dunkler, trockener Julimorgen.

Still liegt er da, der See, der aber auch ganz anders kann, wie Theodor Fontane zu berichten wußte: »Als das Lissabonner Erdbeben war (1755, R. G.), da waren hier Strudel und Trichter, und stäubende Wasserhosen tanzten zwischen den Ufern hin und her. Er geht 400 Fuß tief, und an mehr als einer Stelle findet das Senkblei keinen Grund. Und Launen hat er, und man muß ihn ausstudieren wie eine Frau.«

Und dann, eine Reverenz, die niemand überbieten könnte: »Die Leute hier herum wissen von ihm zu erzählen, er ist einer von den Vornehmen, die große Beziehungen unterhalten.«

O ja.

Keine Welle heute morgen, der See die Glätte selbst, windstill, wie es ist, und gleißend seine Fläche, über die jetzt tief, tief unten Schwalben flitzen.

Alles ist ruhig.

Drüben der große Landvorsprung, wie ein mächtiger Dorn, der die Wasserfläche in einen Nord- und einen Südteil trennen will; davor ein Boot, darin der Rücken eines Mannes und, bewegungslos, an beiden Seiten Ruder.

Rechts herüber der Schilfgürtel, links der Wald bis an den Seerand heran. Und das Wasser klar, glasklar, bis auf den Grund. Ich erinnere mich lebhaft an die Fernsehverfilmung vom »Stechlin«, irgendwann in den Siebzigern, mit dem unvergeßlichen Arno Assmann als Dubslav und schwelgenden Naturaufnahmen. Doch so täuschend auch der Eindruck war, die Bilder wurden damals nicht hier, nicht an der Originalstätte gedreht, sondern mußten fern von ihr, an einem skandinavischen, einem falschen Stechlin gefunden werden. Der hier vor mir aber, das ist der echte, der berühmte, ist der Große Stechlin.

Den ich nun doch noch zu sehen bekommen habe, wenn auch spät, sehr spät.

# Im Oderbruch

Nach Bleyen zwei Kilometer.

Auf einem der alten Deiche nordwärts – weg vom häßlichen Grenzübergang Küstrin-Kietz nach Kostrzyn, dem alten Küstrin, weg auch von der neuen Eisenbahnbrücke, über die grollend Güterzüge rollen, während die Pfeiler der alten, kriegszerstörten noch sichtbar sind.

Schwarze Eule auf gelbem Grund – hier ist Naturschutzgebiet, und Hochwasserschutzanlage dazu: »Fahren, Reiten und Viehtreiben verboten. Benutzung durch Fußgänger auf eigene Gefahr«. Ein Raubvogel fliegt von rechts her über den Damm, ganz niedrig und mit schweren Schwingen. Weideland, Herden von schwarzweißen Rindern, auf weiten Flächen Mais, ziemlich niedrig noch. Verstreute Anwesen, manches Haus restauriert, die Fassaden frisch gestrichen, viele Blumenkästen, bunt das Bild. Schafe links, eine kleine, gedrungene Rasse, die Wolle gesträubt.

Denn es weht, ja stürmt, die Bäume biegen sich – ein Stamm war auf die Straße geworfen worden und hatte, jetzt notdürftig beiseite geräumt, den Weg versperrt.

Vor Genschmar Kopfsteinpflaster, die Gegend menschenleer; mitten auf einem Feld, wie eine verunglückte Vogelscheuche, ein ausgeschlachteter Trabbi. Und weit rechts, nur dann und wann grell aufblinkend, aber allgegenwärtig, der Strom.

Das Vorfeld ist ganz durchfeuchtet, schilfbestanden, mit Bauminseln, die zu versinken scheinen, und unter den Sohlen gurgelt es dumpf. Hier ist alles naß, feucht, glitschig, hier waltet nur ein Regiment, gibt es nur eine Herrschaft – die des Wassers!

Ich bin im Oderbruch.

Und da auf erster Erkundungstour – sehen, schauen, Eindrücke sammeln von einer Region, die mir seit meiner Schulzeit mit diesem Stichwort – *das* Oderbruch! – im Kopf herumspukte, nach der Teilung Deutschlands dann ohne Hoffnung, es zu meinen Lebzeiten noch besuchen, erforschen, inhalieren zu können. Keine Sekunde verläßt mich deshalb auch hier das Gefühl, abermals einem biographischen Wunder begegnet zu sein, und das mit der ebenso kindischen wie wiederholten Selbstversicherung, daß dies kein Traum, sondern Wirklichkeit sei.

Also über Friedrichsaue nach Zechin, vier Kilometer, ringsum die typische Landschaft, flach, bebaut, Wiesen, Felder, Baumensembles, Wald - und Weite.

Vor Sophiental streckenweise (und von mir heimlich nostalgisch begrüßt) wieder grobes Kopfsteinpflaster, die Straße nach Kienitz aber dann doch bedenklich bei dem Regen, der jetzt fällt. An der Straßenseite urige Bäume, zerspalten, zersplittert, das Astwerk vom Sturm zerzaust.

Zwischen Ortwig und Groß Neuendorf Alleen, hier in unsymmetrischen Abständen von Baum zu Baum. In den Kurven wird der Blick frei auf den herrlichen Saum, auf sein Blätterdach, seine Dome. Und dann trete ich im Regen und vorbei an einem alten DDR-Grenzpfahl ganz vorn auf einer alten Steinmole an die Oder, sehe, wie sie mit Gewalt dahinströmt, stehe pudelnaß an ihrem Westufer und schaue zwei Fischreihern zu, die vom Osten, von Polen, herüberstreichen, sich über meinem Kopf in entgegengesetzte Richtungen trennen und schnell und elegant den Blicken entschwinden.

So bleibe ich lange am selben Platz.

Auf dem Strom derweil wenig Schiffsverkehr, lediglich zwei Schubkähne, einer stampfend von Norden, der andere gleitend vom Süden her, mit Kohle beladen, beide polnisch und zwischen zwei Ufern, die zu meinem Entzücken nicht die Spur menschlicher Eingriffe in ihren Naturverlauf aufweisen.

Jetzt, am sinkenden Tag, ebbt der Regen ab, hebt sich der Himmel, wird es schließlich trocken und heller - Zeit für die ungekrönten Flugkönige und gewandtesten Insektenfresser, die Schwalben, und ihr künstlerisches Verwirrspiel. Tief flitzen sie über die Oder dahin, manchmal so tief, als würde ihr Flügelschlag die Wellen streifen, um dann wieder steil aufzuschießen und sich in so rasend gegenläufigen Bahnen zu wenden, daß die schwirrenden Irrwische eigentlich ständig zusammenstoßen müßten.

Ich kann nicht aufhören, ihnen zuzuschauen.

Auf dem Rückweg zu meinem Quartier in Seelow, vorbei an langen Baumreihen, die mich an die Vegetation und die Atmosphäre der Poebene erinnern, noch ein Blick auf das berühmte Denkmal des *Alten Fritz* in Letschin. Da steht er also, »Fecit 1905« von H. W. von Glümer, auf einem steinernen Podest, pitschnaß jetzt, das rechte Bein vorgestellt und die Rechte auf einen Stock gestützt, hinter zwei dicken Kordeln den Degen nach links weggedrückt und geehrt mit der Inschrift »Das dankbare Oderbruch«.

Friedrich II. von Preußen, genannt *der Große*, war sein Schöpfer.

Von Eberswalde-Finow kommend, beginnt die topographische Verwandlung sichtbar hinter Bad Freienwalde, auf der Fahrt nach Süden, durch Wriezen, Seelow, Lebus – ein anderes Brandenburg.

In Längsrichtung ist das Bruch eine Strecke von kaum mehr als siebzig Kilometern, während quer, zwischen der Bundesstraße 167 im Westen und der Oder im Osten, kaum zwanzig Kilometer zu durchmessen sind. Ein kleines Areal, so gesehen, und doch ein Sonderfall, bewegend genug, um sich in ihn und seine Geschichte zu vertiefen: der Trockenlegung des Oderbruchs.

Genaugenommen begann sie mit der Gründung der Oderbaukommission im Jahr 1747 und Friedrichs Order an den Staatsminister Samuel von Marschall: »Hole er mir hurtige, vor allem aber ehrliche Leute. Windbeutel kann ich in meinem Dienst nicht brauchen.«

Die sollten, zunächst, der Oder ein neues Bett graben, zwischen Hohenwutzen und Güstebiese, und damit das alte zu einem Nebenarm verkümmern lassen – Voraussetzung für eine Landgewinnung von etwa zwei Fünfteln der Fläche, die dann als Oderbruch in das öffentliche Bewußtsein gerät.

Und alle, alle kamen: Hessen und Württemberger, Harzer, Mecklenburger und Sachsen, Thüringer und Pfälzer (die ursprünglich nach Pennsylvanien auswandern wollten), dazu Österreicher, Schweizer und Polen. Menschen aus halb Europa strömten herbei, angelockt durch die Verheißung einer Bauernexistenz auf eigenem Grund und Boden, mit freiem Bauholz, im eigenen Erbhaus, kein Gutsuntertan, und für drei Jahre befreit vom Militärdienst und anderem Abgabenzwang – ganz ungewöhnliche Privilegien zu jener Zeit.

Ohne Schwierigkeiten ging das natürlich nicht ab. Seuchen brachen aus unter den Kanalarbeitern, und bald waren die Finanzen so erschöpft, daß nur der Verkauf einer flandrischen Herrschaft aus dem Oraniererbe des Königs das ehrgeizige Projekt retten konnte. Es war ihm so wichtig, daß er im Juli 1752 selbst an die Oder fuhr, um die Arbeiten zu besichtigen.

Ein Jahr später dann, im Juli 1753, floß die Oder in ihrem neuen Bett, war die Basis für die Trockenlegung hergestellt und – die Bruchfischerei vernichtet. Dies ganz in Übereinstimmung mit Friedrichs Motto: »Wo einige Fische Nahrung haben, sollte künftig eine Kuh erhalten werden.«

Die eigentliche Kolonisation hatte nach der sechsjährigen Damm- und Grabenarbeit begonnen und die traditionelle einheimische Wirtschaftsweise durch die Planung und Durchführung weit intensiverer Kultivierungsmethoden bis auf Reste völlig zerstört. In der Tat aber war das Bruch zuvor eine dürftige Ansammlung von Katen gewesen, deren Bewohner sich durch Wälle aus Mist vor dem Wasser zu schützen versuchten, das Gebiet meist nur mit Kähnen befahren konnten und dürftig von Kürbisanbau und Fischerei lebten. Doch auch die Nachfolger hatten mit manchem Ungemach zu kämpfen, lieferte doch die Verschiedenheit der Sitten und Gebräuche, der Sprache und der Mentalitäten aus so vieler Herren Länder den günstigsten Boden für Zank und Streit, ja zuweilen auch für Mord und Totschlag. Vor allem die Süddeutschen, heißt es, hätten Anpassungsprobleme gehabt und dem Bruch unruhige Zeiten gebracht.

Doch dann zeigten sich in überraschend kurzer Frist die Früchte des von der Obrigkeit angeordneten Gemeinschaftswerks, wurden aus ersten Unterkünften, Lehmfachwerk mit schilfgedeckten Dächern, dauerhafte Häuser, wuchsen mit Kirche, Schule, Gasthof regelrechte Dörfer heran, wurden im Lauf der Zeit die Kleinst- und Kleinhöfe von 10 Morgen abgelöst durch solche von bis zu 400 Morgen, verstreute Flächen zu effektiveren Wirtschaften zusammengelegt und Deiche, Teiche, Gräben und Wege der gestrengen, aber höchst nützlichen »königlich-preußischen Ordnung« unterzogen. Daß Friedrich II., von dem der vielzitierte, eigentlich jedoch schreckliche Ausspruch stammen soll, das Oderbruch sei »die einzige Provinz, die ich im Frieden gewonnen habe«, daß also dieser Schlachtenlenker und Kriegsfürst sich tatsächlich bis zuletzt um sein friedliches Lieblingsprojekt gesorgt hat, dafür zeugt seine »Order über Bauholz zur Beseitigung von Flutschäden« vom 11. August 1786 – sechs Tage vor seinem Tod.

Bis dahin war das Bruch längst zum Gemüsegarten der Mark geworden (und bis zu DDR-Zeiten geblieben!). Friedrich hatte aber nicht nur die Voraussetzungen für die wirtschaftliche, sondern auch für die kulturelle Entwicklung des Bruchs gelegt. Für Bauten aller Stilvarianten, von früher Gotik und Klassizismus bis hin zu später Neoromantik, wie sie sich darbieten etwa in Karl Friedrich Schinkels hochragendem Letschiner Backsteinkirchturm oder dem wunderbaren Ensemble von Schloß und Kirche in Neuhardenberg, um nur diese Beispiele zu nennen, ohne andere Oderbruchdome, wie den von Neuküstrinchen, oder Kirchen, wie die von Neulietzegöricke, dabei vergessen zu wollen.

Großartig auch der ökonomische Aufschwung, nicht zuletzt durch den Bau der Oderbruchbahn. Statistiken weisen stolz eine Gleisstrecke von 120 Kilometern aus, die über 55 Ingenieurbauten zur Überquerung von Wasserläufen und Straßen 41 Ortschaften direkt miteinander verband.

Diese beachtenswerte technische Leistung stand in direktem Zusammenhang mit der expandierenden Gewinnung von Zukker aus der Zuckerrübe, ja, das Bruch konnte als eine ihrer klassischen Anbauflächen und Verarbeitungsstätten gelten. Der ersten, in den Jahren 1837/38 errichteten Fabrik in Kienitz folgten bald weitere, die Grundlage für wachsenden industriellen Wohlstand und eine solide Beschäftigungssituation. Bis, ja, bis die *Wende* kam – die letzte Fabrik schloß Mitte der neunziger Jahre ihre Tore. Was nicht bedeutet, daß im Bruch keine Zuckerrüben mehr wachsen, nur – verarbeitet werden sie nicht mehr dort. Es schmerzt, in Broschüren über die Mark Brandenburg die traurigen Kommentare über den Untergang dieser traditionellen Industrie zu lesen, wobei die offene Sorge mitschwingt, ob nicht auch noch die Tage des Anbaus der Rübe im Bruch gezählt sind.

Und das nicht aus marktwirtschaftlichen Gründen, sondern der Anbauquoten der Europäischen Union wegen, die die Rübenmenge in den einzelnen Gegenden der Mitgliedstaaten festlegt und beschränkt - höchst traurige Regionalbetrachtungen gesamtdeutscher Gegenwart.

Das Ende der Brucheisenbahn, fast über 150 Jahre infrastrukturelles Rückgrat der Region, vollzog sich allerdings schon vor dem Untergang der Zuckerindustrie, sukzessiv, aber unaufhaltsam; in der ersten Hälfte der siebziger Jahre war es mit ihr vorbei (woran natürlich die - wenn im Vergleich auch bescheidene - Motorisierung der DDR ihren Anteil hatte).

Es sind nur wenige Spuren erhalten geblieben. So in Kienitz ein paar verrottete Personenwaggons, das Gleis und Verladehaus von Groß Neuendorf oder die einsamen Bahnhofsgebäude in Wriezen, Zechin und Falkenhagen. Immerhin zeugt aber die aufgeschüttete Rampe in der Bruchniederung bei Dolgelin mit ihrer schwungvollen Kurve noch sichtbar von der einstigen Dampfromantik.

Das Geschichtsbuch des Oderbruchs enthält auch ein jüdisches Kapitel, beginnend mit dem Edikt des Großen Kurfürsten vom 21. Mai 1671, das fünfzig aus Österreich vertriebenen jüdischen Familien in Brandenburg Asyl gewährte, »auf daß sie Handel und Gewerbe trieben«. Nun befand man sich zwar im Zeitalter absolutistischer Herrschaft, dennoch sollte die Wirkung landesherrlicher Schutzbriefe nicht überschätzt werden. Änderten sie doch zunächst nur wenig an dem aus dem Mittelalter überkommenen rechtlosen und vogelfreien Dasein jüdischer Minderheiten und an den mentalen Voraussetzungen dafür in den christlichen Gemeinschaften von damals, übrigens beider Konfessionen. Erst 1712 wurden die Juden zu Inländern gemacht, und es mußten weitere 25 Jahre verstreichen, ehe ihnen in Preußen (fast) alle Berufe offenstanden und sie sich nach Belieben Wohnung nehmen konnten.

Im Oderbruch ist damit vor allem der Name Groß Neuendorf verbunden - und der des Berliner Getreidegroßhändlers Michael Sperling, Chef eines weitverzweigten Unternehmens. Seine Familie hatte hier Mitte des 19. Jahrhunderts einen

Sommersitz in einem Haus, das vor gut zwanzig Jahren abgebrannt ist, so daß heute nur noch ein Wirtschaftsgebäude an das Sperlingsche Anwesen erinnert.

Wann genau Michael Sperling die Idee hatte, in Groß Neuendorf eine Geschäftsfiliale zu errichten und sie mit jüdischem Personal zu betreiben, ist nicht bekannt, aber 1864 war es soweit, daß eine Synagoge errichtet werden konnte, also mindestens zehn Personen mosaischen Glaubens dort ansässig gewesen sein mußten. 1882 werden dann konkret vierzehn männliche Mitglieder erwähnt. Eine längere Selbständigkeit war der kleinen Gemeinde allerdings nicht beschieden, denn schon 1895 wird ihre Vereinigung mit der Synagoge Seelow gemeldet.

Dann auch hier, wie überall im Deutschland Hitlers, die Tragödie der Verfolgung. 1940 gibt es noch zwei ältere Jüdinnen in Groß Neuendorf, die dann 1943/44 von der Polizei abgeholt werden. Ihr Schicksal geht, wie das der wenigen anderen jüdischen Familien im Oderbruch, unter in der Anonymität des Holocausts.

Nachfahren sind nicht aufgetaucht.

Auf dem jüdischen Friedhof der Ortschaft stehen 29 Grabmale, auf einigen davon liegen, nach jüdischem Ritus, Steinchen. Von wem sind sie da hingelegt worden? Doch wohl kaum von jüdischer Hand. Und tatsächlich, der 250 Quadratmeter große »gute Ort« ist gepflegt, Eingangspforte und Mauer sind erneuert worden, 40 000 Mark 1992/93 in die Restaurierung des Friedhofs geflossen, die Erklärung für seinen gepflegten Zustand. Es hat mir wohlgetan zu erfahren, daß die Bewohner von Groß Neuendorf 10 000 Mark davon selbst aufgebracht haben und daß sie, als auch dieser Friedhof nachts geschändet worden war, die Untat einhellig und nachhaltig verdammt haben.

Geblieben ist bis heute die Sperlingsche Synagoge, wenngleich als solche nicht mehr zu erkennen. Das war übrigens von Anfang an nicht leicht, da sie in eher versteckter Lage an ein Bauernhaus angebaut worden war – niemand weiß, ob aus Gründen der Sparsamkeit oder der Befürchtung, mit einem größeren Bau die Mißgunst der christlichen Dorfbewohner hervorzurufen. Jetzt sind die Spitzbogen an der Frontseite zugemauert und in die vier Seitenbögen rechts und links neben dem (ebenfalls zugemauerten) Eingang moderne Fenster gebrochen worden. Nachdem das Haus jahrelang leer gestanden hat, ist es nun bewohnt, mit neuer Regenrinne und gedecktem Dach.

Als Bauwerk aber bleibt es Ostbrandenburgs einzige bis in unsere Gegenwart überkommene ehemalige Synagoge.

Jüdische Friedhöfe jedoch gibt es im Oderbruch noch mehrere: den in Wriezen, dessen 130 Grabsteine aus drei Jahrhunderten erhalten geblieben sind, wohingegen die Synagoge in der Mauerstraße vom 9. auf den 10. November 1938 das Opfer von Brandstiftung geworden war; den hoch über der Alten Oder gelegenen Friedhof, mit einem Grabstein dieser Inschrift: »Frieda Lesser, geboren am 24. Juni 1893 in Oderberg, geendet im Jahre 1943 in Auschwitz« (was ich als Umschreibung ihrer Ermordung empfinde). Und schließlich den jüdischen Friedhof der Oderbruchkreisstadt, mit dem Gedenkstein »Gewidmet den jüdischen Bürgern der Kreisstadt Freienwalde/Oder«. Eine Inschrift, vor der ich mir, zum tausendsten Mal und mehr, wieder die Frage »Warum? Warum nur?« stelle, ebenso sinnlos wie verzweifelt, da sie doch unumkehrbar beantwortet ist.

Es gibt da eine kleine Hoffnung auf ein Museum für die Geschichte jüdischen Lebens im Oderland, wenngleich die eigentlich dafür prädestinierte ehemalige Synagoge von Groß Neuendorf ihrer gegenwärtigen und wohl auch künftigen privaten Nutzung wegen als seine Heimstätte leider nicht zur Verfügung steht. Aber da sich solches Museum auf keinen Fall selbst erhalten könnte, gäbe es trotz spürbar guten Willens bei der Verwirklichung der Idee Schwierigkeiten, und zwar begreifbare – die Kassen sind leer, und das nächste Hochwasser kommt bestimmt.

Es ist die Unberechenbarkeit der Oder, die das Leben der Menschen im Bruch seit eh und je bestimmt hat, eine Naturgewalt, die auch der Fortschritt unseres technischen Zeitalters nicht zähmen konnte, wie die Jahrtausendflut des Sommers 1997 nur noch einmal auf die überzeugendste Weise demonstriert hat.

Wer wird die Schreckensbilder je vergessen können, die uns der Bildschirm über Wochen und Monate hin frei Haus lieferte? Erst von den Überschwemmungen weiter Teile Tschechiens und

Westpolens (mit vielen Toten), dann vom »Land unter« südlich Frankfurts, der abgesoffenen Ziltendorfer Niederung und der ertrunkenen Ernst-Thälmann-Siedlung durch eine alle Ufer und Dämme sprengende Oder, deren Expansion ganze Regionen in maritime Wüsten verwandelt hatte.

Wetterfusionen von seltener Dramatik hatten aus mediterranen Breiten wassergesättigte Wolken nach Norden geschickt, die über dem östlichen Mitteleuropa platzten und Ozeane herabprasseln ließen, die Rinnsale zu Wildwassern machten, Flüsse zu reißenden Strömen und die Oder zu dem Ungeheuer eben dieser Jahrtausendflut.

Das Bruch zwischen Lebus und Hohensaaten blieb diesmal verschont.

Unvergeßlich der Kampf der Bundeswehrhelfer am weggesackten Deich bei Hohenwutzen; das Sickerwasser unter dem Sandsackpflaster heraus; die peitschenden Rotoren überanstrengter Transporthubschrauber; die Stunden, die Tage und Wochen bangster Hoffnungen – auf das Ende des Zuflusses, das Sinken des Pegels, auf die Ausdauer der porösen Dämme, kurz: auf das Wunder.

Im Sommer 1997 gab es eines für das Oderbruch, buchstäblich – aber wird es sich gegebenenfalls auch wiederholen? Schon zwischen der Stunde dieser Niederschrift und ihrer Veröffentlichung könnte die Oder erneut zuschlagen, könnten neue Bilder gezeigt werden von der Verzweiflung, den Tränen, der erschütternden Resignation gegenüber der Urgewalt des Stroms und seiner Zerstörungskraft, wie sie sich auf den Gesichtern der Menschen aus den tschechischen, polnischen und deutschen Überschwemmungsgebieten widergespiegelt haben – und wir Verschonten sie wohl noch lange in Erinnerung behalten werden.

Tückisch ist sie, die Oder, und hält keinen Kalender für gute oder schlechte Laune parat. Ganz generell kann gesagt werden, daß sie einem glimpflichen Jahr zwei schlechte nachschickt. Nicht jedesmal so katastrophal wie 1997, nicht immer so gierig nach dem »Land unter« wie damals, aber bedrohlich genug und völlig unberechenbar, und das keineswegs nur im Sommer. Denn viel gefährlicher noch ist sie im Winter.

Im Gegensatz zu den Flüssen weiter westlich, die noch direkt oder indirekt von der Wärme des Golfstroms profitieren, liegt die Oder im Bereich kalter Festlandluft, was bedeutet, daß sie auf großer Länge bis zum Grund zufrieren kann. Das staut das nachfließende Wasser und bildet die sogenannten Eisstopfungen. Sie schrammen mit riesigen Schollen und ungeheurem Druck gegen die Deiche und haben sie oft genug einstürzen lassen. So zum Beispiel 1838, als das getürmte Eis den Erdwall bei Zäckerick wegschlug und das ganz von Dämmen eingeschlossene Mittelbruch zwischen der Alten und der Neuen Oder in weniger als zwölf Stunden vollief, 18 100 Morgen Land mit 28 Ortschaften absoffen und 8 000 Menschen obdachlos wurden.

So aber auch im Katastrophenjahr 1947 nach einem grimmigen Winter, als am 22. März das von gewaltigen Eismassen gestaute Wasser den Deich bei Kietz und Reitwein auf vier Kilometer Länge eindrückte und 1400 Kubikmeter Oderwasser pro Sekunde große Teile des Bruchs überfluteten. Erschreckend die damals auf Film gebannten Bilder von bis an die Dächer gefluteten Häusern und den verzweifelten Versuchen der Betroffenen, mit völlig unzulänglichen Mitteln an Gut und Habe zu retten, was zu retten war. Und gleichzeitig daneben der ebenso erhabene wie schaurige Anblick der zugefrorenen Oder, der Schönheit ihrer zyklopischen Eisgebilde und ihres erbarmungslosen Zugriffs auf bewegungslos eingeschlossene, menschenverlassene Schiffe und Kähne zwischen frierenden Ufern. Erst gegen Ende des Monats konnten in jenem März 1947 zwei Eisbrecher eine Bresche schlagen und den Abfluß der gefrorenen Massen auslösen.

Seither hatte es koordinierte Maßnahmen der polnischen und der deutschen Eisbrecherflotte mit Sprengungen gegeben, die ihr Ziel erreicht und der winterlichen Oder manches von ihrem Schrecken genommen haben.

Wie machtlos der Mensch jedoch zu anderen Zeiten sein kann und wie wenig er den Gewalten der Meteorologie entgegenzusetzen hat, das hat uns die Jahrtausendflut des Jahres 1997 nur noch einmal auf fürchterliche Weise vor Augen geführt.

Wohinzu die Erfahrung kommen mag, daß das Nachher fast noch größere Probleme aufwirft, also die Aufräumungsarbeiten, die irreparablen und schmerzlich sichtbar werdenden Besitzverluste, das Restaurierungsvolumen sowie die Notwendigkeit finanzieller Regelungen und ihren selbst bei gutwilliger Behördenhaltung unvermeidlichen Stockungen – daß all das mehr Energie und Nerven kosten kann, als die Katastrophe selbst sie gefordert hatte.

Die Große Flut, die zu Recht soviel Medienaufmerksamkeit auf sich gezogen und eine überwältigende Spendenbereitschaft offenbart hat, dürfte nur das vorläufig letzte Kapitel einer Chronik des Bruchs gewesen sein, die voll ist von Berichten über Hochwasser und Deichbrüche durch Eis. So 1749 bei Altwriezen, 1768 bei Güstebiese und 1780 bei Oderberg. Dazu ein paar kennzeichnende Zahlen aus unserem Jahrhundert: 1908/09 – 120 Tage Eis; 1928/29 – 90 Tage; 1946/47 – 102 Tage; 1962/63 – 91 Tage. Aber dann gibt es auch wieder eisarme oder völlig eislose Jahre, so 1905/06, 1923/24 und 1947/48.

Das sollte gelesen werden als eine Warnung, ein Appell an die Verantwortlichen, sich nicht in Sicherheit zu wiegen, sondern die Deiche höher aufzuwerfen, dem Strom mehr Auslaufflächen zu geben, seine Ökologie zu pflegen und jegliche Pläne von Regulierungen, Kanalisierungen und Begradigungen der Oder in den Schränken vergilben zu lassen.

Ich jedenfalls habe Mal für Mal, wenn ich die Oder erblickte, solche Papiere herz- und dauerhaft verflucht, und werde sie weiter verfluchen, wann immer ich an ihren Ufern stehe und den mächtigen Strom an Deutschlands Ostgrenze bestaune – wie jetzt an der Zollbrücke bei Neulietzegöricke.

Blau und friedlich liegt sie heute da, die Oder, in ihrer Mitte Bojen, grün und rot. Die Strömung ist zu spüren, der Himmel von weißen Wolken durchzogen, es weht leicht, mir ist warm und kühl zugleich. Über dem Strom Möwen mit schwarzen Köpfen, höher ein Bussard, der schwerelos kreist, dunkel abgehoben gegen den hellen Himmel.

Der Deich hier unten ist hoch und fest, mit einer backsteinflankierten Öffnung, die im Gefahrenfall geschlossen werden kann, ganz wie an der Nordsee. Die üblichen Hinweise, gewichtig, vom Landesumweltamt Brandenburg: »Hochwasserschutzanlage, Befahren verboten, Reiten und Viehtreiben auch, Fußgänger benutzen den Deich auf eigene Gefahr«.

Der Wall schützt diesseits große bebaute Flächen; drüben, deichlos, die polnische Seite, sanft ansteigend, hügelig, waldig. Das beginnt dort aber nicht gleich am Ufer, sondern weiter hinten, etwa 800 Meter landeinwärts.

Zu meiner Rechten ein verrosteter Anker, links ein verrostetes Boot, ohne Erklärung, woher und von wem, schade – beides vor dem Deich. Auf dem Gras Schlafende, hingestreckt, die Füße gegen den Strom, der zu meinem Entzücken auch hier zwischen seinen natürlichen Ufern dahinfließt.

Vorn spielt ein kleines Mädchen, wirft Steine ins Wasser und lächelt mich zutraulich an.

Die Sonne scheint, von keiner Wolke mehr behindert.

Da entdecke ich weit oben einen Storch. Der driftet nach Südosten ab, und das so hoch, daß sein Anblick nur durch die Schärfe oder die Unschärfe meiner Augen beendet werden könnte. Das soll eine Probe aufs Exempel werden – und der Storch macht mit. Er fliegt weiter und weiter, nun ein winziger Punkt, noch weiter ein Stecknadelkopf nur, mir aber immer noch in der Pupille – es kann nicht wahr sein. Dann, bevor er tatsächlich entschwindet, hat er für mich die Form eines viele Kilometer entfernten Flohs angenommen, ein Atom seiner selbst, das sich schließlich, sehr hoch über dem Horizont, ins Nichts auflöst. Die Freude über den Fernblick hält jedoch nicht lange an, da sie gepaart ist mit der Lehre, daß, je weiter ich sehen kann, meine Lesebrille um so stärker werden muß.

Wohltuenderweise bin ich hier im Land von Storchenfreunden, was so weit geht, daß sie in ihre Federn schlüpfen. Vor der Grenzbrücke, in der Nähe eines alten DDR-Grenzpfahls, entdecke ich an einem Haus, geschrieben vom »Arbeitskreis Weißstorch«, diese anrührende Mitteilung:

»Wir wohnten hier mit unseren Jungen. 1989: 4 Junge, Ankunft aus Afrika 9. 4. Abflug nach Afrika 28. 8. – 1996: 3 Junge, Ankunft aus Afrika 4. 7.«

Das Datum des Abflugs fehlt, die Störche sind also noch hier. Dann:

»Unser Speisezettel: Insekten, Mäuse, Würmer, Kriechtiere

und Lurche. Tümpel, Teiche und Naßstellen sind für uns von großer Bedeutung. Euer Adebar.«

Das wärmt.

Auf dem Weg von der Zäckericker Loose nach Neurüdnitz, die Oder dabei immer zur Linken, sehe ich auf einem Mast, der aus einem flachen Gebäude mit Wellblech ragt, ein Storchennest – zwei Junge, bewacht von der Mutter oder dem Vater. Und bei Altglietzen, ich habe meine Füße ins Wasser getaucht, fliegt mir ein Storch so nahe über dem Kopf hinweg, daß ich den Luftzug seiner Flügelschläge spüre, ehe er sich über dem Fluß von Aufwinden kreisend tragen läßt, die Unterseiten seiner Schwingen ganz dunkel, während er auf mich zutreibt. Dann verschwindet er sturzflugartig im Schilf, ohne wieder aufzutauchen.

Vor mir die Oder, leise rauschend und an den Füßen kühl. Ein Stück weiter ein Angler, in der Mitte des Flusses eine grüne und eine rote Boje, aus unsichtbaren Vogelkehlen Gesang.

Hier ist Landschaftsschutzgebiet, das UNESCO-Biosphärenreservat Schorfheide-Chorin, wie ich neugierig einem Anschlag entnehme, mit Kernzonen, Pflegezonen und Entwicklungszonen, die etwas kompliziert erklärt werden, was meine Zustimmung aber nicht mindern kann. Hier scheinen sich die Ruhe der Natur, ihre Unversehrtheit, ja der Frieden schlechthin angesiedelt zu haben.

Das war nicht immer so im Oderbruch.

Am 16. April 1945, einem Montag, um vier Uhr früh, eröffnen die 1. Weißrussische und die 1. Ukrainische Front der Roten Armee unter dem Oberbefehl von Marschall Schukow vom rechten Oderufer und den Brückenköpfen am linken über die volle Länge des Bruchs zwischen Güstebiese und Podelzig die letzte sowjetische Großoffensive gegen Hitlerdeutschland. Das Ziel: die Eroberung Berlins – es wird das größte Schlachtfeld des Zweiten Weltkriegs auf deutschem Boden und die größte Kanonade der Kriegsgeschichte überhaupt.

30 Minuten lang bricht aus den Schlünden von 9 000 Geschützen, das sind 300 Rohre auf einem Kilometer, das Mündungsfeuer, so hell, daß der Himmel sich in ein gleißendes Morgenrot verwandelt. Die Kräfteverhältnisse sind denkbar ungleich. Einer

Million Sowjetsoldaten stehen 200 000 deutsche gegenüber, das Verhältnis an Panzern, Flak und Artillerie beträgt 6 zu 1, das an Flugzeugen gar 10 zu 1. Hinter der Frontlinie wartet ein letztes Aufgebot von kranken Männern, Knaben, Greisen – der *Volkssturm*: noch 75 Kilometer bis zur Reichshauptstadt.

An diesem ersten Tag konzentriert sich die Schlacht an der Oder auf die Seelower Höhen. Das ist nicht mehr als ein Erdbukkel, mit seinen vierzig, fünfzig Metern eher eine sanfte Erhebung, strategisch von kümmerlichster Bedeutung – und wird doch binnen 24 Stunden zum Grab für 12 000 deutsche und 33 000 sowjetische und polnische Soldaten.

Der Widerstand war verzweifelt, aber sinnlos.

Am 17. April ist die befestigte Linie zwischen Wriezen und Seelow durchbrochen, am 18. das Land zwischen Lebus und Bad Freienwalde ein einziger Artillerie-, Bomben- und Granatentrichter, am 22. April der Oderbruch für die Rote Armee schon Etappe, und kaum eine Woche später, am 30. April, wird die sowjetische Siegesfahne auf dem Dach des zerschossenen Reichstagsgebäudes gehißt. Wieder eine Woche darauf, am 8. Mai 1945, ist der Zweite Weltkrieg in Europa beendet.

Im Oderbruch steht kein Haus mehr.

Mehr als fünfzig Jahre danach schaue ich von den Seelower Höhen, unter meinen Füßen die alte Reichsstraße Aachen–Königsberg, ins Land, auf diesen flachen, humusgesegneten Landstrich, dessen Bäume sich im Wind wiegen, verharre wie verzaubert lange so und sehe und fühle währenddessen bestätigt, was Theodor Fontane seinen Zeitgenossen vor mehr als hundert Jahren an der gleichen Stelle hymnisch vorgeschwärmt hat: »Wer hier um die Sommerzeit seines Weges kommt, wenn die Rapsfelder in Blüte stehen und ihr Gold und ihren Duft über das Bruchland hin ausstreuen, der glaubt sich wie durch Zauberschlag in ferne Wunderländer versetzt. Die Feuchte des Bruchs liegt dann wie ein Schleier über der Landschaft, alles Friede, Farbe, Duft, und der ferne, halb ersterbende Klang von dreißig Kirchtürmen klingt in der Luft zusammen, als läute der Himmel selbst die Pfingsten ein.«

Alles Friede …

Ich drehe mich um und schaue auf die *Gedenkstätte Seelower Höhen*, eine gewaltige, terrassenförmig angeordnete Anlage, hoch droben, auf einem gemauerten Kegel, ein bronzener Rotarmist mit Mantel, die Maschinenpistole quer vor der Brust und den Blick nach Westen gerichtet.

Ich steige die Treppe hoch, sehe rechts davor Panzer und Geschütze aufgestellt. Oben dann Gräber, Steine, Inschriften mit kyrillischen und lateinischen Buchstaben, Namen, viele Namen, das Einweihungsdatum, 27. November 1945, und der Text:

»Ewig unvergessen seid ihr, Sowjetsoldaten, eingemeißelt den Steinen, dauern die Namen, eingeprägt dem Gedächtnis, leben die Taten. Ihr gabt Euer Leben, uns von Krieg und Faschismus zu befreien. Was in Euch brannte, soll uns Fackel sein.«

Jetzt stehe ich unterhalb der Bronzestatue, wie immer erfüllt von Gefühlen der Dankbarkeit für die gefallenen Befreier, welcher Nationalität auch immer, gleichzeitig aber auch von tiefem Unwohlsein über den verbalen Pomp offizieller Trauerpropaganda. Vor allem jedoch voll Zorn über die Verfälschung *Faschismus*, diese Nivellierung Hitlerdeutschlands und seiner Singularität auf die Verbrechensstufe anderer Gewaltregimes, nur um nicht *Nationalsozialismus* sagen zu müssen (eine stalinistische Sprachregelung übrigens, sinnigerweise von denen angeordnet, die den Begriff *Sozialismus* wie niemand sonst ruiniert haben).

Dann wende ich mich dem *Museum Seelower Höhen* zu, unschlüssig, ob ich hineingehen soll oder nicht – mir schwant nichts Gutes.

Am Eingang, unter Glas, die Namen von Gefallenen, deutschen, sowjetischen und polnischen, beginnend mit *Richard Ambrassat* und *Akim Baew Basarki*.

Drinnen werden zweierlei Broschüren gehandelt, eine aus der Zeit vor der Wende, eine andere aus der Zeit danach. »Nur diese«, sagt die Dame am Schalter, »ist objektiv.«

Wirklich?

Die Lektüre der siebzigseitigen Broschüre »Gedenkstätte der Befreiung« – laut Impressum 1985 gedruckt und von einer Art Unterbroschüre »Weg der Befreiung« begleitet – ist nicht zum Aushalten. Und das, noch ehe ich darin auf einem Foto aus stalinistischer Steinzeit den unvermeidlichen DKP-Mies entdecke, Herbert mit Vornamen und Nelken in der Hand, ein vom mittlerweile eingetretenen geschichtlichen Abtritt der Muttermächte DDR/Sowjetunion in seinem alten Weltbild gänzlich unerschüttert gebliebener Zeitgenosse.

Es ist alles beisammen: die zum Pflichtbesuch abgeordneten Jungen Pioniere und Sportler, die eisernen Mienen der NVA-Soldaten, die seltsam blaß wirkenden Zivilisten des Politbüros, die ganze Entseelung eingefrorener Agitproprituale samt ihrer kalten Entfremdung vom eigentlichen Anlaß.

Da bedurfte es nicht des vorn in der Broschüre eingeklebten Hinweises, daß dieses Heft »die damalige offizielle Meinung der DDR« darstelle und als »Zeitdokument historisch interessierten Besuchern zur Verfügung« stehe.

Das neue Heft »Gedenkstätte/Museum Seelower Höhen« in meiner Hand, 3. Auflage 1995, ist in der Tat objektiver als das alte, wozu allerdings nicht viel gehört. Problematisch ist es dennoch.

Zwar wird die Stätte ausgewiesen als ein Ort der Begegnung und der Mahnung, »aus der leidvollen Vergangenheit eine gemeinsame Zukunft auch mit unseren östlichen Nachbarn zu schaffen«, was dann und wann durch Begegnungen auch praktiziert worden ist.

Auch könnte niemand etwas dagegen einwenden, wenn Überlebende der Schlacht an der Oder vom April 1945 hier zusammenkommen, wie in der Broschüre photographisch dokumentiert, alt gewordene Männer inzwischen, die wohl kaum Verherrlicher von Krieg und Soldatentod sein dürften.

Nur – die Einheit von Wehrmacht und der politischen Schubkraft hinter ihr, von Nationalsozialismus und seinem bewaffneten Arm, die scheint mir in dieser Broschüre keineswegs erkannt zu sein. Wieso wird der lokale Ausschnitt der militärischen Götterdämmerung Hitlerdeutschlands nicht in den Kausalzusammenhang seines offensiven Anschlags auf Europa und die Menschheit gestellt? Wieso ist von »rachedurstigen Siegern«, nicht aber von der Ausrottung ganzer Völkerschaften in den deutsch besetzten Teilen der Sowjetunion die Rede? Was soll das Foto von der Losung an der Wand eines Hauses im Oderbruch aus dem Jahr 1945 »Schützt unsere Frauen und Kinder vor den roten Bestien«, ohne jegliche Kunde, was die Rotarmisten beim Vormarsch über die verbrannte Erde ihrer Heimat möglicherweise in solchen Zustand versetzt haben könnte? Es genügt nicht, das Foto eines ökumenischen Gottesdienstes auf den Seelower Höhen des Jahres 1991 mit dem Kommentar »zum Jahrestag des Überfalls auf die Sowjetunion« zu versehen, ohne auch nur eine einzige Zeile darüber zu verlieren, was für ein bis dahin unausdenkbares Morduniversum dieser Überfall zur Folge hatte.

Und weiter: »Für die Verteidigung um jeden Preis bezahlte die Wehrmacht und insbesondere die Bevölkerung zwischen Oder und Elbe einen hohen Preis an Blut und materiellen Gütern«, steht da. Auch das dürfte, erstens, ein ziemlich deplacierter Kommentar sein an einer Stätte, an der zuerst die Opfer der deutschen Aggression zu beklagen wären, und, zweitens, auch sonst nur wieder die halbe Wahrheit.

Denn den in der Tat hohen Preis an Blut und materiellen Gütern bezahlten die damaligen Deutschen doch wohl vor allem wegen ihrer großen Anfälligkeit für Hitler und deren Folgen. Die Urfrage also: Was haben die damaligen Deutschen zum eigenen Schicksal beigetragen? wird in der Nachwendebroschüre nicht gestellt.

Ganz dubios aber wird es darin durch ein unwidersprochenes Zitat, das der damalige Oberbefehlshaber der 9. Armee an der Oderfront, General Busse, zehn Jahre danach von sich gegeben hat: »Und wenn uns die amerikanischen und britischen Panzer in den Rücken fahren, während wir dem Russen jeden weiteren Schritt vorwärts verwehrt haben, so haben wir vor unserem Volk, unserem Gewissen und der Geschichte unsere soldatische Pflicht und Schuldigkeit getan.«

Frage: Verwandelt sich ein verbrecherischer Angriffskrieg durch seine Rückzüge und Niederlagen etwa in einen gerechten Verteidigungskrieg? Und: Was hatten die Busses und ihre Truppe denn vorher in Stalingrad, vor Moskau und Leningrad getan? Ihre »soldatische Pflicht und Schuldigkeit«?

Das genau war der Ungeist, der damals, 1955, der Bundeswehr in ihrem Aufbaustadium und später noch von diesen Wehrmachtveteranen eingeimpft worden ist, die Entleerung des Pflichtbegriffs, die Behauptung seiner Unabhängigkeit von allen

Bindungen an wen und für was. Kurz, die Quelle jener *Traditionslüge*, die bis auf den heutigen Tag noch glühende Anhänger Hitlers in Gestalt von Generälen und Feldmarschällen Namenspatrone von Bundeswehrkasernen sein läßt.

Das Pflicht-und-Schuldigkeit-Zitat stammt übrigens von demselben Busse, der angeordnet hatte, die Namen der wegen Fahnenflucht exekutierten Landser in deutschen Armeezeitungen bekanntzugeben. Was der General, wenn er postum daraufhin angesprochen worden wäre, selbstverständlich spielend mit seiner Interpretation des Pflichtbegriffs in Übereinstimmung hätte bringen können – wie so mancher vor und nach ihm.

Übrigens: Das Foto eines aufgehängten Wehrmachtangehörigen – »Ich habe mit den Bolschewiken paktiert« – in der alten DDR-Broschüre wurde interessanterweise in der neuen nicht übernommen. Ebensowenig wie Aufnahmen daraus, die zeigen, was die deutschen Fronten sonst noch gedeckt hatten, so etwa ein Foto vom Massenmord an Häftlingen im Gefängnishof des KZ Sonnenburg durch ein Gestapo-Sonderkommando.

Im *Museum Seelower Höhen* ringsum gruseleinflößende Ausstellungsobjekte: das *reaktive Geschoß 31 UK*, ein ungeheurer Stahlpenis mit auswuchernder Eichel als Sprengkopf, Uniformen und Gewehre, Kampffotos, martialische Befehle in Faksimile, Stahlhelme.

Ich habe nur einen Wunsch – raus hier, weg von diesen Seelower Höhen und hinein in den Frieden des Oderbruchs von heute.

Erst nach Süden.

Carzig, verschlafen, menschenleer. Blumen in Vorgärten, neue Dächer hier, bröckelnder Putz, Erhaltung und Verfall nahe beieinander, das Restaurierte immer noch das Untypische. Dann auf der Straße nach Lebus – Frankfurt (Oder) siebzehn Kilometer. Unterwegs Reparaturaufbrüche, tief hinein in den Boden und lang hingezogen. Ich frage einen Mann, warum die Alleebäume mit Brettern umstellt sind, einen Polen, der mit den Achseln zuckt und mich an einen Deutschen verweist. Der, wortkarg: »Um die Bäume vor unseren Baggerarbeiten zu schützen.«

Das beruhigt.

In Lebus der Hinweis auf die Gaststätte Oderblick und über Kopfsteinpflaster dann von dort an den Strom.

Gut 400 Meter breit ist er hier, von prangendem Grün gesäumt. Ein Zollboot – »Lebus« – in schneller Fahrt flußabwärts, am Heck die bundesdeutsche Flagge, zwei rote Rettungsringe an der Reling – bald darauf schlagen Wellen hier vorn ans Ufer.

Flußauf ein Kahn – »Szecin«, *Odra Lloyd* – mit breiter Stahlfront gegen den Strom, schüttgutbeladen, rot und weiß die polnische Flagge, da flattert sie im Wind und knattert dabei sogar.

Das Zollboot ist hinter einer Biegung verschwunden.

Weiter auf der B 112, in Richtung Manschnow. Die Bruchlandschaft, die ich bisher gesehen habe, ist, außer den Seelower Höhen, ganz flach gewesen. Hier nun, auf Podelzig zu, wird sie hügelig – es geht auf und ab. Auf schlanken Säulen, leuchtend weiß, Windrotoren – mächtig, so aus der Nähe, der überdimensionale, auf sensibelsten Lagern ruhende und auf jeden Hauch reagierende Propeller. Ich dagegen spüre hier unten nicht einmal die Andeutung eines Luftzugs. Hinter Podelzig ab zum Reitweiner Sporn, höher, so kommt es mir vor, viel höher sogar als die Seelower Höhen, ein kleiner Deister.

Von der Oder aus betrachtet, gibt sich der Sporn als ein richtiges Waldgebilde, mit Kuppen fast so dicht und rund wie im tropischen Regenwald, ein verwunderlicher Anblick nach soviel klassischer Tiefebene.

Dann über Gorgast, Friedrichsaue und Steintoch nach Norden. Die Sonne scheint, am Straßenrand mit zarten Köpfchen Roter Mohn, und die nun wieder ganz flache Landschaft durchzogen vom nassen Geflecht der Gräben, Rinnsale und Kanäle.

Hinter Bärwinkel überquere ich ein Flüßchen – und bleibe auf der Brücke stehen.

Da hinten kommt ein Schwan angeschwommen, der einzige hier weit und breit, stolzgeschwellt, mit vollen Weißsegeln sozusagen, und einer Bugwelle – ein Anblick wie künstlerisch geformt in seiner ästhetischen Bewußtlosigkeit.

Jetzt gräbt der Schwan in seinem Federkleid, nachhaltig und wie in sich selbst verliebt, dann verschwindet der lange Hals gründelnd unter der Wasseroberfläche, eine Ewigkeit, ehe der schwarze Schnabel wieder auftaucht, ein leicht keckerndes

Geräusch von sich gibt und sich dabei blitzschnell öffnet und schließt.

In der Luft, links über Baumwipfeln, ein Raubvogel, und unter der Brücke hier, von der Strömung rhythmisch bewegt, zart und zitternd, dichtes grünes Pflanzenwerk.

Der Schwan, nun neugierig ganz nahe, die Atmosphäre um mich herum wie Seide und außer mir niemand auf der Welt – fast zuviel Harmonie auf einmal.

Aber noch hat die Geschichte des Bruchs mich nicht aus ihrer Umklammerung entlassen.

Südlich von Wriezen, rechts an der B 167, entdecke ich ein Schild: »Deutscher Soldatenfriedhof« steht darauf, ein großes Kreuz in der Mitte, ein kleineres daneben. Eine Kriegsgräberstätte, aber keine sowjetische. Was ist damit?

Zu sehen ist von hier aus nichts.

Ich zögere, die Stätte aufzusuchen, es wäre das erste Mal, daß ich so etwas täte. Gleichzeitig taucht in mir die Frage auf: Hat dieser Friedhof schon zu DDR-Zeiten existiert? Im Fall ihrer Verneinung verspüre ich starken Widerwillen dagegen, daß sich die Gründe für mein heutiges Zögern deckten mit den gestrigen eines SED-Politbüros, das mehr als vierzig Jahre lang so tat, als hätte es solche Gefallenen überhaupt nicht gegeben, bei gleichzeitig geradezu inflationärer Aufstellung sowjetischer Male.

In diesem Zusammenhang erinnere ich mich unwillkürlich an ein Zitat aus Wolf Jobst Siedlers 1985 erschienenem und höchst lesenswertem Buch »Wanderungen zwischen Oder und Nirgendwo. Das Land der Vorfahren mit der Seele suchend«: »Die Siegesmäler, die hier in jedem Dorf den Vormarsch des Gegners noch nach Jahrzehnten feiern, markieren ja nicht nur fremde Triumphe, sondern den übriggebliebenen Eltern auch die Stätten, wo ihre Söhne den Tod fanden.«

Das kann geschrieben werden, ohne zu vertuschen, wer der Aggressor war und wer die Sieger ins Land geholt hatte.

Und so mache ich mich denn auf den Weg, der bergan geht, kurvig ist und von Schlaglöchern übersät – häufigen Besuch gibt es hier wohl nicht.

Eine Treppe aus Holzbohlen hoch, ein Tor, das quietscht, als ich es öffne, noch einmal ein Schild »Deutscher Soldatenfriedhof« – dann liegt er vor mir mit seinen Grabsteinen.

Gleich hier vorn das Mal für einen Gefallenen des Jahrgangs 1926, drei Jahre jünger als ich; ein anderes für einen Angehörigen des Jahrgangs 1928, der also gerade siebzehn oder achtzehn Jahre alt werden durfte; ein Areal mit der summarischen Aufschrift »199 deutsche Soldaten, gefallen 1945«, weiter hinten eine zweite: »95 deutsche Soldaten, gefallen 1945 bei Kunersdorf«.

Was war das, was mich bisher abgehalten hat, an solche Stelle zu treten, vor die Gräber *dieser* Toten?

Es bleibt wahr: Sie sind für eine schlechte Sache gefallen, und ebenso wahr ist, daß diese schlechte Sache, nicht die feindliche Kugel, erstverantwortlich ist für ihren Tod. Auch stimmt es, daß unser Leben, und das von Millionen anderen in den Lagern, von ihrer Niederlage abhing, daß diese Niederlage wünschenswert war und daß gerade dies die objektive Rolle der Wehrmacht historisch exakter charakterisiert als alles andere.

Was aber die subjektive Seite betrifft, so spüre ich, daß ich vor den Gräbern hier nichts als Trauer empfinden kann, Trauer namentlich für die jung Gefallenen, ein Gefühl schwarzer Beengung, das mit mehr Worten nicht mitzuteilen ist, weil es dafür keine gibt.

Des weiteren spüre ich, nicht ohne innere Überraschung, daß ich offenbar gerade dabei bin, ein bisher so nicht wahrgenommenes Defizit aufzufüllen – nämlich Anteilnahme aufzubringen für das persönliche Schicksal von Menschen, die in den bedrohtesten Jahren meines Lebens auf der anderen Seite gestanden haben und dabei umgekommen sind.

Davon später mehr.

Es war richtig, daß ich hier hinaufgestiegen bin, zu diesem abgelegenen und, wie es scheint, auch so gut wie vergessenen Ort, dem ersten Friedhof gefallener deutscher Soldaten, den ich betreten habe, sicher, daß sie, wären sie am Leben geblieben, den Krieg hätten geächtet wissen wollen.

In diese Gedanken hinein heult von unten aus Kunersdorf unvermittelt eine Sirene los, die unvergeßliche schauerliche Warnung vor anfliegenden Bombergeschwadern, eine akustische

Attacke, die in mir zweierlei Empfindungen provoziert: Wut auf die Auslöser des Heultons, egal, was sie dazu bewogen haben mag, gleich daneben aber auch ein Gefühl ungeheurer Dankbarkeit, in einem Zustand zu leben, der mit Fug und Recht das Prädikat Frieden verdient hat.

Ich steige die Treppe aus Holzbohlen hinab und fahre weiter, hinein in diesen herrlich sommerlichen Spätnachmittag, mit den flitzenden Schwalben, den warmen Gräben neben der Straße, den lang über die Straße fallenden Schatten der Alleebäume, dem Kopfsteinpflaster in Neutrebbin und - dem dort unter abblätterndem Putz nur noch mühsam zu erkennenden Namen der einstigen *LPG Morgenrot.*

Welch beruhigendes Wahrzeichen dafür, daß, immer noch kaum glaublich, auch das zweite Gewaltregime unseres Jahrhunderts auf deutschem Boden untergegangen ist, und das, wie das erste, für immer. Davon bin jedenfalls ich überzeugt.

# Der Hobbymüller
# von der Bockwindmühle Wilhelmsaue

Von Letschin kommend, in Richtung Klein Neuendorf, ragt in der Bruchlandschaft ein Gebilde auf, das von fern aussieht wie eine hochgestellte Spinne mit starr zur Seite gestreckten Beinen. Näher heran, entpuppt es sich als ein schartiges Gehäuse auf einem festen Sockel, ein vierschrötiger Holzkörper von dunkler Färbung und mit vier riesigen Flügeln, die sich langsam im Wind drehen, ein Nostalgieerlebnis der besonderen Art: eine Mühle!

Und was für eine – aus ihrem Schindelleib reckt sich ein gewaltiger Schwenkbalken erdwärts, und auf einem Schild lese ich »Denkmal«. Davor, an der Straße, steht ein blauer Trabbi, ebenso schartig, aber offenbar noch betriebsbereit, im Augenblick das einzige Zeugnis menschlicher Anwesenheit. Zwar geht vom Grund eine Treppe hoch zum Eingang, aber zu sehen ist niemand. Während die Flügel mit gleichmäßigem Rauschen rotieren, nehme ich die offene Tür oben als Einladung für Besucher, klimme empor und betrete die Mühle.

Drinnen auf Bänken und Stühlen ein Tohuwabohu von Werkzeugen, Schaufeln und Feuerlöschern; an Balken und Wänden, angepinnt, viele Fotos von der Mühle in einem früheren, traurig verfallenen Zustand; auf einem Podest ein aufgeschlagenes Gästebuch, darüber, von ungelenker Hand geschrieben: »Wir bedanken uns für Ihre Spende zur weiteren Restaurierung der Mühle.« Hoch unterm Dach Wellen, hölzerne und metallene Zahnräder, die sich drehen und drehen, mit einem Geräusch, wie ich es noch nie gehört habe – knarrend, röhrend, scheppernd, als würde ein lebendes Wesen sich die Seele aus dem Körper wimmern.

Ich arbeite mich aufwärts, ganz nahe heran, sehe durch eine Öffnung, wie die Flügel mit mächtigem Sog vorbeisausen, und spüre, welch ungeheure Kraft der Wind schon so wenige Meter über dem Boden hat: Ich bin in der *Bockwindmühle von Wilhelmsaue*, letzte ihrer Gattung von einst über hundert Mühlen im Oderbruch, eines seiner ebenso gehegten wie gefährdeten Kulturdenkmale!

Zu seiner Geschichte: 1880 erbaut, ist hier noch bis 1964 Schrot gemahlen worden, nachdem die Mühle im Frühjahr 1945 nur mit knapper Not ihrer Zerstörung entgangen war. Angeblich ein markanter Orientierungspunkt für den Feind, hatte die Wehrmacht damals Minen gelegt, die jedoch ungezündet blieben – durch den einsamen Beschluß eines Leutnants, der Verständnis zeigte für die Klagen des Besitzers und dabei gemeint haben soll, daß das Schicksal des Deutschen Reichs wohl kaum mehr von der Ausführung dieses Befehls abhängig sei. So blieb das Bauwerk, damals als *Werbiger Bockwindmühle* bekannt, dem Müller und der Nachwelt erhalten. Was nicht als einziges Wunder zu vermelden wäre, denn während der Kampfhandlungen wurde die Mühle zwar von mehreren Granaten getroffen, diese explodierten aber nicht – die Einschüsse, immer noch nicht ganz vernarbt, können von Ungläubigen besichtigt werden.

Der mir all das erzählt, die Namen nennt, die Daten gibt, ist ein kleiner Mann von struwweligem Aussehen, mit krausem Dunkelhaar, an Wangen und Kinn wild bebartet, in Jeans und Turnschuhen steckend, freundlich lächelnd, ein wahres Lexikon bodenständigen Wissens; »ein paar Ortschaften weiter geboren«, wie er sagt, verheiratet und Vater eines erwachsenen Sohnes – der Hüter der Bockwindmühle Wilhelmsaue, ihr guter Geist, ihr Rückgrat und ihr Tag- und Nachtwächter: Detlef Sommerfeld!

Der blaue Trabbi da draußen, zwanzig Jahre alt, wie ich nun erfahre, gehört ihm und ist ungeachtet seiner Altersschwäche noch einmal heil durch den TÜV gebracht worden, »weil die Leute et so haben wollten, jlooben Se mir, die wollten det partout so haben und drohten mir, falls ick ihn wegjeben würde ...«

»Die Leute« – das sind für Detlef Sommerfeld Besucher der Mühle, von überall her, wie er sagt, und von denen sich inzwischen etliche hier eingestellt haben. Er spricht sie unbefangen an, holt sie hoch ins Innere, erläutert ihnen die Mechanik der Mühle am arbeitenden Objekt, verteilt kostenlos eine kleine Mühlenchronik und hat ein Herz für die Bitten, vor allem von Jugendlichen, die Schlitten des schweren Schwenkbalkens je nach Windrichtung in die richtige Position drehen und dann festmachen zu dürfen – unter seiner fachmännischen Aufsicht.

Dabei kräuseln sich Sorgenfalten auf Detlefs Sommerfelds hoher Stirn, wenn er auf die »Don Quichotes von heute« kommt, meist Jugendliche, die hier einfallen und sich an die Flügel hängen wollen, manche in alkoholisiertem, manche aber auch in nüchternem Zustand. Doch hellt sich seine Miene gleich wieder auf, wenn er von den »Getreuen« spricht, jenen Besuchern, die immer wieder anreisen, einige jedes Jahr und von überall her – »is ja nun allet een Deutschland«: »Von Stuttgart und Mönchengladbach, vom Rhein und vom Schwarzwald, aus Schleswig-Holstein und Bayern.« Leute, die zufällig auf die Mühle stießen und von ihr nicht wieder loskommen, aber auch Kriegsveteranen, die hier erinnerungsbelastet aufkreuzen. »Neulich, vor vierzehn Tagen, hatte ick een Bus aus'm süddeutschen Raum, von weit jestreut, allet Ehemalige, die hier in de Jegend, in Groß Neuendorf, in Kienitz, Letschin, im jesamten Oderbruch jekämpft und det allet durch'n glücklichen Zufall überlebt haben, nich, und für die et eben doch so is, det nic mehr Krieg sein soll – saren se, saren se immer wieda.«

Also soll die Mühle auch einen entsprechenden Namen bekommen, jedenfalls wenn es nach Detlef Sommerfeld gehen würde. Weshalb er dann auch schon mal am 8. Mai 1995, wie er mir auf einem Foto zeigt, ein Transparent mit der Aufschrift »Friedensmühle der Befreiung vom 16. April 1945« angebracht hatte (der erste Tag der letzten sowjetischen Großoffensive). Auf große Gegenliebe scheint er dabei allerdings nicht gestoßen zu sein – zumindest hat ihm der Rechtsträger der Mühle, das *Brandenburgische Freilichtmuseum Altranft*, seinen Wunsch bisher nicht erfüllt.

Sommerfelds sonnigem Gemüt konnte die Ablehnung jedoch nichts antun. Der »Hobbymüller«, so nennt er sich selbst, springt wie eine Feder umher, gibt Auskunft, auch ungefragt, vergißt nicht, moderat an die Spendenbereitschaft zu appellieren, und ruft vom Treppenpodest einer Frau aus dem einzigen Haus in der Nähe etwas zu, ehe er, wieder an mich gewandt, erklärt: »Auf die kann ick mir verlassen, wenn ick nich selbst hier bin, die stammt aus 'ner alten Müllerfamilie und hat also det jewisse Interesse, wat du haben mußt, weil et dir niemand einjeben kann, verstehnse?«

Und ob ich verstehe, und zwar so sehr, daß ich den Dingen ihren natürlichen Lauf lasse, das heißt, mit eingeschaltetem Tonbandgerät einfach neben dem Mann bleibe und zuhöre – allet reiner Orijinalton Detlef Sommerfeld, was nun folgt als Monolog des Hobbymüllers von der Bockwindmühle Wilhelmsaue:

»Ick bin hier groß jeworden, von Kindesbeinen an, een richtjer Oderbruchler. Mein Herz hängt an der Mühle, und et is nun mal mein Ziel, sie so weit zu kriegen, det drinne alle Mahlwerke wieder loofen und die Becherwerke wieder zum Arbeiten kommen – kein Mahlgut mehr hochfördern, aber sich lose drehen. Manchmal hab' ick richtig Angst um sie.

Vor 'n paar Jahre – sag ick mal, weil die immer denken, daß et so einfach is – hatte sich die Mühle bei Sturm losgerissen. Die große Bremse oder Presse hier, sehense mal, die war druffjelegt, und trotzdem hat der Sturm es jeschafft und hat se nachts in Gang jebracht. Da mußte ick bei Wind und Wetter raus und die schmale Bretterfront aus den Flügeln holen, sozusagen die Segel der Mühle reffen. Ich jebe ehrlich zu, daß ick et hier drinne manchmal mit der Angst jekriegt habe, und det sare ich ooch jedem Besucher offen und ehrlich, weil et ihnen jenauso jehen kann.

Von denen sind schon mal welche rausjerannt, wenn et gestürmt hat, besonders einmal, als sie dachten, jetzt kippt se um, die Mühle – die kleene Luke, die Sie da oben sehen, die stand offen, da zischte es hinein, und die Räder drinnen und die Flügel draußen, die bewegten sich so schnell, daß allet jewackelt hat. Man weeß nich, wat man bei solcher Windkraft machen soll, sondern steht da wie 'n kleenet Licht und kann nur beten, daß der Sturm wieder nachläßt. Den Jefallen hat er mir denn ooch jetan, und so hab ick die Mühle wieder zum Stillstand jebracht.

Aber hier muß man immer auf Wache sein, vor allem bei Gewitter.

Kommt der Wind schräg von der Seite, dann kann er die jesamte Welle heben und haut die Flügel rüber. Kommt er von hinten, kann er die Flügel abbrechen – solche Kräfte hat der Wind druff.

Vor vierzehn Tagen, kann ooch drei Wochen her sein, war 'ne Fahrradgruppe hier, die et ooch nich jlooben wollte, daß der

Wind die Kraft hat, dat janze Haus zu drehen – dreißig Tonnen! Die dachten, wie et 'n Anglerlatein jibt, so jibt et ooch 'n Müllerlatein. Kam in dem Moment aber 'n Unwetter von Wriezen und Freienwalde rüber, so 'n kurzet Jewitter, bei dem der Wind unheimlich uffzieht und gleichzeitig die Richtung wechselt – da hat et das Haus herumgenommen, als sollte et in die Lüfte jetragen werden. Stiftengegangen sind se, die Jungens, wie Schnelläufer.

Manchmal tut et mir dann leid, daß die Besucher umsonst gekommen sind. Zum Beispiel bei einem Bus, der aus den alten Bundesländern angereist war, mit vielen Leuten, die sich sehr interessiert haben. Aber die Bremsen mußten angezogen bleiben – zuviel Wind. Wär' allet kaputtjegangen.

Natürlich jeht hier allet nur mit Wind, und mit sonst jarnischt. Vor 'n paar Tage war hier een Holländer, als kaum een Lüftchen zu wehen schien, die Flügel sich aber trotzdem drehten. Da is der gleich hochjerannt und hat geguckt, ob da oben 'n Motor versteckt ist – 'n Motor! Da kann ick nur saren: Hier kommt keen Motor ruff, jedenfalls nich, solange ick hier bin. Hier wird reineweg nur über Wind jearbeitet. Sehense mal, die Hauptwelle da, die läuft auf'm Naturstein und ist hinten gelagert, in einer Halbschale, aus Holz, nicht aus Metall – is det nich schön?

Mit Mühlen muß man sich beschäftigt haben, da is keene wie die andere, nich eene – jede is 'n Unikat, für das es kein Gegenstück gibt.

Jeder Müller hatte sein eigenes Prinzip uffjebaut, jeder hat ooch seine eigene Schmiere gehabt, seine eigene Rezeptur, und die sammel ick, wär' doch schade drum, wenn so was wegkommt. Also jeder hatte seine eigenen Fette, daß det Holz jeschmeidiger wird und sich besser zusammenfügt, auch für dieses große Hauslager da unten, sehense mal. Das ruht auf dem Stamm, det Lager, und wenn man det nich jefettet hat, dann geht der ganze Effekt zum Teufel. Vor zwei, kann ooch drei Jahre her sein, hab ick hier 'ne Schülergruppe gehabt, da hab ich dies alte Fett, das Staufferfett oder ooch Wagenschmiere, wie sie et jenannt haben, zum Schmieren jebraucht. Und wissense, wat passierte? Zwee kleene Mädchen haben unten am Stamm anjefaßt und konnten det janze Haus eenmal rumdrehen, um die eigene Achse, fingerleicht.

Wenn die Mühle in Gang ist, wenn se richtig läuft, det knarrt und knarzt so schön, det wollen die Besucher hören, dieset knarrende Geräusch eben, det is der Anreiz für sie. Wenn so'n böiger Wind kommt und det Haus so 'n bißchen mittänzelt, nich zuviel - det wollense haben.

Manchmal kommen die Leute auch spät, det späteste war mal gewesen halbn zwölfe, daß Besucher hier waren, so daß keen Stromkabel rübergezogen werden konnte und wir hier drinne nur mit Taschenlampen waren, im Dunkeln also. Und da hat's besonders doll geknarrt, in der Nacht.

Die Mühle is ooch wat für Tiere, denkense man nich. Da oben auf'm Überhang, könnense von hier nich sehen, hat 'n Taubenpärchen seinen Platz. Im Winter kommt öfter mal 'ne Eule, die denn hier drinne uffpaßt und sich ooch von mir nicht stören läßt. Voriget Jahr mußte sie wegfliegen, weil sich ein Turmfalke zugesellt hatte, und Eule und Turmfalke, die vertragen sich nun mal nich - dadurch isse weggezogen. Den Turmfalken hat et aber ooch erwischt jehabt, im letzten Winter, als es so extrem kalt war - entweder hat er in der Nacht seinen Einflug hier oben nich mehr jefunden oder ist einfach so erfroren. Jedenfalls lag er am nächsten Morgen tot rum.

Aber die Eule ist wieder da, abends kommt sie rin und ist nur selten zu sehen - und doch isse da, man sieht et ja am Kot.

Und das Taubenpärchen, das hält die Stellung auch schon seit Jahren und kommt immer wieder, so daß die Besucher ooch schon mal mitverfolgen können, wie et abends da oben zujeht.

Der Bretterstapel, den Sie da unten sehen, der müßte eigentlich weg. Jeht aber nich, weil darunter 'n Igelpärchen ist. Die haben ihr Domizil da, und solange det Pärchen nicht wegwandert, bleibt der Bretterhaufen da liegen, auch wenn et keen schöner Anblick ist.

Wat soll ick noch saren? Ick könnte wochenlang quatschen über die Mühle und ihr Ambiente und oft genug auch heulen über ihren Zustand. Zum Beispiel, daß sie 1988 neue Flügel und 'n neuet Dach bekommen hat, daß dieset Dach aber schon wieder reparaturbedürftig ist, was allein 80 000 Mark kosten würde.

Und dann der Hausbaum, der det janze Haus trägt, ein Stamm, Kiefer, von 'ner Sorte, wie sie früher über der Oder wuchs – der ist wurmstichig. Wie lange hält der noch?

Wenn die In- und Ausländer nicht gewesen wären, die uns unterstützen, dann wäre hier schon jarnischt mehr. Die haben alle mitgeholfen, daß et nicht zum Stillstand kommt. Es sind viele aus ganz Deutschland, die sich für die Region einsetzen, aber 'ne Lobby, wie et heute so scheene heißt, 'ne richtige Lobby, die ham wir nich. Is überhaupt schwierig hier im Bruch, mit Arbeet sieht et schlecht aus, ooch die Landwirtschaft versucht sich mühsam hochzuhalten. Aber unser letztes Kulturdenkmal hier können wir doch nicht zerfallen lassen! Zur Zeit könnte ick wieder heulen, gestern war ick wieder soweit – weil et durchregnet. Man könnte sich in 'ne Ecke setzen und könnte heulen – wat vorne aufgebaut wird, fällt hinten wieder zusammen.

Dabei – is et hier nich schön, wat sagense denn? Manche Leute, die hierherkommen, waren vorher an der Oder gewesen und haben dort mit ihren Kindern zum erstenmal gesehen, daß 'n Storch über die Straße lief und sich ooch durch die Autos nich stören ließ. Und sollte et noch mal richtig warm werden in diesem Sommer, dann machen die Agrargenossenschaften, also die ehemaligen Landwirtschaftlichen Produktionsgenossenschaften, die Beregnungsanlagen an, und dann sind Hunderte von Störchen auf den Feldern zu sehen, denn dann kommt et nach oben, die Frösche und det andere Kroppzeug. Det sind Bilder, die jibt et im Westen gar nich mehr, wenn es sie so überhaupt da jegeben hat.

Und was die Oder sonst anjeht – ick hoffe nur, daß sie nie begradigt wird, wie der Rhein, nicht nur, weil et dann mit dem Hochwasser noch schlimmer kommt, sondern einfach, weil ihre jetzigen Ufer auf weiten Strecken einfach schön sind. Das finden auch viele aus 'm Westen, die finden et schön, wenn sie von eenem Ort zum andern unten in de Oderwiesen mit 'm Fahrrad langfahren können – und det soll immer so bleiben, soll det.

Es ist ja ooch manchet Jute passiert, ick will das nich leugnen. Am 26. März 1992, also vor sechs Jahren, da is det jesamte Gebäude hier hochjehoben und die Mühle zum erstenmal wieder jedreht worden, nachdem die große Welle erneuert worden war. Seither kann das Haus wieder jedreht werden, sowie der Wind kommt. Und im vorigen Jahr hat et denn nu ooch endlich jeklappt, daß ick den Mahlgang wieder anloofen und nur für diesmal wieder grob schroten lassen konnte, so wie et die Leute heute haben wollen. Eenet verspreche ick: Et wird hier nie kommen, daß allet hundertprozentig picobello sauber is und ganz blank geputzt - sonst is et keene Mühle. Det Original muß bleiben.

Noch mal, wenn Sie det schreiben wollen - ick bin hier groß jeworden und 'n richtiger Oderbruchler. Dies hier is mein Zuhause, und da is et nu mal mein Ziel, die Mühle so weit zu kriegen, det drinne alle Mahlwerke wieder loofen und die Becherwerke wieder arbeiten und die Mühle und ihr Bestand jesichert is für alle Zeiten. Det is nu mal mein Lebensziel.

Da jibt et oft Leute, die fragen mich, ob ick hier ooch sterben werde. Denen hab ich jesagt und werde et sagen: Ick werde hier ooch sterben.«

Soweit, bis aufs I-Pünktchen exakt übertragen, Originalton Detlef Sommerfeld, wobei nicht ergründet sei, wann aus einem G ein J wird und wann nicht. Er hat bei seinem letzten Satz allerdings übers ganze Gesicht faunisch gegrinst. Und in der Tat, daß der Hobbymüller der Bockwindmühle von Wilhelmsaue, so zerzaust er auch daherkommt, bald das Zeitliche segnen würde, danach sieht er wirklich nicht aus.

Ich gehe noch mal die steile Treppe hoch, bis unters Mühlendach, wo es kräftig zieht: klobige Zahnräder, die geräuschvoll ineinandergreifen; rotierende, durch die offene Luke beklemmend nahe Flügel, die mit mächtigem Schwung vorbeirauschen, während der Wind seine dumpfen Oktaven bläst - ein seltsamer, ein denkwürdiger Platz.

Dann steige ich hinunter, ein langer Weg bis auf die Erde, und werde zum Abschied von Detlef Sommerfeld zu meinem alten Ford an der Straße begleitet. Bei seinem blauen Trabbi angekommen, legt er fast zärtlich eine Hand auf die Motorhaube, sagt: »Zwanzig Jahre wird er nächstes Jahr«, gibt ihm einen Klaps und ergänzt: »Wenn der hier steht, vor der Mühle, dann wissen die Leute, daß der Hobbymüller ehrenhalber auch da ist.«

Sagt's und bleibt mit seinem wirren Haupthaar, dem üppigen Backenbart und seinem schlottrigen Jeansdreß im Rückspiegel meines alten Ford so lange winkend stehen, bis ich links nach Neubarnim abbiege.

Welch herrliche, welch Prachtallee dann vor Neulewin! Die Äste greifen von beiden Seiten herüber, wie Arme, die sich finden und ineinander verschränken wollen.

Ich halte, steige aus - und bin ganz allein auf der Welt.

Links Maisstauden, die gestreckten Spitzen geneigt, wie der Wind es gebietet - ein grünes Meer, wogend in die gleiche Richtung getrieben.

Es ist halb zwei Uhr nachmittags, ein warmer, winddurchwehter Sommertag, und die Temperatur von allen denkbaren die angenehmste. Am blauen Himmel weiße Wolken, unten das Oderbruch, wunderbar. Stets werden mich solche Fusionen von Licht, Luft und Erde an die Sommer meiner Kindheit erinnern, verschwundene Paradiese der Unschuld, fern von Welt und Wirklichkeit, immer kostbarere, immer weiter zurückliegende Sehnsüchte, je älter man wird.

Noch einmal an die Oder, bei Güstebieser Loose. Schwarze Gedanken, zugegeben, bei ihrem Anblick und der Frage: Wie wird es hier und an ihren Ufern drüben in zehn Jahren aussehen?

Auf dem Rückweg, bei Sietzing, leichte Gemütsaufbesserung - Sonnenblumenfelder, hunderttausend dunkelbraune, gelbumkränzte Augen, und Korn, Korn bis zum Horizont. Wo hört das auf?

Aber dann, nach dem allmählich gewonnenen geographischen Überblick in diesen Wochen, plötzlich die Erkenntnis: Wie klein sind doch die Entfernungen im Bruch, Mikrodistanzen, egal, wo man ist - acht Kilometer bis Letschin, drei nach Kienitz, nach Zechin vier, Altbarnim acht, und so auch nach Groß Neuendorf, Ortwig oder Alttrebbin. Alle Wege, hat man den Eindruck, könnten zu Fuß abgegangen, mindestens aber rasch mit dem Rad abgefahren werden. Ein schmales Handtuch ist das Oderbruch, ein enger Landstrich zwischen Hohenwutzen im Norden und Lebus im Süden, Seelow im Westen und Kietz im Osten; ein Rechteck von liliputanerhaftem Ausmaß, ganze

1200 Quadratkilometer etwa, wenn man sich darunter etwas vorstellen kann. Also zwischen Bad Freienwalde und dem Slawischen Burgwall am Rand von Frankfurt (Oder) kaum mehr als die Ministrecke Hamburg–Lübeck, und zwischen der B 167 und der Oder weniger als der Raum zwischen Köln-Süd und Bonn.

Woher kommen dann aber all die Bilder im Hinterkopf von der Weite, der Endlosigkeit des Bruchs? Woher der Eindruck, sich in einer eher unterbevölkerten Region zu bewegen, mit Einzelgehöften und mit Ortschaften, die man, kaum in sie eingefahren, auch schon wieder hinter sich gelassen hat?

Aus diesen Gedanken an einen stark empfundenen und schwer erklärbaren Gegensatz holt mich am Rand von Seelow ein Schild heraus, das mich in seiner schlichten Überzeugungskraft tief berührt, Warnung an die Autofahrer und kommentarloser Hinweis auf die Kostbarkeit des Lebens und seiner physischen Unversehrtheit, wie es eindrucksvoller nicht sein könnte: »1231 Kinder« steht da, mehr nicht.

Auch eine Art von Werbung.

Am nächsten Tag um acht Uhr früh erblicke ich aus meinem Zimmer im Parterre des Seelower Hotels »Brandenburger Hof« auf der weiten Grünfläche vor dem Fenster einen Storch. Da stelzt er herum, rote Beine, schwarze Schwanzfedern, den langen Schnabel stets stoßbereit nach unten gesenkt. Er pickt und pickt und schlingt und schlingt, ein ums andere Mal – eine höchst nahrhafte Morgenstunde offenbar. Eine? Als ich vom Frühstück zurückkomme, stößt Adebar nach wie vor zu, ohne dabei auch nur ein Gran seiner gravitätischen Würde einzubüßen.

Es müssen strotzende Jagdgründe sein, auf denen er sich da tummelt, denn er schluckt und schluckt, mit langem, gebogenem Hals in die Höhe, und wenn es einen Anblick gibt, der an Anmut nur schwerlich zu überbieten ist, so ist es dieser. Störche sind für mich *östlich der Elbe*, aber durch meine Reisen in Ostpreußen auch *östlich der Oder*. Es ist eine Welt, in die ich spät, aber um so bezauberter, fasziniert eingedrungen bin – eine Entdeckung mit innerlich zuvor längst gesponnenen Fäden.

Dem Adebar da draußen, der eine Zeitlang hinter einer Weide verschwunden war, ehe er nun wieder hervortritt und seinem

Überlebenskampf weiter souverän nachgeht, gelingt es mühelos, Assoziationen herzustellen, wie sie mir im Westen so niemals kommen könnten.

Sein Bild verabschiedet mich, für diesmal, vom Oderbruch.

# Auf den Spreewald einen ersten Blick

Nördlich von Burg am »Hafen« von Burg-Kauper, An- und Ablegestelle der Spreewaldkähne des Bootshauses C.

Unter den vielen wähle ich einen Kahn ohne Kissen und Blumen, und dann hinein in das Fließ, eines der unzähligen in diesem Labyrinth von Wasserstraßen, die sich mit ihren 300 Adern, fügte man sie aneinander, über tausend Kilometer erstrecken würden.

Das Boot gleitet lautlos dahin, an beiden Ufern, efeuumrankt, Bäume, meist Erlen; dahinter ein Meer von blattflirrendem Buschgrün, sichtversperrend, aber Balsam für das Auge. Über dem Spiegel, mit den Händen greifbar, Prachtlibellen von betörendem Blau, und auf der Wasserhaut, ohne sie auch nur an einer Stelle zu verletzen, Myriaden hin und her gleitender Bachläufer. Die Bäume, außer Erlen auch Eschen und Eichen, sind 20, 25 Meter hoch, manche umgestürzt, borkige Riesen mit flachen Wurzeln, wie sich nun zeigt, und deshalb in dem durchgefeuchteten Erdreich starken Böen oft nicht gewachsen. Mancherorts sollen Schwarzspechte mit ihrem enormen Hackdruck vollendet haben, was dem Sturm nicht ganz gelungen war. Sonnengefunkel auf der Hauptspree, die hier nicht breiter ist als ihre Fließe, sechs bis acht Meter nur; sanfte Strömung, die den Kahn zwischen naturbelassenen Ufern lautlos dahintreiben läßt. Links eine uralte Stieleiche, deren wuchernde Luftwurzeln wie gierige Tentakel so weit hinaus aufs Wasser greifen, daß die ohnehin schmale Durchfahrt erheblich eingeengt wird, und rechts, nur für den Bruchteil einer Sekunde als graubrauner Schatten zu erkennen, ein Fischotter, der blitzschnell abtaucht.

Die Landschaft, in deren Herzen ich mich hier auf der Krummen Fließe befinde, entstand Ende der letzten Eiszeit, also vor etwa 10 000 Jahren. Hier flossen damals die Schmelzwasser des Inlandeises ab, formten das Urstromtal der Spree und schufen über Jahrtausende hin ein ideales Biotop für zahlreiche Pflanzen- und Tierarten.

Von alldem ist nur ein Rest geblieben, das heutige Landschaftsbild sonst das Ergebnis menschlicher Tätigkeit. Die

Besiedlung der Spreewaldniederung setzte vor 350 Jahren ein, führte aber erst zu Beginn des 18. Jahrhunderts zu einer grundlegenden Umgestaltung. Der einst nahezu geschlossene Bestand an Laubwald verschwand, die Auen und Sumpfgebiete wurden in Wiesen und Äcker umgewandelt, das Flußsystem, sein Hoch- und Niedrigwasser, mit Kanälen, Stauanlagen und Umflutern regulierbar gemacht und durch Landnutzung eine große ökologische Vielfalt hergestellt. Wobei auch hier, wie im Oderbruch, Friedrich II. von Preußen seine organisierende und initiierende Hand im Spiel gehabt hat. Dabei stießen seine sächsischen Siedler auf Bauern, die schon lange vorher versucht hatten, dem nassen Boden eine karge Existenz abzuringen – Sorben. So mischten sich slawische und deutsche Kultureinflüsse, Traditionen, die sich bis in die Gegenwart erhalten haben.

Diese und andere Informationen kommen aus dem Mund von Hagen C., der in meinem Rücken im Heck den Kahn mit einer fast vier Meter langen Stange, *Rudel* genannt, souverän durch den Irrgarten der Fließe stakt. Der schlanke Dreißigjährige trägt einen Kinnbart, hat ein jungenhaftes Gesicht und ist in eine Art dunklen Fährmanndreß gekleidet. (»Früher war das eine schwarzweiße Festtracht, aber heute will man im Alltag nicht mehr so feierlich sein.«) Er ist hier aufgewachsen, nennt sich unbefangen, ohne koketten Unterton, ein »Kind des Spreewalds«, ist vertraut mit der Geschichte der Region, ihrer Biologie und Soziologie, und Bruder jenes Bootshausunternehmers, von dessen 25 Kähnen er nun einen durch dieses einzigartige Biotop steuert – mit mir als alleinigem Passagier. Das ist nicht ganz billig, schaltet aber unliebsame Störungen durch Mitmenschen aus.

Fragen brauche ich kaum zu stellen, Hagen C., der hier jeden Winkel kennt, fällt alle paar Meter etwas ein, ohne auch nur im geringsten schwatzhaft zu werden. Erfreulicherweise hat er sich sofort an mein Tonbandgerät gewöhnt, das ich ihm, etwas unglückselig nach hinten verrenkt, näher zu bringen versuche, wann immer er meiner Meinung nach Wissenswertes äußert. Und das ist, siehe oben, ziemlich häufig der Fall.

Vor uns jetzt am Ufer ein großes Schild: roter Rand mit weißem Grund, darin schwarz durchgestrichen eine Schiffsschraube – Kommentar überflüssig. »Idiotensicher«, sagt Hagen C., »da darf keiner kommen und behaupten, er habe es nicht verstanden.« Und nach einer Weile: »Das Wassernetz des Spreewalds ist offen und mit anderen Flüssen verbunden. Für die Berliner Knatterfreaks ist es bis hierher ein Pappenstiel.«

Wir gleiten vorbei an einem Seitenarm, der von einer Kette abgeriegelt ist, dazu ein Schild »Einfahrt gesperrt«. Hinten ein Hof, ein rotes Dach, von dort Geräusche. »Da endet das Wasser, es ist also kein Naturfließ, sondern ein vor langer Zeit ausgehobener künstlicher Graben, eine sogenannte *Kahneinfahrt*, von denen es hier viele gibt. Früher, als es noch keine landwirtschaftliche Mechanik gab, haben die Bauern das Heu auf Stangen zum Kahn tragen und dort abladen müssen. Das waren oft lange Wege. Und damit es nicht so weit geschleppt werden mußte, sind Einfahrten wie diese gemacht worden.«

Es fällt mir auf, daß die Häuser nicht in Ufernähe erbaut worden sind, sondern ein Stück landeinwärts, was den Eindruck erweckt, als wollten ihre Bewohner sich verbergen.

»Nein, das ist wegen des Hochwassers, deshalb sind die Häuser achtzig bis hundert Meter vom Ufer entfernt gebaut, wenn möglich auf erhöhtem Grund, sogenannten Kaupen, wovon es nicht allzu viele gibt. Aber so bleiben die Höfe wenigstens bis zu mittlerer Flut verschont. Gegen große Überschwemmungen wären sie allerdings nicht geschützt. Doch solche Hochwasser gibt es selten, die Spree ist Anliegern nie so gefährlich geworden wie Oder, Elbe und Rhein.«

Seerosen, Blätter mit gelben Blüten, die blauen Prachtlibellen trunken ihren veitstänzerischen Liebestaumeleien hingegeben, die Luft feuchtigkeitsgeschwängert.

»Der Bauer, der hierherkam, der mußte erst mal mit zwei Dingen fertig werden: mit dem Wasser und mit dem Wald. Aber mit dem ersten war es schwerer als mit dem zweiten. Das Wasser war der Herr des Spreewalds und ist es noch – trotz der fünfzig Wehr- und Schleusenanlagen.«

Von denen bisher keine Spur.

Rechts erblicke ich eine mit Bauminseln bestandene Fläche, Gras- und Erdsockel, aus denen Stämme ragen, dünne und dickere, meist Erlen, und hinten, schimmernde Auenkulisse, helle Birken – ein in seiner Unberührtheit fast irreales Bild.

»Im Winter ist es hier noch schöner«, sagt Hagen C., als erriete er meine Gedanken, »dann sind im Spreewald die Flächen, wo das Wasser steht, zugefroren. Von diesem Anblick, dieser Ruhe, diesem Frieden, kommt man einfach nicht wieder los.«

Inzwischen sind wir seit mehreren Stunden unterwegs.

Links ein altes Haus, aus Holz, daneben eines aus Stein. »Das steht seit 1965, von einer neuen Generation hochgezogen. Ganz früher haben die Leute nur mit Holz gebaut und für das Dach Schilf verwendet. Die haben Baustoffe genommen, die sie hier vorfanden, ganz arme Leute, auch Fischer natürlich, nicht nur Bauern. Was nicht heißt, daß die Bauern nicht auch gefischt haben und die Fischer nicht auch Landwirte waren.

Aber die Gegend ist längst nicht mehr so ärmlich wie früher, und was Sie da sehen neben der baufälligen Kate, das feste steinerne Haus, das ist durchaus symbolisch. Bei dem alten lehmverschmierten *Block-und-Bohlen-Haus*, wie die Bauart hier genannt wird, ist das rohe Holz noch sichtbar, wenn Sie genau hinschauen. So was ist längst vorbei. Das Haus daneben hat fließendes Wasser, Bad und Klo, elektrischen Strom und Heizung.« Früher, so Hagen C. weiter, seien viele Häuser und Höfe, ja, ganze Ortschaften nur auf der Spree und ihren Fließen zu erreichen gewesen, inzwischen sind aber längst fast überallhin Brücken gebaut und Straßen gelegt worden. »Transportschwierigkeiten gibt es nicht mehr. Trotzdem, ich will nicht so tun, als wenn im Spreewald keine Probleme existierten, die sind natürlich da und werden immer dasein. In der Vorkriegszeit war hier zu achtzig Prozent Landwirtschaft, meist kleine Flächen zwar, aber privat. In der DDR kamen dann die großen Landwirtschaftlichen Produktionsgenossenschaften, die inzwischen kaputt sind – von ihren achtzehn Brigaden im Bereich Burg gibt es gerade noch eine.

Wenn ich das so sage, dann nicht, weil ich den Zeiten vor der Wende nachtrauere, überhaupt nicht, ganz im Gegenteil. Man hat jetzt mehr Möglichkeiten, nach eigenen Interessen und Begabungen zu leben. Mein Bruder und ich zum Beispiel, wir hätten unser Bootshaus nie so aufbauen können, wie wir es getan haben. Früher wäre das nicht gegangen, da wurde man in Bahnen gelenkt, aus denen man schlecht ausbrechen konnte.«

Und dann sagt Hagen C. vom Heck des Kahns, hinter mir, dessen ausgestreckter Arm mit dem Diktiergerät fast schon lahm ist: »Was Besseres als die deutsche Einheit hätte uns gar nicht passieren können. Und daß das friedlich abgelaufen ist, das ist eine ganz prima Sache.«

Wieder ein umgestürzter Baum, in die Fließe hinein niedergebrochen, mit struppigen Wurzeln. Wenn keine Häuser zu sehen sind, kann man sich in einem subtropischen Urwald wähnen. Allein gelassen und auf mich gestellt, sähe ich mich hier rettungslos desorientiert und, Gras und Baumrinde kauend, als hilflos verwilderter Spreewald-Robinson herumirren.

Hagen C. dagegen, kein Wunder nach so vielen Jahren, fände sich hier gewiß auch mit geschlossenen Augen zurecht, dennoch ist es imponierend, wie er den Kahn ohne einen Schlag zuviel, ohne eine Sekunde zu zögern, in die vorbestimmte Richtung lenkt, in den *Ostgraben* einbiegt und offenbar alle seine Nebenarme und Seitenkanäle so gut kennt, als hätte er sie eigenhändig ausgehoben. Er kann mir sogar noch die Stelle zeigen, wo er als Junge seine Zahnspange verloren hat. »Die hatte gedrückt, und deshalb hatte ich sie in die Hosentasche gesteckt. Als ich dann einen toten Vogel unter einem kleinen Kreuz begraben wollte – neben der Esche da, sehen Sie? –, da muß ich die Spange wohl verloren haben. Zu Hause gab es Senge, weil das störende Ding 200 Mark gekostet hatte. Das weiß ich noch wie heute.«

Hagen C. stemmt sich ganz leicht, ohne jede Anstrengung, scheint's, gegen das Rudel und drückt den Kahn durch das noch nicht einmal einen Meter tiefe Wasser, in das ich, über die Bordwand gebeugt, meine linke Hand tauche und damit schon fast auf den Grund stoße. »Das Boot, nur mit uns beiden drin, hat rund 20 Zentimeter Tiefgang, und vollbesetzt, mit 34 Personen, vielleicht 30 Zentimeter, mehr nicht. Auch wenn noch zusätzlich Kinder drin sind, scheuern wir nicht übern Sand. Steckengeblieben ist noch niemand. Niedrigwasser, daß wir nicht ausfahren konnten, hat es zu meiner Zeit nicht gegeben.«

Dann an Backbord eine kleine Staustufe und Schleuse, darin ein Paddelboot mit einem jungen Paar. Es sprudelt und rauscht, plätschert und gurgelt, bis das Bötchen und seine Insassen wohl einen halben Meter gesunken sind und in das Fließ eingelassen werden.

Auf der Rückfahrt zum Bootshaus, wieder auf der Hauptspree, stakt Hagen C. nahe ans Ufer, bückt sich, biegt Blattwerk um und zeigt vorsichtig auf eine gallertartige, kaum sichtbare Erhöhung: »Libelleneier – die werden auf der Unterseite abgelegt, die Larven wachsen dann im Wasser heran, sicher vor Feinden – fein ausgeklügelt. Wußten Sie, daß es vierzig Libellenarten gibt und sich früher, noch im Mittelalter, hier auch Bären und Elche tummelten? Aber Fischotter, Rehwild, Schwarzwild und Marder – die sind immer noch da, auch wenn man sie nicht sieht, jedenfalls meistens nicht.«

So Hagen C., Fährmann, der Statistik nach einer von 600 hiesigen, dreißig Jahre alt, Kinnbart, dunkler Dreß, jungenhaftes Gesicht und »Kind des Spreewalds«.

Im Bedarfsfall nur zu empfehlen.

Dann weiter zu Lande.

Hinter Vetschau auf die B 115, Landkreis Oberspreewald-Lausitz, und bald rechts abgebogen. Ortsnamen – Raddusch, Stradow, Naundorf, Leipe; Straßennamen – Am Fischerfließ, Weidenweg, An der kleinen Spree. Überall Wasserarme, mit wechselnder Strömungskraft, unter der Oberfläche Pflanzen, wie grün schillernde Schlangen, alle in die gleiche Richtung bewegt.

Blick von einer Brücke auf einen verwunschenen Flußlauf: losgerissenes Blattwerk, Strudel, eine Libelle, die auffällt, weil sie nicht blau, sondern grün funkelt; die Kringel der flitzenden Wasserläufer, auf Beutejagd nach noch zerbrechlicheren Lebewesen, und die Kreise der nach Insekten schnappenden Fische, winzige Wellen von Ufer zu Ufer.

Weiter in Richtung Burg-Kauper.

Ein gleißendes Licht liegt über dem Spreewald, scharfschattig zeichnen sich die Konturen der Bäume auf der Straße ab. Es gibt Fließe, die sind so schmal, daß man sie überspringen könnte, und beidseitig so dicht bewachsen, daß durch die Blätterkrone kein Lichtstrahl dringt.

Da eine Schleuse, größer als die erste und offenbar nicht so leicht zu passieren wie sie, mit Schaumblasen stromauf und stromab und kräftigen Wassergeräuschen. Ich lese: »Das Betreten der Wehranlage sowie das Baden und Angeln im Bereich bis hundert Meter oberhalb und unterhalb ist verboten.«

Ein Mann und eine Frau paddeln stramm heran, halten dann aber ratlos vor dem geschlossenen Wehr. Als sie Anstalten machen umzukehren, werden sie von drei leichtbekleideten Teenies herangewinkt und fachfraulich bedient. Die dreizehn-, vierzehnjährigen Mädchen, die offenbar hier wohnen und den Spaß kennen, geben knappe Anweisungen, drehen an quietschenden Kurbeln und setzen lachend und prustend ihre schmalen Kräfte dran, bis das Boot in der Schleuse ist und den Insassen vom hochgezogenen Schott das Wasser auf die Köpfe träufelt, ehe die beiden winkend davongleiten.

Was aber, wenn die drei jugendlichen Helferinnen nicht hiergewesen wären?

Dann, aus dem Wald heraus, weite Flächen, eine breite Wasserstraße, der Karte nach der Burg-Lübbener-Kanal, und die ganze Zeit über nördlich der Anblick heller Doppeltürme, immer näher kommend, bis ich vor dem imposanten Schinkelbau stehe, dem Gotteshaus der Evangelischen Gemeinde von Straupitz, ein architektonisches Kleinod.

Von den drei Außentüren der aufs sorgsamste restaurierten Kirche ist die mittlere offen, die innere jedoch geschlossen. Ich kann aber durch hölzerne Jalousien hineinblicken – alles weiß, Gestühl, Kanzel, Emporen. Draußen, von der prallen Sonne angestrahlt, bietet die edle Fassade einen augenschmerzend blendenden Anblick, gekrönt von den auf allen vier Seiten von Fensterbögen durchbrochenen beiden Türmen, aus deren flachen Dächern je ein Metallkreuz ragt.

Auf der B 320 nach Neu Zauche, links der Nordpolder, typischer Spreewald, und weiter nach Radensdorf. Aber da beginnen schon die Fichten, da endet für meine Augen das Fließwasserlabyrinth, beginnt eine andere Landschaft, endet der Topos, der sich Spreewald nennt. Also wieder hinein in sein Herz, ab nach Alt Zauche und Wußwerk, mit beschwerlichen

Fußmärschen, denn die Pfade sind am Ende gesperrt für Motorfahrzeuge, ausgenommen Land- und Forstwirtschaft.

In der Kreisstadt Lübben dann ärgere ich mich. Nicht, weil hier ein Bächlein hochstaplerisch »Roter Nil« genannt wird, sondern weil es keine Hinweise auf den Unterspreewald gibt. Kann sein, daß ich sie nicht finde, die Beschilderung nach Hartmannsdorf, nach Klein Wiesenau und Groß Lubolz, aber wenn es sie denn geben sollte, taucht sie nicht dort auf, wo sie zur Orientierung erscheinen müßte.

Also lasse ich den Unterspreewald, was ein Fehler sein mag, dem nun allerdings ein noch größerer folgt: Ich mache mich auf den Weg nach Lübbenau, dem Touristenzentrum des Oberspreewalds.

Es beginnt mit einem nervtötenden Stau bald hinter Lübben, auf der B 115, die zwar eine wichtige Verkehrsader nach Cottbus ist, aber parallel begleitet wird von einer Autobahn, der Europastraße 36, so daß nicht recht einsichtig ist, warum vor allem die Brummis nicht dort ihr Auspuffgift abblasen. Unbelehrt durch solche Vorzeichen, biege ich nach gut einer Stunde Schleichfahrt auf den wenigen Kilometern gegen alles innere Raunen nach Lübbenau-Zentrum ab, aber nur, um mich sogleich eingekeilt zu finden zwischen Schwärmen von Touristen, die auch so aussehen, wahre Marschkolonnen von Ausflüglern und Feriensuchenden, zünftig gekleidet und auf der Route zu den »Häfen«, wie da ausgeschildert steht, also zu den Spreekähnen, die hier in Lübbenau sozusagen ihren Hauptbahnhof haben.

Bis dahin dringe ich allerdings nicht vor, sondern kapituliere vorher feige angesichts von Legionen abenteuerlich kolorierter Gartenzwerge, barock geflochtener Korbwaren und vor jenen Stimmen, die mir nach Wahrnehmung des Nummernschildes an meinem alten Ford unüberhörbar »Kölle alaaf!« zurufen.

Also breche ich bei nächster Gelegenheit (das ist an der Ehm-Welk-Straße) verkehrswidrig nach links aus und suche, willens, den Schreckensort Lübbenau so rasch wie möglich hinter mich zu bringen, mein Heil in schneller Flucht, die mir trotz totaler Orientierungslosigkeit überraschenderweise auch gelingt – wider Erwarten komme ich unverfolgt und ungestraft in Burg an.

Doch nur, um dort weiterem Ungemach zu begegnen.

Von lautstarkem Magenknurren getrieben, betrete ich eine Bäckerei, bleibe aber vor dem Glastresen wie vom Schlag getroffen stehen: die Kuchen und Torten dahinter, die Stachelbeer-, Erdbeer- und Johannisbeerschnitten, die bunten Lasuren und Cremeböden, diese sonst höchst speichelfördernde Zuckerpracht, hier ist sie bedeckt von – Wespen! Mehr, von wahren Wespenschwärmen, ganzen Nestern, summenden, krabbelnden, kriechenden Wespenhaufen, die sich sichtlich gütlich tun an dem unerschöpflichen Naschwerk. Und während die einen von ihm fressen und gleichzeitig auch da hinein verdauen, sind andere dabei, nach Sättigung ihrer Gier zu erliegen. Denn trotz sichtlicher Anstrengungen kommen etliche von ihnen nicht mehr frei, klebrig, wie die Köstlichkeit nun mal ist. Eine Reihe scheint schon verendet zu sein, und das vielleicht bereits seit gestern, bewegungslos, wie sie da so in der süßen Masse vor sich hinwesen und keinen Flügelschlag mehr tun.

Die ursprüngliche Funktion des Gebäcks jedoch, nämlich dem menschlichen Verzehr zu dienen, scheint dem eifrig verkaufenden Personal hinter dem Tresen entweder völlig entfallen oder nie ins Bewußtsein geraten zu sein. Auf den Gedanken jedenfalls, die schmaltailligen gelblichen Mitesser zu verscheuchen, ist hier offenbar noch niemand gekommen.

Ebensowenig wie der Geschäftsleitung die Idee, das Eindringen der Insekten von vornherein einfach dadurch zu verhindern, daß hinten eine auf- und zuklappbare Glasscheibe installiert wird. Aber nein, Personal und Kunden scheinen gleichermaßen an dem unästhetischen Anblick keinen Anstoß zu nehmen, sondern ihn stoisch zu akzeptieren.

Da nehme ich mir endlich ein Herz und mache die Probe aufs Exempel. Ich zeige auf eine Torte, deren brandiges Rot offenbar eine besondere Anziehungskraft auf die Wespen ausüben muß, denn dort sind sie in geradezu wimmelnden Haufen versammelt, und sage: »Bitte davon.«

Woraufhin das Mädchen ungerührt ein stachelbesetztes Stück auf den Tortenheber hievt, mit den Händen vage Schwenkbewegungen macht, die ein halbes Dutzend Wespen an ihrem Platz belassen, und den Kuchen dann einwickeln will. Als ich es daran zu hindern versuche und bitte, zuvor die auf dem Kuchen verbliebenen Wespen samt den Fäkalien und sonstigen Absonderungen von der Ware zu entfernen, macht das Mädchen eine Miene, die keinen Zweifel daran läßt, daß ich der erste Kunde bin, der ihr so gekommen ist.

Womit die Unbill dieses Tages aber leider noch nicht ausgestanden war.

Im Hotel etwas außerhalb von Burg, wo ich auf Empfehlung abgestiegen bin, weil es für mein Vorhaben besonders zentral gelegen sei, wird gleich nach meiner Rückkehr, erstens, ein Rasenmäher angeworfen, der den ganzen Nachmittag über vor der Hausfront seine ohrenbetäubende Arbeit verrichtet, während, zweitens, links vom Haus ein mächtiger Bagger unentwegt seine Schaufel in den Grund der nahen Fließe zu ihrer Vertiefung gräbt und rechts, drittens, große Greifer röhrend dabei sind, das Erdreich für einen Swimmingpool auszuheben.

Da hilft denn in diesem von seinem bayerischen Investor poetischerweise »Romantikhotel« genannten Nachwendebau auch kein Ohropax, zumal, viertens, die Nachtruhe der Gäste, deren Zimmer (wie unglückseligerweise auch meines) über der Hotelküche liegt, unfreiwillig mit dem Arbeitsbeginn des Personals zu enden hat, also gegen fünf Uhr früh. Dann nämlich setzen von unten so kräftige Stoß-, Knack- und Schlaggeräusche ein, als sollte tauben Leuten das Gehör wiedergeschenkt werden.

Also Vorsicht, auch das kann einem hier widerfahren.

Aber was beklage ich mich? Ich bräuchte ja nicht hier zu sein. Ist der Spreewald doch voller Plätze mit paradiesischer Ruhe. Man muß sie nur finden.

Ich suche das Waldhotel »Eiche«, das berühmte. Also auf die Wendenkönigstraße nach Burg-Kauper.

Felder, Waldgruppen, Bauminseln; im Grün der Landschaft, versteckt und verstreut, Dächer – einige mit brüchigen Ziegeln, andere neu gedeckt und in der Sonne wie von künstlichem Rot. Der Mais steht hoch.

Dann links von der Chaussee ab auf einen schmalen Asphaltpfad, der zur holprigen Trasse wird. Plötzlich, an der Seite, keine drei Meter entfernt, ein Fuchs. Er verhofft und schaut mich an, der ich stehengeblieben bin und den Motor abgeschaltet habe. Das

Tier ist jung, guckt zutraulich und wirkt, als wäre es zahm. Ich sehe seine plüschigen Ohren, seine aufmerksamen Lichter, seine schnuppernde Nase, ein schwarzblanker Knopf. Zwischen uns strömt eine sanfte Fließe, die Oberfläche braun, glatt und kühl.

Der Fuchs ist so regungslos wie ich, der nicht mit der Braue zuckt, um ihn nicht zu verschrecken und die kostbaren Sekunden so lange zu dehnen wie möglich. Schließlich geht Reineke langsam ab, sieht sich noch einmal mit seltsamer Besinnlichkeit um und verschwindet im Wald.

Und da kommt es auch schon in Sicht, das Waldhotel »Eiche« – und mir sofort die Erinnerung an Theodor Fontane, der in den »Wanderungen durch die Mark Brandenburg« über seinen Besuch im Jahr 1859 notiert hatte:

»Wir fahren in abermaliger scharfer Biegung in einen breiten, aber überall mit Schlangenkraut überwachsenen Flußarm ein, der uns in weniger als einer Stunde nach der *Eiche*, einem mitten im Spreewald gelegenen und von der Frau Schenker in gutem Ansehen erhaltenen Wirtshause führte. Dasselbe zeigt den echten Spreewaldstil und unterscheidet sich in nichts von den wendischen Blockhäusern. (...) Inzwischen ist die Tafel gedeckt worden, und wir blicken auf eine reizende Szenerie. Der Tisch mit dem weißen Linnen steht unter einer mächtigen und prächtigen Linde, zwischen uns und dem Fluß aber wölbt sich eine hohe Laube von Pfeifenkraut. (...) Und nun das Mahl selber! Das wäre kein echtes Spreewaldsmahl, wenn nicht ein Hecht auf dem Tische stünde. Der Fisch will trinken, gebt ihm was, daß er vor Durst nicht schreie. Das erste Glas galt, wie billig, der Wirtin, andere folgten, bis zuletzt die Mahlzeit und die lange Reihe der Toaste mit dem Jubelhymnus abschloß:

Die Leber ist von einem Hecht und nicht von einem Störe,
Es lebe Lehrer Clingestein, der Kantor der Kantöre.«

Der 1765 errichtete *Gasthof zur Eiche*, so der ursprüngliche Name, soll auch von Friedrich II. beehrt worden sein, wenn er die im Spreewald angesiedelten sächsischen Kolonisten »visitierte«. Was der Preußenkönig vorfand, mochte sich wohl nicht sehr unterschieden haben von den reetgedeckten »wendischen Blockhäusern«, die Fontane fast hundert Jahre später so rühmend erwähnt.

Nichts ist geblieben von der urigen Idylle.

Statt dessen ragt ein modernes Hotel hoch, das sich dort, wo es mit einem älteren Trakt aus Backsteinen zusammenstößt, einen wahren Trumm aufs Dach gesetzt hat, der sofort erschrekkende Assoziationen an die Wachttürme entlang der ehemaligen deutsch-deutschen Grenze heraufbeschwört.

Sonst – eine fast lähmende Ruhe.

Vor dem Hotel weiter Rasen, sehr gepflegt, aber Gartenstühle und -bänke unbesetzt; zwischen Blumenrabatten ein einsamer Gärtner; der Kinderspielplatz leer, wie auch der große Parkplatz, sieht man einmal ab von dem halben Dutzend wie vergessen wirkender Personenautos und den beiden Lieferfahrzeugen an seinem Rand.

An der Hotelfront eine Plakette: »Member of international hotels«. Ich denke: »Na denn ...« und bekomme, wie zur Bestätigung des Beherbergungsranges, eine Gruppe von sechs abgehenden Herren mit dunklen Aktenkoffern vorgeführt, deren Herkunft auch ohne Nadelstreifen unschwer zu orten ist. Sie scheinen guten Mutes zu sein, warum auch nicht, und ich frage mich, warum ich so enttäuscht bin – hatte ich Fontane-Idyllen erwartet?

Und doch, wie schön, es gibt sie, sogar ganz in der Nähe, nur ein paar Schritte entfernt, sobald einem der teure Komplex aus der Sicht gerät.

Ich mache mich auf in Richtung *Waldschlößchen* – und bin nach wenigen Schritten Eremit.

Um mich herum schwirren Insekten, über dem wilden Gras flattern Schmetterlinge, und auf dem schattigen Weg, beide Fühler weit ausgefahren und mit deutlicher Schleimspur, eine pralle Nacktschnecke von glänzendem Schwarz.

Drüben, über die Wiese hinweg und unverändert wie zu Fontanes Zeiten, die Große Fließe, davor eine Wand von Bäumen, einige betastet von langen Leitern, die sich in dem dichten Laubwerk und Geäst verlieren. Taubengurren aus dem Dickicht, vor mir gelbe Blumengesichter. Ein brauner Schmetterling läßt sich auf einem hohen Grashalm nieder, der ihn schwankend trägt, während der Falter mit zittrigen Flügeln eine wippende Balance hält.

Üppig ist die Vegetation hier, das Schilf so mannshoch wie die Brennesseln, und alles, was ringsum und weit über den Augenbereich hinaus wächst, von unsichtbarer Feuchtigkeit gesegnet – mit der eingesogenen Luft kann man ihre Frische förmlich schmecken.

Und dann, nach einer Biegung des Weges, ist er plötzlich wieder da, der Jungfuchs von vorhin, keine zehn Schritte entfernt, doch nun nicht mehr allein, sondern begleitet von einem kleineren, noch jüngeren Gefährten.

Der Größere hat sich breitgemacht auf der Straße, der andere steht zur Seite, beide schauen zu mir herüber, die Ohren erwartungsvoll gespitzt, als wäre ich ihnen etwas schuldig.

Dann und wann verschwindet der Kleinere in der Hecke, kommt aber rasch wieder hervor, während der Größere offenbar seinen Platz behaupten will, tapfer ringend mit seinem Fluchtinstinkt.

So stehen wir uns längere Zeit gegenüber.

Solche ungewöhnliche Duldung menschlicher Nähe durch Wildtiere muß lokale Ursachen haben – und keine guten, argwöhne ich. Die Füchse werden hier wohl öfter gefüttert von Gästen, Besuchern, Touristen, ohne dabei schlechte Erfahrungen gemacht zu haben – daher ihre Zutraulichkeit. Doch wie weit ist sie schon Naturentfremdung?

Ich schiebe mich langsam näher, kaum merklich, verlasse den Weg, mache einen Bogen um die Füchse herum.

Da flieht als erster der Jüngere, mit einem wichtigtuerischen Sprung in die Höhe, während der Ältere noch eine Weile wacker ausharrt, dann aber auch weicht, ohne dabei, wie ich finde, den wohlwollenden, angstfreien Ausdruck in seinen Fuchsaugen zu verlieren.

Welche Freundlichkeit untereinander, hier ist der Pazifismus ausgebrochen, der Löwe ruht neben dem Lamm, und das Vogelvolk zwitschert dazu – der Garten Eden!

Warum suchen einen solche Wunschvorstellungen um so öfter heim, je älter man wird?

Aber schon im Foyer des Waldhotels »Eiche« holen die Nachrichten einen in die wahre Welt zurück: Attentate in Nahost, Minentote in Bosnien, und die Taliban katapultieren Afghanistan in die Vorzeit zurück.

Nur weg von hier.

Die Tröstung kommt vor Naundorf und wieder mal von – Störchen.

Die haben es mit mir oder ich mit ihnen – wie in Ostpreußen und im Oderbruch, so auch hier im Spreewald.

Auf einer Stange wuchtet ein mächtiges Nest – wie kommt solch waghalsige Konstruktion zustande, und wie hält sie sich im Gleichgewicht? Über den Rand lugen zwei Junge unter den Fittichen eines Elterntiers, während ein anderer Storch jetzt mit großen Schwingen heranfegt, jedoch nicht im Nest landet, sondern mit schlagenden Flügeln über dem Nistplatz schwebt, sich zunächst davon wieder entfernt, ehe er im Segelflug zurückkehrt und dann zu steigen beginnt.

Ich weiß nicht, ob es ein Weißstorch oder ein Schwarzstorch ist, der da über mir kreist, ich weiß nur, daß ich von der Vorstellung kein Auge wenden kann.

Da schraubt sich mit langgestrecktem Hals der Storch gleichsam auf einer himmlischen Wendeltreppe höher und höher hinein in die grelle Wolkenlosigkeit – die Flügel starr ausgefahren wie zwei Tragflächen. So, von den Aufwinden des heißen Tages anstrengungslos befördert, gleitet und gleitet er dahin, immer weiter weg, immer entfernter, in riesigen Bögen und Schleifen. Und doch bleibt unten das Nest der Mittelpunkt seines Radius, das Zentrum seiner luftigen Exkursion. Und das, ich sehe auf die Uhr, seit einer guten halben Stunde schon.

Was will der Storch so hoch da oben, was sucht er dort mit störrischer Ausdauer, was leitet, treibt, bewegt ihn vor der Kulisse von unendlichem Blau?

Dann schließlich doch, als hätte sich's erfüllt, schwebt er abwärts, erst in Kreisen von kilometerhaften Durchmessern, dann, je näher er der Erde kommt, in immer engeren Zirkeln niedersausend, ehe der große Vogel, die schwarzweißen Flügel furchterregend gespreizt, sich so sanft ins Nest setzt, als hätte er sich nie mehr als einen bloßen Sprung darüber erhoben. Erst da bemerke ich, daß ich mir mit meiner Begeisterung für das Schauspiel eine echte Genickstarre eingehandelt habe.

Auf dem Rückweg tanzt, ufernah, ein Pulk blau gebänderter Prachtlibellen über einer Fließe; wieselt aus dem Unterholz ein

Fischotter seinen gelenkigen Leib lautlos ins Wasser; schaut ein Eisvogel, blaues Köpfchen, blaues Federkleid, von einem nahen Ast neugierig auf mich herab, blühen am Wegesrand Sommerknotenblume und Pfeilkraut.

Das war's, so soll es mir in Erinnerung bleiben: auf den Spreewald einen ersten Blick – staunend auch hier wieder, daß es mir möglich geworden ist.

# Ahrenshooper Deutschstunde

Zwischenstation auf der Fahrt zur Insel Rügen.

Das Meer, obschon tidelos, rauscht bei dem starken Nordwestwind weißmähnig heran, bricht sich, schwappt zurück und formiert sich zu neuem Angriff.

Auf der Düne, neben mir an Land gezogen und kieloben, Boote. Unten, nahe am Wasser, wetterfest gekleidet, ein Mann und eine Frau, etwas weiter weg noch zwei andere Frühaufsteher. Wir fünf sind an diesem kühlen Morgen die einzigen Menschen unter dem riesigen Himmel über der bleiern-dunstigen Ostsee.

Topographische Kurzskizze vom Dünenkamm aus, mit ergänzenden Resterinnerungen an eine Luftaufnahme: Ahrenshoop ist eine baumbestandene Ansammlung von geduckten Häusern auf einem schmalen Landstreifen, Fischland, zwischen Mecklenburger Bucht und Saaler Bodden südlich von Darß und Zingst, auf zwei Seiten umgeben von Feldern und Wald, hier vorn an die See geschmiegt – äußere Merkmale des legendären Rufs sind nicht zu erkennen.

Ahrenshoops Geschichte begann vor etwa hundert Jahren, genauer 1889, als eine Gruppe von Malern, allen voran der Oldenburger Professor Paul Müller-Kaempf, den idyllischen Ort entdeckte und die »Künstlerkolonie« bald in den Rang einer weithin bekannten Kulturdomäne beförderte. Bis dahin war das vorpommersche Ahrenshoop nicht viel mehr gewesen als eine Ansammlung von zwei Dutzend Anwesen an einem unbefestigten Sandweg, mit 169 Einwohnern, einer Windmühle und einer großen Schafherde.

Bei der Abgeschiedenheit und Exklusivität blieb es allerdings nicht lange. Denn bald ließen sich hier auch Leute nieder, oft aus Hamburg und Berlin, die der Jargon unserer Zeit wohl *Besserverdienende* genannt hätte: Architekten, Rechtsanwälte, Fabrikanten, Offiziere – Bauherren von Sommerhäusern, aber auch von Dauerdomizilen. Diese Nachbarschaft verdrängte das Künstlervolk zum Bodden und zum Ortsteil Althagen hin, wo das Bett pro Nacht statt 2,50 nur 1 Reichsmark kostete.

Damals wurden Häuser errichtet, die, wenngleich oft mit gewandeltem Äußeren, zum Teil heute noch stehen und keineswegs nur Objekte der Touristenneugierde sind, sondern auch kulturell und gastronomisch genutzt werden. So Müller-Kaempfs *Malerhaus* und das *Café Namenlos* auf der Dorfstraße, der Ahrenshooper *Kunstkaten* am Strandweg, der *Charlottenhof* am Grenzweg und das *Dünenhaus* am Schifferberg, um nur sie zu nennen.

Obwohl die »klassische« Periode der Gründer kurz nach Ende des Ersten Weltkriegs als abgeschlossen gelten kann - etliche Mitglieder der Malerkolonie waren gestorben, andere hatten in den gewandelten Nachkriegsverhältnissen ihre Häuser verkauft -, blieb Ahrenshoop mit seiner herrlichen Naturlage und dem Künstlerodium gleichsam ein östliches Worpswede, auch in der Weimarer Republik das bevorzugte Ziel von Schauspielern, Filmleuten, Musikern. Stolz weisen die Annalen Ahrenshoops auf berühmte Gäste wie Gerhart Hauptmann, Arnold Zweig und Albert Einstein hin.

Ebenso wahr ist, daß bei den Reichstags- und Landtagswahlen vom 5. März 1933 die NSDAP hier die absolute Stimmenmehrheit gewann, der Ort sich rasch mit einer Adolf-Hitler- und einer Hermann-Göring-Straße schmückte und der dicke Reichsmarschall sich ganz in der Nähe, am Darßer Weststrand, ein Jagdhaus errichten und Elche aussetzen ließ. Wahrscheinlich dieser hohen Nachbarschaft wegen blieb Ahrenshoop das vermassende Prädikat *KdF-Bad* erspart und ihm somit etwas vom Schein seines traditionell elitären Flairs erhalten.

Die Chronik jener Ära vermeldet weiter, daß 1936/37 in Althagen eine Batterie der Küstenartillerie stationiert wurde; 1938 in Wustrow und Dierhagen Dreharbeiten für einen Heinz-Rühmann-Film stattfanden; die Jüdin Edda Rosenthal sich vor der Deportierung das Leben nahm; eine andere unter die Nürnberger Rassengesetze fallende Ahrenshooper Familie *jüdisch Versippter und Mischlinge* bis auf die allgegenwärtige Angst vor Gestapo und Verhaftung ungeschoren blieb und 1942 die antifaschistische Widerstandsgruppe Schulze-Boysen/Harnack kurz vor ihrer Verhaftung noch am hiesigen Weststrand ihr letztes Treffen hatte. Von den ortsbekannten Nazis erschossen sich im

Mai 1945 zwei, während ein dritter zur selben Zeit westwärts floh und der Dorflehrer mit dem beziehungsreichen Namen Deutschmann trotz seiner Funktion als NS-Ortsgruppenleiter verhinderte, daß die Küstenbatterie auf die anrückenden Sowjettruppen feuerte. Das bewahrte Ahrenshoop zwar vor der Zerstörung, konnte aber die anschließenden Plünderungen nicht verhindern. Als dann am 18. August 1946 hier zum erstenmal wieder eine Ausstellung von Malern stattfand, drei Jahrzehnte nach der letzten im Jahr 1916, lag Ahrenshoop auf dem Territorium der sowjetischen Besatzungszone, also der späteren DDR.

Und behält doch, wenn auch unter veränderten Vorzeichen, seinen Sonderstatus bei.

Auf Initiative des »Kulturbundes zur demokratischen Erneuerung Deutschlands«, zutreffender wohl, auf Geheiß seines Präsidenten Johannes R. Becher, wird Ahrenshoop ganz im Sprachstil des neuen Regimes zum »Bad der Kulturschaffenden« ernannt, aber damit auch vom Schicksal so vieler anderer Gemeinden entlang der Ostseeküste verschont, alle Sommer wieder das Ziel eines streng durch den FDGB organisierten Massenurlaubs zu werden.

In einer Gesellschaft, in der der Mangel verteilt wird und nichts heißer begehrt ist als Privilegien, bleibt Ahrenshoop über die ganze vierzigjährige Dauer der DDR ein Refugium mit Ausnahmestatus und Sondercharakter für Künstler, die sich hier häuslich einrichten oder als Urlauber einkehren. Und das mit einer gewissen Anstrengung für »unpolitische« Programme und Veranstaltungen - Reiterfeste, Grafikauktionen, Konzerte, Volksstücke mit den ortsansässigen Theatergruppen *Ahrenshooper Spähldäl* und *Fischländer Spielschar*, eine hundertjährige Tradition, sowie Dichterlesungen im *Kunstkaten* und anderen Stätten. Wobei sich gelegentlich auch, gegen die offizielle Prüderie, ganz Revolutionäres ereignet haben soll. So etwa, wenn Johannes Tralow, Expräsident des PEN-Zentrums Ost, es sich nicht nehmen ließ, noch als Achtzigjähriger, einem Buddha gleich und von nackten Nymphen umringt, am Strand laut eigene Texte zu deklamieren.

Heute weist im wieder jedermann zugänglichen Ahrenshoop die Liste ortsansässiger Künstler und Kunsthandwerker neben den Namen von Malern, Grafikern, Textilgestalterinnen, Holzbildhauern und Keramikern auch den jenes Schriftstellers auf, den ich hier gesucht habe: Wolfgang Schreyer.

Bei ihm und seiner Familie bin ich einquartiert, dort werde ich, wie gestern schon und morgen auch, gleich zum Frühstück erwartet und zu weiteren Gesprächen.

Sie haben eine lange Vorgeschichte.

Wolfgang Schreyer und ich sind uns zum erstenmal 1957 begegnet, in Hamburg, nicht lange, nachdem ich die neun Monate des ersten Lehrgangs am Institut für Literatur in Leipzig absolviert hatte und mit den schwersten Zweifeln gegenüber meinen bisherigen Überzeugungen zurückgekehrt war, ohne die seit Juli 1956 verbotene Kommunistische Partei Deutschlands, der ich seit 1946 angehörte, aber schon verlassen zu haben.

Der Kollege aus Magdeburg war mir bekannt als einer der auflagenstärksten Schriftsteller der DDR, höchst erfolgreich also, ohne jedoch Mitglied der SED oder durch ideologische Beharrlichkeit in seinen Büchern hervorgetreten zu sein - ein Autor, der ein offenbar weitverbreitetes Bedürfnis nach undoktrinärer Lektüre mit Unterhaltungswert zu befriedigen wußte. Ich gebe zu, daß ich in der Phase meiner stalinistischen Linientreue davon nicht sonderlich viel hielt. Die war nun allerdings bei unserer ersten Zusammenkunft schon so gut wie aufgehoben.

Schreyer war privilegiert, kein Zweifel, denn er traf in Hamburg mit eigenem Wartburg ein, für DDR-Verhältnisse fast schon ein Luxusauto und für Normalsterbliche praktisch nicht zu kaufen - was meine mühsam gewonnene Systemkritik zwar provozierte, ohne daß es aber in Schreyers Auftreten etwas gegeben hätte, was ihr hätte Vorschub leisten oder die Bekanntschaft hätte stören können. Ich hatte vielmehr den Eindruck, daß er keinen Zugang zu den üblichen Sprachregelungen und Worthülsen hatte und dazu noch unfähig war, sich politisch so inbrünstig zu verrennen, wie ich mich über zehn Jahre verrannt hatte (wenngleich die Überwindung dieser Periode unmittelbar bevorstand).

Der XX. Parteitag der KPdSU, auf dem Nikita Chruschtschow im Februar 1956 einen Türspalt für einen Blick auf Stalins *Archipel GULAG* geöffnet hatte, lag noch nicht weit zurück, die

Erschütterung darüber bebte nach, und die Unfähigkeit und der Unwille der DDR-Regierung unter SED-Chef Walter Ulbricht und der KPD-Führung in der Bundesrepublik, aus den Eröffnungen auch nur die kleinsten Konsequenzen zu ziehen, waren offenbar. Was mir in Erinnerung blieb, war, daß Schreyer die Empörung darüber mit mir teilte und daß ich in ihm jemandem begegnet war, der völlig aus dem Rahmen des mir als glatt und willfährig nur allzu bekannten Kulturfunktionärtypus herausfiel.

Danach trennten sich unsere Wege.

Damals war Wolfgang Schreyer 29, ich 5 Jahre älter. Als ich gestern an seine Ahrenshooper Tür klopfte und wir uns wieder gegenüberstanden, war mein Gastgeber 69, ich 74.

Was war dieser Zusammenkunft nach vierzig Jahren vorausgegangen, und wie war es zu ihr gekommen?

Ich hatte wenige Monate nach unserem Zusammentreffen, im Juli 1957, mit der KPD und der DDR gebrochen und mich, nach quälenden Etappen, endgültig aus der stalinistischen Verstrikkung gelöst – eine Art zweite Befreiung, ohne die ich geistig, politisch und moralisch verkrüppelt wäre.

Der Bruch war die elementare biographische Voraussetzung dafür, das Weltbild einer ungeteilten Humanitas wiederzugewinnen und ihre Empörung gegen jede Menschenrechtsverletzung, gleich von welchem System sie auch immer begangen wird. Es war diese innere und äußere Trennung, die den Weg frei machte für alles, was danach von mir als Journalist, Publizist, Fernsehautor und Schriftsteller kam – von meiner Abrechnung mit dem Stalinismus und mir selbst in »Die Partei hat immer recht« des Jahres 1961 über meine Hamburger Familien-und-Verfolgten-Saga »Die Bertinis« 1982, »Die zweite Schuld oder Von der Last Deutscher zu sein« 1987 und die zehn weiteren Bücher seither bis hin zu diesem, »Deutschlandreise«, im Jahr 1998.

Es war ein Leben in kreativer Freiheit, ohne staatliche oder sonstige Zensur, ohne ideologische oder bürokratische Eingriffe. Ich konnte alles sagen, schreiben und zeigen, was ich zeigen, schreiben und sagen wollte in der Auseinandersetzung mit meinen Lebensthemen Nationalsozialismus, Stalinismus und den Problemen der Dritten Welt – bis hinein in ihre europäische Domäne.

Von Wolfgang Schreyer wußte ich nichts, nach meinem Bruch mit der Partei war die Verbindung gekappt.

Die Wiederaufnahme des Kontakts erfolgte über die Post in Form eines Artikels von Schreyer mit dem Titel »Das Geld ist weg«, gedruckt in der »Magdeburger Volksstimme« vom 9. August 1991, den ich in meinem Briefkasten fand – als Replik auf meinen kritischen »Spiegel«-Essay »Der Preis der Versöhnung« über die verdrängerische Haltung vieler DDR-Schriftsteller nach der Vereinigung.

Was da nun am Rhein aus Ahrenshoop eintraf, war der schlichte Report, wie nach der *Wende* ein ganzer Berufsstand durch die neuen Marktbedingungen quasi professionell enthauptet wurde – demonstriert am eigenen Beispiel. Die alten Leserschichten weggebrochen, der Vorschuß für neue Arbeiten kümmerlich, die Verkaufszahlen mickrig, der Honoraranteil auf die Hälfte gedrückt und die Jahrzehnte treuen Literaten von ihren alten Verlagen verlassen: »Jetzt scheint es den Häusern egal zu sein, wenn ihr Autorenstamm sich auflöst. Sie zeigen kaum noch einen Rest Achtung vor den Schriftstellern, die ihnen einst so viel Gewinn brachten durch den literarischen Rang und die Unterhaltsamkeit ihrer Bücher. Ohne nennenswerte Einkünfte oder auch nur Arbeitslosengeld, stehen wir ganz dumm da, zahlen zwar keine Steuern mehr, doch volle Beiträge für Kranken- und Rentenversicherung. Wovon? In aller Regel vom Ersparten, solange der Vorrat reicht.«

So las ich es, aus der Feder Wolfgang Schreyers, in der mir zugesandten »Magdeburger Volksstimme«.

Meine Reaktion war gespalten – Erschütterung und Abwehr zugleich, diese besonders ausgelöst durch den Satz: »Wenn Magdeburger Kollegen wie Reiner Kunze oder Johanna und Günter Braun schon vor Jahrzehnten bittere Konsequenzen aus ihren Erkenntnissen gezogen haben, andere dem Druck der Stasi widerstanden, so ehrt sie das, grenzt aber weniger Mutige jetzt nicht aus.«

So wollte mir das nicht gefallen.

Nachdem ich meine Freude über ein Lebenszeichen von ihm, wenn auch ein ziemlich betrübliches, nach so langer Zeit ausgedrückt hatte, erwiderte ich auf den besagten Satz: »Lassen sich diese Worte nicht in gefährliche Nähe bringen zu jener Diskussion nach 1945 von der ›inneren Emigration‹, in der sich immer wieder Vorwürfe gegen die ›äußere‹ fanden? Ich denke, die Schriftsteller der alten DDR sollten vorangehen bei der Aufarbeitung der Vergangenheit, und auch schwere soziale Bedingungen sollten sie nicht veranlassen, unter Berufung auf sie die ›Trauerarbeit‹ zu umgehen.« Und weiter: »Was von den Schriftstellern, die in der DDR geblieben sind, weil sie nicht mehr heraus kamen oder wollten, erwartet werden kann, ist ihre Kronzeugenschaft: Wie das System gearbeitet und funktioniert hat, welche Rolle sie selbst dabei gespielt haben, aktiv oder passiv oder beides, und das Ganze auch dann, wenn es dabei zu schmerzhafter Selbstprüfung und -belastung käme. Diese Kronzeugenschaft kann Ihnen, den Wortgewandten und -fähigen, niemand abnehmen. Ich halte sie für eminent wichtig, um eben nicht das zu wiederholen, was die NS-Verdrängergenerationen getan haben, nämlich durch die Verweigerung ihrer Kronzeugenschaft den Nachgeborenen die politische, moralische und historische Aufklärung vorzuenthalten. Wenn die Schriftsteller zur notwendigen Systemerhellung das eigene Beispiel beitrügen, so wäre das ja wieder keine Frage von Strafrecht, Zuchthaus oder Gefängnis (das war es nach 1945 ja auch nie gewesen), sondern auch diesmal wieder eine Frage der persönlichen, der individuellen Hygiene – ein Beitrag zur Selbstbefreiung.

Ich wiederhole, angesichts des widerlichen Kolonialverhaltens so mancher ›Wessis‹, daß ich ein Fragender und Zuhörender sein will in allem, was die alte DDR und ihre Menschen betrifft. Was natürlich nicht bedeuten kann, keine eigene Meinung zu haben. Aber die Zuhörerposition ist zunächst einmal die einzig angemessene, ehe denn, was ich hoffe, doch eine Verschmelzung anhebt, die den derzeitigen unerträglichen deutsch-deutschen Status quo und sein schlimmes Gefälle aufheben wird.«

Darauf antwortete Schreyer, daß die »hiergebliebenen Autoren« eben diese Kronzeugenschaft leisten müßten, »ganz gleich, wie wenige so etwas jetzt lesen wollen und ob sich derzeit dafür überhaupt ein Verlag findet«. Er habe das mit dem Roman »Nebel« versucht, in dem Robert Nebel zu neunzig Prozent mit ihm identisch sei »und die Abläufe bis auf ein paar Namensänderungen stimmen. Andere Kollegen – Heym, Loest, Kunze, Hein – werden direkt genannt oder treten auf und, o Wunder, lobten hinterher das Buch als stimmigen Beitrag zur Zeitgeschichte.«

Darin weiter: »Solche Selbstbefragung, politisch, war für mich leichter als die privat-moralische Selbsteinschätzung. Denn ich war nie Genosse, und die Zeit meiner Mitläuferschaft war von '53 bis '57 ziemlich kurz. Als wir zwei uns 1957 in Hamburg begegneten und Sie erbittert riefen, die Presse des Klassenfeindes informiere Sie weit besser über den XX. Parteitag der KPdSU und den Ungarnaufstand 1956 als die östlichen Medien, da waren wir schon einer Meinung. Und ich war bereits mit Stefan Heym befreundet, der damals der Partei – in Hoffnung auf ihre Reformierbarkeit – noch näher stand.

Diese Illusion allerdings habe ich noch bis weit in die siebziger Jahre hinein geteilt, über den Einmarsch in Prag hinaus, der mich schlimmer traf als die Ungarnereignisse. Der Kapitalismus in den entwickelten Ländern der Ersten Welt erschien und erscheint mir so verbesserungsbedürftig, daß die Hoffnung auf eine sozialistische Alternative einfach für mich unverzichtbar war. Das schloß eine Art von Opposition gegen das hier real Bestehende ein, die auf die Unterstützung aller Kritiker (zumal der Kulturpolitik) hinauslief, immer nach der Grenze des eben noch Möglichen tastend.

Das war eine Frage der Zivilcourage und kein persönliches Verdienst. Man hat sie oder eben nicht. Ich habe Angst z. B. vor Hunden, die mich anspringen, vor Behörden oder Funktionären hatte ich sie nie.«

Das hätte nun jeder sagen können, aber in diesem Fall wird es beglaubigt durch jene DDR-Schriftstellerin, die der westdeutschen Literaturszene erst durch ihr nachgelassenes Werk »Franziska Linkerhand« bekannt geworden ist: die 1973 verstorbene Brigitte Reimann.

Hier der Zusammenhang: Der Ehemann im Gefängnis, ließ sich die junge Frau Ende der fünfziger Jahre zunächst auf die Staforderung nach Spitzeldiensten im Magdeburger Schriftstellerverband ein, offenbarte dann aber bald den Kolleginnen und Kollegen die ihr abgepreßte Verpflichtung. Daraufhin kam es zu schweren Drohungen und Demütigungen durch den Stasichef des Bezirks Magdeburg, Oberst Knobbe, wegen »Bruchs der Schweigepflicht«. Ein Auftritt mit wüsten Beschimpfungen und Ehrverletzungen, dessen Verlauf 24 Jahre nach ihrem Tod in Brigitte Reimanns 1997 beim Berliner Aufbau-Verlag erschienenen Tagebüchern – »Ich bedaure nichts« – nachzulesen ist:

»Es war erschütternd für mich, zu sehen, wie rechtlos ich war gegen diesen lauten, groben, brutalen, brüllenden Landsknecht. Und all diese Beschimpfungen gipfelten in der Forderung, man sollte mich aus dem Verband rausschmeißen, damit er mich ohne Aufsehen verhaften könnte.« Und dann: »In diesem Augenblick schlug Wolfgang Schreyer mit der Faust auf den Tisch und rief: ›Wenn Brigitte rausgeworfen wird, gehe ich auch!‹ Zum erstenmal, solange ich ihn kenne, habe ich Wolfgang bleich und zitternd vor Wut gesehen. Er verbat sich in schärfster Weise den Ton, in dem der Oberst sprach. Ich weinte. Die anderen Schriftsteller wurden immer kleiner vor Schreck.«

(Diesen Einblick – Honneurs! – erhalte ich erst später, *nach* meinem Besuch in Ahrenshoop, während der Niederschrift des Buches – Wolfgang Schreyer selbst hat davon weder geschrieben noch gesprochen.)

Bei der Lektüre von Wolfgang Schreyers Brief stoße ich auf jenen Kernsatz, den ich erhofft hatte: »Trotzdem war unser Wirken, wie fast alles menschliche Tun, durchaus ambivalent. Auch mit eher unterhaltenden Büchern hat man das Unrechtsregime, wie es jetzt immer heißt, gestützt, weil es den Zwangsaufenthalt in der DDR ja erträglicher machte, wenn es wenigstens etwas relativ Gescheites zu lesen oder im TV zu betrachten gab. Abenteuerliche Romane, speziell aus der Karibik, haben das Fernweh teils geschürt, teils gestillt – ein bißchen Ersatz geliefert (bis heute, wer hat schon das Geld, sich das selber anzusehen).«

»Speziell aus der Karibik« – Wolfgang Schreyer konnte zu DDR-Zeiten reisen, und das nicht nur innerhalb des Ostblocks, sondern auch in die USA und nach Kuba. Er hatte, wie ich nun erfuhr, an die dreißig Bücher herausgebracht, darunter, seiner

Charakteristik nach, Kriminalgeschichten, Bücher über zeitgeschichtliche Ereignisse (Warschauer Aufstand von 1944, Abschuß des koreanischen Jumbos durch sowjetische Jäger bei Sachalin 1983), Satirisches zum Literatur- und Wissenschaftsbetrieb der DDR, Sachbücher – mit einer Gesamtauflage von sechs Millionen Exemplaren, davon vier Millionen auf deutsch.

Das war zwar, auch der niedrigen Buchpreise wegen, in der DDR nicht so lukrativ wie in der alten Bundesrepublik, schaffte Schreyer aber leidlichen Wohlstand – eingeschlossen das reetgedeckte Haus in Ahrenshoop, das er 1962 dem namhaften Regisseur Kurt Maetzig abgekauft hatte. Unter Hitler rassenverfolgt, hatte Maetzig in der Startphase des ostdeutschen Films, mir noch gut erinnerlich, so bewegende antifaschistische Streifen gedreht wie »Ehe im Schatten« und »Der Rat der Götter«. Nach der Verfilmung zweier Bücher Schreyers durch Maetzig entdeckten die DEFA und der DDR-Fernsehfunk noch fünf weitere Romanstoffe des Ahrenshoopers für den Film.

Soweit äußere Daten. Aber was war mit den inneren? Die Wende hat Schreyer zwar als Schriftsteller gleichsam auf Null gesetzt, aber auch in Kenntnis gebracht von – 3600 Aktenblättern der Stasi über ihn; er war sozusagen ein »unsicherer Kandidat«.

Wo verliefen die Grenzen von Verstrickung und Anpassung, von Mittun und Auflehnung?

Was ich am tiefsten empfand, war das Vertrauen, das mir, zunächst brieflich, mit den Einblicken in Innenansichten und persönliche Begebenheiten entgegengebracht wurde, gut für die eigene Kenntniserweiterung bei der Suche nach Gerechtigkeit und verbunden mit der wiederholt ausgesprochenen Einladung, auf meiner angekündigten Rügenreise doch in Ahrenshoop vorbeizukommen: »Bett und Johnnie Walker stehen bereit.«

Das hatte länger, viel länger gedauert als ursprünglich beabsichtigt, fünf Jahre nach unserer postalischen Kontaktaufnahme, doch seit zwei Nächten nehme ich nun schon das freundlich angebotene Lager in Anspruch (während der Whiskey, würde er mir hoffnungslosem Nichtalkoholiker denn angeboten, ungetrunken verschmäht bliebe).

Hierhergebracht hat mich ein ganzes Bündel von Empfindungen – Neugierde, Anteilnahme, die Beklemmung, verfrüht

Urteile gefällt zu haben, also Unsicherheit dem eigenen Standort gegenüber, was die Situation von Schriftstellern der ehemaligen DDR betrifft, und nicht zuletzt der Wunsch, mehr zu erfahren über die berufliche Einengung nach der Wende.

Die Gespräche finden im Parterre des Wohnzimmers statt, mir lieber aber noch in dem Arbeitszimmer von Ingrid Schreyer im oberen Stockwerk, aus dessen nachträglich eingebautem Fenster ein herrlicher Blick auf Dünen und See frei wird.

Es hört sich vielleicht verwegen an, aber trotz Backenbart und der seit unserer ersten persönlichen Begegnung inzwischen mehr als vier verstrichenen Jahrzehnte will ich in den Zügen meines Gegenübers noch den Jüngling wiedererkennen, der mich damals in Hamburg aufgesucht hatte.

Vor mir sitzt ein Mann, der nichts weniger erwecken will als den Eindruck eines Widerstandskämpfers, Dissidenten oder gar Märtyrers unter dem Regime des real existierenden Sozialismus; ein Mensch, von dem ich, aufgefordert, ihn zu kennzeichnen, sagen würde: Aufsässig sei er wohl nie gewesen, aber politisch verführbar eben auch nicht (beides ganz im Gegensatz zu mir).

Informationen über ein Dasein, dem ich nicht ausgesetzt war – Schreyer: »Nach dem Einmarsch der Truppen des Warschauer Pakts in Prag 1968 und der Vertreibung oppositioneller Köpfe mit dem Stichereignis der Ausbürgerung Wolf Biermanns 1976 wurde das Interesse der Mielke-Behörde an den Schriftstellern konkreter.

Es entstanden zwei Lager von DDR-Autoren – Konformisten und Kritiker. Anders als im Dritten Reich, und anfangs auch noch unter Ulbricht, wurden nun die Abweichler, sofern nicht mehr ganz namenlos, weder inhaftiert noch schlicht verboten, sondern, wo möglich, gegeneinander ausgespielt nach dem Prinzip *Divide et impera*. Von einem hohen Funktionär ist das einmal bildkräftig in diese Fassung gebracht worden: ›Wir haben für jede Ratte ein Rezept; die eine streicheln wir, die andere fangen wir, der dritten zeigen wir nur das Loch, aus dem sie gekommen ist – aber keine bleibt *unbehandelt*.‹«

Pause, Nachdenken, Selbstprüfung – Ahrenshooper Deutschstunde.

Als ich endlich 1957, elf Jahre nach meinem KP-Eintritt, die politische Kriminalität des real existierenden Sozialismus erkannt hatte, konnte ich mich ihm, wenngleich nach schmerzhaftem inneren Prozeß, als in Hamburg wohnhafter Bundesbürger ohne äußeres Risiko entziehen – ich sagte der Partei ade und handelte danach. Welchen Weg aber, frage ich mich nach dem Rattenzitat, hätte ich genommen, wenn ich, in Opposition zum DDR-System, seinem direkten Zugriff ausgeliefert gewesen wäre? Wie hätte ich mich verhalten unter den Bedingungen der Unentrinnbarkeit und einer Absperrung, die Flucht unmöglich machte, verurteilt, als Schriftsteller zu schweigen, meine Überzeugungen zu unterdrücken, den kreativen Kreisel zu stoppen (was aber nicht möglich gewesen wäre)? Ich höre mich vorsichtig antworten: Gutgegangen wäre es nicht, Anpassung unmöglich gewesen, aller Folgen ungeachtet.

Gleichzeitig verschließt sich alles in mir, jene anzuklagen, die, im Gegensatz zu mir, solchen Pressionen tatsächlich ausgesetzt waren. Daß es Mut gegeben hat, auch ohne den Bruch und seine Folgen zu provozieren, habe ich begriffen. Dennoch vergesse ich darüber keine Sekunde andere, die sich offen widersetzten, dafür litten, Berufsverbot erhielten oder eingekerkert, vertrieben und ausgebürgert wurden.

Da widersprach ich Schreyer, wenn er sagte: »Fast jeder von uns erfuhr Maßregelungen, gestoppte Bücher oder Fernsehspiele, nie traf das den Lebensnerv.« O doch, der war getroffen worden, in des Wortes buchstäblicher und übertragener Bedeutung, wie Jürgen Fuchs' erschütternde »Gedächtnisprotokolle« seiner Stasivernehmungen bestätigen oder die brutalen Einwirkungen auf die Lebensläufe von Reiner Kunze, Erich Loest und Wolf Biermann, mit Ausweisung, Zuchthaus und Ausbürgerung.

Aber wird schon jeder schuldig, der zu solchen Konsequenzen nicht bereit ist, frage ich mich in dieser deutsch-deutschen Stunde zu Ahrenshoop, angesichts eindrucksvoller Beispiele von Zivilcourage durch Gebliebene? Wie das Exempel eines von Schreyers Freunden auf der Seefahrtschule in Wustrow: Von der Stasi aufgefordert zu spitzeln, erklärte der Mann, »bildkräftig«, das sei für ihn so, als solle er »schieres Fett essen«. Er brachte es dann trotz Kapitänspatent zwar nur bis zum Ersten Offizier, wurde aber nie mehr behelligt.

Gewohnt, Einschüchterung, Ängste, Atemnot zu verbreiten, gab es bei Gegenhaltungen auch die Erfahrung, daß der Stasiapparat sich auf verdecktes Beobachten beschränkte, ohne direkte Eingriffe in das Leben dessen, der dem Staat nicht mehr entgegenbrachte als kritische Loyalität mit wachsender oppositioneller Färbung, im Lauf der Zeit wohl weitverbreitet und zunehmend exemplarisch.

Das Grundthema, um das es hier geht, heißt: »Diktatur und Geist – Macht und Kunst«.

Mein Gastgeber ist ein Mann von großem Fabuliertalent, seine Bücher weisen ihn aus als einen Schriftsteller von Vorstellungskraft, der nicht darauf angewiesen ist, sich auf Autobiographisches zu beschränken, sondern erfinden kann (wobei weder die eine Fähigkeit noch die andere Unfähigkeit ein literarisches Werturteil darstellen soll – gab es je einen Schriftsteller, der mit Fiktivem weniger anfangen konnte als Thomas Mann?).

Wie ist es bestellt um die Lebens- und Arbeitssituation des Talents, der Begabung, des kreativen Menschen unter einer obrigkeitlichen Gewalt, die mit einem Federstrich Laufbahnen beenden, den inneren Strom ersticken, die schöpferische Kraft ins Leere laufen lassen kann, mit der charakteristischen Furcht aller Unterdrücker vor – in ihrem Sinn – einem falschen Wort, einem falschen Ton, einem falschen Pinselstrich?

Ich habe das Thema anläßlich der Feier seines 80. Geburtstags am Beispiel meines Schauspielerfreundes (und einstigen NS-Mitläufers) Will Quadflieg am 15. September 1994 auf der Bühne des Hamburger Thalia-Theaters einmal so kommentiert:

»Nun gibt es ja tatsächlich so etwas wie die Tragödie des Talents, ja, des Genies, die unter die Herrschaft staatlicher Gewalttäter fallen, also das Unglück haben, zur falschen Zeit geboren zu sein – wer will das leugnen? Mitmachen oder Verstummen? Wo der Konflikt wirklich empfunden und mit ihm gerungen wurde, sollte sein Druck nicht gering veranschlagt werden. Wie sich entscheiden? Denn ungeachtet postumen Prophetiegebarens: der 8. Mai 1945 war zu den Glanzzeiten des NS-Regimes ja ebensowenig voraussehbar gewesen wie der 9. November 1989 für das Ende der DDR. Also sich einrichten auf lange Zeit.

Es gibt in diesem Kontext Erklärbares, das menschlich sein kann, jedenfalls bis zu der Grenze, wo die Schädigung und Versehrung des Nächsten begann (die es auch gab, massenhaft). Wichtig jedoch wäre gewesen, so oder so, sich danach zu stellen und zu befragen: ›Wie hast du es selber gehalten?‹

Gerade das geschah aber eher selten, und die Filmbranche und ihre Größen boten dafür nur eines von vielen traurigen Exempeln. Nein, ein Nazi im organisatorischen oder ideologischen Sinn war Will Quadflieg nicht gewesen; auch hat er niemanden gemeuchelt, keinen denunziert oder ins KZ gebracht. Wohl aber hat er mit seiner Begabung der ›seelischen Erbauung‹ gedient, mit Hilfe der Klassiker, vor manchmal gläubigen, manchmal wohl auch zweifelnden Soldaten, und das zu einer Zeit, als Widerstand, in welcher Form auch immer, die einzige moralische Haltung gewesen wäre. Dazu Will Quadflieg, die Spitze gegen sich selbst gerichtet, zu ›dem großen Kapitel der Mitläufer‹, wie er es nennt: ›Ich war auch einer von ihnen!‹

Leicht kann ihm das Geständnis nicht gefallen sein.«

Mag das Beispiel hochgegriffen sein, in seinem Kern ist es übertragbar.

In den drei Ahrenshooper Tagen gewinne ich den Eindruck, daß hier nichts vertuscht oder geleugnet wird – und doch eine unverbergbare Bitterkeit da ist, ein Gefühl der Ohnmacht, das sich dagegen wehrt, zu Schlagworten zu gerinnen, ohne sie dabei auch immer zu vermeiden. Dann kann es zu anfechtbaren Ausdrücken kommen, wie etwa »Sieger der Geschichte« oder »Beitrittsgebiet«, wenn damit die nunmehr gesamtdeutsch gewählte Bundesregierung gemeint ist oder das Territorium der ehemaligen DDR, also die »neuen« Bundesländer.

Aber Schreyers Situation als Autor ist in der Tat beklagenswert – der Markt für seine Literatur ist einfach verschwunden, was nicht bedeutet, daß er nicht schreibt. Seine Wendetrilogie »Unabwendbar« (1990), »Nebel« (1992) und »Das Quartett« (1994) sind im Verlag Das Neue Berlin erschienen, mit kümmerlichen Verkaufsziffern und entsprechend kläglichem Äquivalent für erbrachte Leistungen: »Für die eintausend Stunden Arbeit an dem letzten Buch, ›Das Quartett‹, waren's ganze dreitausend Mark, also drei Mark für sechzig Minuten – ein bißchen wenig«, rechnet er nach.

Andere aufschlußreiche Zahlen: Zwischen Elbe und Oder leben zwar zwanzig Prozent der Bevölkerung Deutschlands, aber hier werden nur drei Prozent der deutschen Bücher produziert – die Folge eines übermächtigen Verdrängungswettbewerbs. Schreyer: »Mir tun, bei den Buchbasaren hier, die jüngeren Kollegen aus der Region oft leid – Talente, die kein Bein auf die Erde kriegen. Wir Alten haben trotz allem gute, kreative Zeiten erlebt und, wer kann das schon noch, das Hobby zum Beruf gemacht.«

Gleich höre ich Stimmen, die rufen: »Geschieht diesen Alten ganz recht, selbst wenn sie keine Agitpropautoren waren, profitiert haben sie doch, und das zu einer Zeit, da andere Schriftsteller und Schriftstellerinnen in die Gefängnisse oder ins Exil getrieben wurden.«

Ich habe kein gutes Gefühl bei dieser Argumentation, jedenfalls nicht, wenn sie pauschal gemeint ist. Ich habe dabei jene Gruppe ehemaliger DDR-Schriftsteller im Auge, die geblieben und dennoch nicht in einen Topf zu werfen ist mit Leuten wie Hermann Kant, Heinz Kamnitzer, Henryk Keisch oder auch der schillernde Biographieumdeuter und Inhaber von Erich Honeckers privater Telefonnummer Stephan Hermlin.

Und weiß doch, daß hier Marktmechanismen wirken, die jede Auflehnung gegen sie als naive Sentimentalität verspotten, keinem anderen Kompaß als dem Gesetz der Rentabilität folgen und dennoch Teil der einzigen Gesellschaftsform unserer Zeit ist, die demokratische Freiheiten zuläßt.

Nur empfinde ich bei ihrer Verkündung sozusagen Ladehemmung, wenn ich aus dem Mund des Gastgebers so bittere Sätze höre wie diese: »Literarische Freiheit wurde damals nur in zähem, Jahre und Nerven raubendem Kampf ertrotzt, bis die Zensur zuletzt ihren Biß verlor und, knapp ein Jahr vor dem Ende der DDR, amtlich abgeschafft wurde. Heute entspricht sie der Freiheit von Bettlern, denen es genau wie den Reichen frei steht, unter den Brücken von Paris zu schlafen. Unter Ostautoren hört man: ›Besser zensiert als makuliert‹ oder prägnanter: ›Besser observiert als abserviert‹.«

Da schreit jemand, weil es weh tut, und doch stimmt es nicht, dieses »Besser observiert als abserviert«, was Schreyer auch weiß. Denn, erstens, unterstellt der Komparativ »Besser observiert als abserviert« absichtsvoll eine falsche Alternative, während, zweitens, die Aufhebung der amtlichen Zensur weder an dem grundsätzlichen Mißtrauen der SED-Herrschaft noch an der tief in den Köpfen der Autoren implantierten Schere etwas Wesentliches geändert hatte.

Und dennoch bin ich sprachlos vor dieser offenen deutsch-deutschen Wunde, ja, fühle ich mich abstruserweise schuldig angesichts des unbezahlbaren Privilegs meiner so selbstverständlich genossenen Freiheit.

Und sofort ist auch wieder die vertraute Wut in mir da, wenn ich registriere, daß der Marktmechanismus eben dieser Freiheit nach der Hakenkreuznostalgie nun die Hammer-und-Zirkel-Farce gebiert: Die Nutznießer von gestern sind oft genug die Profiteure von heute! Der prominenteste Name auf diesem Gebiet: der Wolf im Schafspelz mit Vornamen Markus, einst hochmögender DDR-Spionagechef, nun aber, wie von Großtätern gewohnt, die pure Unschuld in Person, nie auf etwas anderes aus gewesen als auf das Wohl der Menschheit und inzwischen pervertiert zum reinen Opfer und Autor eines der in Deutschland so überaus beliebten Kochbücher.

Und noch eine Spezies erregt meinen Zorn – und auch Schreyers: »Ein paar Kollegen, früher recht staatsnah, glückt es trotz durchweg schwacher Marktpotenz der jämmerlich geschrumpften Osthäuser auf den Wogen der Nostalgie – sie stellen ihr Talent in den Dienst des Protestes. Dem Talent bekommt das nicht besser als einst die Parteitreue, doch es gibt ihnen die Befriedigung, noch wirksam zu sein.«

Da gibt es Erinnerungen, lang zurückliegende zwar, die aber unvergessen sind. Muß ihm nicht nun endlich das letzte, das allerletzte Stündchen geschlagen haben, diesem üblen Triumph der Gestrigen, im Kleinen wie im Großen?

Von meinem bevorzugten Platz am Fenster des Arbeitszimmers im ersten Stock aus fällt der Blick auf die Dünen und die See.

Mit anwesend bei den Gesprächen – Sohn Paul, 21, Wuschelkopf, große, ernste Augen, Zivildienstleistender in der Nähe, und Ingrid Schreyer, schlank, mit ausdrucksvollen Augen, einer der Kulturmotoren von Ahrenshoop und Vorkämpferin gegen den Verbleib des Schießplatzes im Nationalpark bei Zingst, von wo aus die Bundeswehr, was aber verhindert wurde, Roland-Raketen aufs Meer hinaus abfeuern wollte.

Über Ingrid Schreyers Opposition zu DDR-Zeiten fallen nur Stichworte – kurze Stasihaft, in der Kaderakte vermerkt, behinderte berufliche Entwicklung. Ich argwöhne mehr, Demütigungen, Drohungen, Verhöre.

Das geht gedämpft vor sich, Öffentlichkeit nicht erbeten, bei 3600 Seiten Stasiakten – nicht von, sondern über Wolfgang Schreyer. Irgendwie fühle ich mich von dem Disput weit mitgenommener als meine Gastgeber, genieße aber die familiäre Unbefangenheit und die gelöste Atmosphäre mit ihrem vorbehaltlosen Vertrauen mir gegenüber.

Nachts himmlische Ruhe in meinem Stübchen, nur leises Rauschen von See her, einlullend. Bei Erwachen zuerst immer noch die Überraschung, hier zu sein, auf dem Boden der ehemaligen DDR, Gefühle, die mir auf dem Gebiet der alten Bundesrepublik so nie kämen.

Wird das anhalten?

Nach der Wende stellte sich heraus, daß vier Fünftel aller Grundstücke in Ahrenshoop Westbesitzern oder deren Erben gehörten – was die Soziologie des Ortes ziemlich umgestülpt hat. Denn es folgten an die 300 Rückgaben, darunter vor Gericht erstrittene Exmittierungen von Altmietern (ein Glasbläserehepaar verschlug es gar bis nach Australien) und Neubauten reicher Bundesbürger.

Ein knappes Dutzend Einheimischer – meist Grundbesitzer bei nunmehr ums Vieltausendfache erhöhtem Bodenwert – spielten das »Monopoly« (Schreyer) mit, bauten Hotels und Pensionen, bei staatlichen Zuschüssen bis zu 25 Prozent der Bausumme, und trugen so zur Überkapazität der Betten bei: Die ursprünglich auf 2000 gesetzte Grenze ist bereits um 700 überschritten.

Die Schreyers haben Glück gehabt, ein Westanspruch ergab sich nur für ein knappes Drittel ihres Grundstücks, mit Einzelheiten, die im Licht des verworrenen und hochkomplizierten Grundstückdebakels zwischen Alt- und Neueigentümern nach der Wende vielleicht nicht ganz uninteressant sein dürften.

Das Stück Wiese hatte die Westeigentümerin Schreyer 1967 zur Abrundung seines Grundstücks angeboten, und er hatte es, notariell beglaubigt und allseits genehmigt, auch gekauft. Dies allerdings zum 200fachen des damals zulässigen (und irreal niedrigen) Bodenpreises: für 5000 Mark der (Ost-)Deutschen Notenbank. Nach der Zahlung jedoch weigerte sich die Verkäuferin mit großer Beharrlichkeit, die Übertragung durch die sogenannte »Auflassung« zu besiegeln, sie also auch im Grundbuch zu vermerken – wohl wissend, daß wegen des schwarz bezahlten Mehrpreises über die deutsch-deutsche Grenze hinweg nichts einklagbar war. Und so konnte Schreyers Kontrahentin die Wiese nach der Vereinigung ein zweites Mal veräußern, und zwar zu einem nunmehr vollends explodierten Preis an einen Bürger aus der alten Bundesrepublik.

Nach langwierigem Schriftwechsel wurde Schreyer dann schließlich von ihr mit der Hälfte der seinerzeitigen Kaufsumme abgefunden, 2500 Mark. Was ihn zu der Erklärung verleitet: »Groll hege ich heute nicht mehr«, mit dem klärenden Nachsatz: »angesichts dessen, was sich ringsum in puncto Immobilien sonst tut«.

Die Familie hat neben dem alten Haus ein kleineres neues errichten lassen, für Feriengäste, ganzjährig – eine notwendige Einnahmequelle. Ich nehme an, daß Wolfgang Schreyer, wie die übrige Welt ohne Vorahnung vom 9. November 1989, nie daran geglaubt hat, je in eine Situation wie die gegenwärtige zu kommen, frage ihn aber nicht.

Bei einer anderen Sache überwinde ich mich dazu, wenngleich bis zum Abschied aufgeschoben: Ob er einen »seiner« IMs aufgesucht oder sich jemand von ihnen dazu bekannt habe?

»Weder noch«, winkt Wolfgang Schreyer ab, »keinen und keiner.« Wie alle anderen, haben auch diese Spitzel wohl gehofft, daß ihre »Arbeit« unentdeckt bleiben, besser noch alles Schriftliche vernichtet sein würde. Immerhin haben sich einige, denen

Schreyer nach Akteneinsicht und Enttarnung kommentarlos die eigenen Berichte zugeschickt hatte, bei ihm entschuldigt.

Ich weiß nicht, ob ich so zurückhaltend gewesen wäre, wohl aber, daß die Noblesse des Bespitzelten gegenüber dem Spitzel von diesem in der Regel kaum honoriert werden dürfte – der ungeheure Haltungsabstand bleibt gewahrt. Für mich zeigen sich auch auf diesem Gebiet Parallelen zu Erfahrungen, die, von Ausnahmen abgesehen, nach 1945/49 schon gemacht werden konnten.

Von Grenzfällen abgesehen, sind die Welten von Tätern und Opfern unvereinbar.

Was war hier eigentlich passiert, in diesen Tagen, dieser *Ahrenshooper Deutschstunde*?

Am 9. November 1989 hatte ich mir geschworen: Du steckst deine Nase in die deutsch-deutschen Angelegenheiten, tief und wann immer sich die Gelegenheit dazu bietet. Hier hatte sie sich geboten, samt dem Vorsatz, miteinander zu reden, auch wenn man nicht immer einer Meinung ist, gerade dann. Ich will das fortsetzen.

Die Schreyers auch.

# Rügen – und zwei Nachspiele

Vor der Weiterreise auf Deutschlands größte Insel hoch zum Darß und Zingst, auch das die Erfüllung eines seit Ewigkeiten währenden Wunsches.

Begegnungen mit oft auf der Karte studierten Namen: Saaler Bodden, hinter der Landnase bei Born die Krümmung des Koppelstroms, dann die Bliesenrader Halbinsel.

Impressionen: vorn Schilf, das sich biegt wie gepeitscht; drüben, über den Bodstedter Bodden, weiße Häuserfronten; Fichten, Birken, Tannen auf dem Weg nach Prerow. In dem Ostseebad warm gekleidete Gäste in überdachten Wagen, gezogen von äußerst verdrossen wirkenden Gäulen; der Deich entlang dem Prerower Strom von sanfter Kontur, und die Fläche des Boddens, so windgeschützt durch die Landbarriere gegen die See, ruhig und fast türkis.

Mild ist der Septembertag auf der Südseite der Halbinsel Zingst. Am Himmel eine blasse Sonne, kreischende Möwen über gewaltigen Anlegesöllern, und weit rechts, zwischen Bodstedter Bodden und dem Fitt, die Brücke nach Barth und der Turm der dortigen Marienkirche – Scherenschnitte gegen den grauen Hintergrund.

Auf der Nordseite, hinter Dünen, kahle Bäume mit erstem Herbstlaub. Unter treibenden Wolken kleine Lichtlücken, ein endloser, wie von der Menschheit vergessener Strand, und bis zum Horizont, für mich immer wieder neu, immer wieder bewegend, der Anblick des Meers.

Dann zurück, Saaler Bodden und Ribnitzer See jetzt linker Hand, und über Damgarten-Ribnitz auf die E 22. Vor der Einfahrt nach Stralsund eine herrliche Allee, und nun das Profil der alten Hansestadt – geprägt von dem schweren Backstein protestantischer Gotteshäuser, wahren Glaubensfestungen, deren Gotik unerschrocken an den Himmel stößt, umkränzt von Klosteranlagen, Befestigungswerken und Bürgerhäusern. Aufwallende Assoziationen: Atterdag, der Dänenkönig; Wallensteins vergebliche Belagerung im Dreißigjährigen Krieg; Gustav Adolf von Schweden landet mit seinen Truppen – und »Pommerland ist abgebrannt ...«

Aber ich will über den Damm, auf die Insel, habe sie erreicht, und weiter nun in Richtung Bergen – plötzlich unter einem Sonnenhimmel, als wäre der Mittsommer zurückgekehrt. Weiße Segelboote auf der glitzernden Wasserfläche des Kubitzer Bodden; kreisende Windrotoren, die dreiflügeligen Propeller nach Osten gerichtet; zwischen Ralswiek und Lietzow, Rügens wespenhafter Taille, der Große Jasmunder Bodden links, der Kleine rechts, und nordwestlich, weithin sichtbar leuchtend, Kreideflächen.

Über Sagard nach Saßnitz, dort die Fähren, hafenein- und -auswärts gleitend, ein immer wieder sehnsuchterweckendes Bild. Dann die Stubbenkammer, die Große und die Kleine.

Erster Durchblick – tief, tief unten die Brandung, deren sachtes Rauschen dennoch hier oben zu vernehmen ist; die mächtige Kreidefront, schräg durchzogen von grauschwarzen Feuersteinbändern, vor 12000 Jahren durch eiszeitliche Gletschermassen unter ungeheurem Druck eingepreßt.

Gleißende Helligkeit, augenschmerzende Reflexe von der angestrahlten Kreide. Nur das Buschwerk ganz oben wirft einen langen Schatten den Steilhang hinab.

Auf der Brücke wird es mir unheimlich, so bodenlos will der Abgrund unter ihr gähnen, besänftigt nur durch den Blick auf die bewaldete Schlucht, auch sie schon in den Farben des Herbstes, und auf die horizontgesäumte See.

Eigentlich mag ich nicht daran denken, kann aber nicht anders: Trügerisch ist ihre Schönheit und groß die Atemnot der Ostsee, angefüllt von den Schadstoffen ihrer Anrainer – Quecksilber, Öl, Zink, Chlorverbindungen, Stickstoff, Blei, Arsen, Kupfer, Kadmium, Phosphor, Hunderttausende von Tonnen.

Wie ein stummer, wehrloser Riese kommt es mir vor, dieses Brackwassergebiet, eines der größten der Welt, Binnenmeer mit tiefen Einzelbecken, auf deren Grund keine Durchmischung mit frischem Oberflächenwasser stattfindet, was die Selbstreinigungskraft der Ostsee dementsprechend verringert.

Soll hier, am nördlichen Rand Europas, tatsächlich ein Exempel statuiert werden, wie leicht ein in Jahrmillionen gewachsenes und trotz sensibelster Balance funktionierendes Ökosystem, das

*Mare Balticum*, durch menschliche Uneinsichtigkeit in kürzester Zeit irreparabel zugrunde gerichtet wird?

Und was wird Rügen selbst noch angetan werden, nachdem immerhin der Plan eines überdimensionalen Werftklotzes an seiner Küste verhindert werden konnte? Aber das auch für alle Zeiten? Welche anderen Anschläge auf die Schönheit der Insel stekken noch in den Schubladen? Und wie gegen sie protestieren, wenn Einheimische raunen, ihre Verwirklichung bringe Arbeitsplätze, du selbst aber von weither kommst und zitterst bei dem Gedanken, die Ökonomie würde letztlich doch siegen über die Ökologie?

Welch ein Gegensatz zwischen solch ungewiß-trüben Gedanken und der Erhabenheit des Königsstuhls – die hohe Kante, das geschmeidige Gestein, Kreide, versteckt durch Bäume, die von weit unten hoch heraufragen. 487 Stufen sind es bis da hinab, und natürlich dann wieder hinauf, es gibt keinen anderen Weg. Draußen, zwischen Küste und Horizont, eine weiße Yacht, ein tuckerndes Motorboot – sonst regt sich nichts auf dem Wasser.

Weiter.

Zwei Kilometer vor Lohme wird der Blick auf Rügens Nordspitze frei – über das Tromper Wiek hinweg die weiße Flamme des Kap Arkona, als sei ein über alles Licht des Tages triumphierender Himmelsscheinwerfer punktuell auf den glimmernden, glänzenden Sturz dieser Kreideflächen gerichtet.

Parallel mit meiner Fahrtrichtung, auf Glowe zu, ein Bussard, der Blick auf ihn immer wieder unterbrochen von Ästen und Laub der prangenden Alleebäume, bis der Raubvogel mit einer unerhört scharfen Linkswendung abkippt und spurlos entschwindet.

In Glowe kündet die Pizzeria »La Taverna« dem grübelnden Gast vom Einzug der neuen Zeit auch hier; auf der Schaabe dann, dieser schmalen Landzunge, große Enttäuschung – an keiner Stelle auch nur der kleinste Durchblick auf das Tromper Wiek und den Großen Jasmunder Bodden, nichts als Sandboden und Kiefern längs der Straße, sonst alles verbaut. Dafür weiß ich die See nahe, fühle mich waterkantberührt durch die Anpreisung von geräucherten Aalen in Juliusruh, bewundere auf dem Weg nach Norden die leuchtenden Blumen in den Vorgärten von Altenkirchen, das Rot der frischgedeckten Dächer, die Waldinseln, den schlanken, in die Ästhetik der Landschaft passenden Anblick der lautlos kreisenden Windrotoren. Bis ein Parkplatz gebieterisch jede Weiterfahrt versperrt – zum Kap noch 1,5 Kilometer.

Ich frage einen Mann, ob es tatsächlich nur 1500 Meter bis dahin sind, und er antwortet, mit einem verdächtigen Grinsen und in einem Dialekt, der keinen Zweifel an seiner hiesigen Herkunft läßt: »Jscha, jscha, jetzt kommt 'n besonders schönes Pflaster, und überhaupt – bei dem hä-ä-ä-ärlichen Wedder.«

Breiter geht's nimmer, selbst im tiefsten Schleswig-Holstein nicht. Ich fühle mich ganz norddeutsch zu Hause – und stapfe angetan weiter.

Friedlich grasende Kühe, strohgedeckte alte Bauernhäuser (mit Satellitenschüsseln) und am Himmel das blaueste Blau. Doch in Vitt beende ich den Marsch per pedes und steige, einziger Fahrgast, auf einen der Pferdewagen um. Dann zuckelt der junge Kutscher los, ich hinter seinem Rücken mit Blick auf die beiden Rösser, die ziemlich unwillig Huf vor Huf setzen und mir ein schlechtes Gewissen einflößen, zumal es gerade ein bißchen hoch geht und der Lenker auch noch anhalten und absteigen muß, um Äste und Gezweig aus dem Weg zu schaffen. Aber nun führt er über einen Buckel wieder abwärts, und schon hoppeln und traben die Pferdchen so geschwind und vergnügt dem Ziel zu, daß die Vermutung, es gebe an der Endstation Futter, naheliegt. Dann bin ich am Kap.

Eine Treppe hoch – und rechts der gewaltige Meerbusen des Tromper Wiek, die dunkle Küstenlinie der Halbinsel Jasmund, östlich davon zwei Fährschiffe, eines aus Saßnitz kommend, das andere mit quirligem Heckwasser dahin pflügend.

Die See vorn durchsichtig, weiter draußen dunkelblau bis schwarz. Hier dräuten einst die Wälle der Jaromarsburg, bis zur Zerstörung durch die Dänen im Jahr 1168 das Hauptheiligtum der Westslawen – archäologische Grabungen sind angezeigt. Ich werde mich da hineinvertiefen, später, bei einem nächsten Aufenthalt. Bei all diesen Begegnungen zwischen Elbe und Oder ist mir, als wäre dies nur der erste Blick durch eine unerwartet geöffnete Tür, die erste vor weiteren Entdeckungsreisen voll Neugierde und Wissensdurst – da wird nichts selbstverständlich sein, nie. Wie zuvor in Brandenburg, im Oderbruch und im Spreewald, fühle ich das nun auch auf Rügen, egal, wo ich auf der Insel bin.

Ob hier am Kap Arkona oder im Inneren bei Bergen, das, einem alten Gemälde gleich, wie von einer Dunstschicht verschleiert vor mir liegt; ob schuhentblößt auf dem Kopfsteinpflaster von Nardewitz, mit seinem verschlafenen Habitus, oder vor dem dichten Schilfgürtel des Großen Jasmunder Boddens, wo neben den aufsteigenden und wieder absinkenden Kaskaden von Wasservögeln eine Welt von amphibischem Getier lebt.

Glasig ist das Meer hier, die Bäume werfen schwache Schatten, und eine matte Friedlichkeit liegt über der Insel. Groß ist sie und während meines Aufenthalts fast immer windstill. Nur einmal furchten heftige Stöße den Strelasund und verwandelten sein Wasser schlierig.

So, denke ich, will ich diesen ersten Besuch Rügens in mir wachhalten, als ich über den Damm fahre und Stralsund mit seinen Türmen, Kränen, Hafenanlagen und Helligen sichtbar wird – in der Gewißheit wiederzukommen.

Und das trotz eines häßlichen, eines sehr häßlichen Erlebnisses, das gerade hinter mir liegt.

Vor der Abreise von der Insel war ich heute morgen noch einmal aufgebrochen, um die Stubbenkammer aufzusuchen – leider. Denn dort, wo es mit dem eigenen Auto nicht weitergeht, sondern nur mit dem Bus oder zu Fuß, und wo die Örtlichkeiten und Transportrituale für den Fremdling nicht gleich überschaubar sind, dort tauchte plötzlich die Personifizierung der DDR vor mir auf, wie ich fand – in Gestalt des Parkplatzwächters.

Gerade als ich meinen alten Ford an der Stelle abstellen wollte, wo ich ihn am Tag meiner Ankunft auf Rügen schon einmal geparkt hatte (ohne daß der Ort damals bewacht war), fegte nun ein etwa vierzigjähriger Mann mit entgleisten Gesichtszügen herbei und brüllte mich mit sich überschlagender Stimme an: »Sind Sie wahnsinnig geworden? Sehen Sie nicht, daß da, wo Ihr Auto steht, Parken verboten ist?«

Darauf nicht gefaßt, zumal außer dem meinen weit und breit kein anderes Fahrzeug zu sehen war, versuchte ich unter großer Selbstüberwindung, den Aufgebrachten zu beruhigen: Es habe ja wohl in seinem wie auch in meinem Leben schon schlimmere Situationen gegeben als diese, nicht wahr? – Aber nur, um zu erkennen, daß die Absicht, dem Konflikt durch Scherzen den Stachel zu nehmen, gründlich danebengegangen war. Denn jetzt drohte der Parkplatzkommandant förmlich zu platzen, so verfärbte sich sein rötlich angeschwollener Kopf, als er mich mit erhobenen Fäusten anschrie: »Sie haben hier schon einmal gestanden, vor einigen Tagen, ich erkenne den Wagen wieder. Sie begehen diese Ordnungswidrigkeit also zum *zweitenmal*!« Als könnte er nicht begreifen, was da vor sich ging, japste er nach Luft und wiederholte, mit plötzlich hängenden Armen, atemlos: »Zum zweitenmal!« Wobei seine Miene eine Fassungslosigkeit ausdrückte, daß er einem fast schon wieder leid tun konnte.

Doch waren das nicht die Gefühle, die er in mir weckte, sondern ganz andere, und ich verspürte keinerlei Lust, sie zu verheimlichen. Allerdings nicht so, daß ich sie nach außen preisgab, sondern indem ich sie in eine Gelassenheit packte, die ich nicht empfand.

Also wies ich den Wütenden scheinbar ruhig darauf hin, daß sein Ausbruch in geradezu lächerlichem Gegensatz stehe zu dessen Anlaß, der übrigens ja sofort behoben werden könnte, indem ich das Auto umgehend auf den dafür vorgesehenen Platz bewegte. Doch damit hatte ich offensichtlich die Geduld des Mannes mit mir und meinem Verhalten überstrapaziert, denn jetzt trat er so nahe heran, daß mir sein Speichel ins Gesicht flog, als er keuchte: »Sich erst gegen den Gesetzgeber auflehnen – und dann auch noch frech werden!« Und noch einmal, ächzend: »Auch noch frech werden!«

Das schien mir von allerdeutlichster und unmißverständlichster Herkunft zu sein, und deshalb ließ ich es darauf ankommen, wollte ich nicht mehr nachgeben, ungeachtet möglicher Konsequenzen, selbst auf die Gefahr hin, »Scheißwessi!« gescholten zu werden. Also schloß ich den Wagen an der Stelle ab, wo er stand, und entfernte mich in Richtung Stubbenkammer-Königsstuhl – jeden Augenblick gewärtig, vom Wächter eingeholt und brachial am Weitergehen gehindert zu werden. Aber hinter mir geschah nichts, gar nichts, vielmehr blieb es so stumm, daß es nach der Anschnauzerei geradezu unheimlich war.

Nichtsdestotrotz wühlte es heftig in mir, wölkten sozusagen innere Sprechblasen in mir hoch, wie »typisch DDR unselig, typisch real existierender Sozialismus, typisch autoritäres Gehabe nach wie vor«.

Gleichzeitig aber kamen in mir höchst plastische Erinnerungen hoch, daß mir ähnliches schon hundertmal in der alten Bundesrepublik begegnet war. Kaum hatte ich, vorsätzlich oder notgedrungen, gegen ein Park- oder sonstiges Verkehrsgebot verstoßen, schon trat jemand heran und herrschte mich barsch an: »Da dürfen Sie nicht stehen, das ist verboten!« Oder, noch schlimmer, mit geheuchelter Solidarität: »Besser, Sie fahren woandershin, das kostet Sie sonst eine ganze Stange Geld!«

Oder, nun ganz ohne Umwege: »Machen Sie sofort, daß Sie da wegkommen, sonst ruf' ich die Polizei!« (Letzteres eine häufiger gemachte Erfahrung mit breitarmig aus Fenstern hängenden Hausfrauen, die solchen Zeitvertreib zu ihrem alltäglichen Drohvergnügen gemacht haben.)

Ihnen allen war eines gemeinsam: die Unfähigkeit, als Zeugen eines mißachteten Verbots oder Gebots den Polizisten in Zivil, den stellvertretenden Staatsdiener des vorauseilenden Gehorsams in sich zu unterdrücken. Und das unabhängig davon, daß die meisten von ihnen sich als Verkehrsteilnehmer natürlich selbst schon Übertretungen dieser Art schuldig gemacht hatten. Die Häufigkeit solcher Intervention läßt den Schluß zu, daß hier eine weitverbreitete Haltung von gesamtdeutscher Dimension ans Tageslicht drängt, und das vielleicht noch ununterdrückbarer dort, wo das Leben ohnehin vierzig Jahre von staatlicher Reglementierung geprägt war, eine Erbschaft, die so leicht nicht überwunden werden dürfte. Nie ist mir dergleichen im Ausland passiert, kein einziges Mal, wie und wo immer ich mich auch dort verkehrswidrig verhalten habe.

Italiener, Franzosen und andere Europäer kommen wohl überhaupt nicht auf den Gedanken einer solchen Einmischung, was ganz offenbar ein grundlegend anderes Verhältnis des Individuums zum Staat signalisiert.

Aber es stimmt, erlebt habe ich solche Eingriffe in das Verhalten des Nächsten oft genug auch auf dem Boden der alten Bundesrepublik, und nicht nur auf dem Territorium der ehemaligen DDR.

Trotzdem arbeitete Groll in mir, wollte ich aus der Empörungsinbrunst des Parkwächters vor der Stubbenkammer ein noch weithin wirksames Erziehungsergebnis des untergegangenen Systems herausgehört haben, übertriebene Variante einer Reaktion, die ich zwar auch zwischen Rhein und Elbe erlebt habe, aber nicht mit dieser so flüssig von der Zunge gehenden direkten Berufung auf den Gesetzgeber. Hier hatte er sich aufs überzeugendste dingfest gemacht, der Untertan in Person und von eigener Hand erhöhte Herrscher über ein paar deutsche Parkplätze. Als ich zurückkam, war der Wächter verschwunden.

Soweit das erste Nachspiel meiner Rügenreise. Es gab, zum Glück, noch ein zweites.

Habe ich vermerkt, daß es Samstag war? Jedenfalls will, nein, muß ich heute abend noch zurück sein, denn morgen früh erwartet mich auf dem Flughafen Köln-Wahn ein aus Übersee einfliegender Freund und Kollege der Publizistenzunft.

Bestürzenderweise machen sich jedoch hinter Demmin die ersten Anzeichen dafür bemerkbar, daß mit der Kupplung meines Fordveteranen nicht alles in Ordnung ist. Jedenfalls stellt sich mir bei ihrer Bedienung ein Gefühl ein, das über das linke Bein ungut bis in die Bauchgegend hochkriecht. Dabei darf erwähnt werden, daß mein alter Blechgefährte immer vorschriftsmäßig gewartet wurde, alle 10 000 Kilometer, was bei den mittlerweile seit seinem Anschaffungsjahr 1982 insgesamt zurückgelegten 280 000 Kilometern ja nicht gerade wenig ist. Eigentlich kann gesagt werden, daß das Auto auf diese Weise in den vergangenen sechzehn Jahren mehrere Male runderneuert worden ist – bis auf den Motor.

Ist es da ein Wunder, daß der Oldtimer mir inzwischen mehr bedeutet als nur ein fahrender Untersatz, sondern längst zu einem getreuen Helfer und Begleiter avanciert ist, ohne den ich meine Bücher »Israel, um Himmels willen, Israel«, »Ostpreußen ade«, »Mein irisches Tagebuch« und nun auch noch »Deutschlandreise« nicht hätte schreiben können? Hat der alte Ford Granada mich bei meiner Schriftstellerei während der letzten acht Jahre doch ohne ernsthafte Panne an die 60 000 Kilometer zu meinen zahllosen Zielen befördert!

Und damit soll es nun aus und vorbei sein, soll das Unausdenkbare geschehen, soll die sonst so selbstverständlich funktionierende Übertragung der Kraft von immerhin neunzig Pferdestärken streiken, kurz – mein alter Ford schlappmachen?

Offenbar, denn hektisches Ein- und Aushebeln der Kupplung bringt beklemmenderweise nichts anderes hervor als jenes sattsam bekannte Geräusch, das nur entstehen kann, wenn zwei absolut glatte Metallkörper sich funktionslos aneinander abschleifen. So geht es noch eine ganze Strecke, über Malchin und Teterow, bis die ohrenbetäubenden Quietschlaute unter der Motorhaube hinter der Autobahn Berlin-Rostock es geraten scheinen lassen aufzugeben, ehe schwere Metallbrokken in der Gegend herumfliegen und den Schaden noch größer machen.

Immerhin gelingt es mir, den stark stotternden Wagen auf den Randstreifen der B 104 zu steuern, wo er endgültig wie gelähmt verharrt – fünf Kilometer vor Güstrow, so ein höhnisches Hinweisschild vor mir, im Herzen Mecklenburg-Vorpommerns und, wie gesagt, an einem späten Samstagnachmittag.

Panik will in mir aufsteigen: wie wegkommen von hier und zu solcher Stunde? Und was würde aus den Terminen werden, die schon morgen in Köln anstanden, mit dem Freund und Besucher aus New York?

Ratlos steige ich aus, völlig durcheinander, und so muß ich wohl auch ausgesehen haben. Denn nun geschieht Bemerkenswertes.

Gleich der erste Wagen hält, ein Kombi mit offener Ladefläche, und ihm entsteigt ein Fahrer um die Dreißig herum. Er kommt auf mich zu, wirft einen kurzen Blick auf das gestrandete Gefährt, fragt: »Sie kommen aus Köln?« und erklärt auf mein schwaches Nicken mit trockener Bestimmtheit: »Wo Sie auch heute abend wieder sein werden!«

Wie das? möchte ich verzweifelt fragen, bemühe mich aber, von Wellen der Dankbarkeit überflutet, wenigstens eine zuversichtliche Miene aufzusetzen – was dem Helfer den Anflug eines Lächelns entlockt.

Dann läßt er mich neben sich Platz nehmen, brettert über die Landstraße bis Güstrow, kutschiert kennerisch durch die Straßen, zeigt mitten in der Stadt auf ein weit sichtbares ADAC-Schild und sagt: »Alles weitere wird von dort geregelt.«

Und so geschieht es, nachdem mein Retter sich, händeschüttelnd und jeden Dank verweigernd, mit einem höchst einheimisch klingenden »Nich der Rede wert, Mann – müssen uns doch gegenseitich helfen, nich?« verabschiedet hatte.

Woraufhin meine Angelegenheit und ich nun übergehen in die fachgerechte Obhut eines anderen Güstrowers etwa gleichen Jahrgangs wie mein erster Helfer. Er läßt mich auf dem Beifahrersitz eines Abschleppwagens Platz nehmen, lädt an Ort und Stelle mit wenigen Hebelgriffen den reparaturbedürftigen Patienten auf und bringt meinen lahmen Blechgaul auf den Autohof, von wo er, so wird mir versprochen, an einem der nächsten Tage per Sammeltransport sicher ins Rheinland gebracht werden wird.

Ich aber bin, ganz wie von meinem anonymen Retter prophezeit, mit einem Leihwagen selbigen Tags vor Mitternacht noch in Köln, kann am Sonntagmorgen tatsächlich den Freund vom Flughafen abholen und stelle mit Freuden fest, daß das zweite Nachspiel der Rügenreise das kurze Ungleichgewicht meiner Bemühungen um deutsch-deutsche Gerechtigkeit erfreulicherweise wiederaufgehoben hat.

Natürlich ist auch mein Fordveteran aus Mecklenburg-Vorpommern in der Domstadt eingetroffen und sofort für weitere Touren in den Stand seiner alten Unverwüstlichkeit versetzt worden.

# Sylt – ein Wintermärchen

Wie gestochen liegt die Seefahrerkirche St. Severin vor Keitum da: ihr gewaltiger Glockenturm aus Backstein, das schrundige Dach, der mächtige Unterbau, granitene Quader – eine klotzige Silhouette unter einer frierenden Sonne am wolkenlosen Dezemberhimmel.

Ringsum nichts als Eis und Schnee – über den geweißten Acker mit den vom ewigen Wind nach Osten gedrückten Bäumen hinweg bis zum Rand des Watts, das nördlich des Bahndamms zwischen Insel und Küste auf die offene See zu unter wahren Gebirgen von Eisschollen erstarrt daliegt.

Irgendwo draußen, weit weg und schemenhaft, Menschen, aus der Ferne wie wandernde Vogelscheuchen anzusehen; vorn warm eingehüllte Spaziergänger, darunter ein Vater mit Kind, umtollt von einem Hund, dessen Pfoten Spuren hinterlassen wie Bärentatzen. Und Keitum, das sonst so grüne, im Winterschlaf.

Die Straßen leergefegt, aus Kaminen alter Häuser kräuselnder Rauch, Sonnenschatten auf weißen Reetdächern, Briefkästen mit Schneemützen, und am Uwe-Jens-Lornsen-Wai, hinter einem großen Holztor, ein gelber Labrador mit dunklen Kirschenaugen und heftiger Sehnsucht nach Streicheleinheiten.

Auch im Ort ist der Wind noch schneidend. Ich erinnere mich an keinen Tag meines Lebens, der kälter gewesen wäre als dieser. Unwillkürlich kommen Erinnerungen hoch an die Lektüre von Büchern über Expeditionen in den Himalaja, an Fotos sturmzerzauster Yaks und frostkrummer Tibeter mit Ohrenschützern (die mir hier fehlen) und an Schilderungen jener furchterregenden Besessenheit arktischer und antarktischer Polarforscher, die Männern wie dem Norweger Roald Amundsen oder dem Briten Robert Falcon Scott ihr selbst herausgefordertes und, wie ich am heutigen Tag mehr denn je finde, absolut vermeidbares Ende im ewigen Eis bescherte.

Da verschwinde ich lieber für eine Weile in das Ausstattungshaus »Möbeldeele« an Keitums Peripherie, versenke mich dort bei menschenwürdigen Temperaturen erst in den tröstlichen

Anblick langstieliger Wärmepfannen und eines komplett zum Verkauf angebotenen Kachelofens, dann kostbarer Kelchgläser, güldener Serviettenspangen und seidenbespannter Fußschemel, ehe ich mich gegen alle meine bewährten Lebensregeln zu einer »Sylter Welle« überreden lasse: Rum, nicht zuwenig, dann Tee, und obendrauf ein kaltes Sahnehäubchen – warum auch nicht? Habe ich mich doch gerade noch gestern delektiert an Thomas Manns Aperçu: »Die Reize dieser Insel sind keusch und karg und lenken den Sinn auf Grog.« Nur müßte dergleichen zuvor erprobt sein! Da das jedoch am allerwenigsten auf mich zutrifft, stellen sich, wie zu erwarten, mit Sinnestaumel und leichtem Zungenlallen sogleich die unvermeidlichen Folgen einer daseinslangen Alkoholabstinenz ein. Die dann allerdings rasch gemindert werden können durch den schneidenden Wind auf dem langen Marsch in Richtung Archsum, Nösse, Morsum.

Dort hoch am Kliff angekommen, sind die gleichgewichtsstörenden Nebel im Hirn zwar restlos verschwunden, aber nur, um abgelöst zu werden durch das Gefühl, als wäre ich plötzlich eingesperrt worden in eine Tiefkühltruhe, deren kälteerzeugender Mechanismus auf Hochtouren läuft – ein Zustand, der länger als fünf Minuten nur zu ertragen ist durch das Panorama, das sich einem von der Höhe des Munkhoogs aus bietet.

Links weit hinten, ein unerschütterlicher Orientierungspunkt, der Leuchtturm von Kampen, anschließend die langgestreckte höckrige Silhouette der in Dunst getauchten nördlichen Inselhälfte; vor mir die bizarr geformte Fläche des ungleichmäßig gefrorenen Watts, seine Zacken und Spitzen, getürmten Schollen und blinkenden Lichtreflexe – bis zum Festland eine einzige Symphonie in Eis.

Rechts, in eleganter Kurve aus Sylts östlichem Ende herausgewunden und wie eine Peitschenschnur hinüber zur Küste geschlagen, der schienenbewehrte Damm, über den gerade, von hier aus spielzeugklein, die langgegliederte Wagenschlange eines Intercity herangleitet – erst lautlos, doch dann, näher und näher, durch die klare Luft förmlich in mein Ohr geklirrt.

Von der Vogelkoje aus gesehen, hat sich die Welt des Watts zu einer unpassierbaren Eisbarrikade getürmt, während die große

Düne jenseits der Straße von weißem Firn überzogen ist, der ihr das gewohnte Wüstenflair stiehlt.

Der Hafen von List – zugefroren. Die »Adler VII«, sonst zwischen zehn und fünfzehn Uhr selbst zu dieser Jahreszeit dreimal für Touristen auslaufbereit, liegt fest, wie die betagte »Gret Palucca« auch und der moderne Seenotrettungskreuzer »Minden« (der mit seinen starken Motoren im Ernstfall die kalte Fessel vielleicht doch sprengen könnte).

Ich trete an die Brüstung der mächtigen Pier.

Die See zur dänischen Insel Rømø ist zwar offen, aber nicht eisfrei. Das Fährschiff, ein gedrungener Kasten, schwarzer Rumpf, helle Aufbauten, pflügt heute langsamer heran als sonst, kantet dabei wohl mit dem Bug die Schollen hoch, drückt sie dann aber vorsichtig unter und demonstriert so den gebührenden Respekt des Kapitäns vor der Kraft dieses Winters. Wird das Oberteil des Schiffs von einem Sonnenstrahl getroffen, blitzt es auf wie ein großer Silberfisch über der Wasserlinie.

Auch hier vorn, land- und hafennah, hängt die Eisdecke nicht zusammen, es wimmelt von geborstenen Schollen, kleinen und großen. Ständig in Bewegung, treiben die Placken gegeneinander, reiben sich an den Rändern ab und machen mich beim Hinschauen ganz schwindlig.

In der großen, irreführenderweise *Königshafen* genannten Bucht türmt sich das Eis unbegehbar hoch bis zum Ellenbogen, Sylts nördlichstem Terrain.

Die Straße dahin entpuppt sich nach der Schranke als gefährlich rutschig, also niedriger Gang und Schrittempo – heute ist auf dem Nehrungshaken nur langsam voranzukommen.

Erst der Westleuchtturm, weißer Schaft, glührote Spitze, davor, geduckt, ein Anwesen mit dunklem Schieferdach; dann der Ostleuchtturm, ebenfalls weiß, in der Mitte rot gegürtet, und darüber die blinkenden Spiegel.

Fast am östlichen Ende des Ellenbogen steige ich aus, gehe über harschen Sand auf einen Paß zwischen zwei Dünen zu, werde in der Kimme von einem Wind gepackt, der mich speeren will, und erlebe oben einen unglaublichen Anblick: die Nordsee, hochsalzig und hochtidefreudig, ein stürmisches Meer zwischen Ärmelkanal und Atlantik, das sich in ständiger

Strömungsbewegung befindet – hier ist es zugefroren, hat sich ein breiter Eisgürtel über den *Blanken Hans* gelegt, hat die kalte Luft den Gefrierwiderstand des Salzwassers besiegt, zeigt sich die blaue Fläche erst weit hinten wieder.

Ein ähnliches Bild dann etwas später von der Kante des Roten Kliffs – auch hier ein langer Eisgürtel, nur daß die Barriere nicht am Ufer beginnt, sondern gut einen Kilometer westwärts. Durch den aufgekommenen Dunst sieht es so aus, als reiche die gefrorene Fläche bis ans Ende der Welt.

Ich habe die Insel zum erstenmal 1948 betreten, dann, seit Anfang der sechziger Jahre, so oft, daß ich aufgehört habe zu zählen. Meist kam ich zu Beginn oder am Ausgang der wärmeren Jahreszeit, aber auch im Dezember, nach Weihnachten, bis in die erste Januarwoche. Doch einen Winter wie diesen, der einem buchstäblich den Atem raubt und vorsorglich nach dem nächsten Unterschlupf ausspähen läßt, habe ich noch nicht erlebt.

Nichts mehr von der Sommernähe und ihrem goldenen Licht, siriusfern die Bilder der Sommerstrände, die glutigen Sände, von denen die Fußsohlen angekokelt werden. Gab es je ein hitzegelähmtes Kampen, ein eisfreies List? Und hat der Anblick der grellhellen Dünenlandschaft da oben je die flirrende Fata Morgana einer sengenden Miniatursahara unter stahlblauem Nordhimmel hervorgezaubert?

Vorbei die milden Mai- und Septembertage; vorbei das sanfte Blätterrauschen, wenn Keitums Kastanien vom herbstlichen Südwest sanft gefächelt werden; vorbei auch der feuchte Glanz auf dem dunkelgrundigen Watt in der Stunde zwischen spätem Nachmittag und frühem Abend, und der kosende Luftzug von See her, der Gesicht und Händen so guttut – vorbei.

Jetzt kann einem nur noch Schiller ins Gedächtnis geraten und wie unübertrefflich er doch den schönen Schrecken gebrandmarkt hat: »Der Winter ist ein harter Mann, kernfest und auf die Dauer ...«

In diesem Jahr, auf Sylt, übertrifft er sich selbst.

Hinter Archsum, bei Ingwersen, »Café und Teestuben« – wo man sommers, nicht zu glauben, unterm Apfelbaum sitzen kann! –, biege ich rechts ein, auf den großen Deich zu, der sich schnurgerade in horizontaler Linie hinzieht, um Sylts gefährdetes Tief zwischen Rantumer Becken und Damm zu schützen. Hier schlügen die Wellen sonst ungehemmt ins Land, würde Hochwasser weite Teile des Inselostens überschwemmen. Die nördliche Hälfte der Insel dagegen kennt keine Eindeichung, die Häuser am Watt sind vor der Flut durch ihre erhöhte Lage geschützt.

Über dem heutigen Tag liegt ein Licht, in dessen wunderbarem Blauweiß sich Schwärme von Krähen gegen den azurnen Himmel abzeichnen wie flüchtige Scherenschnitte.

Jetzt den Liiger Wai hinein, und dann ist der rauhreifbesetzte Deich vor mir. Hinter einem Klappgatter klettere ich über eine steinerne Treppe auf den mächtigen Wall, bis zu seiner Krone, und denke zähneschnatternd: Hier muß es noch fünf Grad kälter sein als da unten.

Aber dann bin ich nur noch Auge.

Zur Seeseite hin streckt sich der hohe Deich lang und sacht abwärts, um den Wellen keine schroffe Angriffsfläche zu bieten, während die Innenseite stark abfällt, das Ganze ruhend auf einem Deichfuß von gut achtzig Metern. Nach menschlichem Ermessen sollte dieses Bollwerk auch von stärksten Sturmfluten weder eingedrückt noch überschwemmt werden können (was dennoch kein Sylter je beschwören würde).

Auf dem Vorfeld zum Watt hin eine Herde blökender Schafe, aufgestellt in einem Kreis, Kopf an Kopf und Schulter an Schulter – was aussieht, als wollten sie sich gegen einen Angriff von Raubtieren schützen, während sie sich in Wahrheit doch nur angesichts so gnadenloser Temperaturen gegenseitig zu wärmen suchen.

Zur Landseite ein kleiner See, darauf Schlittschuhläufer, Erwachsene und Kinder; in der Ferne die Spitze des Westerländer Kirchturms (einst, schon bei der Überfahrt vom Damm aus zu erkennen, Sylts vertrautes, inzwischen aber durch die Penthouseungetüme mit Seeblick längst verdrängtes Wahrzeichen).

Über das Wattenmeer die Konturen der Inseln Föhr und Amrum, geisterhaft, doch erkennbar, dagegen der Blick auf den südlichen Teil von Sylt mit Hörnum an der Spitze heute verstellt.

Auf der Fahrt dahin, lange hält man es auf der ungeschützten Deichkrone nicht aus, blicke ich noch einmal zurück - in der Luft ein Sperber, flügelschlagend bodenorientiert und hartnäckig auf demselben Fleck. Welches Mäuseschicksal entscheidet sich in der nächsten Minute? Doch dann läßt sich der Habichtartige nieder auf der Spitze eines Busches neben einem fest zugefrorenen Wassergraben, der zwei Felder voneinander trennt - für mich jetzt ein schwarzer, lebendiger Punkt eben über der lineargeraden Deichkulisse.

Hinter Rantum rechts die langgezogene Kette der Dünen, mit schluchtartigen Unterbrechungen, doch nicht tief genug, um den Blick auf die See zuzulassen. Links dagegen freie Sicht aufs Watt - Eisstapel, strenge Natur, Feindesland.

Und dann, im Gegenlicht, dick, rot und weiß, der Leuchtturm über den Dächern von Hörnum.

Auch hier der Hafen unter Eis. Auflaufendes Wasser treibt es von Süden gegen die Mole, mit ungeheurem Druck, dem Knirschen und Quietschen nach. Drüben Föhr, nun gut sichtbar, ein dunkler Fleck inmitten gleißender Helligkeit, und Amrums flacher Strand, langgezogen und schneeig schimmernd.

Über allem Möwen, massenhaft, kreischend, hungrig und nahe heranfliegend, sehr viel näher als sonst.

Ein Schiff, ehrlicher: ein Bötchen läuft auf die Hafeneinfahrt zu, mitten durch das Eis, ein bedenklicher Anblick, so zerbrechlich, wie die kleine »Adler VI« zwischen den ungeschlachten Schollen wirkt - vollbesetzt mit Fahrgästen, die alle wie auf einen geheimen Ruf an Deck gekommen sind. Da surrt sie heran, mit asthmatischen Motorgeräuschen, ab und zu tutend (ganz überflüssigerweise und wohl eher zur eigenen Ermutigung, da in dem leeren Becken niemand gewarnt werden müßte), ehe sie nun kühn nach Backbord, also links, abbiegt und mitten durch die gefrorene Decke Kurs auf den Landesteg nimmt. Es knurrt und stößt bei dem Manöver, man spürt den Widerstand, aber dann - gerettet. Fröstelnd, doch erleichtert, verlassen die Passagiere das tapfere Schiffchen.

Noch einmal am Roten Kliff bei Kampen, ganz vorn.

Um wieviel weiter westlich konnte ich hier bei meinem ersten Syltaufenthalt stehen, 1948 – fünfzig, sechzig, hundert Meter? Wieviel Landbeute hat die See seither gerissen, wieviel Erde, Steine, Kies abgehobelt vom Kliff? Und wie wird es hier nach einem weiteren halben Jahrhundert aussehen, oder gar nach einem vollen? Wege, Pfade, Rohr- und Kabelleitungen werden ja nur zu sichtbar abgeschnitten von der gen Osten abbröckelnden Kante. Ich erinnere mich nur zu gut noch an die alte Sturmhaube, dort, wo jetzt nichts als Luft ist. Ursprünglich, der Rondellform nach, wohl ein Stall, war sie über Jahrzehnte hin ein gern aufgesuchter Platz für Imbiß und Umtrunk auf dem Weg vom und zum Strand, wenn auch in Aussehen und Angebot sehr viel bescheidener als die prächtige neue Sturmhaube. Die, gegenüber der abgekippten alten an die hundert Meter zurückgesetzt, ist von der wandernden Kante zwar immer noch ein beträchtliches Stück entfernt, aber keineswegs mehr so weit wie zur Stunde des Richtfestes.

Auch hier wird wahrscheinlich schon eine kommende Generation von Architekten bemüht werden müssen für die Konstruktion der Sturmhaube III, noch tiefer inseleinwärts geplant dann und noch moderner ausgestattet, letztlich aber doch nichts anderes als ein weiteres Symbol für die vergeblichen Anstrengungen von Kommune, Land und Bund, gegen die Übermacht der See anzukämpfen – mit Anpflanzungen, Sandaufschüttungen und tonnenschweren Tetrapoden aus Beton, mit denen die Wellen Ball zu spielen pflegen.

Niemand weiß, wann Sylt, ohnehin das Überbleibsel gewaltiger Sturmfluten zwischen dem 14. und dem 17. Jahrhundert, von der Nordsee in mehrere Teile zerrissen werden wird. Voraussichtlich zunächst vor List, wo die Gefahr schon mehrfach bestand, während der südliche Teil, dem bei Hörnum bereits Hunderte und Aberhunderte von Hektar weggestrudelt worden sind, samt seinen Dünen von den Strömungskräften unaufhaltsam weiter abgetragen wird.

Und dennoch wird die Insel, jedenfalls gemessen an menschlichen Zeitmaßstäben, so rasch nicht untergehen.

Ohnehin dürfte das ferne Datum die Strandgänger da unten

im hartgefrorenen Sand vor dem Roten Kliff von Kampen ebensowenig beunruhigen wie mich.

Wenn ich auf Sylt war, habe ich meist in Kampen Quartier genommen, oft, solange sie noch fuhr, in der Nähe der Inselbahn und ohne mich je von einer Schickeria angetastet gefühlt oder sie auch nur wirklich bemerkt zu haben, mit der vor allem dieser Ort monotonerweise immer wieder assoziiert wird. Doch wie mir erging es auch allen anderen, die sich von der peinlichen Saga der Reichen und Schönen nicht berühren und die Herrlichkeit der Insel in keinen Bezug zu ihnen bringen lassen wollen.

Einen freundlichen Repräsentanten des Kurortes hatte ich allerdings einmal davon zu überzeugen, daß es keineswegs Antipathie für Kampen ausdrücke, wenn ich die mir von ihm liebenswürdigerweise angetragene Lokalehrung mit aller gebotenen Höflichkeit ablehnen müsse. Dies, wie ich dem guten Manne sagte, der »Fasson meines Lebens« wegen – eine sibyllinische Begründung, die glücklicherweise wohl gerade deswegen ohne Murren akzeptiert wurde.

Gerade so prinzipientreu habe ich mich bewährt bei allen durchaus ernst gemeinten Anratungen, doch endlich einmal den Platz zu wechseln und die Öde alljährlicher Routine zu vertauschen mit dem Besuch anderer Inseln – etwa auf Norderney, Langeoog, Bornholm, den Hebriden, vielleicht sogar den Bermudas, ja, St. Helena!

Ich habe die Leute allemal ausreden lassen, ohne vernehmliche Gegenwehr, höchstens, daß ich, scheinbar interessiert, ein »Nein, wirklich?« oder »Ganz phantastisch!« dazwischenwarf – mit dem unumwerfbaren Vorsatz, den ignoranten Einflüsterungen selbstverständlich zu widerstehen.

Wie könnte Norderney den Ausblick auf die See vom Hotel »Miramar« ersetzen, wie Langeoog die Teestunde bei Orth in Westerlands Friedrichstraße, Bornholm den mürben Anblick des Hafens von Munkmarsch, der seine große Zeit vor dem Bau des Eisenbahndamms hatte? Und wie könnten die Hebriden konkurrieren mit dem Gang zwischen Klappholttal und Wenningstedt bei auflaufendem Wasser oder die Bermudas und St. Helena mit der Gemütlichkeit von Restaurant und Hotel »Stadt Hamburg«?

Nein, hier auf Sylt kenne ich die topographische Vielfalt, betaste ich immer wieder die beiden trapezförmigen Steine an der Westseite von St. Severin vor Keitum, Ing und Dung, benannt nach zwei bösen Frauen, die vor langer Zeit den um 1450 gemauerten Turm mit einem Fluch belastet haben; betrete ich gern auch die Kirche, errichtet an einer Stelle, wo die Altvorderen die nordische Göttin Frigg verehrt haben sollen, und labe mich akustisch an dem überwältigenden Tonorkan der 2500 Orgelpfeifen. Auf Sylt war ich regelmäßig mit meiner Frau Helga, in Elmshorn geboren, in Hamburg lebend, aber von früher Jugend an beheimatet auf der geliebten und bis in ihr Todesjahr 1984 besuchten Insel; hierher komme und gehe ich mit schmerzenden Erinnerungen auf gemeinsam vertrauten Wegen und, wie so lange sie auch, mit ununterdrückbarer Aufregung bei jeder Ankunft noch auf dem rüttelnden Autotransporter zwischen Niebüll und dem Bahnhof Westerland.

Und wie ich jetzt so brüte über meinen Sylter Annalen hier vorn an der Kante des Roten Kliffs von Kampen, entdecke ich plötzlich, daß niemand mehr da ist außer mir, der gegen alle pochenden Fluchtappelle ausgeharrt hat in der fürchterlichen Kälte, daß ich ganz allein bin, ohne jedes sonstige menschliche Wesen weit und breit – und dafür nun opulent belohnt werde: von einem violett gerahmten Perlmutthimmel symmetrisch eingefaßt, eine Farbpalette ohnegleichen, leuchtet der Sonnenball um so rotglühender auf, je tiefer er sinkt, bis er, untergegangen und die Hitze des Universum in sich konzentriert, am westlichen Horizont die See zum Kochen bringt.

Ähnliches veranlaßte wohl den großen Berliner Kritiker Alfred Kerr schon vor siebzig Jahren, 1928, zu schreiben: »Nirgendwo sonst wird einem der Hauch des Alls so aufs Butterbrot geschmiert wie hier.«

Und das, erlaube ich mir hinzuzufügen, zu dieser Jahreszeit noch weit eindrucksvoller als zu allen anderen!

Sylt – ein Wintermärchen.

## Und was wird dann aus Bad Godesberg?

Dezember, Vorweihnacht.

Trotz klarer Wintersonne am blaßblauen Himmel Halbdunkel.

Aus den hohen Fenstern der *Redoute* (1790–92), ehemals kurfürstliches Ballhaus, strahlt das warme Licht eines großen Lüsters, und auch das *Redüttchen*, dessen Vorgarten noch bis in den warmen Oktober hinein stuhlbesetzt war, hat drinnen für seine Gäste nun die kleine Beleuchtung eingeschaltet.

Am Fronhof ein Riesenkarussell, dessen mit Kindern vollbesetzte Phantasieautos, einem metallenen Lindwurm gleich, in verschlungenen Windungen auf- und abwärts gleiten, laut rumpelnd und dazu ständig beschallt von »O Tannenbaum, o Tannenbaum«, »O du fröhliche, o du selige« oder »Stille Nacht, heilige Nacht«. Was eine Großfamilie kopftuchtragender Frauen nicht davon abhält, ihre Zöglinge lachend einzuladen oder wieder in Empfang zu nehmen, mehrere Male, weil das Vergnügen gar zu groß ist, ehe die Gruppe, ein palavernder Troß, schließlich in die Theaterstraße einbiegt.

Vom Michaelshof aus dann habe ich den ersten Blick auf die Burg und ihren Bergfried, Gaststätte und Hotel, aber immer noch unverwechselbar das Wahrzeichen ritterstolzer Aristokratie – hoch, sehr hoch über allem.

Es ist Samstag, und im Viertel zwischen Koblenzer und Burgstraße, Am Kurpark und Schwertberger Straße wimmelt es von Menschen.

Ich suche derweil meinen Akkordeonspieler, einen Russen, wie ihn ein Pappschild ausweist, Leningrader, und finde ihn dann auch, auf einem metallenen Klappstuhl und, wie üblich, vor der Botschaft von Tansania. Dort, auf seinem Stammplatz, sitzt er Stunden um Stunden, mit fröhlicher Miene und zerfransten Handschuhen, die je drei Finger freigeben. Von der Kälte scheint er nichts zu spüren. Natürlich erklingt *Kalinka* auch hier, aber niemand nimmt das übel, denn der Mann, ich schätze ihn auf 25, spielt mit solcher Lust und Hingabe, als sei er der Maestro eines großen Orchesters.

Ein Blondschopf von vielleicht vier Jahren läuft auf ihn zu, legt das Geldstück aber nicht in den Instrumentenkasten, sondern besteht darauf, es dem Künstler in die Hand zu drücken. Vor den Kammerspielen steht ein farbiger Vater, eine Pappschachtel mit Pommes frites in der Hand, und füttert seine Tochter, ein kleines Mädchen mit roter Jacke, vermummt in einem Kinderwagen, dunkler Wuschelkopf, immer wieder aufgesperrter Mund, wie ein Vogeljunges, das um Nahrung bettelt.

Dann schiebt der Vater den Wagen ein Ende weiter, dahin, wo Geld und Futter gesammelt werden für ein Pony, das mit den hellen Vorderläufen X-beinig dasteht, plötzlich laut aufwiehert und dabei die Wolke seines gefrorenen Atems so heftig ausstößt, daß das kleine Mädchen erschreckt unter die Decke kriecht.

Am Rand des Brunnens vor Kranzlers »Insel« sitzen fünf Jungen im Alter von acht bis zehn Jahren, davon drei Nordafrikaner, wahrscheinlich Marokkaner, und zwei Europäer, sie in Jacken von grellen Warnfarben gekleidet. Dann springen alle auf und beginnen, in dem Becken, das zu wärmerer Zeit von Wasserfontänen nur so funkelt und sprüht, nun aber knochentrocken ist, mit leeren Getränkedosen Fußball zu spielen. Und während sie das immer verbeultere Weißblech mit großer Geschicklichkeit scheppernd auf dem Grundriß des Brunnens halten, stoßen sie laute Anfeuerungsrufe aus – auf arabisch und auf deutsch. Währenddessen tappeln, völlig unberührt vom Lärm, Tauben auf dem Theaterplatz umher, bewegen sich zwischen den Weihnachtsbuden furchtlos auf der Erde und rücken nur, wenn ihnen gar zu nahe gekommen wird, widerwillig zur Seite – der Klügere gibt nach.

Auf dem gewohnten Weg zur Buchhandlung in der Alten Bahnhofstraße, über die Koblenzer hinweg, begegnet mir wieder der Turbanträger, wie ich ihn getauft habe, ein Mann von geradezu königlicher Haltung, den ich seit vielen Jahren hier sehe, ohne etwas von seiner Herkunft oder Nationalität zu wissen. Er ist groß, dunkel, und ich vermute, daß seine Heimat irgendwo zwischen Indus und Persischem Golf liegt. Jedesmal, wenn er mir hier begegnet, freue ich mich, weil er ein Teil von Bad Godesberg ist und seinem exotischen Flair, einer Stätte sichtbarer Internationalität und Sitz vieler Botschaften von Ländern aus aller Welt.

Noch.

Im März und wieder an einem Sonnabend.

Schon von weit her sind die Klänge zu vernehmen, vertraut für meine Ohren, in Kenntnis ihrer Herkunft und ihrer Musiker, die sich wieder an der Ecke Theaterplatz/Am Michaelshof eingefunden haben – untersetzte Männer, in langen Mänteln, Andenindios: zwei *flautistas*, Block- und Rohrflöte; ein Gitarrist; einer, der kleinste, zupft ein Saiteninstrument, und einer bearbeitet eine flache Trommel mit Fingern und Handballen so virtuos, daß die Bewegungen wie in einem überschnellen Film ablaufen.

Um die in Ponchos gehüllten Fünf herum hat sich mit gebührendem Abstand ein Halbkreis gebildet, ein aufmerksames, gespanntes Auditorium. Die Töne schwingen über den Platz vor dem Theater, stampfende Klänge, dumpfe Trommelschläge, die ganze unverwechselbare Musikalität der Hochandenkultur, des *Altiplano*.

In mir schießen Erinnerungen an Peru und Bolivien auf: das nebelverhüllte Machu Picchu über dem tief unten rauschenden Urubamba; das Sonnentor von Tiahuanaco; die eisgekrönte Kette der Königskordilleren auf dem Flug an den Titicacasee; der Marktplatz von Cuzco, sein Lärm, seine Farben, seine Gerüche.

Da spielen sie, weit weg von den Anden, ihrer Heimat, und das einzige, was sie daran erinnern könnte, ist das vorweggenommene Aprilwetter Mitteleuropas, Kälte, Regen, jetzt sogar Hagel. Aber während die Zuhörerschaft nach schützender Unterkunft sucht, bleiben die fünf Indios unbeirrt von der wechselnden Witterung, zupfen, trommeln, flöten sie mit unverminderter Energie weiter, ohne jede Routine, ihren einmal schwermütigen, einmal aufjauchzenden Melodien völlig hingegeben.

Dann suche ich meinen Russen, finde ihn aber nicht auf seinem Stammplatz vor der Botschaft Tansanias. Und in der Tat – gegen die musikalische Dynamik aus Südamerika wäre heute kein Wolgasolo angekommen.

Ende Juni.

Strahlende Sonne, der Springbrunnen vor der Redoute schleudert türkisfarbene Fontänen hoch.

Am Fronhof, vor dem Geschenkeladen, wippt auf zwei blaugefärbten stählernen Spiralen eine hölzerne Motorradattrappe, seltsamerweise leer, als ich um die Ecke komme, aber das nur für ein paar Sekunden, denn schon ist sie, das übliche Bild, wieder besetzt – ein Mädchen im Beiwagen, ein Junge auf dem Sitz. Und nun wird das Spielgerät geschaukelt und gebogen, als sollte es aus seinen Fundamenten gerissen werden. Den Jungen schätze ich auf fünf, das Mädchen auf sechs Jahre, Vater und Mutter daneben um die Dreißig – Westafrika, Senegal vielleicht, Gambia?

Längst ist es mir zur Selbstverständlichkeit geworden, daß ich mich hier auf ein inneres Lotteriespiel mit geographischen Herkünften einlasse, immer in der (meist vergeblichen) Hoffnung, durch Bekundungen der Subjekte meiner Neugierde selbst zu erfahren, ob ich mich geirrt habe oder nicht. Und während die beiden Kinder inzwischen einen Schwenkradius erreicht haben, daß die Spiralen ächzen und die Eltern beschwichtigend näher getreten sind, das Ungestüm zu dämpfen, komme ich zu dem Schluß, daß hier noch Mauretanien in Frage kommen könnte.

Daß das Ritual zu einer Art Fimmel geworden ist, läßt sich kaum verheimlichen. Ging meine Treffersucht doch so weit, daß sie sich per Wagen und per pedes sogar auf Verfolgungsjagden einließ, die bis vor das Tor von Botschaften führten, und das sogar zweimal mit Bestätigungen meiner Nationalitätenraterei – Malaysia und Sambia.

Häufig aber bin ich mir so sicher, daß es reine Zeit- und Energieverschwendung wäre, hinterherzufahnden – wie zum Beispiel jetzt, an der Säule des Kaisers Marc Aurelius Probus, »Vater des deutschen Weinbaus«, wie es in einer Inschrift heißt.

Das Fragment aus der Römerzeit gegenüber dem Theater ist Teil jenes Vorplatzes, unter dessen gewaltigem Baum mit mächtig ausladenden Ästen rauchende, trinkende, lesende, flirtende Menschen sitzen und die Wärme, die weiche Luft, den Sommerabend genießen. Die Vielfalt der Rassen und Völker ist offenbar, das Sprachgewirr buchstäblich babylonisch und in mir trotz innerer Beschimpfung wieder die alte Sucht lebendig, nach

Ursprüngen und Herkunft zu forschen, wenngleich diesmal mit der weisen Einschränkung, es bei einem Kasus zu belassen.

Und da sind sie auch schon herausgepickt, so weit entfernt, daß ich von hier nicht hören kann, was sie sagen – drei Jünglinge, schwarzhaarig, ohne besondere Kennzeichen, schon gar nicht die helle Haut, lebhaft, wie Jugend nun einmal ist, so daß sie sich auch darin nicht unterscheiden von Gleichaltrigen ihrer Umgebung. Und doch erkenne ich sie sofort, weiß ich, wohin sie gehören und woher sie kommen, und schwöre Stein und Bein darauf, daß ich recht habe: keine Syrer, keine Ägypter, keine Libanesen, auch Saudis nicht – Palästinenser!

Ich warte. Ich brauche es nicht, absolut gewiß, wie ich mir bin, aber ich warte. Dann zahlen sie, stehen auf und gehen davon, schlank, aufrecht, ohne in ihrem Trialog innezuhalten und nahe an mir vorbei.

Wäre zur Bestätigung nicht nötig gewesen, wäre wirklich nicht nötig gewesen!

Mitte August.

Die Sonne brüllt herab – Bad Godesberg tropisch. Viele offene Wagen, manche mit lauter Musik, der Himmel blankblau, augenschmerzend.

Gegenüber dem geschlossenen Hertiebau, vorbei an der Badischen Beamtenbank, wird ein alter Mann mit dem Habitus eines Scheichs in einem Rollstuhl geschoben, hinter ihm vier junge Männer – Söhne, Enkel, beides? Es ist ein Bild von großer Würde und großem Ernst. Ich verspüre plötzlich Defizite, kriege Wut auf mitteleuropäische Latschigkeit, obwohl ich weiß, was alles hinter der beeindruckenden Szene stecken kann an Patriarchentum, blockierendem Traditionalismus, gesellschaftlicher Stagnation. Und doch bewegt mich etwas dabei, trotz des Zwiespalts.

Das gleiche beim Anblick jener Frau im Tschador, der dunklen Verhüllung, die da gerade vorbeigeht, mit einer Grazie, die wir verlernt oder nie besessen haben – und mit einem nach innen gewölbten Rückgrat, das der ganzen Person die unnachahmliche Eleganz verleiht.

Wie kleidsam doch der Tschador sein kann, durchfährt es mich, gleich darauf gefolgt von Abwehr gegen Motive und Lehrmeinungen, die ihn zum Zwang machen – Ausdruck einer pathologischen Herrschaft, die das Verhältnis der Geschlechter, religiös verbrämt, auf ihre sexuellen Merkmale reduziert. Das hat mir viel zuviel gemeinsam mit der Frauenfeindlichkeit christlicher Couleur und klerikaler Nötigungen, ebenfalls sexistisch unfähig, dem Reichtum der Geschlechterbeziehungen freien Lauf zu lassen.

Hier aber, jetzt, ist es einfach ein Genuß, der Frau zuzuschauen, wie sie da unnahbar und doch ganz irdisch geht, nein, schreitet: aus der Hüfte heraus, dem Körperzentrum, mit langen Schritten und gestrecktem Hals. Das erinnert mich an den Anblick indischer Frauen auf ihrem allabendlichen Gang zum Brunnen, die eine Hand hoch am Krug auf dem Kopf, die andere an die Lende gestemmt, vollendete Anmut und Grazie, uninszenierter Alltagsauftritt, dem die späte Sonne vergoldete Teppiche ausgerollt hatte.

Dann ist der Tschador in der Menge verschwunden.

Auf der hölzernen Motorradattrappe sitzt ein kleines Mädchen, in der Rechten einen gelben Luftballon, die Linke geklammert an eine sehr junge, in einen Sari gekleidete Mutter. Sie schaukelt ihr Kind sachte auf den blaustählernen Spiralen, summt dabei leise vor sich hin, schaut mich aus Samtaugen an, lächelt und macht dann Platz für einen älteren Jungen. Seine Schuhbänder sind geöffnet und schlabbern ihm um die Füße, während er sich mit »Hü« und »Hot« auf die Attrappe wirft, als gälte es, ein Wildpferd zu zähmen, auf dessen bockendem Rükken er nun auf und ab geschleudert wird wie ein hüpfender Floh.

Vor dem Theater Decken, auf denen ausgelegt sind: Ledergürtel, Brillen, Schmuck, Plüschtiere, Spiele. Unter einem Zeltdach, vor der Sonne geschützt, Blumen. Auf dem Theaterplatz Obststände und Döner-Buden, fahrbar, Eisverkäufer, und überall dazwischen Gestalten, die dem Begriff *Multikulti* plötzlich etwas warm Lebendiges geben. Wie um den Eindruck zu vertiefen, taucht da aus der Passage zwischen Koblenzer Straße und Theaterplatz auch wieder der Turbanträger auf und zieht seine königliche Bahn, dunkel und groß, wie er ist und wie ich ihn schon so lange kenne, ohne in seinem Fall wissen zu wollen, woher er kommt. Gut nur, daß er da ist.

Ich mische mich in die Menge und denke: Ich will, daß das erhalten bleibt, diese Vielfalt, das Bunte und die fremden Laute! Aber wird es das?

Nun erst einmal, wie immer, hoch zu dem Chinesen neben der Michaelspassage, nach meinen Kriterien der beste weit und breit, jedenfalls was die Frühlingsrolle und die Hühnerleber mit Zwiebeln betrifft.

Von dort oben, im ersten Stock, fällt der Blick auf die Programme der Kammerspiele: Shakespeares »Othello« wird gegeben, »Frühlingserwachen« von Frank Wedekind, »La péricole« von Jacques Offenbach.

Da kommt auch schon die große Kanne mit Jasmintee.

Und wieder Vorweihnacht.

Auf seinem alten Platz Am Fronhof: das Riesenkarussell mit den Phantasieautos, an deren Steuer sich kreischend und juchzend Kinder klammern, schwarze, weiße und braune, während die Mütter und Väter den verschlungenen Windungen des Lindwurms über zwei Etagen teils besorgt, teils gelassen zusehen.

Daneben duftet es ganz so, wie es der »Thüringerwald-Grill« verspricht, und in der Mitte des wieder knochentrockenen Brunnens vor Kranzler ist eine riesige Tanne aufgestellt worden.

Von meinem Fensterplatz in der »Insel« aus sehe ich einen Jungen von acht Jahren, Orientale, klein für sein Alter, aber beim Skating nicht zu übertreffen. Blaubehost und wohlgeschützt an Knie und Ellbogen, fegt er dahin, kurvt wieselgleich zwischen den Passanten herum und hat die Hände wie ein alter Profi fest auf dem Rücken verschränkt. So wagt er Sprünge über die Brüstung des Brunnens und auf seine schmale Kante, daß man den Atem anhält, und macht artige Verbeugungen, als ihm bewundernd applaudiert wird, obwohl er kurz zuvor noch schlicht eine öffentliche Gefahr für die Schienbeine der Umstehenden gewesen war.

Dann schlage ich die Zeitung auf und lese: »Der Deutsche Bundestag bezieht das Reichstagsgebäude im April 1999 und nimmt mit Beginn der ersten Sitzungsperiode nach der Sommerpause seine parlamentarische Arbeit in Berlin auf.«

So weit, so gut.

Doch dann erstarre ich: Neben zahlreichen Mitarbeitern der Rundfunkanstalten und Zeitungen, so lese ich, den Vertretungen der Länder und der Parteizentralen, neben Bediensteten von Verbänden, Gewerkschaften und Staatsarchiven – werden auch an die 3000 Diplomaten vom Rhein an die Spree ziehen.

Und da nun erstarre ich nicht nur, sondern erbleiche auch noch. Keine Mißverständnisse: das nicht aus Sorge um das politische und soziale Schicksal Bonns, nicht der Frage wegen, was aus dem mit Kosten von sieben Nullen umgebauten Bundestag oder dem erst durch Rheinhochwasser abgesoffenen und dann wieder entwässerten Schürmann-Bau wird. Ich muß gestehen, daß mein Erbleichen auch nicht herrührt von der Überlegung, was aus all den Ministerialgebäuden längs der Adenauerallee wird, so scheußlich ihre Architektur auch sein mag, am scheußlichsten die Ausgeburt des Justizministeriums, oder aus dem unter Denkmalschutz gestellten *Langen Eugen*. Auch hoffe ich, nicht asozial genannt zu werden, wenn mich das Problem, welche Ministerien nun in Bonn bleiben und welche gehen werden, nicht vom Hocker reißt, ebensowenig wie das Schicksal der Nobelhotels, deren Managements längst den 9. November 1989 verfluchen, oder die verständlichen Sorgen der höchst sympathischen Bürgermeisterin der einstigen Bundeshauptstadt.

Was mich angesichts des unaufhaltsamen, höchst kostspieligen, abenteuerlich dimensionierten und verdächtig imperialen Berliner Hauptstadtmagnetismus und seiner monströsen Umzugsenergien vielmehr zu lähmen droht, das ist die für den Gang der Weltgeschichte in der Tat völlig unerhebliche, gänzlich periphere und wahrscheinlich grotesk spinnerte, für mich und meine in dreißig Jahren an Ort und Stelle fest implantierten Gewohnheiten und Sichtweisen jedoch durchaus gewichtige Frage: »*Und was wird dann aus Bad Godesberg?*«

Werden sie alle gen Osten abwandern, die Turban- und Dschellabaträger aus der Gegend zwischen Bombay und Fez? Die Señoras und Señores der Botschaften von Venezuela, Kolumbien und Chile, aus Rio und aus Buenos Aires? Werden die Sitze der hölzernen Motorradattrappe und ihres Beiwagens dann nur noch von deutschen Hosenböden blankgescheuert und die blaustählernen Spiralen allein von europäischen Leichtgewichten strapaziert werden? Verschwinden sie gänzlich zwischen Koblenzer Straße und Kurfürstenallee, Kurpark und Friedrich-Ebert-Straße – die Tschadors und die Scheichs; die Ebenholzgesichter, so schwarz, daß auf ihrer Haut das Licht des Tages reflektiert und einem das *black is beautiful* wie von allein über die Lippen kommt? Werden farbige Väter oder Mütter, die ihre Kinder mit Pommes frites füttern, für alle Zeiten von hier verbannt und ich bei meinen wöchentlichen Besuchen ringsum nur von Bleichgesichtern, wie ich eines bin, umzingelt sein?

Ich weiß, es ist höchst skurril, was ich da von mir gebe, aber mir wird da so etwas wie eine repräsentative Idylle zerstört, ein Platz zuschanden gemacht, der so gut wie frei ist von Rassismus und Fremdenfeindlichkeit, oder doch jedenfalls die Illusion davon zuläßt – nie habe ich dort dergleichen entdecken können, obschon ich auf ihre Symptome geeicht und nicht zu täuschen bin. Nur zu gern habe ich mir an diesem Beispiel über ein halbes Leben hin vorspielen lassen, wie es zwischen verschiedenen Rassen und Völkern zugehen sollte, zugehen müßte, wie es auch möglich wäre, auch sein könnte.

So schlage ich denn auf meinem Fensterplatz in der »Insel« die Zeitung zu, trinke den Rest meines Tees (mit Zitrone, in letzter Zeit aber, man weiß hier Bescheid, gesundheitshalber ohne Zucker) und zahle.

Dann gehe ich zum Wagen, fahre zum Rhein, lasse mich mit der Fähre übersetzen und schaue wie verzaubert hin: rechts der Petersberg, bis zum Gästehaus hoch silbriger Reif, und weiter südlich, gegen den früh dunkelnden Himmel abgehoben wie ein düsterer Finger aus Stein, der Zacken der Drachenfelsruine.

Ich denke, während das Boot schwer gegen die Strömung ankämpft: Berlin wird die Hauptstadt Deutschlands und soll es werden, daran ist nicht zu rütteln, mit all der Undankbarkeit, die das auch bedeutet gegenüber der Bonner Republik, die bei allen Mängeln, Schwächen und Schlimmerem (wer schreibt das hier!) dennoch das Fundament für die gesamtdeutsche Demokratie gelegt hat.

Hauptstadt Berlin – das ist ja auch ein Synonym für epochale, großartige Veränderungen: für das Ende des Kalten Kriegs, den

Fall der Mauer und die deutsche Einheit. Wer will das bestreiten? Ich nicht.

Und dennoch, ich weiß, daß es kindisch ist, obstinat und quasi unbelehrbar, dennoch quält sie mich weiterhin, diese aufs Ganze gesehen gewiß läppische, unter den von mir freimütig bekannten Zusammenhängen vielleicht aber doch auch wieder nicht ganz unverständliche Frage:

*»Und was wird dann aus Bad Godesberg?«*

## Dresden, 13./14. Februar – Versuch einer Selbstfindung

»Nächster Halt Dresden-Neustadt!«

Erschöpft fahre ich hoch, sehe auf eine Kirche, die im Nebel des Nachmittags stilettartig aus dem Boden schießt, und schaue auf die Uhr: Seit der Abfahrt in Köln sind siebeneinhalb Stunden vergangen, ohne Verspätung, einfach auf dem streckenmäßig riesigen Umweg über Dortmund, Hannover, Magdeburg und Leipzig – mit den West-Ost-, Ost-West-Verbindungen klappt es auch fast zehn Jahre nach der Wende immer noch nicht. In der Pleißestadt war eine Schar junger Männer und Frauen zugestiegen, fröhlich und gesprächig, mit unverkennbarem Dialekt – ich bin in Sachsen.

Fast touristische Aufregung in mir dann bei der Fahrt über die Elbbrücke, begierig nach dem berühmten Panorama, der Canaletto-Silhouette und ihren Wahrzeichen. Aber zu meiner Enttäuschung fliegt sie vorüber, bleibt fern, bald abgelöst von Hinterhöfen, Baustellen, Baugruben, häßlichen Häuserfronten, ehe der Intercity in Dresden-Hauptbahnhof auf die Minute pünktlich hält.

Es ist der 12. Februar 1997.

Auf dem Weg zu meinem Domizil, unter einem Feuchtigkeitsschleier: die Prager Straße, Fußgängerzone und Einkaufszentrum.

Döner Kebab, Schuh-Salamander, McDonald's, Hertie, Karstadt, Ristorante Pizzeria, riesige Hotelkomplexe, gesichtslos – erste Vorstellung vom Aufbau des realsozialistischen Dresden plus Veränderungen seit der Vereinigung. Nur nach Norden, zur Elbe hin, sehe ich einen Kirchturm mit Kreuz und ein Gebäude mit grüngekupferter Figur auf dem Dach, alt, ganz sicher restauriert, wie eine schöne Narbe auf unschön neuer Haut.

Wo bin ich?

Ich bin da, wo einst Dresdens Altstadt stand.

Sie ging in der Nacht vom 13. auf den 14. Februar 1945 in einer einzigen Feuerlohe auf.

Der erste Angriff der Royal Air Force begann um 22 Uhr 03, mit 243 schweren Lancasterbombern, und dauerte 45 Minuten; der zweite, mit 529 britischen Bombern, setzte um 1 Uhr 23 ein und dauerte 32 Minuten, bis 1 Uhr 55: *Unternehmen Donnerschlag*.

In diesen 3 Stunden und 55 Minuten, von der ersten roten Zielmarkierungsbombe an gerechnet, wurden 7500 Sprengbomben, an die 700 000 Stabbrandbomben und 4500 Flammenstrahlbomben auf das Geviert der Innenstadt von zwölf Quadratkilometern abgeworfen.

Am 14. Februar, Aschermittwoch, einem kalten, trockenen und schneearmen Tag, erschienen mittags amerikanische *Fliegende Festungen*, die noch einmal 500 Tonnen Spreng- und 300 Tonnen Brandbomben über Dresden entluden, teilweise auf Industrie- und Bahnanlagen. Innerhalb einer Zeitdauer von noch nicht fünfzehn Stunden waren das vom Barock geprägte Dresden und seine Herrlichkeiten in Schutt und Asche gelegt, Opernhaus, Zwinger, Residenzschloß, Frauenkirche nichts als Brandruinen, die Innenstadt und ihre Häuser auf der Altstädter, der linkselbischen Seite bis zum Hauptbahnhof eine lodernde, qualmende Wüstenei.

Auf dem Altmarkt, mitten im Zentrum, zu Füßen der nach dem Sieg von 1871 über Frankreich errichteten Germaniastatue, waren auf improvisierten Rosten an die 7000 Leichen verbrannt worden, deren Asche später auf dem Heidefriedhof im Norden der Stadt beigesetzt wurde.

Die Zahl der Toten wurde damals von den NS-Behörden mit 6860 angegeben, eine offensichtlich aus propagandistischen Gründen viel zu niedrig gehaltene Ziffer, wohingegen spätere Schätzungen, ebenfalls absichtsvoll, auf 120 000 oder gar auf 200 000 hochschnellten, wohl in dem Bemühen, nach Abwurf der Atombombe auf Japan im August 1945 die Totenzahlen von Hiroshima und Nagasaki noch zu überbieten.

Amtlich wird für Dresden die Zahl von 35 000 Toten genannt, was dem tatsächlichen Ausmaß annähernd entsprechen mag, ohne daß genaue Ziffern je ermittelt werden könnten.

Verschmort, erstickt, zerfetzt worden, sind sie Teil der etwa 600 000 Toten, die der alliierte Luftkrieg gegen Hitlerdeutschland gefordert hat, und dennoch aus diesem Massenschicksal weit herausgehoben im öffentlichen Bewußtsein. Kein Ereignis des Bombenkriegs hat sich darin so tief eingegraben wie die Februarnacht von Dresden. Und das, obwohl andere Städte ähnlich blitzhafte Katastrophen erlitten, so Würzburg und Pforzheim, auf Köln 45 000 Tonnen Bomben, siebenmal soviel wie auf Dresden, abgeworfen worden sind und allein in der einen Phosphornacht vom 27. auf den 28. Juli 1943 über 40 000 Hamburger ihr Leben verloren. Und doch wurde nicht die Stadt an der Unterelbe, nicht Berlin, München oder Frankfurt das Synonym für den modernen Luftkrieg gegen die Zivilbevölkerung, sondern das zerstörte Elbflorenz.

Warum?

Warum bin ich, der ich in diesem Zusammenhang die Antwort auf eine an mich selbst gestellte Frage finden will, damit hierhergekommen, und nicht nach Hamburg, wo ich alle Höllen des Luftkriegs bis zur vorletzten Neige erlebt habe? Warum habe ich dafür nicht das Datum der eigenen Ausbombung in meiner Geburtsstadt ausgewählt, die Nacht vom 29. auf den 30. Juli 1943, sondern die vom 13. auf den 14. Februar in einer mir bis vor wenigen Stunden unbekannten Stadt?

Ich bin nach Dresden gekommen, um mein eigenes Verhältnis zu den Luftkriegstoten zu klären. Da klaffte allzu lange ein Loch, das geschlossen, ein Vakuum, das gefüllt werden muß – ich habe diesen Toten gegenüber nicht das gleiche Gefühl der Trauer und des Schmerzes wie gegenüber jenen, die im KZ, in den Vernichtungslagern, im Kampf gegen Hitlerdeutschland umgekommen sind.

Das trage ich länger als ein halbes Leben mit mir herum, und es quält mich zusehends.

Nicht, daß ich ihn mir nicht erklären könnte, den Konflikt zwischen universaler und nur partieller Anteilnahme und Mitleidensfähigkeit: Die angloamerikanischen Bomberbesatzungen gehörten zu unseren Befreiern, waren unsere Bundesgenossen in diesem fürchterlichen Wettlauf auf Leben und Tod zwischen der *Endlösung der Judenfrage* und dem Endsieg der Anti-Hitler-Koalition des Zweiten Weltkriegs, als deren Teil wir uns fühlten; die Piloten, Kopiloten und Bordschützen waren das Ziel bebender Wünsche und Hoffnungen aus unserer Gefangenschaft am

Boden, wo und wann immer wir hoch am Himmel über Deutschland die Kondensstreifen der Geschwader von Viermotorigen erspähten.

Und das in persönlicher Kenntnis und Erfahrung, was die Bombardements für die auf der Erde bedeuteten: von der ersten Splitterbombe im Herbst 1940 am Ende unserer Straße im Hamburger Norden über die immer näher kommenden Einschläge der folgenden Angriffe und das teuflische Röhren immer schwererer Luftminen bis hin zum Glutinferno in der Nacht unserer Ausbombung und der Flucht vor der feurigen Apokalypse mit ihren herabprasselnden Stabbrandbomben und berstenden Phosphorkanistern.

Und doch, ihr gerade noch entkommen und aus dem Hamburger Inferno in ein kleines Dorf der Altmark geflüchtet, geschieht in naher Beziehung zur wirklich erlebten Biographie dies: »Zuerst war ein feines, weites Singen zu hören gewesen, das langsam dunkler wurde und in ein schweres Dröhnen überging, bis endlich eine ungeheure Lärmglocke über Bodendorf schwang, ein stählernes Schnauben, Schnaufen und Prusten, heulende, keuchende, brüllende Kriegsmotoren von Horizont zu Horizont, endlose Geschwader, ostwärts brausend.

Roman und Cesar verharrten eine Weile schwer atmend unter dem klirrenden, berstenden Himmel. Dann schlugen sie sich auf die Schulter, die Gesichter in wildem Triumph verzerrt, umarmten sich, fegten in Bocksprüngen über die Landstraße und schickten heisere Grüße in die zerfetzten Wolken hoch, ehe sie sich auf dem Felde wälzten und bäuchlings liegenblieben.

Obwohl sie den Luftkrieg und seine Schrecken am eigenen Leibe bis zur Neige miterlebt hatten; obwohl sie genau wußten, was Minen, Stabbrandbomben, Phosphor bedeuteten, dachte jetzt keiner von beiden an die Berliner, über denen in weniger als einer halben Stunde die todbringende Last ausgeklinkt würde; an die verstümmelten, verschütteten, verbrannten Männer, Frauen und Kinder, deren letzte Lebensnacht angebrochen war – mit keinem Gedanken dachten Roman und Cesar Bertini daran. Was sie hier unten in ihre wilden Tänze trieb, war der Jubel über den stählernen Arm der Bundesgenossen, die unangefochtene Überlegenheit ihrer Befreier am Himmel über Deutschland.«

So steht es in den »Bertinis«, gemünzt auf einen Tag, von dem an, laut offener Ankündigung über Radio London in deutscher Sprache, die Reichshauptstadt von Mitte November bis Ende Dezember 1943 Nacht für Nacht in ununterbrochener Folge aus der Luft angegriffen werden sollte.

Die oben zitierte Passage wird in dem Buch so eingeleitet: »Wenn es je im Leben der Bertinis ein Datum gab, an dem sich ablesen ließ, daß ein entmenschlichtes Regime nicht nur auf seine Anhänger, sondern auch auf seine Opfer entmenschlichend einwirkt, so war es der 15. November 1943.«

Das ist ein grausiger Satz, aber er stimmt, so gänzlich unterschieden die Gründe für Täter und Opfer auch immer sein mögen und sowenig ihre Rollen dadurch austauschbar werden. Kein Zweifel, in diesem Wettlauf zwischen Endlösung und Befreiung war mir etwas sonst so Selbstverständliches abhanden gekommen oder doch erheblich eingeschränkt worden – die Anteilnahme- und Mitleidensfähigkeit gegenüber Menschen, die nicht im Kampf und Widerstand gegen Hitler, sondern aktiv oder passiv in seinen Diensten umgekommen sind.

Während jener zwölf Nazijahre des Überlebenskampfes muß in mir ein Defizit entstanden sein, das mir lange verborgen geblieben war, ehe ich es dann doch erkannte und mich dadurch mehr und mehr beunruhigt fühlte.

Wenn ich denn ausziehen würde, das Vakuum aufzufüllen, dann, das wußte ich seit langem, wäre Hamburg mir zu nahe, Köln gar mit seiner so ganz anderen Bedeutung in meinem Leben dafür überhaupt entrückt und irrelevant – für diesen Versuch einer Selbstfindung würde nur eine Stadt in Frage kommen: Dresden.

Deshalb bin ich hier angereist, zum erstenmal in meinem Leben, im Gepäck die Frage nach meinem Emotionsdefizit gegenüber den deutschen Luftkriegstoten – und ob ich darauf eine Antwort finden werde.

13. Februar, morgens. Es regnet.

Für den heutigen Gedenktag der Bombennacht, dem 52. nach 1945, ist ein umfängliches Programm vorgesehen: Andachten, ökumenische Gottesdienste, Ausstellungen, Stadtrundgänge und -führungen, Kranzniederlegungen, ein Requiem mit 47 Geläuten; in der Semperoper ein Symphoniekonzert, auch in der Kreuz- und der Trinitatiskirche musikalische Veranstaltungen. Manchem scheint das zuviel zu sein – gestern las ich an einer Wand: »Wo bleibt die Stille?«

Jetzt zur Altstadt.

Also die Prager Straße hinunter, am Altmarkt vorbei und über die Augustusbrücke zum Neustädter Elbufer – von dort dann der Blick auf die andere Seite, die Canaletto-Front: das Albertinum, die Brühlsche Terrasse, der Rathausturm, die Kathedrale, das Schloß, eine erhabene Fassade, schön wie ein Gemälde und klar. Es hat aufgehört zu regnen.

Über die Brücke zurück.

Unten überwintern die Elbschiffe der *Weißen Flotte*, festgemacht in einer Linie, mit ausladenden Schaufelradkästen, darunter die »Leipzig«, ein alter *steamer* – vielleicht Deutschlands ältester, hundertjähriger Raddampfer, von dem so häufig die Rede ist. Hier vorn die »Kurort Rathen«, das Ruder halb aus dem Wasser, an Steuerbord ein einsames Beiboot und am Heck ein Schwarm Enten, die jetzt flügelschlagend, von ihrem fliehenden Schatten verfolgt, auf das andere Ufer zuschießen.

Schlierig strömt unter mir die Elbe dahin, mit deutlicher Strömung, und verliert sich im Osten hinter einer weiten Biegung. Die Grenze zu Tschechien ist nicht allzu fern.

Auf der Brühlschen Terrasse viele Menschen.

An der Stirnseite der Staatlichen Akademie der Bildenden Künste große Namen, rechts: Leonardo, Michelangelo, Raphael, Dürer; links: Praxiteles, Polyklet, Lysippos. Was der Mensch doch vermag, denke ich – so und so. Und dann schaudert's mich.

Vor dem Albertinum, im Park auf der Anhöhe, gewaltige Bäume, aus denen es mehrstämmig herauswächst.

Die Semperoper, grau und mächtig, davor der Theaterplatz, das Reitermal des Königs Johann, wie das Ensemble einer verflossenen Zeit; die katholische Hofkirche, dahinter das Schloß. Das Rathaus, schwarz gebeizt, auf dem Dach der grüngekupferte Mann; die Ruine der *Frauenkirche*, abgesperrt und weit herausragend über das plastikverhangene Gerüst, oben ein gelber metallener Aufsatz, rechts ein großer Kran. Von 1726 bis 1743 erbaut und seit 200 Jahren das Wahrzeichen über Dresdens Dächern, stürzte eine der genialsten Schöpfungen der europäischen Baukunst am Morgen des 15. Februar 1945 mit der steinernen Glocke in der 95 Meter hohen Kuppel ausgeglüht in sich zusammen. Bis zur 800-Jahr-Feier der Stadt 2006 soll die Frauenkirche mit einem Kostenaufwand von 250 Millionen Mark (von denen ein großer Teil durch Spenden aus aller Welt schon aufgebracht ist) nach alten Plänen wiedererrichtet werden – also in acht Jahren schon.

Das mag kaum glauben, wer sieht, was davon übriggeblieben ist – das Herz will sich einem zusammenkrampfen. Und doch, noch an diesem Rest, der da hochragt in den grauweißen Himmel des Februartags, bekommt man eine Ahnung von der Wucht und dem einstigen Schmelz der Frauenkirche.

Dann der *Fürstenzug* an der Wand des Stallhofs, ehemals Stallgebäude des Schlosses, ein Marathonbildnis von über hundert Metern Länge – Einzug hoch zu Roß aller 35 Wettiner Könige, Kurfürsten und Markgrafen, mit Horn, Tuba und einer etwas befremdlichen Beschriftung: von Dietrich dem *Bedrängten* über Friedrich den *Gebissenen* bis zu anderen *Ernsthaften* und *Gestrengen* der erlauchten Häupter.

Solche Signaturen erklären sich vielleicht aus dem Geist der Schöpfungsperiode des Fürstenzugs, von 1872 bis 1907. Ursprünglich ein Sgraffito, eine Art Wandmalerei, war das Original 1905/6 auf 24 000 Meißener Porzellankacheln übertragen worden. Dennoch hat er etwas Imponierendes an sich, dieser Aufzug des sächsischen Adelsgeschlechts, Herren und Knappen, Wappen und Rösser, zwar eine Ära des Pulvers schon, aber auch immer noch der Armbrust. Da kann unser Jahrhundert doch mit ganz anderer Tötungsphantasie aufwarten.

Am Rand steht: »Nach schwerer Beschädigung bei dem angloamerikanischen Bombenangriff am 13. Februar 1945 aus Anlaß des 30. Jahrestages der Gründung der DDR übergeben«.

Das war 1979, stolz angebracht und hier unversehrt einzusehen.

Langsam kriegen Geographie und Topographie des alten Dresden, das ich in Fotobänden vorher so lange studiert hatte, für mich Konturen. Kein Zweifel – die Restaurateure der DDR haben Großes, ja, Phantastisches geleistet, die Liste der Gegenüberstellung von Trümmern und Wiedererrichtetem ist lang und imponierend, zumal in einem Staatswesen, dessen eigentliches Charakteristikum bis ans Ende seiner historischen Existenz die Verteilung des Mangels blieb. Schauerlich aber auch die Sünden einer realsozialistischen Abriß- und Wiederaufbauhybris mit der typischen Pathologie für Riesenaufmarschplätze, klobige Verwaltungsblöcke und seelenlose Plattenbauten.

Wie herrlich dagegen der restaurierte *Zwinger*, Lieblingsbau August des Starken, wo gerade eine Krähe so weltvergessen aus einer Pfütze trinkt, daß sie mich erst im letzten Moment gewahrt und aufstiebend davonfliegt.

Das Schauspielhaus im Rücken, bin ich von der straßenbahnklirrenden Ostra-Allee gekommen, über die hölzerne Brücke des *Zwingergrabens* durch das sogenannte *Kronentor*, eine überdimensionale Nachbildung der polnischen Königskrone August des Starken - gewaltiger Pomp, goldbestückt und in seiner schamlosen Schwülstigkeit jeder kritischen Ästhetik längst entzogen.

Es regnet wieder nieselig, alles ist feuchtnaß, von den grünen Dächern trieft es herab, und doch ist nichts zu verderben an der Herrlichkeit ringsum - den Pavillons zu beiden Seiten, der Bogengalerie, dem Nymphenbad und dem Wallpavillon. Gar nicht zu reden von den Kostbarkeiten drinnen, nach denen ich lechze, nun, da ich ihnen zum erstenmal so nahe bin - frühe chinesische Keramik und ältestes Porzellan, das Spiel mit vierzig Porzellanglocken, die Globen, die Uhrensammlung, die Prunkwaffen, die Gemäldegalerie!

Aber dies darf keine kunsthistorische Abhandlung werden, soll nicht in erster Linie Klage sein über unersetzbar zerstörte oder Freude über restaurierte Bauwerke, sondern soll nach Toten fragen, von denen dem Alter nach noch viele heute hätten leben können, und nach dem Hohlkörper in mir, dem ich keinen Pardon mehr geben und auf die Spur kommen will - Versuch einer Selbstfindung.

Da ist die Kreuzkirche, dunkel, das Dach glänzend naß, eine Uhr, blauweiß, mit goldenen Zeigern, über dem Eingang »Lobet den Herrn« und an der Seite, nicht sehr hervorgehoben, aber doch präsent, eine Plakette mit der Inschrift:

»In Scham und Trauer gedenken Christen der jüdischen Bürger dieser Stadt. 1933 lebten in Dresden 4675 Juden, 1945 waren es 70. Wir schwiegen, als ihre Gotteshäuser verbrannt, als Juden entrechtet, als Juden vertrieben und ermordet wurden. Wir erkannten in ihnen unsere Brüder und Schwestern nicht. Wir bitten um Vergebung und Schalom. November 1988.«

Darunter ein Strauß Margeriten.

Weiter zur Gedenkstele an der Brühlschen Terrasse, errichtet an der Stelle, wo einst, nach Entwürfen von Gottfried Semper 1838–40 erbaut und von Oberrabbiner Dr. Zacharias Frankel eingeweiht, Dresdens Synagoge gestanden hatte.

Sie ging in der Nacht vom 9. auf den 10. November 1938 in Flammen auf – sechs Jahre, drei Monate und vier Tage, bevor Dresdens Altstadt ausbrannte.

SA-Leute waren vor Mitternacht in die Synagoge eingebrochen, hatten die Läufer zusammengerollt, sie an das Gestühl gelehnt, mit Benzin übergossen und angezündet. Das löste Großalarm bei der Feuerwehr aus, die mit zwölf Fahrzeugen, vierzig bis fünfzig Feuerwehrmännern und einem Löschboot am Terrassenufer anrückte. Aber der Befehl lautete: Synagoge brennen lassen und dafür sorgen, daß die Feuersbrunst nicht auf die anliegenden Häuser übergreift.

Es gibt ein Foto, das Feuerwehrleute am Ende einer langen Leiter auf der Kuppel der qualmenden Synagoge zeigt, damit beschäftigt, von dort oben einen Davidstern zu bergen, was auch gelang. Erst auf dem Dachboden der Hauptfeuerwache wie eine Trophäe abgestellt, wurde der Stern vom Feuerwehrmann Alfred Neugebauer heimlich auf einem Dachboden der Prießnitzstraße 22 hinter einer Tischplatte versteckt. Zehn Jahre später, 1949, wurde der Davidstern wieder der Jüdischen Gemeinde Dresden übergeben, einem winzigen Häufchen Überlebender, die auch in den nachfolgenden Jahrzehnten dankbare Verbindung zu Alfred Neugebauer hielten.

Während die israelitische Religionsgemeinde Dresdens 1933 noch 5000 Mitglieder zählte, waren es 1939, nach einer amtlichen Liste vom September jenes Jahres, nur noch 1146 sogenannte »reichsdeutsche Juden«. Die Chronologie der Entrechtung:

Berufsverbote, »Arisierung« jüdischer Betriebe und Unternehmen, Einweisung in sogenannte »Judenhäuser«, Zwangsarbeit in Dresdener Betrieben und, ab Januar 1942, die Deportation mit den hauptsächlichen Zielen Ghetto Riga, Theresienstadt und Auschwitz-Birkenau. Die letzten Transporte konnten nicht mehr wie geplant durchgeführt werden – verhindert durch den Februarangriff 1945 und die dadurch entstandene örtliche Desorganisation des NS-Deportationsapparats.

Unter den so Geretteten, 174 Frauen, Männer und Kinder aus sogenannten *jüdischen Mischehen*, befand sich auch der Romanist und Sprachwissenschaftler Victor Klemperer, der die Verfolgungsgeschichte der Dresdener Juden in seinem Monumentalwerk »Ich will Zeugnis ablegen bis zum letzten« der Nachwelt auf das erschütterndste überliefert hat.

Ich stehe an der Stele, dahinter ein Baum, der seine Zweige bis an den Stein mit der stilisierten Menora, dem jüdischen Leuchter, reckt. Wie mag es damals hier ausgesehen haben, vor 59 Jahren, in der Luft Millionen von Rauchpartikeln und die Synagoge, auf alten Fotos ein heller Gebäudekomplex nahe dem Elbufer, nur noch ausgeglühte Fassade?

Heute finde ich vor dem Gedenkstein zwei Kerzen, dahinter eine Rose, und auf dem Gehsteig eine Gruppe höchst frohgemuter Männer und Frauen, lachend, laut redend, ohne jeden Blick für ihre Umgebung und also auch ohne jedes Bewußtsein, an welcher Stelle sie sich gerade aufhalten. Ich kann mir nicht verkneifen, wenn auch höflich, in ihr Gelächter einzugreifen, bedauere es gleich wieder, mit dem Schwur »dies war das letzte Mal«, habe aber die Wirkung noch genau in Erinnerung – eine seltsame Mischung aus Betroffenheit, Neugierde und offener Ablehnung.

Weiter zum jüdischen Friedhof Fiedlerstraße. Am Eingang ein Denkmal mit dem Davidstern und den Namen der 1914–18 gefallenen Juden Dresdens, ursprünglich vergoldet, doch jetzt abgeblättert und viele kaum mehr lesbar.

In der Empfangshalle ein Mahnmal mit den Namen der Dresdener Holocaustopfer, und unter der Kuppel, durch die der Himmel scheint, silbern und blau, der gerettete Davidstern von der alten Synagoge.

Draußen ein Wald von Grabsteinen, und auch hier, wie immer bei solchem Anblick, der verwunderte Gedanke: Sie haben einfach nicht genug Zeit gehabt, alles zu zerstören und auszulöschen. Aber der Ungeist lebt weiter: Auch dieser Friedhof und seine Erde sind nachts geschändet, viele Steine umgeworfen oder kaputtgeschlagen worden, 1994. Täter konnten, wie üblich, nicht dingfest gemacht werden.

Auf manchen Steinen sind die Zeichen abgewittert, auf anderen noch die Geburts- und die Todesziffer erkennbar: »10. April 1851 - 3. Mai 1890«, dann wieder voll leserlich: »Isaac Münzer, 1811-1876«.

Adolf Zimmering, am 23. 11. 1879 geboren, wurde im Ghetto ermordet, wohingegen Helmut Eschwege, 10. 7. 1913 - 19. 10. 1992, überlebte. Er hat ein Buch geschrieben über die Geschichte der Dresdener Synagoge, »Kennzeichen J«, um dessen Veröffentlichung er zu DDR-Zeiten hatte lange kämpfen müssen - Kommunisten sollten die zentralen, die ausschließlichen Widerstandskämpfer sein, Juden, der Holocaust, sie störten dabei nur.

Einige Grabmale sind phantasievoll, fast pompös entworfen, und wenn inzwischen auch sichtlich mürbe geworden, so signalisieren sie doch ein besseres Zeitalter, Bürgerliches und Großbürgerliches, zeugen von Stand und Würde der einstigen Gemeinde, mit eingesessenen Sippen, wie die Bondis, deren Name hier oft auftaucht, und andere Familien, mit Kommerzienräten, Akademikern, Ärzten als Oberhäuptern.

Ich sehe Säulen, üppige Rhododendren, und die mächtige Mauer, die alles umschließt, wie das Sinnbild einstigen Schutzes.

Hier gab es jüdische Kinder- und Ferienheime, Stifte für bedürftige Familien, viele Geschäfte, ein jüdisches Gemeindeblatt und eine höhere israelitische Schule. Die Dresdner Bank war von Juden gegründet und durch sie zu internationaler Geltung geführt worden. Überall in Sachsen existierten Juden - in Aue, Bautzen, Chemnitz, in Löbau, Glauch, Freiberg und in vielen anderen Orten. Der Friedhof Fiedlerstraße macht einen gepflegten, gehüteten Eindruck. Heute zählt die jüdische Gemeinde Dresden wieder 150 Mitglieder, davon zwei Drittel Zugewanderte aus den GUS-Staaten. Hoffnung, daß es weitergeht – und doch ein Nekrolog. Keine Zukunft könnte je die kurzen, aber mörderischen zwölf Jahre aufheben.

Auch hier, auch in Dresden nicht.

Weiter auf dem linken Ufer der Elbe, nach Osten, durch das Villenviertel Blasewitz, bis hin zum *blauen Wunder*, Dresdens einziger Brücke, die während der Kampfhandlungen nicht zerstört wurde – die schon gelegten Zündschnüre waren nachts durchschnitten worden. Straßenbahnen dürfen zwar nicht mehr darüber hinholpern, aber 1891–93 errichtet und den Strom über hundert Meter pfeilerlos überquerend, bietet die genietete stählerne Fachwerkbrücke mit ihren Wendeltreppen und Pylonen das Bild einer enormen technischen Leistung ihrer Zeit.

Aber ich bin noch nicht an meinem Ziel. Deshalb weiter, durch Loschwitz, vorbei an der Schwebebahn und dem ehemaligen Stasigebäude, mit dem Grafitto »Denkmal für Staatsterror«, bis zum Weißen Hirsch hoch über der Elbe.

Von dort aus gesehen, unter einem Himmel mit kleinen blauen Löchern, liegt tief unten, wie eingebettet in das Stromtal, Dresden. Ich erkenne das Rathaus mit der Figur obendrauf, die Kreuzkirche, die Kathedrale Sanctissimae Trinitatis, die ganze Fläche zwischen der Marienbrücke und der Albertbrücke, dem Terrassenufer und der Ammonstraße, so oft und lange studiert, bevor ich mich auf den Weg nach Dresden machte. Ich kann den Theaterplatz lokalisieren, den Standort des schrecklichen DDR-Kulturpalasts, weiß, wo die Frauenkirche kranumstanden eingerüstet ist, das Albertinum lastet und sich, obwohl von hier aus unsichtbar, das Taschenberg- oder Coselpalais hinzieht.

Dahinter lag dicht bewohnt die Altstadt. Von hier oben aus gesehen, muß sie in jener Nacht vom 13. auf den 14. Februar wie eine Riesenfackel gelodert haben.

Der Himmel hat aufgeklart, es weht leicht, für die Jahreszeit ist es zu warm.

Und plötzlich, bei diesem Anblick, diesen Assoziationen, kommt eine ungeheure Wut in mir hoch.

Wut über die Instrumentalisierung der Tragödie!

Dresden, das war – und ist immer noch – das Paradebeispiel der professionellen Aufrechner, das Lieblingsmodell falscher Humanapostel, sein Untergang die bleibende große Stunde deutscher Verdränger – ich spreche von einer Lebenserfahrung.

Es gab dafür, sozusagen an Ort und Stelle, einen höchst bezeichnenden Vorfall, der ein überzeugendes Schlaglicht auf die Schizophrenie der Verdränger wirft und mir von einem alten Freund und Kollegen unmittelbar danach mitgeteilt worden war.

Als vor einigen Jahren Königin Elisabeth II. Dresden einen Besuch abstattete, hätte die englische Monarchin, wäre es in ihr Blickfeld geraten, ein Transparent lesen können mit der Aufschrift »Royal Air Force – Kriegsverbrecher«.

Als der Siebzigjährige, der es hoch erhoben hielt, daraufhin gefragt wurde, ob für ihn auch die Bomberpiloten der deutschen Luftwaffe Kriegsverbrecher gewesen seien, die während des Spanischen Bürgerkriegs am 26. April 1937 das baskische Städtchen Guernica mit 1654 Toten und 889 Verwundeten in Trümmer gelegt hatten, oder die Bomberbesatzungen, die 1939 verheerende Luftangriffe auf Warschau, 1940 auf Rotterdam und 1941 auf Coventry und Belgrad geflogen hatten – da soll der Mann für einen Augenblick sein Transparent auf die Erde gestellt und verblüfft geantwortet haben: Derlei sei ihm »selbst im Traum nicht eingefallen«, daran habe er »nie gedacht«. Gleich darauf hatte er ein Ei aus der Tasche geholt und es in Richtung der Königin geworfen, sie allerdings weit verfehlt.

Von da an nannte ich die Vertreter dieser Verdrängerspezies nur noch »die Eierwerfer«.

Was sich an dem konkreten Fall offenbart, ist exemplarisch (und ähnelt bestimmten Interpretationen der Vertreibung der Deutschen aus dem Osten nach dem Ende des Zweiten Weltkriegs): Die Vorgeschichte wird grundsätzlich ausgeblendet, der historische Kontext vermieden, alle seine Kausalitäten gekappt und – heftige Trauer für die Toten bekundet.

Eben diese Anteilnahme habe ich den »Eierwerfern« nie abgenommen, und zwar am wenigsten denen, die sie am lautesten beschworen.

Dabei sind die Denkmuster und ihre Artikulationen immer gleich, die Stichworte der Anklage unisono. Ein stereotypes davon gilt dem Zeitpunkt des Angriffs und lautet: »So kurz vor dem Ende des Kriegs!« – ohne jede Gedankenverbindung, daß bis zu dieser Februarnacht die Siege und die Rückzüge der Wehrmacht Europa seit fünfeinhalb Jahren in Schutt und Asche gelegt hatten; daß sich auch in dieser Nacht die Qualen aller in deutscher Gewalt befindlicher KZ-Insassen, zumal jener auf den großen *Todesmärschen*, unvermindert fortsetzten und daß auch vom 13. auf den 14. Februar unzählige Ortschaften an allen Fronten zu Ruinen zerschossen wurden.

Der Vorwurf »So kurz vor dem Ende des Kriegs!« aus dem Mund der »Eierwerfer« läßt keine andere als die perverse Auffassung zu, daß die Zerstörung einer Stadt zu Beginn oder in der Mitte des Kriegs eher gerechtfertigt sei und für die Zivilbevölkerung weniger schrecklich als an dessen Ausgang. Auch macht die Spezies gern einen Unterschied zwischen der Zerstörung einer Stadt aus der Luft durch Bomben oder durch Artilleriebeschuß – die eine trägt (natürlich nur auf der Gegenseite) den Stempel der Hinterhältigkeit, die andere nicht. Nach dem Überfall auf die Sowjetunion sind dort allein durch Kanonen 1700 Städte dem Erdboden gleichgemacht worden. Was zum Vorschein kommt, ist die totale innere Beziehungslosigkeit zur Welt fremder Opfer. Deshalb glaube ich den »Eierwerfern« kein Jota ihrer angeblichen Trauer um deutsche Opfer.

Geradezu konsterniert reagieren sie, wenn ihre Forderung nach Schonung der Zivilbevölkerung im Luftkrieg untersucht wird im Hinblick auf die Frage, ob sie diese Forderung auch schon erhoben hatten, als Görings Bomber noch die Luftüberlegenheit besaßen, und nicht erst, als diese an die Angloamerikaner übergegangen war – Empörung also nicht, bevor es an die eigene Haut ging.

Und dann, just aus diesen Kreisen, die sonst gern die Existenz der Gaskammern bestreiten, das As im Falschspiel der Aufrechnungsroutiniers, der Offenbarungseid ihrer unsäglichen »Damit-sind-wir-quitt-Mentalität«: »Hie Auschwitz – hie Dresden«.

Hier sind wir im Zentrum des Koordinatensystems der »Eierwerfer«: die Entschuldung der Primärverantwortlichen für jeden

Zivil- und Militärtoten des Zweiten Weltkriegs – also Hitlers und seiner Anhänger!

In den nunmehr seit dem Angriff der Halifax- und Lancasterbomber auf die Elbestadt verflossenen fast 55 Jahren habe ich von den »Eierwerfern« nie auch nur den Hauch einer Bestätigung dafür erhalten, daß solche Kausalitäten zwischen der deutschen Aggression und dieser Feuernacht auch nur erwogen worden ist. Dabei wußte Hitler seit spätestens 1942, daß es gegen die erdrückende angloamerikanische Luftüberlegenheit keinerlei wirksame Abwehrmittel geben würde. Dennoch ließen der »Führer« und seine Generalität eine deutsche Stadt nach der anderen zerbomben.

Die deutsche Journalistin Ursula Kardorff schreibt dazu in ihr Tagebuch der Kriegszeit: »Alles soll untergehen. So will es die Spinne in ihrem unterirdischen Netz in der Reichskanzlei, die kein Opfer entläßt.«

Diese Verantwortung für den Untergang der deutschen Städte, den Dresdens eingeschlossen, ist den »Eierwerfern« nie in den Sinn gekommen, nie haben sie gefragt: »Wie konnte es dazu kommen?«

Eine äußerst eindrückliche und präzise Antwort darauf hätten sie in Dresden selbst finden können, an einem als Mahnmal gestalteten Altar in der ehemaligen katholischen Hofkirche, in Form zweier Jahreszahlen, und sonst nichts: »13. Februar 1945 – 30. Januar 1933.«

Aber: »Kein Erinnerungstag ist unbequemer für das britische Volk«, schrieb der Londoner »Guardian« im Februar 1995 anläßlich der Gedenkveranstaltungen zur fünfzigsten Wiederkehr der Bombardierung Dresdens.

Richtig, denn keine Verlogenheit der »Eierwerfer« kann etwas ändern an den höchst bedenkenswerten Einwänden gegen die Order des britischen Bomber Command in High Wycombe, gegen das *Unternehmen Donnerschlag* am Nachmittag des 13. Februar. Es waren britische Historiker, die den Angriff auf Dresden für militärisch sinnlos erklärten, honorige Stimmen britischer Schriftsteller und Politiker, die wetterten gegen die Strategie der großflächigen Zerstörung von Wohngebieten als Hauptziel des angloamerikanischen Luftkriegs überhaupt. Zumal jede realistische Einschätzung der Situation zu dem Ergebnis gekommen wäre, daß die Mehrheit der damaligen Deutschen nicht in einen Aufstand gegen Hitler hineinzubomben war – unter keinen Umständen, und wären sie noch grauenhafter gewesen als in diesem Abschnitt des Zweiten Weltkriegs ohnehin, da der Bumerang der Gewalt mit fürchterlicher Wucht auf den zurückschlug, der ihn geworfen hatte.

Massive Kritik an dieser Art Luftkriegführung kam also nicht zuletzt von alliierter Seite selbst (worauf sich die »Eierwerfer« lieber nicht berufen sollten, bedeutet diese Kritik doch genau das, was sie so demonstrativ verweigern, nämlich Skrupel gegenüber der eigenen Seite zu äußern).

Die Konzentrierung der ungeheuren alliierten Luftüberlegenheit auf Rüstungsziele, und vor allem auf das Transport- und Schienennetz im Kerngebiet des Reichs und im besetzten Europa, hätte Hitlerdeutschland auf jeden Fall einen kriegstechnisch weit effizienteren Schaden zugefügt, als die Ausklinkung Hunderttausender Tonnen von Dynamit und Brandbomben auf leicht zerstörbare und dichtbesiedelte Stadtregionen es dann tat. Obschon damals noch weitgehend ohne das Bewußtsein für humane Aspekte, bei vielmehr völliger Übereinstimmung mit allem, was von seiten unserer Befreier kam, sind mir dennoch eigene Zweifel an dieser Art Luftkriegführung erinnerlich, und zwar immer gesehen unter dem Primat unserer Befreiung, also der rascheren militärischen Niederlage Deutschlands.

Retrospektiv kann gesagt werden, daß die Strategie der großen *raids* auf die urbanen Zentren verfehlt war, sowohl was die kriegstechnische als auch was die humane Seite betrifft.

Es stimmt allerdings, daß es nach der Eroberung fast des ganzen alten Kontinents durch die Wehrmacht 1941/42 für Großbritannien und die USA bis zur Errichtung der *Zweiten Front* im Juni 1944 in der Tat keine andere aktive Beteiligung am Kampf gegen Deutschland gab als den aus der Luft. Aber der hätte anders geführt werden können, als er geführt worden ist.

Doch auch bei der Forderung nach Schonung der Zivilbevölkerung ist zu bedenken, aus wessen Mund sie kommt und in welchem Verhältnis ihre Vertreter standen und stehen zu der Macht, für die Schonung ein Fremdwort war.

Einer Gesellschaft wie der deutschen, deren größte ideelle Leistung nach dem Kriege darin bestand, alles zu verdrängen, was ihn ausgelöst und innerhalb seiner Fronten zu unvorstellbaren Verbrechen geführt hatte, einer solchen Gesellschaft mangelt es bei ihrer postumen Anklage in eigener Sache gegen einen inhuman geführten Luftkrieg jedenfalls an jeglicher moralischen Glaubwürdigkeit.

Gedanken über dem Elbetal mit Blick vom Weißen Hirsch auf das Panorama von Dresden.

Ja, Trauer und Entsetzen über die Hochofenvernichtung Dresdens, nichts als Trauer, wie sie, spät, in mir hochkommt, schwarze, atemerstickende, hilflose Trauer über das Universum an Leid, für das der Untergang dieser Stadt stellvertretend war – ja! Das bricht hier übermächtig herein, mit der Kraft eines Naturereignisses, von dem man geschüttelt und gerüttelt wird, als wollte es den zerreißen, der sich aus Kenntnis und Phantasie die Szenen vorstellen kann, die sich da unten abgespielt haben.

Noch einmal: Trauer und Entsetzen, und je später sie kommen, desto tiefer werden sie empfunden, in Machtlosigkeit gegenüber dem Ansturm. Aber das nicht im Schulterschluß mit jenen falschen Anklägern, für die die unermeßliche Tragödie der Nacht vom 13. auf den 14. Februar 1945 nie etwas anderes war und sein wird als ein Posten auf der Kompensationsliste ihrer entseelten Totenarithmetik.

Mit denen nicht, niemals!

Ich gebe zu, daß ich der großen nationalen und internationalen Gedenkkundgebung in Dresden vom Februar 1995, fünfzig Jahre nach der Bombennacht, mit einiger Beklemmung entgegengesehen hatte – fürchtend, es könnte ein Forum für die einäugigen Ankläger werden, eine Gelegenheit für Demonstrationen deutscher Unbelehrbarkeit am Fallbeispiel Dresden, ein Triumph der Ewiggestrigen.

Tatsächlich aber wurde der Tag für die »Eierwerfer« zu einer völligen Niederlage, ja, geradezu zum Gegenbild ihrer Wunschvorstellungen, wie das Datum nach einem halben Jahrhundert begangen werden sollte. Und der Feldherr, der ihnen die historische Schlappe beibrachte, Wort um Wort, hieß dann auch noch Roman Herzog, Präsident der Bundesrepublik Deutschland.

In seiner Rede war alles versammelt, was ich mir gewünscht hatte: Es war Deutschland, das den Krieg vom Zaun gebrochen hat; also sich der Vergangenheit stellen, dort, wo Deutsche die Täter waren, aber auch nicht verschweigen, wo Deutsche zu Opfern wurden. Wer ist da alles Bombenopfer von Dresden geworden?

Herzog: »In der Wolle gefärbte Nazis und Gestapobeamte, die die Liste der Deportationen zusammenstellten; Juden, die auf der Liste standen; schweigende Feinde des NS-Regimes, Mitläufer und Wegschauer; Flüchtlinge, die ihre Heimat verloren hatten, und Menschen, die zur Zwangsarbeit gepreßt worden waren. Die entscheidende Frage ist: ob wir alles tun, um die Wiederkehr des Schreckens, in welcher Form auch immer, zu verhindern.«

Und dann: »Dem Krieg als solchem widerstehen, dem modernen Krieg, in dem es weder Front noch Heimat gibt.«

Das war die Sprache, die ich mir erhofft hatte. Und deshalb schämte ich mich, ehrlicherweise, daß ich Roman Herzog im Vorfeld der Gedenkkundgebung einen offenen Brief geschrieben hatte, in dem auch diese Punkte angesprochen waren, nicht als Belehrung des Präsidenten, sondern in Sorge um den Charakter und den Ausgang der Veranstaltung. Doch nur, um nun meinerseits zu erkennen, daß all das bereits bedacht und durchdacht war und sich auch im Gesamtprogramm widerspiegelte.

Das Grundmotto hatte Dresdens Oberbürgermeister Hermann Wagner gegeben: »Die Brandfackel ist von uns ausgegangen und war auf uns zurückgefallen.«

Gäste aus aller Welt waren angereist, darunter der Herzog von Kent als Vertreter des britischen Königshauses, der Botschafter der Vereinigten Staaten von Amerika und Vertreter der Partnerstädte St. Petersburg, Rotterdam, Coventry und Columbus, einer Ortschaft im US-Staat Ohio, aus dessen Bevölkerung 800 Männer als Angehörige der US-Luftwaffe gefallen sind.

Es wurde ein Tag der Versöhnung, an dem ich falsche Töne nicht erkennen konnte. Und es war der Tag, der mir den letzten

Anstoß gab, einmal selbst nach Dresden zu fahren – im Koffer die bewußte Frage.

13. Februar, abends, gegen achtzehn Uhr.

Ich gehe über die Augustusbrücke in die Neustadt, vorbei an der vergoldeten Reiterstatue August des Starken zum Palaisplatz, von dort in die Königstraße, und dann stehe ich vor der Dreikönigskirche – helles Schiff, dunkler Turm, auf der Spitze ein Kreuz, die Glocken läuten. Draußen ist zum Trauergottesdienst aufgerufen.

Ich gehe hinein.

Drinnen ein Dutzend Männer und Frauen, darunter keine Jugendlichen. Leise Orgelmusik. Das Altarfragment, Überbleibsel des zerstörten Originals, zeigt eine Gruppe von Frauen, ihrer zehn, von Jesus empfangen – völlig europäisiert, keine Spur des semitischen Ursprungs.

Dann betritt der Pfarrer die Kanzel, ein Mann in mittleren Jahren, mit Bart. Er spricht vom barmherzigen Gott und versucht das ebenso Übliche wie Unmögliche: die Lehre der christlichen Liebe in Übereinstimmung zu bringen mit der grauenhaften Wirklichkeit, zumal jener, der hier an diesem Abend gedacht werden soll. Aber es fällt kein direktes Wort darüber, mit keinem Satz werden die Zerstörung Dresdens und ihre irdischen Zusammenhänge erwähnt. Was er sagt, erreicht mich nicht.

Ich spüre nur, daß mir, je länger der direkte Bezug ausbleibt, die Erschlagenen, Zerfetzten und Verbrannten um so näher kommen, so bedrohlich nahe, bis untergeht, was der Pfarrer da vorn sagt. Deshalb will ich ihm auch kein Unrecht tun, weil es mir eine ganze Weile so ergangen ist und er währenddessen vielleicht doch noch von jener Nacht gesprochen haben könnte. Auf jeden Fall habe ich davon nichts gehört, sondern kam erst wieder zu mir bei der Orgelmusik als akustischem Hintergrund für das »Vaterunser« und »Gottes Segen und gute Nacht«.

Dann war ich draußen, immer noch benommen von der Heimsuchung durch eine Bilderflut, die ich nicht in Dresden, aber anderswo ähnlich erlebt habe, mit dem Unterschied zu vielen hier und dort, daß ich die *zweite Gefahr* überlebte. Da bricht etwas lang Verschlossenes auf, strömt in das Vakuum, nestelt, wie schon nachmittags auf der Höhe des Weißen Hirsch, daran, das Loch zu schließen, will sich zu einem Schwur formen, bleibt dann aber doch aus Furcht vor jeglicher Veräußerlichung stumm und unformuliert stecken. Eines Tages muß ich das mitteilen, jetzt aber damit allein fertig werden. Das einzige, was mich stützt, ist, daß ich mich, wie schon so oft auf anderen Gebieten, auch jetzt einen »Spätentwickler« schimpfe – etwas zusammenhanglos, mit unsicherer Selbstironie und fühlbarer Hilflosigkeit.

Am Himmel über Dresdens Neustadt ein heller Viertelmond. Ich gehe auf der Hauptstraße, eine Fußgängerzone, zurück zur Elbe.

Von der Augustusbrücke dann, zu beiden Seiten illuminiert vom gelben Licht der Lampenkugeln und unter Wolkengebirgen von dramatischer Gegensätzlichkeit, ungeheure Schwärze im Osten und fahles Blau im Westen, noch einmal dann die grandiose Stadtfront, davon heute abend besonders sichtbar der gewaltige Bau des Kunstvereins mit der Nike auf der Glaskuppel.

Es ist 22 Uhr. An diesem Abend vor 52 Jahren wußte noch niemand, welches Unheil im Anflug war und in wenigen Stunden über die Stadt und ihre Bewohner hereinbrechen würde.

Es regnet, ich spanne den Schirm auf und gehe das Areal noch einmal ab. Die hellerleuchtete Front der Semperoper, jeder Schritt auf dem steinernen Vorplatz hörbar; vom Zwinger dräuende Schatten; die Ruine der Frauenkirche, schwach beschienen vom Hilton Dresden gegenüber; Musik und Stimmen aus der Kreuzkirche, neben dem Eingang ein Transparent »Frieden ohne Landminen – Schwerter zu Pflugscharen«. Dann vom Altmarkt und Postplatz zu Fuß über den Wettinerplatz, die Freiberger und Budapester Straße bis zum Hauptbahnhof und zur Lennéstraße abgeschritten. In mir beides eingegraben: die Bilder von der unzerstörten Altstadt – ihre gewachsene Massivität, die Schluchten der Straßenzüge mitten durch die heilen Häuserfronten, ein städtisches Kleinod ohnegleichen. Und der Anblick der Zerstörung, die Aussicht vom Rathausturm über die Ruinen der Innenstadt bis zur Annenkirche und weiter – Einsichten in Häusereingeweide, Tausende leerer Fensterhöhlen; trümmerverschüttete Straßen, nutzlose Kamine, alles Brennbare in Rauch aufgegangen, alle Waagerechten verschwunden, alle Senkrechten umfallverdächtig, ein Fresko der Hölle, nicht von Menschenhand gemacht und doch ohne andere Erklärung.

Hier sind sie verglüht, auf wenigen Quadratmetern, ohne jede Möglichkeit zu entkommen.

Um 23 Uhr beginnen die Glocken zu läuten.

Flucht, verstecken, das Denken ausschalten.

Aber der Tag, oder besser: die Nacht läßt es nicht zu.

Auf dem Monitor des Fernsehers in meinem Hotelzimmer erscheint ein Name, »Memphis Belle«, Titel eines britischen Spielfilms mit Dokumentaraufnahmen über den Luftkrieg gegen Deutschland und über die, die ihn geführt haben: Piloten, Kopiloten, Navigatoren, Bordschützen – die andere Seite.

Nach der ersten Viertelstunde herrscht Klarheit: Der Film ist unagitatorisch, ohne Klischeebilder vom Feind, Wirklichkeit authentisch rekonstruiert – es hat die »Memphis Belle« gegeben, ihre Besatzung und die Formation, der sie zugehörig war.

Ich möchte das Gerät abschalten, kann es aber nicht. Mir ist, als sollte ich noch einmal auf die Probe gestellt werden.

Von dem Geschwader sind bereits viele nicht zurückgekommen, abgeschossen, getötet oder gefangengenommen – immer fliegt die Angst mit. Sofort ist das alte Gefühl wieder in mir da: Bundesgenossen, auch dann, wenn aus den Bombenschächten Dynamit und Feuer fallen. Deutsche Jäger, die angreifen, sind für mich Feinde und lösen keinen anderen Wunsch aus, als daß sie ihr Ziel verfehlen oder abgeschossen werden.

Als eine *Fliegende Festung* abschmiert, in mir nichts als Schrecken, mit Erinnerungen an ähnliche Bilder über der Altmark im Frühjahr 1944: eine Viermotorige der US-Luftwaffe auf dem Flug nach Berlin, getroffen von Flak oder verursacht durch technischen Defekt, schert aus dem Pulk aus und stürzt ab, schneller als die vier Fallschirme, die sich über der Maschine blähen.

Im Film werden Briefe von Angehörigen abgeschossener Piloten und Mannschaftsmitglieder alliierter Bomberbesatzungen verlesen, erschütternde Dokumente elterlicher und geschwisterlicher Klage, dazu die Fotos der Toten – die andere Seite.

Abermals angreifende deutsche Jäger, und wieder in mir keine Zweifel, auf wessen Seite ich stehe. Die Bordkanzel eines Bombers wird zerschossen, und ein Mann stürzt ab, ohne daß sich sein Fallschirm entfaltet.

Es geht um einen *raid* gegen Bremen.

Dort soll ein bestimmtes Fabrikgelände zerstört werden, aber das Wetter ist schlecht und das Ziel wolkenverdeckt. Ausklinken oder nicht? »Drum herum sind Schulen, Krankenhäuser«, zögert der Pilot. »Ist egal«, sagt der Kopilot. Dann fallen die Bomben. Solchen Wortwechsel hat es damals wohl oft gegeben.

In der Nähe explodierende Flakgranaten schütteln die »Memphis Belle« schwer hin und her. Ich zittere mit der Besatzung, ein Gefühl wie damals, 1940, als ich bei einem Angriff der Royal Air Force auf Hamburg hoch am Nachthimmel den ersten britischen Bomber im Lichtbündel von Scheinwerferbatterien entdeckte und flehte: »Scher aus, Freund, entkomme in die Dunkelheit, kehr zurück in die schützende Finsternis - aber vorher steig noch herunter und nimm uns mit, nimm uns mit zurück, weg von der Angst um unser Leben hier unten, dieser ewigen Angst.«

Wie unvergessen das alles ist.

Gerade das Authentische des Films erschüttert mich, das Unpropagandistische, sein kommentarloser Realismus, wie es oben aussah.

Ein abstürzender deutscher Jäger zerspaltet einen Bomber in der Mitte, man hört die Schreie derer, die ins Bodenlose fallen - und in mir ist nichts als Wut auf den Aggressor Deutschland. Der Absturz hat sich wirklich ereignet, wie die Geschichte jenes Besatzungsmitglieds der »Memphis Belle«, das durch Flaksplitter schwer verwundet worden war - höchste Eile tut not: Erreicht er den heimatlichen Horst noch, oder muß er über deutschem Gebiet am Fallschirm aus dem Schacht gelassen werden?

Dann Englands Küste. Die schwerbeschädigte »Memphis Belle«, von den anderen schon aufgegeben, landet als letzte Maschine und mit dem Toten - wie die Chronik es verzeichnet.

Am Schluß dann eine lapidare Zahl: Im Luftkrieg gegen Hitlerdeutschland haben 200 000 angloamerikanische Piloten und Mannschaftsmitglieder ihr Leben verloren.

Die andere Seite.

Als ich den Fernsehapparat abschalte, zeigt die Uhr weit nach Mitternacht.

An diesem Tag vor 52 Jahren, dem Morgen des 14. Februars 1945, ging noch ein Transport Hamburger Jüdinnen und Juden nach Theresienstadt ab. Die Alliierten standen in Ost und West bereits tief auf Reichsgebiet, und die deutschen Fronten, für jedermann erkennbar, vor dem Zusammenbruch – aber Adolf Eichmanns Deportationsmaschine funktionierte nach wie vor. Zur selben Stunde gingen meine Familie und ich in den Untergrund.

*Postscriptum*

Dresden, 9. November 1997.

Ich habe heute abend in der bis auf den letzten Platz besetzten Dreikönigskirche eine Rede zur Reichspogromnacht vom 9. auf den 10. November 1938 gehalten – Zahlen, Fakten, Vorgeschichte. Das Auditorium verharrte in gelähmtem Entsetzen.

Ich versuchte meiner inneren Bewegung Herr zu werden, aber es gelang mir nicht immer.

Mein Leben ist an diese Opfer gebunden, alle erkämpften und erlittenen Kriterien erwuchsen aus dieser Bindung, sie ist mein Leitfaden, mein Kompaß. Deshalb werde ich noch jedesmal bei Beschwörungen wie der in der Dreikönigskirche überwältigt.

Jetzt liege ich hier im selben Hotelzimmer wie vor sieben Monaten und frage mich: Hätte ich auch geweint, wenn ich eine Rede zur Erinnerung an die Toten der Dresdener Februarnacht 1945 gehalten hätte?

Schlaflos, gebe ich mir die Antwort auf meinen Versuch einer Selbstfindung sozusagen hintenherum:

»*Früher* nicht.«

# Streifzug durchs Revier

Duisburg, Hauptbahnhof, Gleis 6.

Erster Eindruck bei Ankunft in einer Stadt, die ich noch nie besucht hatte: oben an der Bahnsteigtreppe eine junge Farbige, beladen mit einem großen Trecker aus Plastik und Paketen, die sie jetzt abstellt, um sich umzuschauen nach einem Knirps von vielleicht drei Jahren, der Stufe um Stufe, jede ein schweres Hindernis, hochkraxelt und dabei gotterbärmlich krakeelt, als sei ihm die Mutter auf Nimmerwiedersehen aus den Augen verschwunden.

Vor dem Bahnhof ein goldener Anker, Wahrzeichen Duisburgs, größter Binnenhafen der Welt. Da will ich hin, erste Etappe auf einem Streifzug durchs Ruhrgebiet, das für mich ein bisher so gut wie unbekanntes Stück Deutschland ist.

Mit den neugierigen Augen des Entdeckers gehe ich die Fußgängerzone der Königstraße und ihre überdachte Passage hinunter, ohne dabei noch große Verschiedenheit zu anderen mir bekannten Innenstädten wahrzunehmen - einheitliches Konsumgesicht der Ladenfronten; am ersten Rondell eine Gruppe von Menschen, die der Medienjargon unserer Zeit sich angewöhnt hat *Stadtstreicher* zu nennen, und über allem der wahrlich nicht neue Eindruck eines genormten Wiederaufbaus nach gründlicher Zerstörung aus der Luft vor fast sechzig Jahren. Rauch und Qualm über Trümmern sind längst verflogen, für mich aber immer noch da, erst recht, wenn stehengebliebene Gebäude wie das Amts- und Landgericht in der Börsenstraße, sichtbar restauriert, ihren Überbleibselcharakter nur noch einmal deutlich demonstrieren.

Dann auf dem König-Heinrich-Platz die erste Überraschung für den späten Gast, der sich einigermaßen versiert in Geschichte auszukennen geglaubt hatte: Unter dem Salier Heinrich I. (875-936) war Duisburg Schauplatz einer Reichsversammlung gewesen, nachdem der Ort schon Jahrhunderte zuvor, in fränkischer und karolingischer Zeit, den Grund und Boden für Stapelplätze und Königsschloß hergegeben hatte. Überfällige Ohrfeige für den Möchtegernhistoriker, der das Schwergewicht deutscher Geschichte gern südlich der Donaulinie verlagert, auch wenn er von der Existenz Aachens als Kaiserpfalz und der Erzbischofsstadt Magdeburg als Zentrum der sogenannten *Slawenmission* weiß.

Da ist es nur recht und billig, wenn der nächste Korrekturschlag schon vor Rathaus und Salvatorkirche, Mercatordenkmal und -brunnen erfolgt: daß nämlich hier die älteste Niederlassung des Deutschritterordens lag, wie Ausgrabungen der Gewölbe und Mauern der mittelalterlichen Markthalle bezeugen. Da schämt sich der Autor des Buches »Ostpreußen ade« und teilt seine Wissenslücken vorerst niemandem mit.

Über dem Kantpark ein bedeckter Vormittagshimmel, hier unten auf der Erde, zwischen Bäumen und Skulpturen des berühmten Wilhelm-Lehmbruck-Museums (das einen Extratermin bekommen wird), freilaufende Hunde, alte Damen in Rollstühlen, junge Leute ohne Kopfbehelmung auf Fahrrädern, und an manchen Stellen, überwuchert von Gras, die Schienen längst ausrangierter Straßenbahnen.

Dann an Deck aufs Schiff, mit ihm durch das Sperrtor von Duisburgs Innenhafen in den Außenhafen – und ich bin in einer Welt bizarrster Technik.

Kräne, die 300 Tonnen heben können; Lagerhallen wie die Unterkünfte von Luftschiffungetümen; Ufermauern gleich den Wällen Babylons; stählerne, weit über das Wasser ragende Überdachungen, die keinen Tropfen Regen an die verladenen Produkte lassen. Zwischendurch, beim Vorbeigleiten an einem geräuschlosen Metallbetrieb, aus dem Lautsprecher die Information: »Wo früher 1500 Arbeiter werkten, schaffen es heute 250« – Stolz auf Rationalisierung statt Nachdenklichkeit? Es lebe der technische Fortschritt!

Aus dem Hafen in den Rhein, der, nach einer Überschwemmung vor langer, langer Zeit, zwei Kilometer westlich von seinem ursprünglichen Bett fließt. Am Ufer alle 100 Meter ein weißer Strich, ein schwarzes Kreuz alle 500, und alle 1000 die volle Kilometerzahl – 777, lese ich. Und höre: »Die Kilometrierung des Rheins, der den Graubündner Alpen am St. Gotthard entspringt, beginnt bei Konstanz am Bodensee und endet mit Stromkilometer 1036 in die Nordsee.«

Und dann die unglaublichen Bilder der industriegeprägten Wasserlandschaft von Duisburg-Ruhrort und seiner Hafenanlagen!

Wo früher Kohle umgeschlagen wurde, stehen heute die Röhrensysteme kreisrunder Mineralölbassins in Reih und Glied; zyklopische Containerhalden; Speicherkräne, wie überdimensionale Vorweltungeheuer gegen den hellen Himmel abgehoben; die Schrottinsel und Europas modernste Schredderanlage dort, 10 000 verhäckselte Autos monatlich, automatische Trennung von Buntmetall und anderen Rohstoffen, der Kernschrott den Schmelzöfen zur Stahlgewinnung zugeführt; Pressen mit 320 atü Druck, die Schrottpakete von bis zu zwei Tonnen ausspeien; Berge von zerquetschten und, daneben, bereits zerschredderten Autos – dalihafte Szenen von spukhafter Realität.

Und an einem Uferstück, hinter der steinernen Befestigung, nicht von dieser Welt, die Idylle einer Herde weidender Schafe.

Dann unter der 800 Meter langen Autobahnbrücke hindurch.

Auf einem langen, oben wie gerade gestrichenen Gebirge von Eisenerzen mit rötlicher Färbung hocken Möwen, eine ganze Kolonie. Dahinter das wuchtige Gebäude eines Kraftwerks, aus dem hoch und rot Schornsteingiganten stechen.

Die Friedrich-Ebert-Brücke, links die Flaggen von Reedereien, bunte Wimpel, an vielen Leinen nach oben gezogen; Pegel Ruhrort, der Wasserstand des Rheins wird heute mit 3,56 Meter angegeben, das ist normal. Dann den Hafenmeister passiert, wo alle ein- und ausfahrenden Schiffe registriert werden, und dort am Pier die »Ruhrort«, der letzte Schaufelraddampfer, 1922 in Dienst gestellt und in einer Stunde eine Tonne verfeuerter Kohle fressend, ein großartiger Anblick mit den beiden Schornsteinen auf zwei kesselartig schwarzen Behältern.

Schließlich, vorbei an der Mündung der Ruhr in den Rhein und noch einmal durch Duisburgs imposante Hafenanlagen hindurch, wieder zur Anlegestelle zurück.

Von dem, was ich heute hier gesehen, hatte ich keine Ahnung, nicht die geringste.

An Land Abstecher zu dem nach Wilhelm Lehmbruck (1881–1919) benannten »Museum Duisburg – Europäisches Zentrum moderner Skulptur«.

Es regnet, und draußen auf dem Gelände wird die Kopie der »Knieenden« (1911) naß – vom Ellbogen tropft es herunter. Über dem aufgesetzten linken Knie liegt flüchtiges Tuch, sonst ist die Figur nackt, mit offenen Brüsten und langgestrecktem rechten Unterschenkel, die rechte Hand vom Ellbogen nach oben und innen gerichtet – ein anrührendes Bild benetzter Grazie.

Wie auch gegenüber anderen Skulpturen des später weltweit anerkannten, aus Duisburg-Meiderich stammenden Bildhauers haben das nicht alle so empfunden. Der Ungeist, der die Formel der *entarteten Kunst* gebar, tauchte nicht erst 1933 auf, er war lange vorher tätig. »Die Knieende«, schon zu Kaisers Zeiten als »Schandmal« beschimpft, wurde während der zwanziger Jahre in Leserbriefen als »Provokation sondergleichen« angeprangert und ihre Beseitigung gefordert, ehe Unbekannte sie in der Nacht vom 27. auf den 28. Juli 1927 vom Sockel stürzten und dabei schwer beschädigten.

Die 2000 Reichsmark Belohnung, die auf die »feigen Denkmalschänder« ausgesetzt worden waren, konnten niemandem ausgezahlt werden, denn Täter wurden nie gefunden.

Wilhelm Lehmbruck hat diese Ouvertüre zu weit Schlimmerem nicht mehr erlebt. Verzweifelt an seiner Zeit und ihrem Ungeist, die unaufhaltsam auf den Großen Krieg zugesteuert hatten und danach reuelos nach Rache schrien, hatte er sich am 25. März 1919 in Berlin das Leben genommen.

Drinnen, hinter der Glasfassade, dann die Lehmbruck-Skulpturen auf langen Fluren und mehreren Ebenen – das helle Original der »Knieenden«, daneben »Der Gestürzte« (1915/16), auch er nackt, mit überlangen Gliedern, Armen, Beinen, die Stirn auf der Erde, ein Bild des seelischen und körperlichen Elends, der erschöpften Resignation, der Menschheit ganzer Jammer, komprimiert in einem einzigen ihrer Millionen und Milliarden Individuen von gleicher Verfassung.

In dieser grenzenlosen Fähigkeit zu mitleidender Menschlichkeit konnten der deutsche Kulturkonservatismus und seine politischen Ziehväter und Apologeten in der Tat nichts als ihren erbitterten Feind orten. Und in Lehmbrucks »Emporsteigendem Jüngling«, bloß und verwundbar, wie er sich darbietet, völlig zu Recht das Gegenbild nationalistischer und nazistischer Heldenposen.

Sonst packen mich in diesem Museum durchaus zwiespältige Gefühle, wenn ich Drähte sehe und Spiegel, spinnwebige Gespinste aus schwer erkennbarem Material, deren Sinn unklar ist, und dann wieder geformtes Glattholz, das mich in seiner sprachlosen Ästhetik nachhaltig beeindruckt.

Meine Ambivalenz wird vermehrt durch folgenden Anblick: In einem Karree drei tote Uniformierte, US-Soldaten, ein vierter aufgestützt und schwerverwundet – »Vietnam peace« lese ich. Helme auf der Erde, und an die Wand gepinnt das weltbekannte Foto des Polizeipräsidenten von Saigon, die Pistole an der Schläfe eines jungen Vietkong unmittelbar vor dem Abdrücken.

Kunst?

Ich habe ein gespaltenes Verhältnis zu dem, was »moderne Kunst« genannt wird, und habe es immer gehabt. Wo beginnt der Bluff, die reine Anmaßung, durch nichts gedeckt als bloße Behauptung? Das Mißtrauen ist alt und wach geblieben.

Das mag zusammenhängen mit meiner Interpretation von Kunst und ihrem Verständnis – was nicht jedermanns Sache zu sein braucht. Ich beharre jedoch darauf: Ihr Ausweis besteht darin, daß sie niemals leicht »zu haben«, nie im Handstreich zu erobern ist. Sie muß schmerzen, muß weh tun, muß einen um und um treiben, aber eben dieser Schmerz ist auch das Glück des Künstlers. Dem Kunstwerk selbst soll es, darf es nicht angemerkt werden, aber es herzustellen hat Erschöpfung bedeutet, Atemnot, die äußerste Anstrengung. Der Werdeprozeß von Kunst entspringt immer innerem Muß und innerem Bedürfnis. Ihre Aufbereitung entzieht sich jeder Flüchtigkeit und Leichtigkeit. Deshalb bin ich skeptisch gegenüber Leuten, die einen schräg gehaltenen Papierbogen mit farbiger Flüssigkeit übergießen und die zufälligen Rinnsale als Kunst ausgeben; skeptisch auch gegenüber denen, die einen schweren Metallpflock auf die Erde setzen und das Werk dann um so höher als Kunst preisen, je tiefer es dank mechanischer Kräfte nach unten getrieben wird – was aber hat Kunst mit PS zu tun? Mehr als einmal hat mir Kassel mit seiner »Documenta« in diesem Punkt schieres Grausen eingeflößt.

Irgendwo da drinnen im Menschen, in seinem Herzen und seinem Hirn, wird eine Idee geboren, ganz tief, wird dort hin- und hergewälzt, wieder und wieder, wird geknetet, besprochen und behaucht, wird verflucht und gesegnet, was da noch ungestaltet rumort: nämlich aus der erlebten, der begegneten und an ihren Rändern ja stets offenen Wirklichkeit einen Ausschnitt einzufassen und als eigen Erarbeitetes an die Welt zurückzugeben, egal, in welche Kunstform auch immer – gehauen, komponiert, gemalt oder geschrieben.

Das ist der Prozeß, um den es kein Herummogeln gibt, und den will ich im Kunstwerk erkennen können.

Das gelingt hier Max Beckmann und Alexander Archipenko mühelos, ebenso wie Otto Mueller mit seinen »Zigeunerinnen am Strand« und Emil Nolde mit »Frauen im Blumengarten«. Mehr als alles andere aber der Bronzestatue »Mutter mit zwei Kindern« von Käthe Kollwitz, geschaffen 1924 bis 1937, also noch vor der Katastrophe des Zweiten Weltkriegs. Da tut sich eine mächtige, raumgreifende Umarmung auf, ganz Angst und Sorge und Beschützungstrieb, ganz Muttertier und zitterndes Humanum vor einer Bedrohung mit ungewissem Ausgang.

Kein Jahrhundert hat sich an seinen Kindern fürchterlicher vergangen als unseres, keines sie ärger mißhandelt, keines sie bedenkenloser zu frühem Tod befördert. Und wie viele Millionen »jiddische Mammes« waren darunter, die um ihr Fleisch und Blut gebangt haben, das dann doch, mit dem eigenen Leben, im Gas und in den Krematorien verlorenging – wie hilflos also die Umarmung, wie ungehört die Gebete.

Ich wünschte, ich könnte solche Assoziationen stoppen, und das desto inbrünstiger, je älter ich werde.

Aber ich kann es nicht.

Wie überall nimmt 1933 auch in Duisburg das Verhängnis rasch seinen Lauf.

Schon am 22. März beschließt die hiesige NS-Ortsgruppe »Deutscher Juristen«, alle jüdischen Richter, Referendare, Notare und Beamte der Staatsanwaltschaft zu suspendieren, eine vorauseilende Initiative, die am 7. April 1933 legitimiert wird durch ein Berufsbeamtengesetz, das Juden vom Öffentlichen Dienst ausschließt, und dem im Sommer 1934 der sogenannte *Arierpara-*

*graph* folgt, der dann auch die Berufsausübung jüdischer Rechtsanwälte beendet.

Die systematischen Entrechtungen treffen in Duisburg eine jüdische Gemeinde, die nach der Statistik von 1930 über 3000 Mitglieder gezählt und in voller Blüte gestanden hat. Es gab rege Aktivität in dem Turnverein »Bar Kochba«, dem »Centralverein deutscher Staatsbürger jüdischen Glaubens«, jüdischen Arbeiterorganisationen und dem »Reichsbund jüdischer Frontsoldaten« (der Verwaltungsbericht von 1912–24 hebt hervor, daß die jüdischen Einwohner Duisburgs mit 33 Gefallenen 1914–18 »die Opfer des Krieges in voller Schwere« mitgetragen haben).

Was nun nichts mehr gilt.

Schon am 28. März 1933, also drei Tage vor dem reichsweiten Boykott vom 1. April, werden in Duisburg jüdische Einzelhandelsgeschäfte demoliert, ihre Inhaber brutal mißhandelt und samt Familienmitgliedern von bewaffneten SS-Leuten durch die Innenstadt getrieben. Dabei wird ihnen die schwarz-rot-goldene Fahne schleppenartig um den Hals gelegt und werden Heilrufe auf Hitler abgezwungen, während Bartträger mit großen Scheren roh geschoren werden.

In der Nacht vom 9. auf den 10. November wurde auch hier die Synagoge zerstört, wie die Betsäle Hamborn und Ruhrort, die Leichenhalle auf dem Jüdischen Friedhof, das Gemeindehaus und die jüdische Schule. Von den sechzig zum Teil schwer verletzten Festgenommenen starb einer an den Mißhandlungen.

Bis Oktober 1939 war die Zahl der Duisburger Juden auf 841 zurückgegangen. Sie werden, wie eine unbekannte Zahl von Sinti und Roma der Stadt, Opfer des Holocaust.

Draußen, unter offenem Himmel, aber dem Museum zugehörig, Lehmbrucks »Emporsteigender Jüngling«, tropfnaß.

Im Weggehen – die große Glasfront mit den gleißenden Lichtleisten, davor das abenteuerlich geformte Filigran der blattlosen Äste und kahlen Zweige winterlicher Bäume.

Von allem Gesehenen aber verfolgt mich am intensivsten Lehmbrucks »Gestürzter«, und das vor dem Hintergrund eines Fotos aus unserer Zeit, das ich an die Tür meines Arbeitszimmers geheftet habe – Landung eines überfüllten Schiffes aus Albanien an den Küsten Süditaliens.

Die Szene: zu Füßen eines Polizisten in voller Montur und mit drohend nach unten gerichtetem Schlagstock ein lang hingestreckter Mann, mit entblößtem Oberkörper und den Kopf in namenloser Erschöpfung auf die am Boden verschränkten Arme gestützt – ein Bild äußerster Verzweiflung und Hilfsbedürftigkeit.

Lehmbruck hat seine Skulptur 1915/16 geschaffen, der Fotograf des albanischen Gestürzten achtzig Jahre später auf den Auslöser gedrückt – ich kenne für das Kontinuum des geschundenen Menschen kurz vor Beginn des dritten Jahrtausends unserer Zeitrechnung kein unheimlicheres Menetekel als diesen inzwischen schon vergilbten Zeitungsausschnitt an der Tür meines Arbeitszimmers.

In Duisburg-Laar ist buchstäblich der Teufel los, jedenfalls nach Ansicht des Pfarrers der evangelischen Apostelkirche, Dietrich Reuter: Die lokale Muslimgemeinde fordert den lautsprecherverstärkten Gebetsruf vom Dach der hiesigen Moschee! Dabei stört es den Anhänger der evangelikal-konservativen Bekenntnisbewegung »Kein anderes Evangelium« schon mächtig, daß das »Allahu akbar« einmal in der Woche ohne Elektronik erschallen darf. Darin sieht Kreuzritter Reuter, nicht ohne beträchtlichen Ortsanhang, die Gefahr einer »religiösen Überfremdung«, um die ein heftiger Streit mit entsprechendem Medienrummel ausgebrochen ist.

Kommt man von der Innenstadt über die große Brücke, sieht man von Laar zunächst nichts als Thyssen: rötliche Gebäudekomplexe, Schornsteine und Hallen, aufgereckt und steil. Noch erdrückender das Ganze dann aus der Nähe und von gleicher Ebene, Ecke Kanzlerstraße/Rheinstraße – wuchtige Industriefassade, hochmütige Fensterfront, und irgendwo da, eingeklemmt zwischen dem Stahlkoloß und dem Strom, die 7000-Seelen-Gemeinde Laar, von der ein Drittel Türken sind.

Tauben fliegen umher, es regnet leicht. Niedrige Häuser im Karree, kleine Fenster, hinter denen da und dort Kerzen leuchten, bröckelnder Farbanstrich, blätternder Putz. Der Komplex hat etwas von der Trostlosigkeit realsozialistischer Plattenbauten an sich – hier wohnen keine reichen Leute. Seit 1980 hat Thyssen 25000 Arbeiter entlassen – jeder Vierte in Laar ist erwerbslos. Gefährlich, diesen Hintergrund bei der Behandlung des Themas außer acht zu lassen. Bleibt die Frage, wie es zu behandeln sei.

Erst einmal hin zu Pfarrer Dietrich Reuters Hauptquartier, dem Presbyterium der Apostelkirche, die mit ihrer grüngekupferten Spitze weit hervorsticht aus diesem Teil Duisburg-Laars, ein Bild der Einschüchterung, das mich flüchtig erinnert an Lateinamerikas gewaltige Gotteshäuser im Zentrum ringsum tief geduckter Ortschaften.

Aber auf dem Steinplatz davor mit Bänken an der Seite hat sich der »Gott sei bei uns« in Gestalt so unmißverständlich luziferischer Namen wie Ersan, Nasir und Nasitr schon bedrohlich nahe an die Zitadelle des alleinseligmachenden Glaubens angeschlichen.

Denn um den geht es dieser Seite hier, weit hinaus über den bloßen Streit um den lautsprecherverstärkten Muezzimruf, wie ein Anschlag an der Hauswand gegenüber der Apostelkirche mit dem Signum des Pfarrers Dietrich Reuter verkündet – eine Lektüre, die man sich zweimal zu Gemüte führen muß, weil sie sonst nicht zu glauben wäre.

Da lese ich, zunächst: »Den Muslimen in Liebe begegnen«, weil »Haß und Feindschaft gegen Ausländer oder Angehörige anderer Religionsgemeinschaften der guten Nachricht von Jesus Christus entgegenstehen«. Eine vielversprechende Ouvertüre, denke ich reuevoll, aber nur, um sogleich meines Irrtums überführt zu werden, kommt es unmittelbar darunter doch nun knüppelhageldick: »Der islamische Gebetsruf ist eine Unterwerfungsaufforderung an Andersgläubige.« – »Christen und Muslime glauben nicht an denselben Gott.« – »Am Kind in der Krippe scheiden sich die Geister.« – »Die Bibel lehrt, ohne Christus, den Sohn Gottes, der mit Gott eins ist, kommen wir nicht zu Gott.« – »Wir haben als Kirche Jesu Christi versagt, wo wir den Muslimen das Evangelium vom Kreuz und Auferstehung vorenthalten haben.« – »Allah ist kein wahrer Gott, sondern sein Zerrbild.«

Da schnappt man nach Luft: »Heidenmission« pur, religiöser Anachronismus in seltener Komprimierung, christlicher Fundamentalismus so unverhüllt, daß man sich die Augen reibt und versucht ist, das Ganze noch einmal zu studieren, in der Hoffnung, sich verlesen zu haben.

Da das nicht zutrifft, wendet man sich mit Grausen, nicht ohne zusätzlich und unaufgefordert von Volkes Stimme in Gestalt eines älteren Passanten belehrt zu werden: »Recht so, wir sind doch kein islamischer Staat!«

Welch unzweifelhafte Wahrheit doch! denke ich, und dennoch behagt mir ganz und gar nicht, wie sie gesagt worden ist.

Nun tiefer nach Laar hinein und über die Friedrich-Ebert-Straße dem potentiellen Tatort entgegen. Vorbei an einem Deutsch-türkischen Verein mit vergitterter Pforte, dem stark besuchten Penny-Markt, einem Türkisch-islamischen Kulturverein, einem Reisebüro mit greller Werbung für »Istanbul Airlines«, etlichen Glücksspielhallen und schließlich der katholischen Kirche der St.-Ewaldi-Gemeinde – dann stehe ich vor der Sultan-Ahmed-Moschee.

Und kann meine bittere Enttäuschung nicht verbergen.

Obwohl ich keineswegs hierhergekommen bin mit der Vorstellung, einen orientalischen Prachtbau vorzufinden, ist die angetroffene Wirklichkeit, nimmt man den Medienrummel noch dazu, mehr als ernüchternd – die Moschee hat den Charme einer Garagenfront. Ein schweres, fest verschlossenes Metalltor, rechts, abgeriegelt gegen die Kirche, eine übermannshohe Mauer, darauf verrostete Eisenstachel. Ich sehe hinten den hölzernen Eingang zum Gebetssaal, kann die arabischen Schriftzeichen für Allah und Mohammed enthieroglyphisieren und gehe außen an dem Gelände vorbei durch ein offenes Tor auf ein Feld, das nicht zum Grundstück der Muslime gehört – die Moschee liegt wie eine Enklave inmitten eines christlichen Areals. Fast kann einem das kleine Gotteshaus der Laarer Muslime in seiner Unscheinbarkeit neben der gewaltig dräuenden katholischen Kirche leid tun.

Dann, hier an Ort und Stelle, drücke ich mich nicht länger um die Frage herum, wie ich mich denn wohl verhielte, wenn in meinem akustischen Umkreis eines Tages der Muezzimruf erschallte – um mich sogleich bei etlichen Unklarheiten zu ertappen.

Zunächst versuche ich, meine Haltung gegenüber dem Geläut jener Kirche zu definieren, deren Spitze ich vom Balkon aus über Köln-Marienburgs Baumwipfeln, in Luftlinie etwa 500 Meter entfernt, erkennen kann – und registriere drei langjährig gesicherte Reaktionen: Häufig werden die Glockenklänge von mir völlig überhört oder nur unterbewußt wahrgenommen – am Morgen und vormittags fühle ich mich von ihnen eher gestört – an warmen Sommerabenden aber davon sehr angenehm eingelullt. Wahrscheinlich würde es mir bei »Allahu akbar« ähnlich ergehen, jedenfalls auf die Dauer, wenn auch vielleicht nicht gleich. Sicher bin ich mir aber nicht. Ich habe allgemein etwas gegen Lärm, und das um so ausgeprägter, je mehr ich in die Jahre gekommen bin. Von daher wäre mir ein Muezzimruf ohne elektronische Verstärkung auf jeden Fall lieber.

Im übrigen zähle ich nicht zu den Umarmern, die schon deshalb alles gut finden, weil es von Ausländern kommt, sondern will, wenn mich an ihnen etwas stört, es ihnen genauso unbefangen sagen können wie allen anderen auch. Das gilt für jedes Gebiet, speziell für die Stellung der Frau in islamischen Ländern, die völlig inakzeptabel ist und von der mir niemand mit Hinweis auf »Sitten, Gebräuche und Tradition« etwas anderes weismachen kann. Was mich bei diesem Streit um den Muezzimruf, lautsprecherverstärkt oder nicht, neben fundamentalistischen Bekundungen auf beiden Seiten am meisten stört, ist, daß hier Freiheiten und Toleranzen gefordert werden, die im Ursprungsland Angehörigen anderer Religionsbekenntnisse oft genug nicht eingeräumt sind. Ich habe mit Hunderten christlicher Türken gesprochen, die Angst vor Benachteiligung zeigten und sich mit Glaubensbekundungen zurückhielten, weil, wie sie erklärten, »die islamische Mehrheit sich rasch provoziert fühlt«, und unvergeßlich ist mir jener evangelische Pfarrer, der von »kleinen Glocken« sprach, mit denen er seine Gemeinde an der Peripherie Istanbuls an Sonntagen, bei Taufen oder Trauungen zusammenzuholen pflegte.

Da ist man deutscherseits in Dortmund, Hamm, Lünen, Düren, Oldenburg und Siegen weiter – in diesen Städten kann der Muezzim inzwischen mit Elektronik zum Gebet rufen (in Siegen sogar dreimal am Tag, bis zu 69 Dezibel), wohingegen hier in Laar, wie gesagt, einmal wöchentlich auf arabisch das »Gott ist am größten« ertönt. Aber der Antrag auf alltäglichen Ruf mit Lautsprecherverstärkung ist gestellt in der Hoffnung, daß damit nicht genauso verfahren wird wie mit dem der Muslimgemeinde des Duisburger Stadtteils Hüttenheim: Auch die wartet auf amtliche Antwort – seit siebzehn Jahren.

»Birtat Döner« – »Huzur market« – »Divrimci Yol« – »Fasicme olum« lese ich und sehe Lebensmittelgeschäfte, Gemischtwarenläden, Anschläge des Kultur-und-Sport-Vereins »Ataspor Duisburg 1987«, Embleme mit dem Halbmond, ein auffälliges Ensemble schwarz-rot-goldener und türkischer Fahnen, an dem gerade vier Teenager vorbeistreichen, laut, lässig und selbstbewußt.

An der Bushaltestelle viele junge Leute, darunter Frauen mit Kopftuch und Mädchen mit offenem Haar.

Hinein in den *Deutsch-türkischen Kulturverein*. Hinter der Theke steht ein kleiner Mann, zahnlos, und serviert Tee. An der Wand, natürlich, Kemal Atatürk, der »Vater der modernen Türkei«, die rote Nationalflagge, Fußballplakate mit Patina – »Galatasaray 1905«. Daneben: Bilder mit Alpenszenen, Rehe vor beschneiten Bergen, bauchige Gäule, die schwere Stämme ziehen; auf schmalen Podesten ausgestopfte Vögel, Fasane und Bussarde; überall türkische Zeitungen und im Fernsehen ein dröhnender Western.

Der Alte hinter der Theke schenkt Tee nach und gibt die einzigen Deutschkenntnisse preis, über die er verfügt: daß er hier schon seit zwanzig Jahren lebt.

Draußen eilt ein dunkelhaariger Knirps mit einem bunten Ranzen zur Haltestelle, er pfeift und tollt herum, breitet die Arme aus, als wollte er die ganze Welt umarmen, lächelt, ruft mir irgend etwas auf türkisch zu und fühlt sich offensichtlich pudelwohl. Was soll das für ihn hier anderes sein als seine Heimat? Wehe, wenn dem Jungen jemand etwas tun, ihm auch nur ein Haar krümmen wollte.

Noch einmal vor St. Ewaldi, das Portal mit den Türmen hell, das Schiff dunkelgebeizt. Es ist nicht der Katholizismus, der sich hier zum Vorreiter gegen öffentliche Äußerungen einer anderen

Religion macht, aber auch nicht *die* protestantische Kirche – sondern nur ein bestimmter Teil von ihr. Der aber stößt auf inneren Widerstand und Widerspruch. Im Fenster des Laarer Moscheevereins hängt ein Plakat des Kirchenkreises Duisburg-Nord, auf dem, unterzeichnet vom Superintendenten und von 29 Pfarrern und Pfarrerinnen, zu lesen ist: »Pfarrer Reuter betrachtet die Bibel als ein fertiges Gesetzbuch, mit dem er autoritär und unduldsam endgültige Urteile über Menschen und Meinungen fällt.«

Das tröstet zum Abschied.

Auf der Rückfahrt steige ich aus, erklimme den Rheindamm, der hier hoch ist wie ein Seedeich, und habe ein unerhörtes Panorama vor mir: bis hin zum Strom die sanft abfallende Grünfläche, Möwen in der Luft, schnelle Patrouillenboote, behäbige Touristenschiffe, rechts der Rheinknick und links die große blaue Brücke.

Auf der halte ich dann, etwas jenseits der Legalität, noch einmal, lehne mich an das Geländer, schaue zurück und denke: Laar ist kein besonders ermutigendes Beispiel, gewiß, aber eben doch eines von unzähligen: Alle diese Ausländerfeinde und Fremdenhasser, von rechtsaußen über die Nationalkonservativen bis in die Mitte der Gesellschaft, alle diese Schreier »Deutschland den Deutschen« und »Hier ist eine ausländerfreie Zone«, sie alle führen einen völlig aussichtslosen Kampf, kräftezehrende Rückzugsgefechte ohne jede Erfolgsmöglichkeit: Die sind da, Ersan, Nasir und Nasitr, in Laar und Oldenburg, in Hamm und Dortmund, in Düren, Lünen, Siegen und den tausend anderen Ortschaften und Städten – die sind da, Millionen, und werden da sein! Es gibt gar keine andere Wahl, als miteinander auszukommen, hier im Revier und überall.

Von Deutschland und den Deutschen wird, wahrlich, genug übrigbleiben.

Dortmund – hundertmal mit der Bahn in beiden Richtungen passiert, doch nie zuvor hier ausgestiegen.

Erste Eindrücke im Zentrum.

Über den Bahndamm hinweg, von großer Ähnlichkeit mit der Spitze des Hamburger Michel, der Turm der evangelischen

Reinoldikirche. Auf dem Weg dahin, zum Alten Markt, über Königswall und Brückstraße, wate ich förmlich durch ein Paradies von Melonen, Tomaten, Nektarinen, Äpfeln, und sehe ich mich urplötzlich versetzt in eine Gegend, wo sich die Multikultiszene des ganzen Reviers ein Stelldichein zu geben scheint: Imbißfassaden, »Ararat-Grill«, »Mesopotamische Teig- und Fleischwaren«, »Pizzeria Rimini«; hinter Glas, lichtbestrahlt, ein heiß abtropfender Konus, der größte Döner Kebab auf Erden; phantasievoll angepriesene Krakauer Currywurst, Fritten und Zigeunerspieß; der Eisladen nebenan dänisch geführt, der »Kartoffellord« deutsch und vegetarisch; ein irritierend deplacierter Juwelierladen mittendrin, türkisch, die nationale Herkunft des Etablissements »Ali Baba« (»Herzlich willkommen«) ungewiß, dafür unverwechselbar chinesisch bei »Wok Man« die gebratenen Nudeln nach Kantonart (Fleisch und verschiedene Gemüse).

Aber so bunt das wirken mag, so erfrischend improvisiert manches darunter ist – auch diese City hat, wie viele Stadtkerne, durch unersetzbaren Originalverlust etwas architektonisch Gesichtsloses, mit ihren uniformen Bank- und Kaufhausfassaden Austauschbares an sich, einheitliche Neubauten auf einheitlichen Trümmern, von raschen Sachzwängen hier wie anderenorts hochgezogen, die volle Hypothek aus der Luft zerstörter Großkommunen, in denen sich nur Reste des Alten schwerbeschädigt erhalten haben. Wie ein Symbol dafür vor der Reinoldikirche die bombenlädierte »Kaiserglocke«, ein wahrer Trumm mit klaffender Metallwunde im oberen Teil, 1917 gegossen mit dem trutzigen, vom Kriegsende dann jedoch schon bald korrigierten Lutherwort »Das Reich muß uns doch bleiben«, während die Gegenwart respektlos und schwer entfernbar ihre blauweißen Graffitischnörkel draufgesprüht hat.

Wie die Reinoldikirche, ist auch die ältere Marienkirche gegenüber fast vollständig zerstört und dann wieder aufgebaut worden, wundervolle Romanik und ein Baudenkmal sondergleichen mit der dreijochigen Gewölbebasilika und dem um 1420 von Konrad von Soest gemalten Marienaltar.

Ebenfalls wiederhergerichtet, wenn auch vereinfacht, das alte Stadthaus, aus rotem Sandstein, mit den Köpfen dreier deutscher Kaiser – Karls des Großen, Friedrichs II. von Hohenstaufen, Karls IV. – und den Wappen von acht Hansestädten, zu denen auch die Freie Reichsstadt Dortmund gehörte. Da gibt ein berechtigter Stolz aus der Tiefe städtischer Tradition unprotzig Auskunft und mir wieder einen fühlbaren Stupser, wie sträflich ich doch bisher die Beteiligung der Region in ihrer vormontanen Epoche am Ablauf deutscher Geschichte unterschätzt habe.

Noch einmal wird mir das an einem Platz bewußt, wo man sich, hörte man die Verkehrsgeräusche nicht, in einer völlig abgeschiedenen Landschaft wähnen könnte – in der Propsteikirche, Dortmunds katholischem Hauptgotteshaus, Klostergründung aus dem 14. Jahrhundert: ein Garten mit plätscherndem Brunnen, Blumen, ein Kreuzgang von klassischer Vornehmheit. Und aus dem Efeu an der Mauer der St. Petrikirche leuchten, unglaubliche Idylle, wie strahlende Feuerblüten Rosen auf – wo bin ich hier?

Aber Dortmund, Europas Bierhauptstadt, bringt einen mit ihrer Werbung für die größte Privatbrauerei rasch in die Gegenwart zurück. Wie auch der lichte Innenhof des Rathauses mit seiner hohen Glaskuppel, unter der man frei atmen kann, oder die großzügigen U-Bahn-Stationen mit ihren Treppen, Rolltreppen und übersichtlichen Hinweisen: »Hauptbahnhof–Huckarde–Brambauer–Westerfilde«. Gerade fährt hier in die Station »Stadtgarten« einer der modernen Züge mit dem roten Dach und den großen Fenstern ein, die U 49 nach Fredenbaum, während ich mir kleinlaut eingestehen muß, von diesen und anderen Neuerungen keine Ahnung gehabt zu haben.

Draußen vor der Station die Wasserspiele des Gauklerbrunnens, dunkle Figuren, aus denen es nur so herausspritzt, mit wechselndem Strahl in Form und Stärke, daß es nur so gleißt und glänzt und sprüht. Dagegen läßt der Europabrunnen seine Kaskaden sanft in ein hoch gefülltes Becken herabrieseln, wo ein Zwölfjähriger auf einem Fahrrad sich voller Begabung müht, nicht naß zu werden, und dabei mit bewunderungswürdigem Gleichgewichtssinn die Balance zu halten versteht.

Dann die Friedenssäule, von der ich soviel gehört hatte und die, wie sich nun zeigt, noch für mancherlei andere Bekenntnisse herhalten muß. Neben den vielen eingravierten Übersetzungen des Wortes Frieden – wie Peace, Paix, Schalom, Salaam, Mir und Schriftzeichen, die ich für chinesisch halte – stehen als eindeutige Postscripta: »Fickt Euch alle, Scheißwelt« und, nicht ganz so anonym und kollektiv, »Hello Mara, fuck up«.

Die Frage, warum das noch niemand entfernt hat – Desinteresse am Sinn der Säule? Liberalität? Scheu vor öffentlicher Aktion? –, bleibt unbeantwortet.

In einem Kunsthandwerkgeschäft komme ich zwischen bemalten Katzen und Figuren mit dem Besitzer, Stoppelkopf, Brille, geborener Dortmunder des Jahrgangs '38, ins Gespräch. Er sagt, mit lapidarer, kommentarerübrigender Überzeugungskraft: »Das Ruhrgebiet ist etwas ganz Besonderes, nicht nur in Deutschland, sondern in Europa überhaupt. Nirgendwo hat man sich so verändert, und nirgendwo ist man sich trotzdem gleichgeblieben. Ich werde nie von hier weggehen.«

Soviel habe ich inzwischen auch eingewittert bei meinem bisherigen Streifzug durchs Revier – mit dem *Kohlenpott* von einst hat die Wirklichkeit an der Ruhr nur noch wenig Ähnlichkeit. Mir ist, als hätte ich eine erste Ahnung bekommen von dem gewaltigen Strukturwandel der Region, als hätte sich die Tür einen Spaltbreit aufgetan für einen Blick auf die ungeheuren Umwälzungen von den hier wie nirgends sonst geballten alten Industrien in die Moderne des Elektronik- und Informatikzeitalters.

Wenngleich ich erschrecke über den Prospekt eines futuristischen Dortmund, dessen Väter offenbar die Skyline von Frankfurt am Main noch in den Schatten stellen wollen. So jedenfalls muß ihr koloriertes Überwolkenkratzerpanorama gedeutet werden, das mir an einem städtischen Informationscenter in die Hand gedrückt wird und mich erblassen läßt – gar zu viele Empire-State-Building-Spitzen und Hochbauten, gar zu hoch ragende Wohntürme und Kommerzgebäude.

Einstweilen aber ergeben sich Beunruhigungen aus ganz anderen, eher entgegengesetzten Bildern, gewiß nicht nur hier im Revier zu beobachten, inzwischen aber doch wohl zu so etwas geworden wie seiner sozialen Visitenkarte: Scharen von Obdachlosen, Bettlern und auch Drogenabhängigen, meist junge

Leute oder in mittlerem Alter, von den einen *Stadtstreicher*, von anderen *Wermutbrüder*, von dritten *Penner* genannt.

In Gruppen vorm Dortmunder Hauptbahnhof, in den Fußgängerzonen der Alt- und der Innenstadt bieten sie ein trügerisch-pittoreskes Bild – rauchend, trinkend, redend, Männer und Frauen, oft mit Hunden, Alltagsbilder. Unheimlich, wie die Öffentlichkeit, wie man selbst sich an sie gewöhnt hat.

Es ist eine doppelte Trennung, die sich da auftut, zur Umwelt hin und von ihr reflektiert, mit eingespielten Regeln, die die Separierung beidseitig verfestigen und im allgemeinen nicht durchbrochen werden.

Ganz so wie hier am Westenhellweg, einer Fußgängerzone Dortmunds, die jetzt, um dreizehn Uhr, proppenvoll ist, von der aber eine Gruppe Obdachloser im Halbkreis vor einer Mauer inselartig ausgesondert scheint.

Doch dann geschieht Ungewöhnliches.

Plötzlich löst sich daraus ein untersetzter Mann, von mir auf Anfang Vierzig geschätzt, kommt auf mich zu mit dieser typischen »Sie-kenne-ich-doch-Miene« und spricht, von mir nur schwächlich unterbrochen, wortgetreu folgende Sätze:

»Da ahnt man nichts Böses, und wen hat man plötzlich vor sich – Sie. Mensch, Mann, jedesmal, wenn ich Sie auf der Mattscheibe besichtige, sag' ich mir: Der denkt wie du, nur nicht ganz so hart. Dabei werden Sie doch von den anderen, die dabei sind, meist geknüppelt. Ich sage Ihnen: Die Deutschen haben nichts gelernt, die sind noch genauso gemeingefährlich, wie sie immer waren, die Biedermänner, nur heute nicht mehr mit der Ballertüte, sondern mit Schlips und Kragen und Money. Hier war früher ein Bunker, den sieht man nicht mehr. Nur – das täuscht, der Ungeist, der zu ihm geführt hat, der ist noch da.«

»Und die neuen, die nachgewachsenen Generationen, die doch ...«

»Mann, da kommt sie wieder zum Vorschein, Ihre Gutgläubigkeit. Die alte Generation, die hat gar nichts gelernt, und das sagen Sie ja Gott sei Dank auch immer wieder. Die ist rücksichtslos und konnte nie danke oder bitte sagen. Ihr Deutschland hätte damals plattgemacht, in ein Agrarland verwandelt werden sollen – das war's, was sie verdient hätten. Es lebe Morgenthau!«

»Das ist Legende, der hat das gar nicht so gewollt, der ...«

»Und die Jugend, die Nachgeborenen, von denen Sie sich was zu erhoffen scheinen? Die werfen Brot weg, Mann, stellen Sie sich vor, die werfen Brot weg! Wie muß man sein, um Brot wegzuwerfen? Viele von ihnen haben also nichts gelernt, gar nichts. Deshalb bin ich nicht so optimistisch wie Sie, sondern wünschte manchmal, daß wieder Brotmarken eingeführt werden, wenn ich das sehe.«

»Die Jungen und Jüngeren müssen sich doch unterscheiden von ihren Eltern und Großeltern, die ...«

»... erst Bücher und dann Menschen verbrannt haben! Ich sage: Nee, Mann, nee, null Unterschied. Die werfen Brot weg, und wer das tut, der ist noch zu was ganz anderem fähig.«

»Also Deutschland ein einziges Schlangennest von Schurken und ...«

»... Bösewichtern? Bis auf Ausnahmen, auf wenige Ausnahmen – ja! Ich wünschte, ich hätte Ihre Zuversicht – wo nehmen Sie die nach all Ihren Erlebnissen und Bedrohungen bloß her? Ich hab' die nicht. Allein schon wegen der explosiven Lage auf dem Arbeitsmarkt. Aber da kommt noch was dazu. Wir sogenannten Penner und Aussteiger, wir sind die Seismographen unserer Zeit. Wie man uns entgegentritt, daran ist ihr Geist oder Ungeist abzulesen, und der Politiker. Ich nehme es in der Diskussion mit jedem von ihnen auf, auch mit Kohl, ich meine nicht Wirsing oder Weißkohl, ich meine den derzeitigen Kanzler. Wenn ich mit dem *Goi* mal reden würde, ich glaube, die würden mich einsperren, dann käme ich in den Kleiderschrank, wie wir zu sagen pflegen. Mag ja sein, daß mancher von uns durch eigenes Verschulden in seine Misere gekommen ist, aber die meisten nicht. Suchen Sie mal 'ne bezahlbare Wohnung – Sie kriegen nicht mal 'ne Bruchbude. Und Arbeit? Ich kann nur sagen: Luftschlösser! Die werden mit der sozialen Frage ebensowenig fertig, wie sie mit Hitler nicht fertig geworden sind. Verdrängung, wie Sie es immer nennen, nichts als Verdrängung.«

»Immerhin ist inzwischen doch einiges passiert, zum Beispiel ...«

»... und das meiste danebengegangen. Aber wissen Sie, was das eigentlich Schreckliche, das Allerschrecklichste ist? Wie hartnäckig der deutsche Ungeist sich hält, wie aktuell Kurt Tucholsky geblieben ist! Der hat sich das Leben genommen, weil er die Deutschen nicht mehr ertragen konnte – drei Tage vor Weihnachten 1935. Doch der Ungeist, der ihn umgebracht hat, der lebt heute noch. Oder Heine, nehmen Sie Heinrich Heine …«

»›Denk ich an Deutschland in der Nacht‹ …«

»… ›dann bin ich um den Schlaf gebracht‹ – das bin ich, buchstäblich, fast 150 Jahre nach seinem Tod noch. Es hört sich vielleicht komisch an, wenn Sie mich hier so in meinem Aufzug sehen, aber ich lese nicht ›Bild‹, ich lese Heine. Und sage immer – der ganze Bundestag müßte Heine lesen, vorwärts und rückwärts, der ganze Bundestag, immer wieder. Ist doch alles noch da, wogegen er in seinem ›Wintermärchen‹ gewettert hat, nur schlimmer, viel schlimmer als damals. Dieses harmlose 19. Jahrhundert, gemessen an unserem! Wenn die Deutschen auf ihren Heinrich gehört hätten, dann hätte es den Hitlerterror und seine Menschenbrennerei doch nie gegeben. Also kurz und klein: Heine ist mein ein und alles, und ich denke, Ihres auch, wie ich Sie so einschätze, klar.

Ich hab' familiäre Beziehungen nach Norderney, wo sie Harry 'n Denkmal hingesetzt haben, mit Hängen und Würgen, hat lange gedauert und war mit Zoff verbunden, ehe 'n paar Humanisten das durchgekriegt haben. Aber nun steht es da, und das gibt mir auf der Insel die Gelegenheit, davor Rosen hinzulegen, gelbe Rosen – hab' mir sagen lassen, daß Heine die besonders geliebt haben soll. Also leg' ich gelbe Rosen an sein Denkmal.

Bevor ich aufhöre zu plappern, sage ich Ihnen: Ich habe aufrichtig gesprochen, wie mir ums Herz ist, habe Ihnen die ganze Zeit über die Wahrheit gesagt, meine Wahrheit, und wenn sich herausstellen sollte, daß ich Sie angelogen habe, dann dürfen Sie mich anpinkeln oder mir 'n Kübel Jauche übern Kopf schütten. Was ich mit alldem sagen wollte, und da stimmen wir ja überein, ist: Laßt uns wachsam sein in Deutschland, schön wachsam.«

Sprach's, schüttelte mir die Hand und gesellte sich wieder zu den Seinen.

Zu Hause angekommen, habe ich die Tonbandaufnahme unter der Merkzeile »Ungleichgewichtiger, aber bereichernder

Dialog mit Dortmunds gebildetem Stadtstreicher« sogleich in die lange Liste meiner gesammelten Sprechnotizen einsortiert.

Essen, Innenstadt, Kettwiger Straße.

An ihrem Anfang, vom Hauptbahnhof her gesehen, steht ein junger Mann und hält ein Exemplar der »Selbsthilfezeitung gegen Armut und Obdachlosigkeit« hoch, während er einen Stapel davon mit einem Schraubenschlüssel beschwert hat, damit ihm die Blätter an diesem Septembermorgen nicht davonfliegen. Das Interesse der Passanten ist mäßig bis fehlend – niemand kauft oder zeigt sich überhaupt angesprochen. Drum herum das Luxusangebot eines ausufernden Konsums – Kaufhaustempel, Schaufenster voll edlen Porzellans, 10 000 Artikel in einem Rundblick zu erfassen, und auf hohen Dächern und steilen Fassaden die herausfordernde Werbung der Banken und Konzerne – überwältigend austauschbar und verpflanzbar auf andere Städte.

Aber heute morgen ist es nicht dieser Gedanke, der mir bei meinem Streifzug durchs Revier immer wieder zusetzte, es ist eine andere, aktuellere Empfindung. Und die wird ausgelöst durch den Anblick des Mannes da vor mir, der sein Blättchen hochhält, dann und wann den Titel ausruft und aufpaßt, daß ihm der Stapel trotz des schweren Schraubenschlüssels nicht davonfliegt.

Was sich da tut, scheint nichts weniger zu sein als ein Bild des Aufruhrs, und doch grummelt da was, kündigt sich seismisch an, daß da etwas tief von unten hochsteigt, provoziert durch einen Gegensatz, der sich mir beispielhaft und konkret in diesem Mann dort vor mir verkörpern will – der Gegensatz zwischen der Not unter uns und unserer Bereitschaft, sie wahrzunehmen. Alle Mechanismen der Abschirmung funktionieren wie von selbst. Ich spüre, daß in mir Angst aufsteigt, nicht in einem persönlichen Sinn, wohl aber einem politischen und sozialen. Wo führt das hin, kann das hinführen?

Da steht an diesem Septembertag in der Kettwiger Straße Essens ein Mensch, den man kaum hört, wenn er in den Lärm ringsum hineinruft »Selbsthilfezeitung gegen Armut und Obdachlosigkeit! Selbsthilfezeitung gegen Armut und Obdachlosigkeit!« – während er in Wirklichkeit doch schreit, laut schreit, so laut, daß alles andere davon übertönt wird.

Aber das wird vernehmlicher werden, weil es ununterdrückbar ist, und zur Stunde dieser Niederschrift gibt es neue Zeichen dafür, Demonstrationen von Arbeitslosen mit Massencharakter, zum erstenmal, ein Wille, nicht mehr bloß passiv hinzunehmen, was einem widerfährt, sondern aufzumucken. Wenn sich die Schreie bündeln, wäre nichts mehr so wie zuvor, dazu schrien zu viele.

Was geschieht da bei uns, unter uns? Was schleicht sich da an, ehe es möglicherweise explodiert, wenn ihm nicht abgeholfen wird? Warum gibt es Phasen, in denen einem der leidende Nächste ganz nahe ist, wie verwandt, und andere, in denen sein Bild verschwimmt und weit wegrückt? Warum greifen die großen Theoreme nicht, die einleuchtenden Lehrsätze, wie es sein könnte?

Da hat sich jemand dem Zeitungsverkäufer zugesellt, ein Junge von fünfzehn, sechzehn Jahren, nimmt das Blatt, liest darin, gibt es zurück, bleibt aber und setzt das Gespräch fort.

Ich fliehe die Kettwiger Straße förmlich weiter hoch, weil ich die Szene so in Erinnerung behalten möchte, sehe mich am Burgplatz vor dem Münster und betrete das Areal – wieder verwundert darüber, welch ein Ort der Abgeschiedenheit und akustischen Immunität doch Kirchen mitten im Zentrum brausenden Stadtlärms sein können.

Ein stiller Kreuzgang, auf dem Rasen schwere Grabplatten, unter ihnen, laut Inschrift, Domkapitulare, Geheimkämmerer, Protonotare und sogar päpstliche Ehrenprälate.

Ein knorriges Holz, ohne Frucht und Blatt, aber offenbar doch vom Humus und seinen Säften genährt, denn es lebt – Ableger des tausendjährigen Hildesheimer Rosenstocks, wie hier Auskunft gegeben wird, Geschenk des dortigen Episkopats aus dem Jahr 1994 zum elfhundertsten Todestag des Bischofs Altfrid, Gründer von Stift und Stadt Essen. Gestorben 874 und in der Krypta beigesetzt, steht seine Statue im Münster, nicht ohne daß mir davor gelinde Schauder den Rücken hinunterlaufen, weniger seiner Heiligkeit als der historischen Tiefenbohrung wegen, die hier, quasi nebenbei, wieder sichtbar wird.

Draußen dann, auf einem grünen, schlangenähnlichen Gummischlauch, der sich über die Wege windet, entdecke ich einen Marienkäfer, filigrane Fauna, bewegungslos im Licht einer schwachen, aber offenbar immer noch wärmenden Herbstsonne.

Rings um das Münster, wie eine Mauer aus Metall, riesige Stakete. Warum sind christliche Kirchen so oft eingezäunt wie Festungen, abweisend und absolut nächstenfeindlich?

In der Baedeker-Buchhandlung - größte des Ruhrgebiets, zwei Stockwerke, Fahrstuhl - blättere ich in einem Buch über die Geschichte Essens, »Vom Kaiserbesuch zum Eurogipfel«. Fotos: Hitler und Mussolini zu Besuch, die Front des Handelshofs voller Hakenkreuzfahnen, davor in Reih und Glied SS-Männer und darüber ein Transparent mit der Inschrift »Herzlich willkommen in der Waffenschmiede des Reiches«.

Ich klappe das Buch zu - ich will nicht, möchte auch mal nein sagen können, wo sie mich heimsucht, diese Vergangenheit, und kann es dann doch nicht, als draußen die oxidierte Kuppel der Alten Synagoge zwischen Alfredi- und Steeler Straße herüberwinkt.

Aus der Nähe ein grauer, wuchtig getürmter Bau, 1911-13 errichtet, November '38 niedergebrannt, wiederaufgebaut und in diesen Tagen Schauplatz von Lesungen aus Victor Klemperers Tagebüchern »Ich will Zeugnis ablegen bis zum letzten« und einer Ausstellung über Essens jüdische Geschichte.

Hinter den Scheiben Licht. Ich zögere, gehe dann aber hinein. Plakate »Der Vater der Juden ist der Teufel«; eine Bank »Nur für Arier« (ich erschrecke immer noch, wie damals); ein Ortsschild »Juden sind in unserm Ort unerwünscht. Betreten nur auf eigene Gefahr« und »Ohne Lösung der Judenfrage keine Erlösung des deutschen Volkes«.

Ich möchte raus, bleibe aber.

»Juden unter dem Beistand Gottes« - alte Presseberichte und Fotos von der Grundsteinlegung der Steeler Synagoge, in Anwesenheit des Oberbürgermeisters und Geheimen Regierungsrats Wilhelm Holle. Ich lese: »Heute, am 15. Tamus 5641 (11. Juli 1911) unter der glorreichen Regierung Seiner Majestät des Kaisers und Königs Wilhelm II., da der Grundstein unterhalb der Heiligen

Lade eingefügt wird, erflehen Gemeinde und Bauleute den göttlichen Beistand für das Werk, das seiner glücklichen Vollendung entgegen und empor ragen möge bis in ferne Zeiten.«

Wieviel Vertrauen, wieviel liebende Blindheit.

Vorwarnung in der »Essener Volkszeitung« vom 24. Februar 1932 – ein Mann steigt auf eine Leiter, um von der Wand der Synagoge ein großes »Juda verrecke« wegzuwischen. Dazu der Text: »In der Nacht vom 22. auf den 23. Februar ist die Synagoge in der Steeler Straße von bisher noch unbekannten Personen in der hier im Bilde festgehaltenen abscheulichen Weise beschmiert worden. Es dürfte einer der Tiefpunkte des politischen Kampfes in Essen sein, der mit dieser Untat erreicht worden ist.«

Es war die lokale Ouvertüre für die kommende Tragödie – noch neun Jahre, acht Monate und sechzehn Tage bis zur ersten Deportierung von Essener Juden.

Hinter Glas ein Originalbescheid der sogenannten »Judenvermögensabgabe«, Finanzamt Essen-Süd, 16. November 1939:

»Auf Grund der Durchführungsverordnung ›Die Sühneleistung der Juden‹ vom 21. November 1938 wird die von Ihnen zu entrichtende Abgabe festgesetzt auf 66400 Reichsmark. Die Abgabe ist zu entrichten in vier Teilbeträgen von je 16600 Reichsmark: 15. Dezember 38, 15. Februar 39, 15. Mai 39 und 15. August 39, unter der Bezeichnung ›Judenvermögensabgabe‹ und unter der oben vermerkten Steuernummer.« Die lautete »138/291«.

Da die Fristen für die Teilzahlungen sämtlich überschritten waren, mußten alle Raten der »Sühneleistung« auf einmal entrichtet werden. Und wie zum Hohn darunter noch dies: »Fördert den unbaren Zahlungsverkehr, er erspart längeres Warten an der Finanzkasse.«

Der Ausschnitt einer schwarzen Schiffswand, ein Bullauge, darin das vom Abschiedsschmerz geprägte Gesicht einer jungen Frau; davor, an Land und von hinten, ein Mann, der zaghaft die Hand hebt, ein erschütterndes Foto: Trennung durch erzwungene Emigration.

Emigration? Vertreibung! Das ist die richtige Definition, ungeachtet der schmählichen Tatsache, daß diese jüdischen Flüchtlinge in der famosen »Charta der deutschen Heimatvertriebenen«

vom 5. August 1950 total vergessen worden sind, was ein bezeichnendes Licht auf die geistige Verfassung der Väter und Mütter dieses angeblichen Humandokuments werfen dürfte.

Jenes Bild, weiß ich – das einzelne Bullauge in der riesigen Schiffswand, das leidentstellte Frauengesicht, die Rückenansicht mit der erhobenen Hand an der Pier davor –, wird mich noch lange verfolgen. Wie jene seltsame Angst, die mich seit einiger Zeit besetzt hält und auch hier wieder anfällt, zwanghaft, sinnlos und unstoppbar, nämlich blind zu werden beim Anblick solcher Szenen, einfach dabei das Augenlicht zu verlieren, auf einen Schlag und für immer.

Wie jetzt vor der kleinen, unscheinbaren Plakette gegenüber dem Essener Hauptbahnhof, an der die Menschen achtlos vorbeieilen und die mich mehr bewegt als manche große Gedenkstätte. Ich lese: »In der Zeit vom 27. Oktober 1941 bis zum 9. September 1943 wurden vom Essener Hauptbahnhof und vom Güterbahnhof Segeroth mit neun Transporten mehr als eintausendzweihundert Essener Juden in die Ghettos und Vernichtungslager Osteuropas deportiert. Nahezu alle wurden dort ermordet. Der Abtransport der Essener Juden fand tagsüber statt, vor den Augen von Passanten und Reisenden. Bewaffnete Posten machten eine Flucht unmöglich. Der normale Zugverkehr wurde nicht unterbrochen.«

Dieser letzte Satz, mit seinen sechs Worten, ist es, der mich lähmt, lange, und hier verharren läßt.

Dann gehe ich über den Platz und unter dem Hauptbahnhof hindurch, mit seiner endlosen Ladenflucht, der großzügigen U-Bahn-Station – »Altenessen, Fliegenbusch – Katernberg, Gelsenkirchen« –, und gelange auf der anderen Seite wieder ans Tageslicht. Vor mir der runde Neubau der Rheinisch-Westfälischen Elektrizitätswerke, ein Gigant, der ringsum alles dominiert, obwohl er noch unfertig ist, und das Bergbaudenkmal, nahe, anfaßbar und dunkel, wie aus Kohle gefertigt. Hauer und Stemmer zwischen zwei Flözen, mit Hammer, Lampe und Preßluftramme, ganz realistisch, wie die unvermeidlichen Ratten, die überall sind, also auch unter Tage, und hier sehr naturgetreu dargestellt. Martialisch anzusehen ist das, ein heroischer Anachronismus gegenüber der Technik moderner Abbaumethoden, und doch auch immer noch gruselig. Denn die Tiefe und ihre Gefahren bleiben ja, wie die Menschen da unten, auch wenn nur noch ein Bruchteil der früheren Bergleute einfährt und immer effizientere Maschinen die einstige körperliche Schwerstarbeit minimiert haben.

Jetzt fallen ein paar Sonnenflecken auf das Denkmal, während darunter weg der Ruhrschnellweg, eine autobahngleiche Stadttrasse, ihren Motorenlärm pausenlos, ohne jede Unterbrechung, nach oben röhrt.

Aber ich bin nicht bei der Sache.

Ich bin bei der Steuernummer 138/291, bei dem Gesicht im Rund des Bullauges und bei dem Datum des 27. Oktober 1941.

Die kurze Rückfahrt aus dem Revier nach Köln wird diesmal sehr, sehr lang.

# Einsichten in Hoyerswerda

Momentaufnahmen einer Anreise.

Frühling, strahlendes Wetter auf der Höhe von Gießen und dahinter.

Bergauf, bergab Wiesen, Felder, Hügelkuppen, und die Baumfronten von beiden Seiten der Straße so erstickend nahe gerückt, als wäre hier eine Schneise durch Germaniens Urwälder gezogen – schönes, feuchtgesättigtes, grünes Hessen.

Bald schon, hinter Herleshausen, »Willkommen im Freistaat Thüringen« (wie schmal doch, ich komme von Köln, die Ost-West-Taille der alten Bundesrepublik war!), und bei Eisenach, mit ragendem Turm, bloß Silhouette – die Wartburg.

Kurz darauf, bei Wandersleben, die Mühlburg und die Burg Gleichen, zwei martialisch verfallene Ruinenstummel rechts und links der E 40 – bis Erfurt noch 23 Kilometer.

Dann Weimar nördlich liegen gelassen und – die Augen fest zugekniffen – vorbei an Jenas grausigem Plattenbau-und-Schornstein-Horror, in wunderbarer Naturumgebung auf den Freistaat Sachsen zu.

Nördlich von Dresden abgebogen auf die B 97 nach Königsbrück und über die Pulsnitz – »Hoyerswerda 47 km«.

Junges Grün, viele Birken; Bauerngehöfte, nach außen verschlossen, also sorbisch, soviel habe ich mir angelesen; irgendwo, unbeachtet und vergessen, *HO*, Abkürzung für die ehemalige DDR-Handelsorganisation; Betonbauten, verrosteter Stacheldraht auf ehemaligem Kasernengelände, und der weißbetupfte Blauhimmel immer noch geteilt – ich bin, unverkennbar und hochvertraut, zu riechen, zu hören, zu sehen, im Osten.

In Köln früh um acht aufgebrochen, zeigt das Ziffernblatt am Stadtrand von Hoyerswerda siebzehn Uhr, also hat die Fahrt neun Stunden gedauert. Ob auf der Bahn oder auf der Straße, die Ost-West-Verbindungen, Hypothek der deutschen Teilung, sind immer noch nicht so ausgebaut wie die von Nord nach Süd.

Erste Eindrücke.

Ein regulierter Wasserlauf, nach meinen Vorstudien der Elster-Umflut-Kanal, der Hoyerswerda in zwei ungleiche Sektoren zerschneidet – links die Altstadt, hingehockt hinter einem narbigen Wasserturm, rechts die Neustadt, Plattenbauten, zehn Wohnkomplexe, einer neben dem anderen, wie Zinnsoldaten aufgestellt, mit gelblichen und grünlichen Fassaden, die Markisen heruntergelassen und auf den Balkons Wäsche.

Auf der Fahrt zum Hotel »Achat« geht es vorbei am Karstadtgebäude, an C & A und am Lausitz-Center, der neuen Konsummeile. Dann, vor einer roten Ampel, halten links neben mir zwei Glatzen, auf Rädern und im klassischen Outfit von Skins. Obwohl sie nur da stehen und warten, ohne jedes Aggressionsverhalten, spüre ich, wie tief mich ihre Nähe beunruhigt.

Dabei bin ich nicht ihretwegen gekommen, sondern auf Einladung des »Hoyerswerdaer Kunstvereins e.V., Freundeskreis der Künste und Literatur« zu Lesungen und Gesprächen über deutsche Vergangenheit und Gegenwart. Die Verbindung hat Antonio M. von der Kölner Heinrich-Böll-Stiftung hergestellt, 36, Sproß einer kroatischen Mutter und eines italienischen Diplomaten, verheiratet mit der Deutschen Reinhild M., Vater der gemeinsamen Tochter Anna und von Beruf Gerichtsdolmetscher, eine langjährig erprobte Freundschaft mit erfreulichem Multikultimilieu. Tonio, wie ich ihn nenne, kutschiert uns auf dieser Tour in seinem Wagen und hat sich dabei mir, dem notorisch mitsteuernden und -bremsenden Beifahrer, als ein ebenso exzellenter wie geduldiger Fahrer erwiesen.

Jetzt, während dieser langen Minute vor der roten Ampel neben den beiden Skins, merke ich ihm an, daß ihm die gleichen Erinnerungen kommen wie mir – an die fürchterlichen Szenen und Bilder vom September 1991, die den Namen Hoyerswerda schlagartig negativ besetzten, ihn weit über die nationalen Grenzen hinaus zum Synonym einer neuen Ära gewaltbereiter Fremdenfeindlichkeit machten und, wie noch zu schildern sein wird, nicht ohne Folgen für mein eigenes Leben geblieben sind. Doch davon später.

Nun, endlich, grünes Licht – und weiter.

Mit den letzten Litern Sprit angekommen, suchen wir nach einer Tankstelle, entdecken rechts über die Gleise der Strecke Leipzig-Görlitz/Dresden-Cottbus eine und treffen dort auf eine Frau, die verstört und aufgelöst schreit: »Dieser

Schuft, einfach weggefahren! Und was ist mit den 32 Mark?« Sie läßt die Arme hängen, geht an ihren Platz hinter der Kasse zurück, sagt tonlos: »Die muß *ich* nun bezahlen!« und fängt an zu weinen.

Von dem »Kunden« sind nicht einmal mehr die Schlußlichter zu erblicken.

Ein nicht gerade erfreulicher Empfang.

Zu Erkundungen in die Altstadt, in ihrem Zentrum, dem Markt, ein großer Platz – Kopfsteinpflaster, Sparkasse, Apotheke, Reisebüro. Blickfang: das Rathaus, dreigeschossig, ein Renaissancebau aus der Mitte des 15. Jahrhunderts, wohlrestauriert, mit doppelter Freitreppe und dem Rundportal zum »Ratskeller« rechts daneben. Auf dem Markt die Postmeilensäule Augusts des Starken, wie an vielen anderen Orten zu Zeiten des Kurfürstentums Sachsens auch hier errichtet, mit der Jahreszahl 1730 und auf allen vier Seiten eng beschriftet – Zwickau, steht da, Dresden, Pirna, Zittau, Bischofswerda. Aber die angegebenen Distanzen sind irritierend, sowohl was die nahen als auch und erst recht was die entfernteren Städte betrifft. Verblüfft lese ich: nach Magdeburg 30 1/4, nach Berlin 19 3/4 und nach Prag 25 1/4 Meilen!

Englisches Maß jedenfalls kann da nicht gegolten haben, wären es danach von Hoyerswerda bis Magdeburg doch nur 55, nach Berlin 35 und nach Prag 45 Kilometer, Zahlen, die den tatsächlichen Entfernungen damals sowenig entsprochen haben können, wie sie es heute tun (ein Rätsel, das noch zu lösen sein wird). Ebenfalls hier auf dem Platz die Statuen einer Frau und eines Mannes, ein sorbisches Paar. Er hat die rechte Hand auf den Rücken gelegt und mit der linken seine *Hanka* um die Hüfte gefaßt, sie die Arme über der Brust gekreuzt – Symbol für den Respekt, die Achtung und das Selbstbewußtsein der slawischen Frau in der Ehe.

In der Senftenberger Straße sorbische Volkstrachten, Blaudruck, Keramik, Schaufenster mit Textilien, Blusen, Röcken, Hemden, alles zweisprachig ausgewiesen, auf sorbisch und deutsch. Ich bin begierig, mehr über diese Minderheit, ihre Geschichte und kulturelle Eigenart zu erfahren.

Dann eingebogen in Hoyerswerdas längste, die Lange Straße, Mitte des 18. Jahrhunderts als Handwerkergasse angelegt – das alte Kopfsteinpflaster ist erhalten. Zu DDR-Zeiten stark verfallen, sind inzwischen, von Land und Bund gefördert, viele Häuser privatisiert worden, hübsch anzusehen mit renovierter Fassade.

In der Wand des Hauses Lange Straße Nr. 4 steckt noch, zur Hälfte sichtbar, eine Kanonenkugel, Treffer eines Gefechts mit napoleonischen Truppen am 28. Mai 1813, wie daneben vermerkt ist.

Die vornehme Front des Schlosses, etwas abseits gelegen, im 12. oder 13. Jahrhundert errichtet, das älteste Bauwerk der Stadt, die ihren Namen vermutlich nach Hoyer von Friedeberg, Besitzer der *Veste Hoyerswerda*, erhalten hat und schriftlich zum erstenmal 1225 in einer Urkunde des Bischofs von Meißen erwähnt wird.

Auf andere, spätere Jahreszahlen stoße ich in einem idyllischen Winkel der Altstadt, neben einer Brücke über dem letzten von einst sechs Armen der Schwarzen Elster und angebracht auf der Straßenseite eines stark verrotteten Anwesens: »Lessinghaus. Hier wohnte Theophilus Lessing, Schloßamtmann 1748–98, weilte Gotthold Ephraim Lessing, der bedeutende Dichter.«

Errichten lassen hatte das heute äußerst baufällige Haus im Jahr 1702 Amtsaktuarius (und Gotthold Ephraims Onkel) Theophilus Lessing der Ältere, nach dessen Tod 1748 sein Sohn (und Cousin des Dichters) Theophilus Lessing der Jüngere volle fünfzig Jahre für die handwerkliche und agrarische Entwicklung so »segensreich« gewirkt haben soll, daß laut geradezu hymnischen Chroniken Stadt und Herrschaft Hoyerswerda sich eines erfreulichen Wohlstands rühmen konnten.

Neffe und Cousin Gotthold Ephraim, 1729 geboren, hat hier mehrere Male verweilt, und ich frage mich, ob die uralten Eichen auf dem verwahrlosten Anwesen schon zu Zeugen von Spielen des kindlich-jugendlichen Lessing geworden waren – wenn das Genie sich denn überhaupt, wie gewiß seine Altersgenossen, zu derlei hingezogen fühlte.

An einer Wand des Hauses steht, offenbar ein Lessing-Zitat: »Es eif're jeder seiner unbestochenen, von Vorurteilen freien Liebe nach.« Was eben, allen Erfahrungen nach, nicht leicht ist, hier aber immerhin noch leserlich. Die ehemals erhabenen Buchstaben an der Tafel zur Straßenseite dagegen sind stark abgetragen, fast unlesbar, das ganze Haus mit den hellen Placken hinter dem abgeblätterten Putz in erbarmungswürdigem Zustand. Über einer zugemauerten Tür, unter einem halbkreisförmigen Kranzbogen, bleicht ein ramponiertes »1702« vor sich hin – lang, lang ist's her.

Aber nun ist ein neuer Investor da, der, so vernehme ich mit wechselvollen Gefühlen, in dem alten Haus eine »Gastronomie« einrichten will, so daß man zwar »Prost« und »Guten Appetit« wünschen, aber nach so manchem Restaurierungsflop an historischer Stätte nicht vor späterer Kostprobe und Besichtigung applaudieren sollte.

Drüben fällt über ein Wehr rauschend das Wasser der Schwarzen Elster, des, wie gesagt, letzten ihrer sechs Arme, die einstmals die Altstadt durchflutet, aber auch überschwemmt haben, so daß in den Straßengräben »Hechte und Karpfen mit der Hand gefangen werden konnten«, so die Übermittlung einer teils dramatischen, teils nahrhaften Notsituation.

Es gibt übrigens Pläne, die alten Durchflüsse von Elsterarm zu Elsterarm wieder zu öffnen, eine Maßnahme zu ökologischer Verbesserung, die den Titel »Fließende Welle« trägt.

Gerade will ich mich im Schatten des wurmstichigen Hauses mit Gedanken an »Nathan den Weisen« und daran, wie schwer Güte, Vernunft, Liebe es auf der Welt immer noch haben, eher verhangenen Stimmungen hingeben, da werde ich auch schon aufgemuntert durch den Anblick zweier Adebar, die in einem ausladenden Nest auf dem Dach eines gegenüberliegenden Kindergartens ebenso hingebungsvoll wie vernehmlich mit ihren Schnäbeln klappern. Daran, glaube ich, werde ich mich nie sattsehen und -hören können.

Dann von Hoyerswerda-Altstadt nach Hoyerswerda-Neustadt – was einige Überwindung kostet. Denn obwohl nur wenige hundert Meter entfernt, ist es wie der Eintritt in eine Gegenwelt, die Drift auf einen anderen Planeten, Rückkehr in die DDR-Zeit – schlimme Bestätigung des Ureindrucks bei der Ankunft.

Da wuchten zehn Komplexe hoch, Plattenbauten, eine Phalanx von Wohnkasernen, mit Fahrstühlen, die bei den fünfstöckigen Gebäuden oft nur bis zur vierten Etage reichen (was zu der ironischen Formel »4 plus 1« geführt hat). Eine atembeklemmende Uniformität kommt da zum Vorschein, ein verräterischer Zentralwille, der alles gleichmachen, alles einebnen, alles entindividualisieren wollte; ein rechtwinkeliger Schematismus, den die hier lange ansässige Schriftstellerin Brigitte Reimann mit dem Satz »Die Straßenzüge verlaufen so, wie es die Kranbahn befahl« unübertrefflich charakterisiert hat.

Ich lese: Ferdinand-von-Schill-, Gerhard-von-Scharnhorst-, Käthe-Kollwitz-, Otto-Nagel-Straße – Namen, die raunend berichten vom mißglückten Versuch der untergegangenen Herrschaft, ihren Antifaschismus, mit realsozialistisch interpretiertem Preußentum zusammengerührt, zu instrumentalisieren – und entdecke mich bei dem Rundgang plötzlich am Rand eines Kiefernwäldchens.

Hier bricht er ab und liegt nun vor mir, der Alptraum und gnadenlos verwirklichte Reißbrettentwurf, eine Schöpfung aus der Retorte, das Plattenbautenhochhausensemble Hoyerswerda-Neustadt. Ihr eigentliches Fundament ist jedoch nicht der Betonsockel, auf dem die Blöcke lasten, sondern eine Formation aus den Erdzeitaltern des Tertiärs und Quartärs, die das Schicksal der Region und ihrer Menschen heute noch so bestimmt, wie sie es gestern getan hat und auch morgen noch tun wird – die Geologie des Lausitzer Braunkohlereviers!

Also raus aus der Stadt und östlich von ihr hinein in das riesige Areal zwischen Elbe und Neiße, einstige Urstromtäler mit Laub-, Nadel- und Palmenwäldern, die vor 200 000 Jahren von den Gletschergiganten der Saale-Eiszeit zu Flözen von großer Mächtigkeit zusammengepreßt worden sind.

Hier wird seit mehr als 120 Jahren Braunkohle im Tagebau betrieben, die Karte weist zwischen dem Muskauer Faltenbogen und dem Luckauer Becken mit Namen wie Nochten, Welzow-Süd, Schlabendorf-Nord, Lohsa, Bärwalde oder Klettwitz eine Vielzahl von Abbaustätten auf, ergiebige und bereits erschöpfte.

Am Rand einer solchen – *Scheibe-Riegel* – stehe ich jetzt.

Eine wie von Riesen ausgeschabte Mulde ist das, eine riesige Kuhle, obwohl diese, ehemals mit einem Schürfradius von nur sechs bis acht Metern, noch zu den kleineren Abbauplätzen zählt (größere Tagebaustätten haben zwölf bis dreißig Meter Mächtigkeit, bei drei Baggerebenen übereinander).

Dennoch, schon dieser Anblick ist ungewöhnlich genug, als wäre der Boden Schicht um Schicht enthäutet worden. Überall stehen noch die Brunnen, die das Grundwasser ableiten, und alte Bagger, die ihre Stahlhälse und Schaufeln wie erlahmt in die Luft strecken. Einige Kilometer weiter stoße ich auf einen anderen, ebenfalls stillgelegten Tagebau und stapfe, bis über die Fesseln in feinkörnigem Staub, auf ein schrundiges, sandiges schwarzweißes Loch zu, ein großes Auge in der Erde, unheimlich und dumpf.

Sechzig Meter Sand mußten die Bagger abtragen, ehe sie auf Braunkohle stießen (deren Heizwert übrigens nur ein Drittel dessen von Steinkohle ausmacht).

Auch hier überall Brunnen, um das Grundwasser in die Spree zu leiten (Abpumpungen, ohne die der Spreewald am Nordrand des Reviers bald ausgetrocknet wäre), auch hier die ausgedienten Bagger, verloren, nutzlos und wie in Panik verlassen.

Das hat an diesen Gruben einmal ganz anders ausgesehen.

Früher lediglich als Heizmaterial des Hausbrands verfeuert, wurde die Braunkohle seit Mitte des 19. Jahrhunderts mit dem technischen Fortschritt des Industriezeitalters immer vielseitiger verwendet, waren Millionengelder investiert worden in immer effizientere Abbaumaschinen, Kraftwerke und Brikettfabriken, und aus winzigen Tagebauen mit Hand und Hacke mechanisierte Großförderungsapparaturen entstanden. Hunderte und Aberhunderte von Dörfern und Ortschaften mußten dem gefräßigen Moloch weichen.

Das ging so bis in den Zweiten Weltkrieg und sein Ende hinein – am 16. April 1945 erreichte die Sowjetarmee die Lausitz und besetzte bei Muskau den deutschen Neißebrückenkopf.

Nach gründlicher Demontage und Verschickung von Material in die Sowjetunion und langer Ungewißheit über die Zukunft des Lausitzer Reviers kam dann der Paukenschlag des IV. Parteitags der SED, 1954, unter Walter Ulbricht: die Errichtung der »Schwarzen Pumpe«, das As der DDR-Planwirtschaft zur Erweiterung der Braunkohle- und Energieindustrie, mit dem Zentrum eines Veredelungskombinats und einer eigens zu diesem Zweck aus dem Boden gestampften Stadt für die Beschäftigten des Industriegiganten: Hoyerswerda-Neustadt!

Grundsteinlegung am 16. Juni 1957.

Die »Schwarze Pumpe« war von vornherein, und nicht erst retrospektiv, klar erkennbar als rücksichtsloser Raubbau an den natürlichen Ressourcen der Region, als Anschlag auf ihre Ökologie, auf die Wohnstätten und die Lebensqualität der Lausitzer.

Und so kam dann nach der Vereinigung, was auch bei Weiterbestehen des real existierenden Sozialismus früher oder später erfolgt wäre – der Zusammenbruch. Und das mit drei einschneidenden Folgen für die Region: Reduzierung der Tagebauexpansionspläne, Modernisierung der Anlagen und – Abbau der Arbeitsplätze. Von den ehemals 120 000 Beschäftigten des Reviers sind gerade noch 12 000 übriggeblieben.

Wahrzeichen dafür ist das neue RWE-Kraftwerk der »Schwarzen Pumpe«, von weither sichtbar, wo immer man hier auch steht oder fährt, 5,6 Milliarden Mark teuer und betrieben mit einem Zehntel der einstigen Belegschaft – 500 von ehemals 5000. Lohnen soll sich die Investition, denn in erreichbarer Tiefe ruhen mehr als 13 Milliarden Tonnen wirtschaftlich gewinnbarer Braunkohlevorräte, was Arbeit bis in die Mitte des nächsten Jahrhunderts bedeutet. Antiökologischen Raubbauplänen, wie sie ohne jede Rücksicht auf Bevölkerungsinteressen von der DDR-Regierung programmiert waren, soll abgeschworen worden sein. Während die alten Kraftwerke, wahre Dreckschleudern, nur 25 Prozent der Energie nutzen konnten, erreicht die neue Anlage eine Ausbeute von 49 bis 51 Prozent, und das nahezu emissionsfrei. Getröstet hat der ökologische Gewinn die Entlassenen allerdings nicht.

Je näher ich ihm komme, desto steiler reckt sich das Monstrum aufwärts. Total fensterlos, flankiert von Kühltürmen und Schornsteinen, aber höher noch als sie, hat dieser in das Urstromtal der Elbe und Elster verschlagene Kraftwerksprotz der Moderne für mich dennoch etwas an sich vom größten Festungswall der Antike: der Isthmusmauer des alten Karthago.

Noch weit vor dem vergitterten Eingang, über dem Kopf nichts als das Firmament, wird dem Versuch, näher heranzurükken, ein mehrfaches Paroli geboten: »Sie sind auf Werksgelände, das ist verboten! – Sie tragen keinen Helm! – Hier dürfen Sie nicht bleiben!«

Der kleinwüchsige Mann, der da aus seinem Aufseherhäuschen hervorbricht und die Sätze in hysterischem Befehlston herausbellt, droht vor Entsetzen schier ohnmächtig zu werden, als ich zu allem auch noch den Fotoapparat zücke. »Das ist ebenfalls verboten«, japst er, bleibt dann aber kopfschüttelnd auf seinem Platz, als ich gehorsam zurücktrete und die Aufnahme von einer Stelle aus mache, die seiner Verfügungsgewalt entzogen ist.

Natürlich kommt mir sofort der Parkplatzzerberus auf Rügen vor Augen, erinnere ich mich an die Versuche zur Abschwächung meiner vegetativen Reaktionen durch den Vergleich mit ähnlichen Erfahrungen im Westen und versuche deshalb auch hier, den Aufwallungen antiöstlicher Einseitigkeit einen Dämpfer aufzusetzen. Dennoch, ich kann mir nicht helfen, will ich wieder eine spezifische Akustik herausgehört haben, den Unterton des Staats- und Polizeidieners mit DDR-Vorzeichen, und genieße deshalb, zugegeben, nun dessen ohnmächtige Empörung über die photographische Vergewaltigung eines völlig zivilen Objekts von einem jederzeit und jedermann freistehenden Territorium aus.

Auf der Rückfahrt dann endlich ein Blick auf die Landschaft – Kiefernforsten, links der Straße plötzlich die tanzenden Spiegel zweier flüchtender Rehe und über allem ein purpurner Westernhimmel, aus dessen Wolkenlöchern Sonnenstrahlen langfingrig die leeren Gruben des Tagebaus abtasten.

In fünf bis sechs Jahren soll man hier nach Herzenslust herumplanschen können, sollen die ausgeweideten Abbaustätten für die Städter Erholungsziele sein, von Grün umgebene Seen mit sauberem Wasser (das allerdings, weil ursprünglich zu säurehaltig, mit Kalk regeneriert werden müßte). 27 Braunkohlelöcher sollen geflutet werden im größten Umweltprojekt, das Deutschland je gesehen hat, ein Milliardenaufwand – die Sanierung der Lausitzer Tagebaue.

Das ist eine gute Nachricht, nur schwierig, sich derzeit schon eine solche Badeidylle vorzustellen, sehr schwierig von dem Platz bei Scheibe-Riegel aus, an dem ich stehe.

Zurück durch einen Ort mit sorbischen Bauernhäusern: Dorfaue, Gemeinde Seidewinkel – sogenannte Viereckhöfe, deren Inneres verborgen bleibt, mit ihrer festungsartigen Anordnung von Wohnung, Stallung, Scheune, jedes der backsteinernen Anwesen unter roten Dächern vom Nachbarn getrennt durch einen Zwischenraum, und sei er nur handbreit – eine Architektur, der ein starker Unabhängigkeitswille Pate gestanden haben muß.

Früh, im 6. Jahrhundert christlicher Zeitrechnung, kamen sie an die obere und mittlere Spree, in die Ober- und Niederlausitz, die Sorben, auch Wenden genannt, eine noch einmal in Ober- und Untersorben geteilte westslawische Gruppe, deren Sprache mit der tschechischen, polnischen und slowakischen verwandt ist. Es heißt, daß sie von keiner anderen lebenden Sprache an Biegsamkeit, Mannigfaltigkeit und Wortreichtum übertroffen werde und daß sie heute noch zwischen Lübben und Bautzen von etwa 50 000 Menschen gesprochen wird.

Mit den Deutschen, die, meist Handwerker und Kaufleute, 400 Jahre später kamen, um die Wende des ersten zum zweiten Jahrtausend, haben die Sorben bis in die Neuzeit meist friedlich zusammengelebt. Bis der Nationalismus des 19. Jahrhunderts auch diesen Winkel Europas erreicht hatte und deutscherseits Einflüsse spürbar wurden, die sorbische Sprache aus Schule und Kirche zu verdrängen. Was jedoch nichts anderes bewirkte, als eine starke Gegenbewegung für die Pflege von Brauchtum und Sitte hervorzubringen, die dann unter Hitler wiederum vielen Verboten ausgesetzt war.

Das ganz im Gegensatz zu DDR-Zeiten, in denen die Sorben zwar, wie alle anderen auch, beargwöhnt und mißtrauisch observiert wurden, über die vierzig Jahre hin im ganzen gesehen aber als nationale Minderheit doch eine gewisse Kulturautonomie genossen haben.

Heutzutage gibt es, wie ich nun auch hier entdecke, überall zweisprachige Ausschilderungen und Hinweise, worüber ich mich freue, gleichzeitig aber darüber nachgrüble, warum die deutsche Version der sorbischen stets vorangestellt ist, obwohl es doch leicht andersherum auch möglich wäre.

Es sind Stimmen laut geworden, die sagen, daß die öffentliche Demonstration der Zweisprachigkeit ohnehin nur ein Feigenblatt der Demokratie sei und die Sorben (das sind »die anderen«) inmitten der deutschen Übermacht recht eigentlich Fremde geblieben seien, immer noch, und das nach tausend Jahren.

Es gibt herrliche Charakteristiken der Sorben, so diese ihres Landsmannes und Schriftstellers Jan Skala (1889–1945): »Die Sorben haben das Gesicht ihrer Heimat, körnig grau, und den stummen Blick der Kiefernwälder, deren ausgedörrter Boden von Kienäpfeln und Nadelspreu übersät ist. Den Mund halten sie fest verschlossen, eng aufeinandergepreßt die Lippen, die ganze Physiognomie scheint geformt und gebrannt aus dem Stoff dieser Erde. Ein rüstiges Völkchen dies, friedfertig, fleißig, von naturwüchsig frommem Gemüt und so wenig erfahren im Umgang mit der übrigen Welt, daß der erste Ansturm der Fremden augenblicklich verhängnisvoll in das Dasein dieser anspruchslosen, aber nichtsdestoweniger selbstbewußten Menschen eingriff.«

Vom selben Autor lese ich: »Westlich von Hoyerswerda erstrecken sich Kiefernwälder, ins Endlose scheinbar. Die Dörfer darin liegen weit verstreut, kleinere manchmal, wie Bröthen oder Narth, hin und wieder auch recht ansehnliche, ausgedehnte Ortschaften wie Schwarz-Kollm oder Tätschwitz. Altes sorbisches Land, Heideboden, sandig und arm.«

Und schließlich: »Über dieses Idyll brach vor Jahrzehnten mit Eisenbahnen, Maschinen, Braunkohlengruben, Dampfziegeleien das moderne Industriezeitalter herein gleich einem brüllenden Höllenkoloß, der seine Pranken bald in Gestalt riesiger Schornsteine in den Himmel stößt, bald als Schienenstränge polypenarmig um das Heideland schlingt und aus seinem feuerspeienden Maul Gift in die sorbischen Dörfer bläst.«

Brigitte Reimann holt die lokale Apokalypse so in die Gegenwart des real existierenden Sozialismus: »Hinter einem lichten Waldstreifen, fremd und betriebsam in der ländlichen Einsamkeit, fraß sich eine Baustelle in Gehölz und Felder, ein Kraftwerk mit Hallen. Drei Schornsteine – der vierte noch ein Stumpf von einigen zwanzig Metern – waren in Schwaden von Rauch und Dampf gehüllt. Schwarzer Schnee, gelbbraun verfärbte Baumskelette, die Tümpel toter Gräben, die graue Schmutzschicht, der fette Kohlenstaub auf den Kippen.«

Aber in ihren »Briefen und Tagebüchern« kann man auch Passagen wie diese lesen: »3. Juni 1961. Der Roggen blüht, auf den Feldern wird Gras gemäht. Geruch von Wald und Pilz und Heu und später, am See, von brackigem Wasser. Fahrt durch stille kleine Dörfer. (...) Irgendwo läuten Abendglocken. Etwas Vergessenes oder Verschüttetes kam wieder. Ein friedliches Land, friedliche Stille und Stimmung.«

Niemand hat das zarter und zärtlicher beschrieben als diese 1933 geborene und lange vor ihrem Tod im Jahr 1973 mit dem SED-Regime tief zerfallene Dichterin Brigitte Reimann – atmosphärisch bezaubernde Schilderungen von Landschaften, die auch heute noch bewundert, eingeatmet, erlebt werden können. Die Lausitz ist gesegnet damit, eingeschlossen die nähere und weitere Umgebung von Hoyerswerda. Nicht alles ist kaputtgemacht worden, und die Hoffnung, daß auf verbliebene Naturflächen ökologisch Rücksicht genommen wird, nach der Wende berechtigter als vorher.

Wie vor Äonen liegt das Dubringer Moor da, morgens bedeckt von einer durchsichtigen Dunstschicht, die sich nur langsam hebt, wie von unten sacht angeblasen; Symphonien von Erlen und Weiden, deren photographische Widerspiegelung am Rand von Seen jedes bewegte Blatt aufzeichnet; Orchideen, Sonnentau und Moosbeere im nassen Wiesenland, und der Anblick von Fischotter, Kranich, Seeadler und Eisvogel für den, der die Geduld und das Stehvermögen hat, auf Wald- und Knüppelpfaden auszuharren.

In renaturierten Tagebauseen nisten Graureiherkolonien, und Findlinge von gewaltigen Ausmaßen zeugen von der Schubkraft der über tausend Meter dicken Gletscher der Elstereiszeit – mit geringerem als Schneckentempo transportiert, hat es Hunderte von Jahren gedauert, bis die viele Tonnen schweren Brocken aus Nordeuropa hier angekommen waren.

Überall, wo der Begriff *Revier* zutrifft, ist er in den Vorstellungen entfernt lebender Menschen begleitet von der Öde und der Tristesse der Montanindustrie, den Silhouetten von Fördertürmen und Riesenbaggern, verhangenen Himmeln und fehlendem Grün. So häufig Reviere solche Topographien tatsächlich aufweisen, es gibt dort auch ganz andere Szenerien.

Mir war das klargeworden, als ich das Ruhrtal über die große Brücke zwischen Düsseldorf und Essen überquerte, mit einer Sichtweite, deren Atem mir förmlich die Lunge blähen wollte, ehe ich dort dann überall, innerhalb und außerhalb der Städte, auf die Pflege einer Flora stieß, die gerade inmitten des industriellen Ambiente in den Rang einer besonderen Kostbarkeit gehoben scheint.

Nicht anders in der Lausitz.

Um so erschütternder der Gegensatz, der sich mit dem Namen Hoyerswerda verbindet.

Die *Randale*, wie die ausländerfeindlichen Ausschreitungen vom Herbst 1991 offiziell betitelt wurden, begannen in der Albert-Schweitzer-Straße, vor einem länglichen elfstöckigen Gebäude, das schon durch seine Größe und Kahlheit brutal wirkt. Zunächst von polnischen Monteuren bewohnt (und deshalb »Polenmauer« genannt), waren noch in den achtziger Jahren dort Mosambikaner und Vietnamesen eingezogen und nach der Wende geblieben. Nachdem das Ordnungsamt illegale Zigarettenhändler unter den Asiaten eine Woche zuvor aufgegriffen und die Ergebnisse der Razzia an die große Glocke gehängt hatte, gingen betrunkene Jugendliche dazu über, die Ausländer in der Albert-Schweitzer-Straße zu bepöbeln und mit Bausteinen und Molotowcocktails anzugreifen: Der Kalender zeigte Dienstag, den 17. September 1991.

Sehr bald aber verlagerte sich der Schauplatz der Gewalttaten quer durch die Stadt vor einen fünfstöckigen Block, der ausschließlich von Asylsuchenden bewohnt wurde – in der Thomas-Müntzer-Straße.

Das ist eine Häuserzeile wie viele in der Neustadt, unscheinbar und höchst gewöhnlich in ihrer Gesichtslosigkeit. Hier hatten Afrikaner und Asiaten Unterkunft gefunden, etliche von ihnen schon seit längerem, hier hatten sie gefeiert, mal drinnen, mal draußen, und es dürfte wahr sein, daß es nicht immer leise zuging und anderen Bewohnern der Thomas-Müntzer-Straße, die früh zur Arbeit mußten, der Schlaf geraubt wurde.

Aber was dann weit über die Stadtgrenzen hinaus als die »Schlacht von Hoyerswerda« in die Annalen der Geschichte eingehen wird, kann durch nichts gerechtfertigt werden.

Das von 240 Personen belegte Asylantenheim wurde von Hunderten meist jugendlichen Deutschen, darunter viele Glatzköpfe und Halbwüchsige, mit Stahlkugeln und Brandflaschen, Totschlägern, Stichwaffen und Schreckschußpistolen angegriffen, Attacken, die unter der Parole »Wir machen Mitteldeutschland ausländerfrei« rasch eskalierten, zu vielen Schwer- und Leichtverletzten führten und fünf Nächte andauerten.

Während dieser Zeit war die Menge grölender und anfeuernder Erwachsener beiderlei Geschlechts immer größer, der Sprechchor mit Parolen wie »Nigger raus« und »Sieg heil« immer lautstärker und die Ohnmacht von Bereitschaftspolizei und Bundesgrenzschutz samt ihren Hubschraubern über den Dächern von Hoyerswerda immer offensichtlicher geworden. Angeheizt wurde die Gewaltszene noch dadurch, daß aus Berlin mehr als hundert Autonome der *Liga für Menschenrechte* zugereist waren und sich mit den ausländerfeindlichen Angreifern Straßenschlachten lieferten, die Erinnerungen an die Weimarer Republik hochkommen ließen.

Der Tatbestand war schauerlich.

Für einen Lidschlag der Geschichte schien es, als massierte, konzentrierte, vereinigte sich in dieser sächsischen Trabantenstadt der rassistische und fremdenfeindliche Furor der ganzen Nation, feierten deutschtümelnde Großmäuler fröhliche Urständ, zeigten sich die *häßlichen Deutschen* beiderlei Geschlechts in hemmungloser Monstrosität.

Die Behörden, unfähig oder unwillens, die mit Molotowcocktails und anderen Feuerbomben sturmreif geschossenen Asylantenunterkünfte zu schützen, verfielen tatsächlich auf keine bessere Idee, als die Bedrohten zu *evakuieren*. Was nichts anderes hieß, als den Forderungen des Mobs nachzukommen und die Stadt von Ausländern zu räumen – ein Beschluß, dessen Folgen der vorangegangenen Tragödie ebenbürtig an die Seite treten konnte.

Verkehrsbusse mußten heran, bestiegen von total verängstigten Rumänen, Asiaten und Afrikanern, und die Odyssee konnte beginnen - mit Blaulicht, grölender Menge und fliegenden Steinen. Einer davon verletzte unter dem Jubelruf »Treffer!« den jungen Vietnamesen Tam Le Thanh hinter der splitternden Scheibe seiner Wohnung so schwer am Auge, daß er blutüberströmt zusammenbrach - ein Bild, das um die ganze Welt ging.

Hoffend auf ein besseres Leben, waren sie ins zivilisierte Mitteleuropa gekommen - und landeten im Jagdrevier der Skins und ihrer Sympathisanten in Hoyerswerda-Neustadt.

Auf einen Schlag offenbarten sich die einstigen SED-Parolen von *Solidarität*, *Internationalität* und *Völkerfreundschaft* als Propagandastroh, Agitpropphrasen ohne Wirkung, die Sprechblasen einer tief menschenfeindlichen Herrschaft - mit furchtbaren inneren Entstellungen der Beherrschten.

Die Schlägeraktionen waren, so entsetzten sich Beobachter, »getragen von einer Woge der Sympathie und des Applauses zur Demokratie unfähiger Spießer« - Tausende von Bürgerinnen und Bürgern hatten das nächtliche Grauen durch ihre Akklamation angeheizt. Hier war alles zusammengekommen: Wut über das verpfuschte Leben inmitten einer als Strafkolonie empfundenen Umgebung; Sexualneid; schwelende, allgegenwärtige Pogrombereitschaft gegen Minderheiten; Freude am Krawall; die Angst der Zukurzgekommenen um ihre Sozialhilfe, vor Mieterhöhung und (drohender) Arbeitslosigkeit. Mit anderen Worten: In Hoyerswerda fokussierte sich in jenen Septembertagen und -nächten das ganze soziopolitische Gemisch, das immer wieder als Erklärung oder gar als Entschuldigung herhalten muß, ohne die Feststellung des Rechtsextremismusexperten Eberhard Seidel-Pielen entkräften zu können: »Solche Erläuterungen bleiben die Antwort auf die Frage schuldig, wie hoch der Lebensstandard, das Pro-Kopf-Einkommen denn sein müßte, um das Abgleiten in gesellschaftlichen Neonazismus zu stoppen.«

Charakteristischerweise galt das Bedauern der Lokalpolitiker nicht in erster Linie der gewalttätigen Vertreibung, es galt vielmehr den *negativen Schlagzeilen* in der nationalen und internationalen Presse – eine weitere Bestätigung dafür, daß sich in Deutschland immer noch Empörung nicht am Delikt, sondern an dessen Aufdeckung zu entzünden pflegt.

Der auf Transparenten in SS-Runen offen bekannte *HASS* hatte seine braunen Zähne gebleckt, sich aber nicht auf diese Stadt beschränkt.

Hoyerswerda – das wird nun zur Initialzündung, zum Synonym für jenen rassistischen Flächenbrand, der von Herbst 1991 an epidemisch über das ganze, eben wiedervereinte Deutschland hinwegprasselte, während die Brandstifter zu ihrer Verwunderung erkannten, daß sich ihre kriminelle Energie in einer quasi rechtsfreien Zone öffentlich so gut wie ungebremst austoben und mit einer Dichte und Ausdauer sondergleichen fast jede Form von Straftaten an Ausländern begehen konnte.

Aus jenen Tagen hat sich mir über den Bildschirm des Fernsehens eine Szene von bestürzender Symbolik unvergeßlich eingeprägt: Im Hintergrund, unscharfe Kulisse, eine johlende Menge jugendlicher Skins, die volle Schärfe der Kamera dagegen konzentriert auf die Person im Vordergrund – einen Zwanzigjährigen, ganz in Leder gekleidet, mit Naziemblemen übersät, hingefläzt in einem auf offener Straße plazierten Sessel, die Beine übereinandergeschlagen und das Gesicht gezeichnet von triefendstem Hohn. Wem der galt, enträtselt die Kamera mit einem Schwenk nach links – auf eine Gruppe unsicher dreinblikkender, verlegener Polizisten, die personifizierte staatliche Hilflosigkeit vor siegessicher triumphierenden und zu äußerster Brutalität entschlossenen Gewalttätern.

Fremdenhaß und Ausländerfeindschaft hatten sich schon lange vorher in vielfacher Form gezeigt, nun aber ein neues Kapitel aufgeschlagen, wie es in der Geschichte moderner Demokratien einmalig war.

In Deutschland, im Herzen Europas, konnten Männer, Frauen und Kinder folgenlos krankenhausreif geschlagen, mit Stichwaffen bedroht, lebensgefährlich verletzt und getötet werden. Gebäude und Autos gingen in Brand auf, Steine flogen, Kugeln schwirrten. Maskierte Männer schlugen mit Eisenstangen Fenster und Türen von Asylantenheimen und Ausländerunterkünften ein, brachen Insassen Knochen und Finger, zertrümmerten

Schädel und warfen tödlich Verletzte auf befahrene Bahngleise – die Phantasie der rechten Gewalttäter erwies sich als unerschöpflich, die Zahl der Anschläge auf Ausländer war so inflationär, daß sie sich jeder vollständigen Statistik entzieht. Es müssen inzwischen Zigtausende sein.

Und da jeder Fremdenfeind auch ein Antisemit ist, wie jeder Antisemit ein Fremdenfeind, richtete sich der rechte Sturm auch gegen Angehörige der jüdischen Gemeinschaft in Deutschland, und zwar besonders gegen solche, die als Publizisten im Kampf gegen diese Rechte hervorgetreten waren, darunter auch gegen mich.

Die ersten Drohungen waren es wahrlich nicht, aber seit September 1991 wird ihr Haßdruck deutlich intellektueller, das Alter der anonymen Absender jünger, ihre Mordphantasie ausschweifender – Hoyerswerda läutete ein neues Zeitalter der vokalen und geschriebenen Bedrohung bestimmter Bürgergruppen in der Nachkriegsgeschichte Deutschlands ein. Für mich, der Vergleichsmöglichkeiten en masse hat, kann die Zäsur fast auf den Tag genau bestimmt werden.

Während in vorangegangenen Jahrzehnten Frust und Wut über den so ganz anderen als den einst ersehnten Lauf der Weltgeschichte schwer enttäuschten und sichtbar dumpfen Altnazis die Feder geführt hatten, gehen nun weit Gebildetere ans Werk. Unter den neu eingegangenen Morddrohungen befinden sich solche mit der Signatur »Hierosolyma est perdita« (Jerusalem muß zerstört werden – »Hepp, Hepp«), dem Schlachtruf der Römer im Jüdischen Krieg 67 bis 71 christlicher Zeitrechnung, und auf Hunderten und Aberhunderten von Postkarten packen tapfere Anonymi ihren unverwelkbaren Antisemitismus mit akademischer Sprache in einen verlogenen Kampf für die Menschenrechte von Palästinensern. Dazu vielfach wiederholte »Todesmitteilungen« unter technisch genau aufgeführten Einzelheiten einer eigens für den Adressaten neu konstruierten Gaskammer.

In diesem Zusammenhang ist es nicht ganz unbekannt geblieben, daß ich an Kanzler Kohl einen Brief richtete, der angesichts der Schwäche des Staats und seiner Sicherheits- und Ordnungskräfte gegenüber den rechtsextremistischen Gewalttätern und ihrer Bedrohung jüdischen Selbstschutz bis hin zur Bewaffnung ankündigte.

Das geschah am 23. November 1992, dem Morgen nach der Nacht von Mölln, in der drei Türkinnen den Feuertod gefunden hatten – und ich in meinem Briefkasten die 221. Morddrohung vorgefunden hatte (gerechnet von Hoyerswerda, September 1991, an. Die Summe hat sich inzwischen mehr als verfünffacht – mit erfreulich starkem Gegengewicht der Zustimmung und des Zuspruchs).

Aus diesem Brief an den Kanzler der Bundesrepublik Deutschland ist meist nur der spektakuläre Passus vom »bewaffneten Selbstschutz« öffentlich zitiert worden, nicht sein eigentlicher Kern. Der lautete: »Nie wieder werden wir Überlebenden des Holocaust unseren Todfeinden wehrlos gegenüberstehen – niemals!«

Das war die zentrale Botschaft.

Ich lasse mir bis heute nicht ausreden, daß das Delikt nicht in diesem Brief bestand, sondern darin, daß sich Juden in Deutschland fünfzig Jahre nach ihrer Befreiung Gedanken um ihre physische Unversehrtheit machen mußten und auch weiter machen müssen. Darin sah ich den wahren Skandal und sehe ihn noch.

Das also war die Hypothek, mit der ich nach Hoyerswerda kam, und obwohl der Anlaß meines Besuches ein anderer war, steckte sie mir von der Abfahrt in Köln an mit im Gepäck.

Nur sträubte und sträubt sich in mir alles, die Hoyerswerdaer pauschal für die gewalttätigen Ausschreitungen verantwortlich zu machen, so verbreitet die Zustimmung zu ihnen auch war. Doch daß alle Bürgerinnen und Bürger dahinterstanden, wollte ich mir von vornherein nicht einreden lassen und damit denen, die dagegen waren, kein Unrecht tun.

Zum Beispiel dem Mann, dem ich diese Einsicht und viele in den obigen Text bereits eingearbeitete Informationen zu verdanken habe, ein wandelndes Lexikon regionaler und lokaler Geschichte, Dissident vor der Wende und unabhängiger Geist danach, Schnurr-, Kinn- und Backenbart, sechzig – Martin Schmidt: Landesgeschäftsführer des »Bildungswerkes für Kommunalpolitik Sachsen e.V.« (eine parteienunabhängige, vom

Landtag geförderte Institution, die zur Teilnahme an der Demokratie ermutigen will), Spiritus rector des »Hoyerswerdaer Kunstvereins e.V., Freundeskreis der Künste und der Literatur« und der Cicerone meines hiesigen Aufenthalts.

Einen Besser'n fänd' ich nicht.

In diesen Tagen, ganz langsam und ohne gezielte Ordnung, blättert sich mir eine eigen- und widerständige Persönlichkeit auf, ein deutsches Schicksal, wie es nur unter den Bedingungen des real existierenden Sozialismus und der Sisyphuslast seines Erbes werden und wachsen konnte.

Äußere Stationen: 1937 in Stettin geboren, 1956–61 Studium der evangelischen Theologie in Greifswald, mit Lehrern aus der antinazistischen *Bekennenden Kirche* und aus der Schule ihres im April 1945 im KZ Flossenbürg hingerichteten Predigerseminardirektors Dietrich Bonhoeffer. Nach dem Abschluß die Entscheidung, nicht ins Pfarramt zu gehen, sondern nach dem Muster der französischen Arbeiterpriester in die Produktion – zur »Schwarzen Pumpe«. Als Seelsorger dort nicht akzeptiert (Schmidt wolle »den Sozialismus unterwandern«, so in der nach 1989 eingesehenen Kaderakte), arbeitet er im Tagebau als Kipper, Hilfsarbeiter und Baggerführer. Nach fünf Jahren Ingenieurschule in Senftenberg 1969 Abschluß als Bergingenieur, 1975 Diplom als Industriesoziologe, Bauleitung bei der Errichtung großer Gebäude in Leipzig, Ostberlin und Hoyerswerda.

Die Stadt ist seit 1961 fester Wohnsitz, ab November 1962 geteilt mit Helene Schmidt, bis dahin Bürgerin der Bundesrepublik, die Martin Schmidt 1959 bei einem Studentenaustausch Greifswald-Hamburg in der Elbestadt kennengelernt hatte. 1963 wird dem Ehepaar eine Tochter, 1964 ein Sohn geboren.

Und dann entsteht neben dem Arbeitsleben, langsam und organisch, im »Freundeskreis der Künste und der Literatur« so etwas wie ein kulturpolitischer Fokus, dessen Seele Martin Schmidt ist, eine Gruppierung, wie sie nur unter den Restriktionen eines von seiner inneren Schwäche her ängstlich und mißtrauisch auf die reine Machterhaltung fixierten Staatswesens entstehen kann – frei nach innen, unfrei nach außen.

Erst waren es unregelmäßige, dann regelmäßige Treffen mit Freunden aus der Studienzeit oder Bekanntschaften, die sich aus alltäglichen Begegnungen ergaben. Dabei wurden Gedanken ausgetauscht über Malerei, Musik und andere Länder (soweit sie bereist werden konnten), Hörspiele diskutiert, Verbindung zum Theater Senftenberg aufgenommen, Galerien mit Werken junger, in der DDR nicht beliebter Künstler eröffnet und von Berliner und Dresdener Sammlungen ausgeliehene Kunstwerke gezeigt – so von Marc Chagall und den russischen Avantgardisten der vorstalinistischen zwanziger Jahre.

Der »Freundeskreis« beschäftigte sich mit Fragen der Religion, der Philosophie und des Journalismus; es wurden Theaterfahrten nach Berlin unternommen und dort unter Teilnahme von 100 bis 150 Leuten Zusammenkünfte mit Schriftstellern organisiert, darunter mit Christa Wolf und Stephan Hermlin, die auch ihrerseits nach Hoyerswerda kamen und die Selbständigkeitsbestrebungen ermutigten, wie Martin Schmidt ausdrücklich betont.

Schon erste Einsichten in diese Hoyerswerdaer Chronik öffnen den Blick auf ein erstaunlich reges, in der Planung weitgehend autonomes, von der SED-Kreisleitung aber natürlich argwöhnisch beobachtetes Kulturleben: »Da wird geistig gearbeitet!« steht warnend in den Stasiakten nachzulesen – Dokument einer Herrschaft, die nach dem Mechanismus der antiken Tragödie gerade durch die Maßnahmen, mit denen sie den Untergang abwehren wollte, ihn nur um so rascher herbeiführte. »Die Begegnung mit dem freien Geist ist das Schlimmste, was Diktaturen passieren kann«, sagt Martin Schmidt, »der Repressionsapparat kann ihm einfach nicht beikommen.«

Versucht worden ist es auch hier aber schon, mit Anzeigen gegen ihn, Drohungen, Denunziationen und IMs. Dabei kommt durch die sogenannte »Gauck-Behörde« ein Fall besonderer persönlicher Standhaftigkeit ans Licht.

Ein Kollege von Martin Schmidt und frühes Mitglied des »Hoyerswerdaer Freundeskreises« (nennen wir ihn Anton Z.), wegen seiner perfekten russischen Sprachkenntnisse häufig Dolmetscher für Technikfragen bei Wirtschaftsdelegationen in die Sowjetunion, ein Mitglied der SED, Führungskader und

Geheimnisträger dazu – Anton Z. also wird eines Tages zur SED-Kreisleitung zitiert. Im Parteibüro trifft er aber nicht nur auf die bekannten Genossen, sondern auch auf Offiziere der Staatssicherheit. Die bemäkeln zunächst ungnädig seine Teilnahme an der Arbeit des »Freundeskreises«. Ob er denn nicht wisse, daß der gegen die Kulturpolitik der DDR gerichtet sei? Das, so Anton Z. laut Stasiakte, sehe er anders, nämlich daß dadurch Leben und Gespräch nach Hoyerswerda gebracht würden. Im übrigen weise er darauf hin, daß die Veranstaltungen öffentlich seien, und wenn da falsche Meinungen geäußert würden, so könnten sich doch Gegenmeinungen melden – die Genossen könnten doch dazukommen und sie äußern.

Das eben, so die Stasioffiziere, könnten sie nicht, da sie andere Aufgaben hätten. Man müsse aber aufpassen, daß der Sozialismus nicht zerstört werde, und deshalb könne er, Anton Z., sich aufgefordert fühlen, an den Diskussionen teilzunehmen, um dann zu berichten, was er dort gehört habe.

Und nun offenbart die Akte, daß die Stasileute sich in diesem Fall in der Adresse geirrt hatten. Denn Anton Z., Mitglied der örtlichen SED-Parteileitung, Führungskader und Geheimnisträger dazu, antwortet ganz entschieden: Das käme für ihn nicht in Frage. Er werde, wie bisher, dort hingehen und an den Gesprächen teilnehmen, aber nicht danach ihren Inhalt ausplaudern und damit Vertrauen brechen. Werde etwas gesagt, wozu er Gegenpositionen einnehme, so stritte er öffentlich darüber, sei jedoch nicht bereit, der Aufforderung der Genossen von der Staatssicherheit nachzukommen. Sein Standpunkt sei vielmehr der, daß der »Kunstverein« eine Stätte sei, wo man sich geistig mit der Zeit und ihren Problemen auseinandersetzen könne, und also gut für Hoyerswerda.

»Danach«, sagt Martin Schmidt, »sind sie nie wieder an ihn herangetreten, weder dienstlich noch von der Partei, noch anderweitig – ein Beispiel dafür, daß die Kraft der Persönlichkeit von einer Diktatur nicht gebrochen werden kann.«

Anton Z. hat ihm nicht mitgeteilt, daß er Spitzeldienste verweigert hatte, weder vor noch nach der *Wende* – Martin Schmidt ist an diesen Fall erst durch die Akteneinsicht geraten. Gleich danach aber hat er Anton Z. über seine Kenntnis informiert und ihm auch gesagt, wie berührt er davon war und wie sehr er ihn bewundert hat. »Der Mann hat darauf fast verschämt reagiert«, erinnert sich Martin Schmidt, »hat nicht den Helden markiert und überhaupt bisher noch nie öffentlich darüber berichtet, mit keinem Wort. Er nennt sich auch heute noch einen ›idealistischen Sozialisten‹, und dann unterhalten und streiten wir uns darüber, im geistigen Disput, was nun richtig und was falsch ist. Er liest sehr viel und ist unserer Arbeit treu geblieben. Zu Ihrer Lesung im Schloß will er übrigens auch kommen.«

Das Gespräch findet in einem dieser Plattenbaublocks statt, in der Wohnung von Helene und Martin Schmidt, in der sie, nach mehreren Umzügen, seit 1974 leben – Wohnzimmer, Schlafzimmer, Küche, Flur, Duschbad/Toilette – klein, beengt und über und über vollgestellt mit Büchern.

Am Haus ist alles mögliche getan und restauriert worden, auch am Entree. Die Verwaltung, eine Genossenschaft, hat die Miete gegenüber DDR-Zeiten deutlich erhöht, »aber nicht grausam«.

Freund Tonio und ich sitzen an einem gedeckten Abendbrottisch, von der Gastgeberin, Helene Schmidt, sanft aufgefordert zuzugreifen.

Sie ist eine Frau von angenehmem Äußeren, leise, bescheiden, klug. Selbst hier, wo es keinerlei hemmende Gründe für offene Beantwortung gibt, behalte ich aus Furcht vor Mißverständnissen meine alte Scheu bei, Menschen der ehemaligen DDR direkte Fragen zu ihrer Vergangenheit zu stellen.

Aus dem Gespräch gefilterte Bruchstücke der Biographie von Helene Schmidt: geboren in Königsberg, Vater Pfarrer in Tilsit, unter Hitler ein Mann der *Bekennenden Kirche*, der 1944 in Italien fällt. 1945 Flucht mit der Mutter, nach deren Tod 1947 die Großeltern die familiären Bezugspersonen werden. In Hamburg Studium der Germanistik und der Theologie; 1962 Übersiedlung nach Hoyerswerda und Heirat.

Ein Versuch, in einer Schule für geistig Behinderte Deutschunterricht zu geben, scheitert – der staatliche Argwohn gegenüber der aus Hamburg, also dem *kapitalistischen Ausland*, gekommenen Frau blieb. Als Tochter Katrin und Sohn Joachim in die Schule kamen, durfte das Gebäude nur vom Vater, nicht von der Mutter betreten werden.

Die ursprüngliche Zusage an Helene Schmidt, jedes Jahr ihre Familie in der Bundesrepublik besuchen zu dürfen, ist nie eingehalten worden, wohl aber der Großvater – die Großmutter war 1957 gestorben – bis 1972 auf Besuch nach Hoyerswerda gekommen. Als er nicht mehr reisen konnte, seine Enkelin aber noch einmal sehen wollte, wurde Helene Schmidt die Ausreise vom Staatsratsvorsitzenden Erich Honecker höchstpersönlich verweigert – da die Antragstellerin nicht »adoptiert« sei, könne der Großvater auch nicht als Elternteil gelten. Auch als er 1974 starb, wurde ihr die Teilnahme am Begräbnis verweigert.

Da Helene Schmidt als Lehrerin faktisch Berufsverbot hatte, arbeitete sie seit 1968 in verschiedenen Kliniken als Fachkrankenschwester, ist aber seit 1991 an den Oberstufen dreier Gymnasien als Religionslehrerin tätig. »Mit großer Freude über die Offenheit der Schüler«, sagte sie jetzt, »jedoch auch mit Beklemmung – die Spuren ihrer ›Aussperrung‹ aus DDR-Zeiten sind immer noch spürbar.«

Helene Schmidt war von Anfang an tätiges Mitglied des »Kunstvereins« und hat vor wenigen Tagen gerade eine Veranstaltung zum Gedenken an Brigitte Reimann geleitet, zu deren Freundeskreis sie und ihr Mann gehörten. »Keinen faulen Frieden, keine Kompromisse« hatte, nach einem Wort der Autorin der »Franziska Linkerhand«, das Motto des Abends gelautet.

Dem Verhalten des Ehepaars zueinander entnehme ich die Eintracht einer Lebenspartnerschaft, die durch elementare Übereinstimmungen tief humanisiert worden ist. Mir sind reife Beziehungen wie diese natürlich auch unter freieren Daseinsbedingungen als denen in der ehemaligen DDR begegnet, und doch will es mir scheinen, als könnten durch Diktaturen herbeigeführte Prüfungen ganz spezifische Formen beidseitiger Verkettung hervorrufen.

Und so werde ich mir in dieser kleinen Plattenbauwohnung in Hoyerswerda-Neustadt urplötzlich eines Irrtums bewußt, der mich bis zur Stunde hartnäckig besetzt gehalten hat: nämlich daß man sich hier nicht wahrhaft heimisch, sich nicht zu Hause fühlen könne, wo sich doch in Wahrheit die gemeinsam verbrachten Jahre und Jahrzehnte, ihr Kummer und ihre Sorgen, ihr

Glück, ihre Freude, ihre Ängste und Hoffnungen längst in Möbel, Wände und Fugen fest eingenistet haben.

Ich teile das nicht mit, sondern behalte es für mich - Helene und Martin Schmidt werden davon erst nach der Veröffentlichung des Buches erfahren. Wohl aber versuche ich, eine Ahnung davon zu bekommen, wie es mir ergangen wäre, wenn ich ein Schicksal wie das ihre gehabt hätte. Und wünschte mir, nach allem, jene gelassene Ruhe, Würde und Standhaftigkeit, wie sie mir hier in diesen beiden Menschen begegnen.

Hier nun erfahre ich von einem Augenzeugen auch weiteres über die *Randale* - Martin Schmidt hat die Gewaltszenen vom September 1991 hautnah erlebt.

Als Verantwortlicher der Stadtverwaltung unter anderem für den »Bereich Jugend« zunächst von den Maßnahmen der Kreisverwaltung ausgeschlossen und von ihr lediglich mit der Beschaffung von Quartieren für die auswärtige Bereitschaftspolizei betraut, stellte sich rasch heraus, daß Martin Schmidt und seine Kollegen die einzigen waren, die persönliche Beziehungen sowohl zu Jugendlichen als auch zu Ausländern hatten. Wohl oder übel mußte der Landrat davon Gebrauch machen.

Mit zwei katholischen Pfarrern fand Martin Schmidt sich am Tatort ein, nicht hinter dem Polizeikordon, sondern mitten unter den Jugendlichen, fragte nach ihren Sorgen und Meinungen und bekam das ganze brutale Vokabular der Rechten gegenüber Ausländern vorgesetzt. »Ihre Sprache - das war das Furchtbare.«

Was ihm auffiel, war, daß die meisten der Jugendlichen, die aus Hoyerswerda stammten, aus Familien kamen, die ihre Kinder verstoßen hatten. »Söhne von SED-Funktionären und von Lehrern, deren Kinder dem elterlichen Karrieredenken nicht folgten und infolgedessen zu Hause rausgeflogen, also schon zu DDR-Zeiten sozusagen ›Wildwuchs‹ waren.«

Manche dieser Jugendlichen gehörten einer bereits in den achtziger Jahren entstandenen Szene des Rechtsextremismus an, von der Martin Schmidt meint, daß sie zwar von der Stasi beobachtet, aber auch »gepflegt« wurde - da korrespondierte etwas miteinander in diesem angeblich so grundantifaschistischen Staatswesen.

»Das Bedrückende war, daß wir zwar mit den Jugendlichen reden, ihre tiefe Menschenverachtung jedoch nicht brechen konnten, zumindest in der Gruppe nicht. Wenn man einen von ihnen allein vor sich hatte, ging es besser.«

Und dann: »Schlimmer noch, fand ich, waren die Eltern, die mit ihren Kindern zu den Stätten der Gewalt zogen, den ganzen langen Tag dort standen und das Geschehen genossen wie Fernsehen live. Als ich einige der Mütter und Väter fragte, ob sie für richtig hielten, was da passierte, antworteten sie: ›Ja, das ist doch spannend.‹«

Es waren aber auch Tage, an denen sich das Mediengesicht unserer Zeit in seiner ganzen Gräßlichkeit zeigte. Martin Schmidt bekam nachts Anrufe aus verschiedenen Städten Deutschlands, ob »morgen etwas los« sei und es sich »zu kommen lohnt«, und zwei Anführer der einheimischen Gewaltszene fragten ihn einmal, ob sie das Angebot eines TV-Senders annehmen sollten, gegen Geld, Verpflegung und Quartier in die Ostseestadt Rostock zu fahren, um dort vor der Kamera vorgefertigte Transparente mit der Aufschrift »Hoyerswerda unterstützt Rostock« zu entfalten. »Natürlich habe ich ihnen abgeraten, und sie fuhren auch tatsächlich nicht dahin. Dennoch – es war schon schlimm. Aber das Schlimmste, Allerschlimmste war für mich das Schweigen der Bürger – das war die eigentliche Schuld.«

Auf die Gewalttage und -nächte folgte eine Art politischen Katzenjammers, mit der weitverbreiteten Forderung: »Einmal muß ja endlich Schluß sein«, aber auch die Gegenkraft, zu der sich Martin und Helene Schmidt zählen, regte sich.

Es gab eine Lichterkette, spät, im Dezember '91, aber immerhin; öffentliche Diskussionen zwischen Gewaltgeneigten und Jugendsozialarbeitern; 1992 ein Antigewaltprogramm und 1993 die »Konferenz gegen Gewalt und Fremdenfeindlichkeit« – ein vom »Hoyerswerdaer Kunstverein«, örtlichen Jugendclubs, Schulen und der Heinrich-Böll-Stiftung erarbeitetes und mehrere Wochen währendes Programm »Der Andere neben uns«, in das sich auch Stadt, Kirche und Wohlfahrtsträger einbeziehen ließen. Damals war jene Verbindung zwischen Freund Tonio, als Vertreter der Heinrich-Böll-Stiftung, und Helene und Martin

Schmidt hergestellt worden, der nun wiederum ich meine Anwesenheit in Hoyerswerda verdanke.

Ich höre zu, notiere, nehme auf. Hier fallen Sätze, begegne ich Gedanken, die nur durch eigenes Erleben hervorgerufen werden können.

Martin Schmidt sagt: »Unkenntnis über Demokratie und ihre Traditionen, Nationalsozialismus, Stalinismus und die Beschränkung des Denkens auf einen Vulgärmaterialismus - all das hat eine geistige Wüste entstehen lassen, aus der der Ungeist der Gewalt sprießt. Dann diese Stadt, ihr Mangel an Wärme, aus dem so leicht Kälte entsteht. Was kann aus Kindern werden, die ohne Wärme aufwachsen? Solche Sorgen hatten meine Frau und ich mit anderen Gleichgesinnten schon lange, bevor sie uns 1991 eingeholt hatten.«

Erschreckende Hintergrundinformationen: In Hoyerswerda gibt es Analphabeten, etwa 200 (in Chemnitz sollen es 700 sein, es ist also nicht nur ein lokales Problem). Zwar werden die Kinder eingeschult, aber damit hat es sich bei vielen dann auch. Sie gehen einfach nicht mehr hin, sondern fangen an zu bummeln, und das oft jahrelang. Ohne erfaßt zu sein, treiben sie sich irgendwo herum und neigen natürlich auch zur Kriminalität. Wie prekär die Situation ist, zeigt sich daran, daß an sogenannten »Mobilschulen« gewerkelt wird, will heißen: Wenn die Kinder nicht zur Schule kommen, dann kommt die Schule zu den Kindern. Was nichts anderes bedeutet, als einen unmöglichen Status quo aus Hilflosigkeit pragmatisch anzuerkennen.

Traumatische Schlaglichter auf offenbar weitverbreitete Verhältnisse: Bei Karstadt wird ein zehnjähriges Mädchen beim Diebstahl ertappt. Die Polizei bringt es nach Hause, klopft, klingelt, klingelt, klopft. Schließlich wird die Tür geöffnet von stockbesoffenen Eltern, die sofort auf die Tochter einschlagen wollen, daran jedoch von den Polizisten gehindert werden.

Das Diebesgut des Mädchens: Hefte und Stifte, damit es seine Schularbeiten machen konnte.

Wenn nicht gesprochen wird, ist es gespenstisch still - keine Geräusche, weder aus dem Haus selbst noch aus dem riesigen Block und von der Straße her. In diese Stille hinein sagt Martin Schmidt wie abschließend: »Das Schrecklichste ist - ohne damit

Gewalt und Mord entschuldigen zu wollen –, daß hier eine heimatlose Jugend auf andere Heimatlose stieß.«

Es ist spät geworden.

Beim Abschied begleitet Martin Schmidt Tonio und mich in der Dunkelheit nach draußen bis zum Wagen. Auf halber Strecke bleibt er stehen und zeigt auf eine Parterrewohnung, die sich von den anderen des riesigen Plattenbaukomplexes durch den Luxus eines verglasten Vorbaus unterscheidet: »Da wohnt einer, der seine Wohnung der Stasi zur Verfügung stellte. Die hatte in Hoyerswerda ein großes Areal, Hundekäfige, Zellen und eine Anlage im Keller, mit der sämtliche Telefone abgehört werden konnten. Obwohl viele von der Tätigkeit dieses Mannes wissen, ist ihm danach kein Haar gekrümmt worden, sowenig wie den anderen von der Zunft. Irgendwann hat die Seilschaft sogar mal ein Fest gefeiert – trotzdem blieb alles ruhig.«

Ich bleibe stehen, schaue hinüber, sehe aber nichts als eine Lampe, die sich in der Fensterscheibe spiegelt und hinter der sich ein Schatten bewegt.

Deutschland, deine Täter.

Dann mein Vortrag im Schloß.

Die Begrüßung ist freundlich, der Raum gefüllt mit Frauen und Männern quer durch die Lebensalter.

Ich spreche »Von der doppelten Last, deutscher Jude zu sein«, den zwei Bürden.

Die erste: die gespeicherten Erinnerungen an die Jahre 1933 bis 1945, von der die Überlebenden des Holocaust inzwischen wissen, daß die Zeit gar nichts heilt, sondern, im Gegenteil, je größer der historische Abstand wird, die Schreckensbilder immer näher rücken, die Intervalle zwischen den Alpträumen immer kürzer werden und inzwischen jede Hoffnung geschwunden ist, daß sich an diesem Erbe für den Rest des Daseins noch etwas ändern wird. Mit unheimlicher Tiefenschärfe passieren die Szenen von der ersten Erkenntnis, daß ein neues, bedrohliches Zeitalter angebrochen war, bis zur Furcht vor dem jederzeit möglichen Gewalttod wieder und wieder Revue, während bei mir die Klimax des Entsetzens seit vielen Jahren durch die nächtliche Wiederkehr immer gleicher Alpträume immer gefürchteteren Höhepunkten zustrebt. Dazu kommt als weitverbreitetes Spätsyndrom von Überlebenden des Holocaust die immer intensivere Beschäftigung mit dem Schicksal derer, die nicht überlebt haben, also das Problem, verschont worden zu sein. Was einem selbst erspart blieb, drängt sich immer klarer vor das innere Auge – die Phase der Deportation, die Trennung der Familien in den Vernichtungshöllen, die Gaskammer. Je größer unsere Kenntnisse von der Bürokratie des Verwaltungsmassakers, des industriell betriebenen Massen-, Serien- und Völkermords werden, desto plastischer rekonstruieren sich die Etappen, in denen er sich an den Opfern vollzog.

Gerade dieser Teil der ersten Bürde wird immer drückender, und das mit der Gewißheit, daß alles, was an eigenen Erlebnissen nicht in gnädige Vergessenheit geraten ist, auch für den Rest des Daseins bleiben und weiter einen Jahresring an den anderen reihen wird.

Die zweite Bürde (so vor dem Auditorium weiter) ergebe sich aus dem Nachkriegsumgang mit der nationalsozialistischen Geschichte Deutschlands als Staatsmacht, den ich die *zweite Schuld* genannt habe, also aus der Verdrängung und Verleugnung der ersten Schuld der Deutschen oder doch ihrer Mehrheit unter Hitler nach 1945. Und das keineswegs nur rhetorisch oder moralisch, sondern fest institutionell verankert durch den *großen Frieden mit den Tätern*. Von wenigen Ausnahmen abgesehen, sind sie nicht nur straffrei davongekommen, sondern konnten ihre Karrieren auch unbeschadet fortsetzen. Die alte Bundesrepublik war ein Land, wo dem größten geschichtsbekannten Verbrechen mit Millionen und Abermillionen Opfern, die wohlbemerkt *hinter* den Fronten umgebracht worden sind wie Insekten, das größte Wiedereingliederungswerk von Tätern folgte, das es je gegeben hat. Aus Entnazifizierung wurde Renazifizierung, und so unglaublich es klingen mag, die Funktionselite der alten Bundesrepublik war bis in die siebziger Jahre hinein nahezu identisch mit der unter Hitler. Mit anderen Worten, Millionen von Menschen konnten so gut wie straflos ermordet werden.

Aber auch die DDR sei mit der Hypothek des Nationalsozialismus aus doppeltem Grund nicht fertig geworden – einmal, weil es dem SED-Regime, der anderen Diktatur, dazu an jeglicher moralischer Kraft gebrach, dann aber auch, weil sie bestimmte Negativtraditionen der deutschen Geschichte, wie Untertanengeist und Staatsgehorsam, nur zu gern für ihre Zwecke konserviert und ausgebeutet hat. Zudem hatte der *verordnete Antifaschismus* Herrscher und Beherrschte auf dem Territorium der DDR schlicht zu Mitsiegern des Zweiten Weltkriegs ernannt und alle Bürgerinnen und Bürger zu geborenen Nazigegnern – abenteuerliche Lügen, wenngleich diesmal mit sehr langen Geschichtsbeinen von vierzig Jahren.

Im Koordinatensystem dieses *verordneten Antifaschismus* mit der Zentrierung des Widerstandes gegen Hitler auf die kommunistische Partei sei so gut wie kein Platz für andere Verfolgte gewesen, eingeschlossen die Tragödie des Völkermords an den Juden.

Soweit mein Vortrag.

Es war das erste Mal, daß ich zum Thema »Juden und Hitlerdeutschland – Juden und Nachkriegsdeutschland« auf dem Gebiet der ehemaligen DDR gesprochen hatte – nach langer Erfahrung damit auf dem Boden der alten Bundesrepublik. Hier war Neuland.

Während des Vortrags hatte ich wohl den Eindruck von Aufmerksamkeit, Neugierde und Erschütterung, wie ich sie kannte und oft erlebt habe, empfand die Atmosphäre, das Fluidum aber doch unterschieden von meinen bisherigen Erfahrungen.

Die Diskussion bleibt nicht beim Vortragsthema, sondern zeigt binnen kurzem, daß die erdrückende Macht der Gegenwartsprobleme alles andere weit zurückdrängt. Eine Zuhörerin sagt es direkt: »Ich bin erwerbslos, und meine Nöte lassen mir keinen Raum für eine Aufarbeitung der Vergangenheit. Später vielleicht, wenn es besser wird ...«

Ich möchte, kann aber den Mund nicht halten: »Die These ist mir aus der Zeit nach 1945 noch in guter Erinnerung. Damals sagten die Leute auch, es gebe wichtigere Dinge – Nahrung, Wohnung, Heizung, Beruf, Aufbau! Als es dann aber soweit war, als die Bundesrepublik wie Phönix aus der Asche stieg, aus den Trümmern das *Wirtschaftswunder* erblühte und breiter Wohlstand einzog, blieben sie genauso stumm. Das heißt, diese Generation war unter keinen Lebensumständen bereit, sich mit der Vergangenheit auseinanderzusetzen.«

Daraufhin Schweigen, in dem ich mich unwohl fühle, so lehrmeisterhaft, wie mein Einwand aus mir herausgekommen war. Was weiß ich vom Leben dieser Frau?

Dennoch überzeugt, daß sich hier fatale Verdrängungsparallelen zur Zeit nach 1945 auftun, fühle ich mich in der Defensive, spüre ich wieder, daß ich über diese verdammte Ossi-Wessi-Hemmschwelle nicht hinwegkomme. Da hakt etwas, scheint es mir besser geraten zuzuhören.

Bestimmte Sätze, rasche Einwürfe mit einer Art Grundsatzcharakter, »Statements«, wie man heute zu sagen pflegt, bleiben in Erinnerung:

»Ich will einfach nicht, daß diese vierzig Jahre, der größere Teil meines Lebens, umsonst waren.«

»Ich halte am Antifaschismus fest, wenngleich ich zugeben muß, daß der unsere einäugig war.«

»Die Deutschen waren immer Opportunisten, Anpasser – und das sind sie geblieben. Hier bei uns erst recht.«

»Ich wache jeden Morgen froh auf, weil Deutschland nun eins geworden ist, jeden Morgen.«

»Warum sind es meist IMs, die *Inoffiziellen Mitarbeiter* der Stasi, die vor dem Tribunal der Fernsehnation stehen und dort laufend angeprangert werden, nicht aber ihre Führungsoffiziere und die OibEs, die *Offiziere im besonderen Einsatz*, die in der hierarchischen Verantwortung doch viel höher standen?«

Ja, warum? Der verglaste Vorbau im Parterre des riesigen Plattenbaukomplexes, die Lampe, in deren Schein sich hinter Gardinen ein Schatten bewegt ...

Die Frage bleibt im Raum stehen.

Dann geschieht etwas Unerwartetes, Unvermutetes, das auf Martin Schmidts Gesicht freudige Überraschung malt: Anton Z., der Führungskader und Geheimnisträger von einst, steht hier im Schloß von Hoyerswerda vor seinen Mitbürgerinnen und Mitbürgern auf und berichtet von seinem »Fall«. Wie die Stasi ihn zitierte, was sie von ihm wollte und wie er darauf reagierte – ohne daß ihm danach etwas passierte.

Anton Z. sagt das völlig unpathetisch – Heldenpose, Selbsterhöhung sind seine Sache nicht. Es ist eine öffentliche Premiere, denn er hat zuvor nie darüber gesprochen. Und wie er da seinen schlichten Report abgibt, ist er die Glaubwürdigkeit in Person: »Es war möglich, nein zu sagen.«

Stille.

Mir will fast schon mein Atemgeräusch zu laut sein, also bleibe ich mucksmäuschenstill und denke: Wieder wirst du zum Zeugen einer Situation, wie sie nur aus dem Nachlaß einer untergegangenen Diktatur und der Auseinandersetzung mit ihr entstehen kann. Ich will dabeisein, ich will das mit austragen. In mir ist so etwas wie Dankbarkeit, das zu erleben, zwei lehrreiche Stunden, Einsichten in Hoyerswerda. Und dazu draußen dann auch noch die angestrahlte Schloßfassade, ein beeindruckendes Bild.

Die Nacht aber wird unruhig.

Bei allem Verständnis für den Druck der Gegenwartsprobleme – zu offenkundig war die Diskrepanz zwischen Vortragsthema und Diskussion: Die allgemeine Befindlichkeit gegenüber jüdischer Thematik scheint mir in Ostdeutschland eine andere zu sein als im Westen.

Es dauert bis zum Morgengrauen, bis ich glaube, die Formel gefunden zu haben: »In der alten Bundesrepublik ist dieses Thema gegenwärtiger.«

Am Vormittag dann in der Konrad-Zuse-Schule (so benannt nach dem Mann, der als »Vater des Computers« gilt und zwischen 1923 und 1928 in Hoyerswerda zur Schule ging).

Hier lese ich aus meinem Roman »Die Bertinis« einige Abschnitte aus der Schulzeit des nichtarischen Gymnasiasten Roman auf dem Hamburger Johanneum, einem humanistischen Gymnasium, in den Jahren 1933 bis 1938. Bedrohung, Entrechtung, Einschüchterung durch einen antisemitischen Lehrer; notorisch schlechte Zensuren für gute Arbeiten in den Altsprachen Latein und Griechisch; die Verwandlung der jugendlichen Persönlichkeit unter dem Druck der Verfolgung, bis hin zu einer Psychose der Ausweglosigkeit, die in dem Entschluß mündet, dem Leben durch eigene Hand ein Ende zu machen – mit fünfzehn Jahren.

Ich hatte die Passage oft an Schulen der alten Bundesrepublik gelesen, so gerade kürzlich noch vor Schülerinnen und Schülern der Oberstufe eines Kölner Gymnasiums, ihren Lehrern und Eltern, eine Episode aus dem autobiographischen Werk, die ihre Wirkung auf die Zuhörerschaft nicht verfehlte: Erschütterung, Trauer und, wie beabsichtigt, geschärfte Wachsamkeit gegen den alten, aber immer noch nicht besiegten Ungeist.

Hier jedoch, in dieser Hoyerswerdaer Schule vor potentiellen Abiturientinnen und Abiturienten, spüre ich schon während des Lesens, nicht erst danach, eine gänzlich andere Atmosphäre als die gewohnte, den Mangel an jenem Kontakt, der nur durch eine korrespondierende Bereitschaft zwischen Autor und Auditorium zustande kommen kann.

Die fehlte nun.

Aber nicht, wie ich überzeugt bin, wegen der Person des Autors, hatte ich doch vor der Lesung ganz unbefangene Begegnungen mit den Schülerinnen und Schülern gehabt. Die Blockade ergab sich vielmehr aus der Distanz zum Thema, seiner jüdischen Substanz und dem Defizit an Kenntnissen über den Holocaust, Erbe sowohl des KP-zentrierten Verordnungsantifaschismus der SED-Propaganda wie auch der über die größere Strecke von 1949 bis 1989 durchgehaltenen Antiisraelpolitik der DDR-Führung.

Zwar lag ihr Untergang inzwischen fast neun Jahre zurück, aber in der nächsten Stunde sollte mir demonstriert werden, wie stark sich über die Wende hinaus noch alte Bilder, Denk- und Verhaltensweisen konserviert halten - eine jedenfalls in dieser Intensität bis dahin für mich neue Einsicht.

Nicht etwa, daß sich das eingeschränkte Interesse an dem verlesenen Stoff in Formulierungen artikulierte, die auf Antisemitismus und Fremdenhaß schließen ließen, keineswegs - diese jungen Leute wären unter den Angreifern der Albert-Schweitzer- und Thomas-Müntzer-Straße nicht zu finden gewesen. Auch nicht, daß die Lesung in den Herzen und Köpfen gar keine Spuren hinterlassen hätte. Nur - wie gestern im Schloß, so treibt nach einer kurzen Höflichkeitspflicht auch hier die Übermacht zeitgenössischer Probleme unaufhaltsam auf ihre direkte Diskussion zu.

Ihr Ergebnis hat mich bestürzt und erfreut zugleich, beides, in einem Wechselbad der Empfindungen, wie es überhaupt charakteristisch ist für meine Beteiligung an der deutsch-deutschen Auseinandersetzung.

Unter diesen Mädchen und Jungen, die drei Wochen vor dem Abitur standen, 1989/90 also ihren zehnten oder elften Geburtstag gefeiert haben, waren es offenbar nicht wenige, die aus DDR-Zeiten ein fast geschlossen ostalgisches Weltbild in die Gegenwart transportierten.

Ich fasse zusammen: Kein Heimatgefühl im größeren einheitlichen Deutschland, wohl aber für eine DDR, die als Empfindung immer noch vorhanden ist. Besonders bei zwei Mädchen, so etwas wie Wortführerinnen, wird die Zementierung eines tief geschönten Vergangenheitsbildes erkennbar. In der Kindheit suggerierte Auffassungen scheinen seither ohne jegliche Reflexion auf die grundveränderten Gegebenheiten geblieben, schwere innere Barrieren wollen neue Kenntnisse und Erkenntnisse nicht zugegeben. »Die Idee war richtig« – so könnte der mentale Status quo zusammengefaßt werden, mit deutlicher Verblüffung auf die Frage, wer denn das »Karnickel des nächsten Versuches sein soll«.

Sprachrohre der elterlichen und großelterlichen Generation, schießt es mir bei soviel Apologetik durch den Kopf. Aber ich will nicht der erste sein, der hier opponiert. Und brauche es auch nicht, denn als die beiden Mädchen die Mauer als »Verzweiflungsakt« hinstellen, also die Position ihrer Erbauer einnehmen, bricht der scheinbare Konsens, melden sich andere und widersprechen den Bildern, die vom Leben in der DDR abgegeben worden sind. »So schön war das nicht, wie ihr das hier geschildert habt«, sagte ein Schüler, und ein anderer: »Wir sind ganz einfach beschissen worden, schlicht beschissen.« Eine Schülerin, deren gequältes Gesicht mir schon aufgefallen ist: »Vielleicht wollen wir auch bloß unsere Kindheit schöner machen, als sie war.« Der Junge neben ihr: »Ich finde es einfach gut, daß da einer aus dem Westen kommt und wir miteinander reden, wenngleich« – er stockt, nimmt einen neuen Anlauf und fährt dann fort – »wenngleich ich manchmal denke, daß es wirklich das beste wäre, wir würden einen Schlußstrich ziehen.« Und nach einer kurzen Pause weiter: »Kann es denn für uns überhaupt eine Zukunft geben, wenn einem die Vergangenheit immer wieder dazwischenfunkt? Wäre es nicht besser und für uns Jugendliche viel leichter, sie ruhen zu lassen?«

In diesem Moment wünschte ich mich weit fort.

Denn da war es wieder, das kollektive Stichwort, das ich zum erstenmal schon im Herbst 1945 und dann fortlaufend unter dem Vorzeichen des Hakenkreuzes gehört hatte, ein halbes Jahrhundert später aber nun auch in der Nachlassenschaft des real existierenden Sozialismus.

Doch verspüre ich hier nichts von der alten Wut, die jedesmal noch nach 1945 und nach 1989 in mir aufgestiegen war, wenn jener ominöse Strich von Leuten gefordert wurde, die sich mit ihm nur selbst entlasten wollten - und die mit dem, womit sie Schluß machen wollten, in Wahrheit nie angefangen haben. Statt dessen fährt mir die Frage hier, in dieser Hoyerswerdaer Schule, durch Mark und Bein - kommt sie doch wieder aus dem Mund von Generationen »schuldlos Beladener«, wie ich schon einmal, unter dem Vorzeichen des Hakenkreuzerbes, Jugendliche genannt habe, denen von Eltern und Großeltern die Last einer Vergangenheit zugeschoben wurde, an der sie nicht teilhatten.

Jetzt umstehen sie mich und forschen nach Antwort, darunter auch die beiden vehementen Verteidigerinnen der DDR. Was ihnen, um Gottes willen, sagen?

War sie da doch wieder, die verständliche Auflehnung gegen die Ungerechtigkeit der Geschichte, gegen den Fluch der bösen Tat, auch jene, die nicht an ihr beteiligt waren, ja, gar nicht beteiligt sein konnten, dennoch zu treffen.

Wie bekannt, nur allzu bekannt mir das vorkommt, und wie gern würde ich den fragenden Gesichtern antworten: »Richtig, tut sie ab, die Vergangenheit, begrabt sie, begrabt sie mit all euren Kräften, und fangt neu an, unbeschwert - laßt euch von ihr nicht irre machen.«

Aber ich sage es nicht, weil es so nicht geht, nicht nach einer Vergangenheit wie dieser, bösartig, wie sie war und vierzig Jahre lang, Zeit genug, übergenug, um Millionen von Menschen zu versehren und zu deformieren, unweigerlich und oft genug wohl auch vom eigenen Ich unbemerkt.

Nein, ich kann nicht beschwichtigen, nicht trösten, denn wieder lautet, auch hier, die Wahrheit: Verdrängung funktioniert nicht, sondern macht Vergangenheit ständig zu unreflektierter Gegenwart; sie zementiert die politische Fehlgeburt des real existierenden Sozialismus samt ihren Dogmen und den Ursachen ihres historischen Bankrotts, steht der Gewinnung demokratischer Auffassungen und Erkenntnisse direkt im Weg und verhindert den Prozeß einer notwendigen Rehumanisierung. Soll sich all das, was die deutsche Geschichte in unserem Jahrhundert mit irreparablen Schäden schon einmal durchexerziert hat, nun unter dem Hammer-und-Sichel-Emblem der untergegangenen DDR ein weiteres Mal wiederholen? Müßte ich deshalb den jungen Leuten um mich herum nicht einbleuen: »Wie die Verdrängung nach 1945 dafür gesorgt hat, daß die Gesellschaft auch nach fünfzig Jahren noch vom Erbe der unaufgearbeiteten NS-Vergangenheit beunruhigt wird, so würde, wenn jetzt nach dem gleichen Muster verfahren werden sollte, noch in der Mitte des kommenden Jahrhunderts die Rede vom unaufgearbeiteten Stalinismus auf deutschem Boden sein.«

Aber ich sage es nicht. Ich fühle mich hier vor dieser Jugend wie auf einem Seil, das hoch über dem Boden heftig schwankend gespannt ist zwischen meinem Bedürfnis, ihr gut zuzusprechen und sie zu ermutigen, und der universellen Gewißheit, daß der Wunsch nach dem Schlußstrich unerfüllbar ist.

Was also entgegnen?

Da wird mir, plötzlich und zu meiner großen Erleichterung, aus der Not geholfen durch einen Zwischenruf, den ich, da bin ich ganz sicher, ebensowenig vergessen werde wie das befreiende Gelächter danach: »Die Jugend war schön – aber alt werden wollten wir in der DDR nicht!«

Noch ein Blick in das Büro der »Landesgeschäftsstelle des Bildungswerkes für Kommunalpolitik Sachsen e. V.« in der Kirchstraße, deren Geschäftsführer Martin Schmidt ist. Lichte Räume, moderne Einrichtung, alles da: Computer, Faxgerät, Kopier- und Adressiermaschine, nicht ohne Stolz vorgewiesen.

Dies ist so etwas wie ein Zentrum des Gesprächs und des Erfahrungsaustausches mit jungen Leuten, eine Stätte der Begegnung mit Jugendsozialarbeitern, aber auch mit Ministern und Bürgermeistern. Ich werfe einen Blick auf die Titel der langen Liste selbstgestellter Aufgaben, darunter: »Innere Sicherheit« - »Jugendkriminalität. Was können wir tun?« - »Grundwissen für Kommunalpolitiker« - »Umweltfreundliche Abfallbeseitigung« - »Hilfe für Behinderte« - »Sozialverträgliche Kommunalabgaben«: eine imponierende Initiative politikbereiter Bürgerinnen und Bürger. Und Martin Schmidt ist ihr Prototyp.

Er und seine Frau, Helene Schmidt, sind für mich *die* Begegnung in Hoyerswerda, sozusagen seine guten Geister, Menschen, bei denen es keiner Vorverständigung bedurfte, von denen ich lernen kann und gelernt habe und die ich wiedersehen möchte, ein deutsch-deutscher Umgang, nach dem ich geradezu süchtig geworden bin.

Martin Schmidt ist es auch, der mir das Rätsel der Postsäule auf dem Markt der Hoyerswerdaer Altstadt löst: Es geht bei den Zahlenangaben um die *Sächsische Meile* - 9,062 Kilometer. Zwar war an ihre Stelle ab 1815 die *Preußische Meile* und ab 1871 im Deutschen Kaiserreich der Kilometer getreten, aber die Ziffern der altehrwürdigen Säule aus der Ära des starken August wurden nicht geändert.

Vor der Abfahrt deckt Martin Schmidt mich mit Broschüren, Büchern, lokalen und regionalen Statistiken ein. Händeschütteln, herzlich, dann die Frage: »Sie kommen also wieder?«

Versprochen! - Aus vielen Gründen.

Aber auch aus einem Motiv, auf das ich leider erst während der Rückfahrt nach Köln stoße.

Freund Tonio neben mir am Steuer, beginne ich auf der Autobahnhöhe von Erfurt im Riesenpacken des mitgenommenen Informationsmaterials wahllos zu wühlen und zu blättern, bis ich an eine Lektüre gerate, die mich - es trifft die Wahrheit nur unvollkommen - erbleichen und in mir den Wunsch zu sofortiger Umkehr aufschießen läßt. Denn da ist die Rede von »Bananenfröschen und freifliegenden Turakos inmitten von Orchideen und Bromeliengewächsen«; von »Bülbüls, Sonnenvögeln und Glanzstaren zwischen Schrauben- und Feigenbäumen«; von »Vielfarben-Tangaren unter Palmen, gewaltigen Rautenkrokodilen,

Riesenskorpionen und Zwergflußpferden« – und das alles im Zoo von Hoyerswerda! »Aus bescheidenen Anfängen in den fünfziger Jahren, einem kleinen Tiergehege«, lese ich umflorten Blickes, »entstand inzwischen ein international anerkannter Zoologischer Garten mit über tausend Tieren.«

Wie nur, frage ich mich, einer gelinden Ohnmacht näher als jedem anderen Zustand, wie nur konnte gerade ich, der Autor des Buches »Der Wombat und andere tierische Geschichten«, während meines Aufenthalts in Hoyerswerda diesen Zauberort ignorieren, wie an ihm vorbeigehen, ihn unbestaunt, unerforscht lassen?

Entzückt und niedergeschlagen zugleich, vertiefe ich mich weiter in die leider so spät entdeckte Broschüre, fresse mich förmlich in sie hinein, und das bis in den kaum mehr bezwingbaren Wunsch, alle Termine über den Haufen zu werfen und umzukehren, zurück nach Hoyerswerda, stante pede, oder besser, von der nächsten Ausfahrt gleich auf die gegenüberliegende Autobahntrasse. »Wo«, frage ich mit deutlich überschnappender Stimme, »wo sind wir eigentlich?«

»Auf der Höhe von Bad Hersfeld«, sagt Tonio vorsichtig und ergänzt ahnungsvoll: »Mehr als die Hälfte der Strecke haben wir also schon hinter uns.«

Ist ja gut, Freund, ist ja gut, habe verstanden, aber versteh' du doch nun auch – ich war in ihrer Nähe, ihrer unmittelbaren Nähe, und habe sie nicht gesehen: die Wald- und Habichtkäuze, die Emus und Bennetkänguruhs, die Baummarder, Mähnenwölfe und Wüstenfüchse, die Servals, Karakals und Amurtiger im Zoo von Hoyerswerda!

Und deshalb lege ich (nach einem letzten, eher halbherzig unternommenen und zu Recht an Tonios sanfter Vernunft gescheiterten Versuch zur Umkehr auf der Höhe von Wetzlar/Gießen) folgenden Schwur ab: »Ich werde euch besuchen, ihr Weißbüschel-, Schwarzpinsel- und Lisztäffchen, ihr Rotbauch- und Kaiserschnurrbarttamarine, ihr grünen und rotstirnigen Großen Soldatenaras, ich werde kommen! Und die Axishirsche, Kudus und Rappenantilopen, die Lamas, Alpakas und Trampeltiere, die kletterfreudigen Mangaben und rauflustigen Klammeraffen, die Grizzlys und den Nasenbären – die will ich auch sehen!«

So tönt es wortwörtlich, in makelloser Tonqualität, von Band 214, das ich kurz vor der Ankunft in Köln noch einmal seufzend abgehört habe.

Dort gibt es bekanntlich auch einen Zoo, weitläufig, berühmt und mit europäischer und überseeischer Fauna und Flora so üppig versehen, daß ich all das genauso hier, nur viel näher, bewundern und bestaunen könnte und mehr als einmal auch habe. Und doch ist es für mich nicht das gleiche, ob ich den Kölner oder den Hoyerswerdaer Zoo besuche.

Nach den Gründen dafür befragt, könnte ich keine präzise Antwort geben, außer vielleicht der, daß ich auf dem Territorium der ehemaligen DDR eben alles anders erlebe als auf dem der alten Bundesrepublik – Schrecken und Glück, Zustimmung und Ablehnung, Trauer und Freude.

Was nun wohl vollends ins Unerforschliche gleiten dürfte.

# »Longo Mai« oder »Hier gibt es kein Reglement«

Die ganze Strecke von Köln bis Bremen war schlechtes Septemberwetter. Dann, östlich von Hamburg abgebogen auf die E 26, wird der Himmel höher.

Wegzeichen: »Schwerin 115 km«, ausgeschildert auch Schwarzenbek; dahinter, bei Hornbek, Abzweig nach Büchen – da lief die innerdeutsche Grenze. Ich suche nördlich und südlich der Autobahn nach ihren Relikten, finde aber nichts, nur den Elbe-Lübeck-Kanal, hinter dem es nun gar keine Zweifel mehr geben kann: Gaststätte Gudow – das klingt schon sehr mecklenburgisch. Links ab nach Schwerin, über den See hin seine Türme und Schornsteine, das Schloß von hier nicht auszumachen. Unübersehbar dagegen bei der Fahrt durch Leezen der Hinweis »Bundesbeauftragter für Stasiunterlagen«.

Vor Brüel noch lichter Herbstnachmittag – bis Güstrow 42 Kilometer. Die Landschaft wellig, Alleen, Wald- und Buschinseln, Baumdome, Kronen, die einander küssen. Es macht gar nichts, daß die gute, aber enge Straße auf meiner Spur blockiert wird von einem riesigen Truck, der nicht mehr als 60 Stundenkilometer machen kann.

Ich fahre durch Orte, die vor wenigen Jahren noch weiter entfernt schienen als Honolulu auf Hawaii – so Sternberg. Der gleichnamige See, auf der Karte mit dem Attribut »der Große« versehen, seine Vegetation und Buchten erinnern mich an Ostpreußen, an Masuren, haben schon diese »ostische Aura«. Hier beginnt eine andere Geographie und Topographie, tut sich etwas auf, in das ich mich fallen lassen möchte, eintauchen, einschmelzen, gerade weil es eine so späte Erfahrung ist – und eine völlig unerwartete dazu.

Vor Güstrow zwei kreisende Windrotoren, und bis weit über Teterow hinaus, erst purpurn, dann mit langgestrecktem Wolkenband aus Perlmutt, das im Rückspiegel widerwillig verglimmende Zentralgestirn, der große Lebensspender – was Helios, Seine Majestät der Sonnengott, uns auch heute wieder unter überwältigender Verschwendung kosmischer Schönheit noch einmal wissen läßt.

Kurz vor Malchin, tiefstes Mecklenburg, »über die Dörfer« nach Dargun und von dort endlich, letzte Etappe vor dem Ziel, nach Stubbendorf – sechs Kilometer.

Es ist stockfinster, als ich ankomme und eher zufällig auf einen handgemalten Hinweis an einer langen Stange stoße. Dem folge ich, hinaus aus der wie menschenleer daliegenden Ortschaft und über eine Sandpiste, die von Granattrichtern durchlöchert zu sein scheint, so hüpft und bockt mein alter Ford. Aber dann taucht es auf vor mir, lastend und dunkel, ein nach vorn in umgekehrter U-Form offenes Gehöft – der *Ulenkrug*, einziger deutscher Ableger der »Europäischen Kooperative Longo Mai«.

»Longo Mai« ist ein Grußwort aus der Provence und bedeutet soviel wie »Es möge lange währen«. Gleichzeitig weist das Motto auf die Ursprungsregion des auf seine Weise einzigartigen Experiments hin – Südfrankreich. Dort war 1974 achtzig Kilometer östlich von Avignon auf siebzig Hektar eine landwirtschaftliche Kooperative gegründet worden, deren Mitglieder sich auf der Basis absoluter Freiwilligkeit ohne Zwänge und Hierarchie zusammengetan haben.

In dem Vierteljahrhundert seither sind weitere Höfe in Frankreich, in der Schweiz, in Österreich und der transkarpatischen Ukraine dazugekommen, Gemeinschaften, in denen Menschen verschiedener Nationalitäten und Ethnien, vorwiegend aber Europäer, leben und arbeiten. Sie siedeln sich bewußt in ländlichen Randgebieten an, so etwa auf verlassenen Höfen in den Hochalpen, ohne daß es sich dabei etwa um den Rückzug in eine Agraridylle handelt. Wo immer die Kooperativen sind, unterhalten sie mannigfache soziale Beziehungen zu ihrer Umwelt. Das Zentralbüro im schweizerischen Basel ist Initiator eines Bürgerforums, das europaweit Veranstaltungen organisiert und in Sammelaktionen um Fördergelder wirbt.

Mein Interesse an »Longo Mai« war geweckt worden durch Schriften der deutschen Kooperative, die mir auf den Arbeitstisch flatterten und sofort, schon nach erstem Studium der Lektüre, die neugierige Frage provozierten, was denn nach fast 25 Jahren Praxis aus dem Prinzip unterdrückungsloser Beziehungen und unhierarchischen Umgangs miteinander geworden sei, ob es funktioniert habe oder nicht und was, so oder so, die jeweiligen Gründe dafür wären. Seit je berührt von der Vorstellung herrschaftsfreier Beziehungen zwischen Mensch und Mensch, wollte ich das Exempel näher in Augenschein nehmen. Und so hatte ich denn, ohne dabei mein publizistisches Interesse zu verbergen, die Verbindung aufgenommen, war dort auf freundliche Bereitschaft und gestern nun im *Ulenkrug* bei Stubbendorf, Kreis Demmin, eingetroffen.

Nach zwei zuvor gescheiterten Versuchen, in Deutschland Fuß zu fassen (einer in der Rheinpfalz, der andere im Oderbruch), ist die Kooperative in Mecklenburg der gelungene dritte – Einzug November 1995, offizielle Eröffnung im Frühling 1996. Es wurde eine denkwürdige Feier, über mehrere Tage hin, im Stile einer Dorfhochzeit und in Anwesenheit nicht nur von Mitgliedern aus den Kooperativen Frankreichs, der Schweiz und Österreichs, sondern auch mit Besuchern aus Stubbendorf, Teterow, Dargun und Demmin. Die Apfelbäume zeigten die ersten Blüten, die Kartoffeln schon saftiges Grün, und auf der Weide tummelten sich Kühe, Kälber und die Schafe mit der schwarzen Wolle, die es in jeder Kooperative von »Longo Mai« gibt. Eine geglückte Gründung, wahrlich, wenngleich zum Leidwesen der allseits beliebten Muttersau Lotte, die in Form fein gegrillter Steaks und saftiger Würstchen hatte dran glauben müssen.

Und so lerne ich hier denn ohne Zeremonien, in einer Atmosphäre wohltuender Unbefangenheit, Roman Steffen B. kennen, genannt »Seemann«, und seine Gefährtin Sylvia; den Schweizer Walter L.; die Marokkanerin Latifa; Jürgen H. und seine Frau Jeke, Barbara S. und ihren Mann Jürgen (der eine so verblüffende Ähnlichkeit mit Richard Burton, dem verstorbenen britischen Schauspieler und mehrfachen Ehemann Liz Taylors, hat, daß ich ihn sogleich bei mir auf den Vornamen des längst verstorbenen Schauspielers umtaufe).

Mehrere Angehörige des Ulenkrugs sind unterwegs und verkaufen Produkte der Kooperative, Gemüse und Kartoffeln, auf Märkten in Berlin, Rostock und Greifswald.

Ich zähle acht Kinder, die im Haus herumwuseln, ohne daß ich die jeweilige Elternschaft schon dingfest machen könnte.

Dazu kommen Gelsomina und Jule, belgische Schäferhunde, und als dritter im Bunde Packer, eine Promenadenmischung mit den seelenvollsten Augen der Hundewelt.

Das Haus ist hundert Jahre alt, und man sieht es ihm an. Zu DDR-Zeiten Teil einer LPG, hatte der Altbesitzer, ein Tierarzt, es nach der Wende zurückerhalten, um den Betrieb zu bewirtschaften, war aber gescheitert. So konnte denn die Kooperative mit Geldern einer schweizerischen Stiftung und eigenen Mitteln (Europäische Landfonds) Gebäude und Boden des Ulenkrug erwerben – an die vierzig Hektar, dazu zwölf gepachtete. Angebaut werden Weizen, Hafer, Ölleinen und Futtergetreide, während im Stall und auf der Weide Pinzgauer stehen, eine besonders robuste Rinderrasse aus den Alpen, dreißig Mutterkühe und ihre Kälber.

Ich darf mich hier umtun, wo ich will, und fragen, was ich will. Im Haus Kindergeschrei; der Flur voller Mäntel; Berge von Schuhen, kleine, große, alle derb, viele ausgelatscht; Regenschirme, ein Schlüsselbrett. Gang durch die Räume – Kachelöfen, noch kalt; an der Wand, von »Seemann« gemalt, bunte Bilder: Zirkuszelte, Pinocchio, der legendäre Clown Grock. Im Zimmer nebenan eine Nähmaschine; auf einem Stuhl, dösend, Schäferhündin Gelsomina; auf der Fensterbank eine Plattenhülle mit dem Bildnis des früh verstorbenen Chansonniers Jacques Brel. Im Büro, rechts vom Hauseingang, Fax, Computer, Kopiergerät und Jürgen H. mit Handy – man ist modern ausgestattet. Aber im Raum dahinter herrscht wieder die heilige Unordnung – Kinderbetten, auf der Erde eine Matratze, Spielzeug, ein Nachttöpfchen. Ich wundere mich, daß ich, in persönlichen Dingen sonst doch eher Ordnungsfanatiker, nichts dabei finde, sondern im Gegenteil dem Chaos hier eher heimliche Sympathien entgegenbringe.

Küchendienst hat heute Barbara S., die Frau von Richard – Turnschuhe, bunte Hose, graue Wolljacke. Seit 1976 bei »Longo Mai«, war die geborene Hanauerin in allen Kooperativen, am längsten in den französischen. Jetzt ist sie dabei, Kohlblätter mit Hackfleisch zu füllen – es wird heute, wie sie sagt, »Krautwickel« geben (was bei uns in Hamburg Kohlrouladen hieß und über alle Lebensetappen hinweg mein Leibgericht geblieben ist, was ich sogleich erfreut vermelde). Der Topf für das Mahl auf dem Propangaskocher ist riesig.

Ich schaue aus dem Fenster und sehe Schafe, schwarze – »Pommersche Rauhwollschafe«, klärt Barbara S. mich auf, »die kommen von Rügen.«

Und dann erzählt sie mir in der Küche des Ulenkrugs die Geschichte von den »Emigrationsschafen«.

Das waren 200 Tiere im Besitz von »Longo Mai«, die sich von deutschem Boden aus ohne Grenzbehinderung in die französischen Vogesen hineingegrast hatten, denen dann aber samt Hirten die Rückkehr versagt wurde, und zwar mit der Begründung: Nur Haustieren könne der Übertritt gestattet werden, Schafe seien jedoch Zuchttiere – ein amtliches Diktum mit unvorhersehbaren Folgen.

Bot sich am nächsten Tag doch den Zöllnern ein Anblick, wie ihn die im Lauf der Zeit bekanntlich vielstrapazierte deutsch-französische Grenze noch nicht erlebt hatte: An der Leine von 200 Leuten einzeln geführt, begehrten 200 Schafe Einlaß nach Baden-Württemberg – was ihnen, so umfunktioniert zu Haustieren, von den komplett überraschten, aber an das Gesetz gebundenen Zöllnern nun nicht mehr verwehrt werden konnte. Die Rache der hinters Licht Geführten folgte auf dem Fuße. Eben wieder zurück auf den Weidegefilden des rechten Rheinufers, wurde die Herde beschlagnahmt, und das mit der Begründung, die Schafe seien krank und deshalb eine Gesundheitsbedrohung für die Bevölkerung. Das war zwar amtlich besiegelt, aber trotzdem eine Behauptung, die nicht nur vom offensichtlich ungebrochenen Appetit der prächtig in der Wolle stehenden Schafe selbst widerlegt, sondern auch von einem Schweizer Veterinärgutachten eindeutig verneint wurde. Dennoch, so wurde unbeeindruckt verkündet, müßten die Tiere geschlachtet werden, und dies in der Dunkelheit, wie durchsickerte, sozusagen bei Nacht und Nebel – eine Anordnung, die nicht gerade auf ein gutes Gewissen der Vollstrecker schließen ließ.

Die jedoch sahen sich am nächsten Morgen ihrer Delinquenten beraubt – von der Herde keine Spur mehr! Und während auf deutschem Boden noch hektisch, wenn auch vergeblich, nach ihr gefahndet wurde, erfreuten sich die Tiere längst eines in der Chronik Europas wohl einmaligen politischen Schafasyls in der Schweiz.

Allerdings, den Weg zurück konnte es nun nicht mehr geben, leider aber auch ebensowenig längeres Bleiberecht in dem Gastland, wohin der bravouröse, doch zweifellos etwas jenseits der Legalität unternommene Hirtencoup die Tiere gerettet zu haben glaubte. Und so mußten sie geschlachtet und auf dem dortigen Fleischmarkt verkauft werden. Was zwar nicht ganz im Sinn der Entführer war, jedoch die behördlich verbriefte These von der Verseuchung der »Emigrationsschafe« nur noch einmal ad absurdum führte. Mit anderen Worten: Hätte der deutsche Amtsschimmel nicht gewiehert, wäre das Drama überflüssig gewesen. Dem bezeichenderweise noch ein höchst charakteristisches Nachspiel folgte.

Überstürzt, wie die Transaktion der Herde auf neutrales Gebiet unter dem Zwang der Umstände vor sich gehen mußte, waren 50 von den 200 Schafen zurückgelassen worden. Nach einiger Zeit von der Polizei entdeckt und zusammengetrieben, waren sie der Freiburger Tierkörperbeseitigungsanlage zugeführt und dort der Bestimmung des Betriebs übergeben worden. Acht Jahre später (!) wurden »Longo Mai« die Kosten für die »Vergasung und Verbrennung« der 50 Schafkadaver zugestellt – eine Rechnung, die, einziger Trost in dieser bürokratischen Farce, wohl auf ewig unbeglichen bleiben wird.

Behördliches Mißtrauen gegenüber den Kooperativen von »Longo Mai« und ihren Angehörigen war nicht neu, sondern ihnen, jedenfalls in Deutschland und in Österreich, von Anfang an begegnet. Und auch davon erfahre ich jetzt hier in der Küche des Ulenkrugs, während die Krautwickel dem Mittagessen entgegenschmoren.

Bei dem 1974 fehlgeschlagenen Versuch, in Rheinland-Pfalz eine Kooperative zu gründen, hatte der Innenminister das Terrain zunächst observieren lassen, dann die Gemeinschaft mit einer Razzia überzogen. Was, ganz wie gewünscht, eine abschreckende Wirkung auf alle hatte, die sich den Neuankömmlingen nähern und von ihnen selbst etwas über ihre Lebensweise erfahren wollten. Offiziell wurde souffliert, eine solche Niederlassung habe eine tourismusfeindliche Wirkung, während die Gescheiterten den wohl nicht ganz unbegründeten Verdacht hegten, daß den Landesherren eher das Prinzip von »Longo Mai« unheimlich gewesen sei.

Bei der Vereitelung der Kooperative »Basta« im Oderbruch bediente man sich anderer Methoden. Dort war in der einstigen Domäne Wollup ein altes Vorwerk gepachtet worden (vorerst nicht viel mehr als eine Ruine), wo Obst und Gemüse gezogen, Gänse und Enten gehalten sowie soziale Projekte auf die Beine gestellt werden sollten. Aber obwohl die brandenburgische Landesregierung das Projekt befürwortete, wurde der Antrag abgelehnt – diesmal durch die *Treuhand*, jene Institution, die mit der ersten Phase der Verwaltung und Privatisierung des ehemaligen DDR-Staatseigentums beauftragt war. Eine Begründung wurde nicht gegeben.

Viel schärfer noch, ja, geradezu feindlich, waren die Reaktionen in Österreich. Dort startete, mit schwerer Schlagseite zum Rechtsaußenidol Jörg Haider, ein obskures Monatsmagazin namens »TOP« eine langandauernde Verleumdungskampagne gegen die Kärntner Kooperative »Hof Stopar«. Und das wohl nicht nur, weil ihre Mitglieder sich der Probleme der slowenischen Minderheit in dem zweisprachigen Grenzgebiet angenommen, sondern sich auch offen bekannt hatten zu der Wanderausstellung »Vernichtungskrieg – Verbrechen der Wehrmacht 1941–1944«, die vier Wochen lang in Klagenfurt besucht werden konnte. »Linkslastige Nestbeschmutzung« war noch die harmloseste Beschimpfung, die den Redakteuren von »TOP« einfiel.

Aber es blieb nicht bei Verbalinjurien. In einem achtseitigen Artikel wurden die Angehörigen von Hof Stopar bezichtigt, Verbindungen zur »Bajuwarischen Befreiungsarmee« zu unterhalten, jener rechtsterroristischen Organisation also, der gerade bei einem Sprengstoffanschlag auf die Romasiedlung im burgenländischen Oberwart vier Menschen zum Opfer gefallen waren. Ein Rufmordversuch, dem sich erwartungsgemäß sogleich auch Österreichs auflagenstärkstes Boulevardblatt, die »Kronenzeitung«, angeschlossen hatte.

In diesem Fall hatte die Lüge jedoch besonders kurze Beine. Denn nur wenige Tage nach ihrem gedruckten Erscheinen wurde der wahre Täter von Oberwart gefaßt, Franz Fuchs – schwerverwundet, da ihm bei der Festnahme eine selbstgebastelte Bombe in den Händen explodiert war. Damit war die Kooperative »Hof Stopar« zwar der existenzgefährdenden Anschuldigung ledig, nicht aber der Feindschaft der österreichischen Neonazis weit über Kärntens Grenzen hinaus.

Hintergrund und tiefere Ursache der Affäre war die Solidarität der »Longo Mai«-Leute mit den verbrieften Rechten der slowenischen Minderheit, die seit langem bevorzugtes Aggressionsobjekt des Austronazismus ist. Dabei ging es konkret um den Antrag einer Lizenz für einen privaten Rundfunksender, der sich unter Beteiligung von »Longo Mai« der regionalen Probleme annehmen wollte und im November 1997, nach achtjährigem Kampf, schließlich auch zugelassen wurde.

Ich aber stehe hier in der Küche des Ulenkrugs und schließe aus dem Bericht von Barbara S., daß ein Dasein ohne Herrschaft und unter Ausschluß hierarchischer Strukturen in der Gemeinschaft also keineswegs widerstandslose Hinnahme von ungerechtfertigten Angriffen bedeutet, keinen zahnlosen Pazifismus in dem Sinn, daß dem Schläger auch noch die andere Wange hingehalten oder politische Waffenlosigkeit gefordert wird in einer Welt, die immer noch große und kleine Aggressoren hätschelt.

Die mecklenburgische Kooperative von »Longo Mai« hatte sich bisher mit solchen Molesten und Schlimmerem nicht zu befassen, sie ist zum Glück frei geblieben von derlei Kämpfen, Streitereien und Intrigen, was nicht unwesentlich beigetragen haben mag zu der gelösten Atmosphäre, die ich hier vorfinde.

Ich resümiere nach einer Woche: Die »Europäische Kooperative ›Longo Mai‹« samt dem Ulenkrug gehört zweifelsfrei zur undogmatischen Linken – deren Positionen in vielerlei Hinsicht mit meinen Ansichten und Überzeugungen korrespondieren.

Selbstverständliche Gegnerschaft gegen Faschismus, Stalinismus, Nationalsozialismus (das Adjektiv *antifaschistisch* führt hier nicht, wie gewohnt, zu Augenbrauenrunzeln und gefurchter Stirn); ideologiefreie Ablehnung aller autoritären Strömungen und Parteien; Unteilbarkeit der Menschenrechte und der Humanitas; Engagement für Minderheiten, Schwache und Verfolgte; kritische Haltung auch gegenüber dem Parlamentarismus, seinen Schwächen, Versuchungen und Stärken, bei gleichzeitig wachem Bewußtsein, daß die demokratische Republik, der demokratische Verfassungsstaat von allen Staatsübeln in der Menschheitsgeschichte offensichtlich das kleinste ist. Dazu kommt die Fähigkeit, auf Menschen zuzugehen, sich ihnen zu öffnen, und nicht zuletzt die Lust, Feste zu feiern.

Dies ist eine Gemeinschaft, die Glückwünsche versendet mit dem Signum »Kind und Kegel, Katz und Maus, Hund, Schwein, Rind, Schaf, Pferd und Federviecher« – und das gefällt mir sehr.

Über allem aber steht, ungeschrieben und doch ständig präsent, das, was ich mir bei diesem Aufenthalt das »Programm« zu nennen angewöhnt habe: unterdrückungsfrei zu leben, miteinander hierarchielos auszukommen.

Ist das möglich, geht das tatsächlich, oder ist es ein unerfüllbarer Anspruch?

Ganz bei der Suche nach Antwort, ruht mein Blick durchs Küchenfenster dennoch seit längerem schon wohlgefällig auf dem Gemüsegarten des Ulenkrugs, eine Faszination, die mich jetzt aus dem Haus vor Phalangen von Rot-, Weiß- und Grünkohl treibt, von Roten Beeten, Salaten, Stangenbohnen; nicht zu vergessen die dichten Reihen des Rosenkohls, dicke, runde Ballen, die aussehen wie tropischer Regenwald, von großer Höhe her betrachtet.

Stundenlang könnte ich davor verharren, buchstäblich versessen darauf, »das Gras wachsen zu sehen«. Immer wollte ich etwas in die Erde legen, anbauen, säen, um das Gewachsene dann mit ganz anderen Geschmacksnerven als sonst zu verspeisen. Weshalb aber bin ich dazu nie gekommen, ist daraus, von einem kurzen Intermezzo des großelterlichen Schrebergartens abgesehen, traurigerweise nichts geworden? Was ist da, denke ich zum ungezählten Mal, in meinem Leben falsch gelaufen?

In diese Betrachtung rückt jetzt Jürgen H., schlank, fast hager, grüßt freundlich, bückt sich, prüft den Boden auf Feuchtigkeit und fährt mit der Hand über die Pflanzen.

Aus Gesprächen destilliert: Jahrgang 1950, Bruch mit den Eltern, die mit ihm nicht über die Nazizeit sprechen wollten. Studium in Aachen, von 1969 bis 1972, nur vier Jahre. »Aber nichts wie weg da«, hatte er gestern gesagt, »ein verbiesterter Betrieb. Schon wer gelacht hat und fröhlich war, der war verdächtig.«

Jürgen H. ist seit 1974 bei »Longo Mai«. Er macht den Eindruck großer Gelassenheit. Ich will beobachtet haben, daß Mitglieder der Kooperative sich ihm gegenüber eine Nuance anders benehmen als gegenüber anderen, einen Hauch nur, will mir scheinen. Aber es ist noch zu früh, ich kann mich auch irren. Jetzt bewässert Jürgen H. den Gemüsegarten aus einem Schlauch, hockt sich dann nieder, rupft, gräbt an einer Stelle und kommt dann zu mir. »Natürlich geht das alles nach Ökoregeln vor sich. Mit Gemüse sind wir autark. Wir lagern es im Sand des Kellers ein, dort hält es sich frisch, besonders das anfällige Sauerkraut, das hier selbst gemacht wird.«

Da hinunter steige ich jetzt, über eine schmale Treppe, wo schon geerntetes Gut massenhaft lagert und auf Regalen sich ganze Fronten von Eingewecktem, Senf- und Ketchupgläsern hinziehen. Hier ist auch die zentrale Heizungsanlage installiert, tagsüber befeuert mit Holz, nachts mit kleinen Briketts. Ein Wort, ein Begriff drängt sich immer weiter nach vorn, kriegt Gestalt, formiert sich: *Großfamilie*.

Wieder oben und ins Freie getreten, starren mich hinter einem Gatter lauter Kälber an, braune und helle, bewegungslos und alle in die gleiche Richtung blickend. Zeitlupenhaft strecke ich ihnen meine Hand entgegen – vergeblich. Denn obwohl sichtlich zärtlichkeitsbedürftig, halten sie doch lieber mißtrauische Distanz zu dem Neuling.

Von diesem Gatter führt eine schmale Einzäunung, die nur Rind hinter Rind zuläßt, zu einer großen waldgesäumten Weide, auf der die Mutterkühe grasen. Über dem Land liegt eine ungeheure Ruhe, und wenn nicht dann und wann aus dem Haus heraus Kinderstimmen dringen und die Kälber hier vorn ungeniert rülpsen würden, herrschte völlige Stille.

Weiter den Hof inspiziert.

Links die Werkstatt. Riesige Reifen, an Regale gestellte Leitern, Behälter mit Bremsflüssigkeit, elektrische Geräte, rostige

Eimer, Werkzeugkästen, ein neuer Trecker als Blickfang. »Unser bestes Stück«, sagt der Schweizer Walter L., »Allround-Gerät, neueste Anschaffung.«

Wie geht der Tagesablauf hier vor sich, gibt es Einteilungen, Dispositionen, zugewiesene Aufgaben? Vorsichtiger Anlauf meinerseits: »Beschränkt sich, zum Beispiel, Ihre Tätigkeit auf die Werkstatt?«

»Nein«, sagt Walter L., »keineswegs. Heute morgen habe ich zuerst noch im Büro an einer Seite unseres Mitteilungsblatts ›Ulenspiegel‹ gebastelt, dem Organ unserer Kooperative. Aber von Haus aus bin ich Mechaniker.« Dann, auf meine offenbar auskunftheischende Miene: »Es macht nicht grad jeder alles jeden Tag, aber austauschbar sind die Tätigkeiten der Mitglieder durchaus.«

Drüben, auf der anderen Seite der auf den Kopf gestellten U-Form, liegt die Scheune, ein riesiges Gebäude, der Unterbau Stein, oben Holz, bis unters Dach mit Heu gefüllt, was durch die Ritzen sichtbar ist. Davor dampft ein großer Kessel, aus dem es zum Fürchten rauscht und zischt. »Für die Schweine«, sagt Walter L., »heute wie gestern und morgen.«

Auf dem Hof, zwischen Scheune und Werkstatt, steht ein Brunnen, der mit einer elektrischen Pumpe betrieben wird, Wasser für die Rinder.

»Eine Kuh frißt 12 Kilo Heu am Tag, mal 30 sind 360 Kilo, dazu kommen die Kälber.« Walter L. legt eine Zange aus der Hand. »Das weiß jeder hier, auch wenn er mit etwas anderem beschäftigt ist, als Kühe zu füttern.«

Drüben ist Jürgen H. aufgetaucht, an der Hand Sohn Jörris, zwei. Er macht sich an dem Kessel zu schaffen, hebt den Deckel und achtet bei allem darauf, daß das Kind dem kochenden Ungetüm nicht zu nahe kommt.

»Jürgen kümmert sich um die Bewirtschaftung der Felder«, sagt Walter L., »da hat er die meisten Erfahrungen, wie mit den Tieren und dem Garten.«

War da eben, horche ich auf, ein Unterton von Respekt, den ich so nicht gehört hatte, als Walter L. gestern abend mit »Seemann« über die Reparatur einer Sämaschine gefachsimpelt hatte?

Neben der Scheune ist ein Laden, in dem eine umfangreiche Produktpalette angeboten wird, und das nicht nur aus dem Ulenkrug, sondern auch aus anderen Longo-Mai-Kooperativen.

Schafswolle von Merino-, Astrakan- und Kaukasusrassen, rote Schur aus dem schweizerischen Jura und das feine Haar der Mohairziege; rote, weiße und blaue Decken; Tücher, Hemden, Socken und Pullover, manches davon aus der Wollspinnerei der Kooperative »Chantemerle« bei Briançon in den französischen Alpen. Daneben stoße ich auf ein schier unerschöpfliches Sammelsurium speichelfördernder Konfitüre: Pflaumen, Himbeeren, Blütenhonig; auf ganze Batterien von Bade- und Rosenölen; auf Salben, Tinkturen und Heilkräuter, die, wie die Engel- und die Ringelblume, auf eigenem Grund wachsen. Feilgeboten werden ferner: Thymiantees zum Trinken und Inhalieren, Lorbeer aus der Provence, Rotweine aus der Kooperative »Capreri« im provençalischen Anbaugebiet Lubéron.

Außer mir ist niemand im Laden, und bei der Abgelegenheit des Ulenkrugs fragt man sich unwillkürlich, wer sich denn überhaupt hierher verirren würde, um zu erwerben, was so kaufanreizend ausliegt. Aber da werde ich durch den »Ulenspiegel« und anderes Gedruckte der Kooperative, Bilder und Texte, rasch eines Besseren belehrt, weist sich der Ulenkrug bei Festen und feierlichen Anlässen doch immer wieder als eine Stätte großer Geselligkeit und als Fahrtziel Hunderter von Besucherinnen und Besuchern aus.

Hier finde ich auch Informationsmaterial über Tätigkeiten in anderen Kooperativen. Während der Ulenkrug, jedenfalls vorerst, eine rein landwirtschaftliche Basis hat, befassen sich Kooperativen in Frankreich, Österreich und der Schweiz auch mit Handwerk und Holzverarbeitung, mit Schreinerei und Sägerei. Es werden Häuser nach alttraditioneller Weise aus Naturstein gebaut, Autos in eigener Werkstatt repariert, und neben der Kooperative »Carperi« bauen noch zwei weitere provençalische Niederlassungen Wein an.

Da ist etwas höchst Lebendiges am Werk, und in diesem kleinen, ganz unscheinbaren Laden widerspiegelt es sich.

Rechts davon treffe ich Latifa. Dunkelhäutig, das schwarze Haar im Nacken durch eine helle Schleife gebunden und in den schmalen Händen eine viel zu große Schaufel – so versucht die Tochter einer marokkanischen Mutter und eines französischen Vaters den leeren Kuhstall auszumisten.

Sie stemmt das Blatt in die tellergroßen, schwappenden Haufen und trägt die Ladung, eine nach der anderen, zu einer großen Karre vor dem Stall. Das sieht jedesmal so aus, als müßte das Rückgrat des jungen Mädchens brechen oder es gar nach vorn auf den verschmierten Boden krachen, so verkehrt und gegen alle Regeln des Gewichtsausgleichs balanciert Latifa mit Stiel und Last. Mir krampft sich bei dem Anblick das Herz zusammen, weshalb ich mich anschicke, ihr zu helfen. Aber da siegt gerade noch rechtzeitig bessere Einsicht über tradiertes Kavaliertum, so daß der deplacierte Anlauf noch gestoppt werden kann, bevor Latifa ihn mitbekommt. Etwas Falscheres, als das auszuführen, was ich vorhatte, wäre an diesem Ort wohl kaum möglich gewesen.

Am nächsten Tag habe ich Gelegenheit, mit »Richard« zu sprechen, dem Mann, der eigentlich Jürgen S. heißt, dessen zerknautschtes Gesicht aber eine so frappierende Ähnlichkeit mit Burtons Physiognomie aufweist.

1955 bei Worms geboren und in der Pfalz aufgewachsen, hat »Richard« die Schule in Frankenthal kurz vor dem Abitur geschmissen. »Ich hatte zufällig Menschen getroffen, die ›Longo Mai‹ machen wollten. Was sie vorhatten, fand ich so interessant, daß ich an einem Jugendkongreß teilnahm. ›Das sind deine Leute‹, habe ich mir gesagt und bin dabeigeblieben. Damals war ich 17, heute 42. Das heißt, ich bin seit 25 Jahren dabei.«

Und das quer durch alle Niederlassungen, auch die im mittelamerikanischen Costa Rica, wo »Longo Mai« eine Flüchtlingskooperative unterhält.

Im Ulenkrug arbeitet er von Anfang an mit. Wie überall woanders, hat »Richard« ein Auge auf die Schafe, kennt sich aus mit den Rindern, bestellt den Garten, pflanzt Kartoffeln und sät Weizen aus. »Jetzt mache ich mich also in Mecklenburg nützlich«, sagt er mit einem Anflug schüchternen Humors.

»Haben Sie je bereut«, taste ich mich heran, »kein Abitur gemacht zu haben?«

»Nie. Ganz umsonst war die Schule aber nicht. Das Latein hat mir später geholfen, schneller Französisch zu lernen.«

»Und Sie wollen hier bleiben?«

»Ja.«

»Kann das jeder selbst bestimmen? Und auch, welche Arbeit er oder sie verrichtet?«

»*Hier gibt es kein Reglement*, wohl aber Verantwortlichkeiten, unterschiedliche Begabungen und Erfahrungen. Wo man fehl am Platz ist und was man gar nicht kann, das läßt man dann. Im Grunde ist es wichtig, das, was du gut kannst, da einzubringen, wo es am wirksamsten ist. Das machen wir untereinander aus.«

»Mal Hand aufs Herz – gibt es auch, vielleicht unterbewußt oder sogar gegen den erklärten Willen, Imponiergehabe, Hervorkehrungen des eigenen Ichs, Machtstreben?«

Die Antwort kommt rasch: »Vielleicht – aber keiner von uns hat solche Ambitionen. Es ist eine unhierarchische Gemeinschaft, die auf Freiwilligkeit beruht. Von daher kommt ein großes Maß an Harmonie und Übereinstimmung, bei aller Verschiedenheit, die für Menschen typisch ist.«

»Und worauf, genauer, basiert diese Harmonie?«

»Auf einem Grundvertrauen, das Unstimmigkeiten und Meinungsverschiedenheiten nicht aus dem Weg geht, aber sie ausficht mit dem Ziel, einen für alle tragbaren Konsens herzustellen. Manchmal dauert es länger, manchmal kürzer.«

»Haben Sie schon einmal einen handfesten Krach in ›Longo Mai‹ erlebt, ich meine, einen, bei dem es wirklich gesplittert hat, wie überall sonst und alltäglich?«

»Wenn ich jetzt, der Wahrheit gemäß, mit nein antworte, dann könnte das so klingen, als seien die Mitglieder von ›Longo Mai‹ die besseren Menschen auf der Welt. Davon kann keine Rede sein. Es ist nur so: Alle wissen, was sie hierhergebracht hat – Erfahrungen mit hierarchischen Strukturen und Denkweisen, verinnerlichte Unterdrückungsrituale, Vergeudung humaner Energien. Da hat also zuvor ein Klärungsprozeß stattgefunden. Sonst kommt man nicht nach ›Longo Mai‹.«

»Und wie ist das mit dem Tagesablauf? Wird da ein Plan entworfen, wer was zu tun hat?«

»Nein, noch einmal, hier gibt es kein Reglement. Aber das fügt sich von selbst, das machen wir *grosso modo* unter uns aus. Was mich betrifft: Jetzt sind die Herbstarbeiten da, die Kartoffeln müssen eingebracht, Installationen für die Fütterung der Tiere errichtet werden – ein weiter Rahmen. Es kommen auch mal Änderungen dazwischen. Zum Beispiel heute. Das Wetter ist trübe, da hat es keinen Zweck, nach Kartoffeln zu graben. Also sortieren wir lieber die schon abgelagerten.«

Und dann: »Keiner von uns ist faul auf Kosten eines andern. Das geht einfach nicht.«

Im Verlauf des Gesprächs ist »Richards« Knautschgesicht immer zerfurchter geworden, mit viel zu tiefen Lebenskerben für einen eben über Vierzigjährigen, aber seine Augen blieben unverändert lustig. Dieser Mensch ruht vollkommen in sich, festgemacht an einem vielfach erprobten Standort, der gänzlich seinen Wünschen und Überzeugungen gemäß ist. Ich spüre, wie fast so etwas wie bewundernder Neid in mir hochkommen will.

Wenngleich mein Staunen wächst und wächst, welche Regeln sich die »Longo-Mai«-Leute selbst gegeben haben.

Zunächst hatte ich geglaubt, dabei auf so etwas wie einen Kibbuz zu stoßen, wenn natürlich auch nicht mit der politischen und militärischen Bedrohung Israels, wohl aber mit einem ähnlichen Gleichheitssystem der Mitglieder. Doch kann davon, außer der Freiwilligkeit, keine Rede sein.

Hier kriegt niemand auch nur einen Pfennig eigenes Geld in die Hände, niemand wird entlohnt für seine Arbeit, auch nicht in Form von Taschengeld. Die Kasse ist gemeinsam, und gemeinsam wird in sie gegeben und aus ihr entnommen (wozu allerdings noch eine Gemeinsamkeit kommt: nämlich die Pflicht, die wegen der unvermeidlichen Zahlenspiele höchst unbeliebte Buchführung zu übernehmen). Obwohl Geld notwendig ist, soll es nicht das Leben bestimmen.

Muß diese Art der individuellen Entmonetarisierung aber nicht unweigerlich zu Spannungen führen, in jeder Gemeinschaft, ganz egal, mit welchem Programm? Man braucht doch Mittel für persönliche Dinge, und sei es für eine bestimmte Zahnpasta und Seife, sei es für Kleinigkeiten, die einem lieb geworden sind.

»Wenn etwas benötigt wird, dann wird es gemeinsam eingekauft, nachdem von allen entschieden worden ist, ob es notwendig sei oder nicht«, klärt »Richard« mich auf.

»Aber gerade daran, an diesem Entzug, muß doch mancher gescheitert sein?«

»Ja, mancher. Doch wer blieb, für den war es ausgestanden.« Sagt es und geht in den Keller, um die abgelagerten Kartoffeln zu sortieren.

Während ich mich mit meinen Gedanken in die Landschaft begebe.

Aus dem Ulenkrug heraus und auf dem Sandpfad nach rechts.

Auf einer Koppel Pferde, grasende Kühe, links ein Maisfeld, endlos. Von dort hole ich mir einen großen Kolben, knabbere daran herum, übe Mundraub. In der Luft ein gleichmäßiges Rauschen, wie von weit her, und aus den Eichen am Wegesrand Vogelgezwitscher.

Da kreuzt ein Rudel Rehe über den schmalen Sandpfad, huschend, scheu, behende, ganz nahe vor mir – ich bleibe wie versteinert stehen.

Weit und breit kein Anwesen, kein Mensch, der Blick frei bis zum Horizont – um mich nichts als das am dünnsten besiedelte Land der Bundesrepublik. Wann hätte ich je gedacht, hier unbeaufsichtigt, unbewacht meine Bahn ziehen zu können?

Unzählige Tautropfen netzen die Gräser zu beiden Seiten des Weges. Mitten darauf eine schwarze Schnecke – der feuchte Körper oben geriffelt, die Fühler weit ausgestreckt, so kriecht sie dahin, unendlich langsam und dabei an der Kloake ein Sandklümpchen hinter sich herziehend. Eine halbe Stunde später, auf dem Rückweg wieder an die Stelle gekommen, hat die Schnecke gerade den Pfad passiert und den grünen Rand erreicht.

Und dann taucht links und in gehöriger Entfernung noch der Ulenkrug auf – gestapelte Strohballen, grasende Pferde, vom Wald her die Kuhherde, die mit den Kälbern zur Tränke zieht, weit hinter dem vorletzten Tier eine Nachzüglerin.

Ich bleibe stehen und betrachte die Szene, lange.

Was mich hierhergebracht hat, war nicht die Absicht, eine wissenschaftliche Arbeit über System und Philosophie von »Longo Mai« zu verfassen. Ich möchte vielmehr Kenntnis gewinnen über eine Gemeinschaft, die sich gegen alle üblichen Regeln unhierarchischen Verhaltensweisen verschrieben und mit dieser Absicht Ernst gemacht hat. Daß es sich dabei, alle Niederlassungen der »Europäischen Kooperative ›Longo Mai‹« zusammengenommen, um nicht mehr als etwa 200 Menschen handelt, spricht nicht im mindesten gegen den humanen Impetus. Ebensowenig, daß es, da bin ich sicher, ein Atoll im Meer der Gegenmodelle ist und bleiben wird. Aber auch das ändert nicht das geringste an seiner Tauglichkeit und Notwendigkeit in einer Welt, deren Antlitz sich durch Gewalt und Friedlosigkeit buchstäblich von Tag zu Tag entstellter darbietet.

Die Absicht ist ernst, und sie wird ohne jeden missionarischen Eifer verwirklicht. Das beeindruckt mich. Wovon ich jedoch überzeugt werden müßte, ist, ob Herrschaftslosigkeit überhaupt funktioniert, selbst unter besten Bedingungen und bei Bereitschaft aller Beteiligten.

Da das Haus für alle zu klein ist, sind auf dem Hofgelände Wohnwagen aufgestellt, worin es im Winter nicht so recht warm werden will, im Sommer aber brutige Temperaturen herrschen. In einem von ihnen leben »Richard« und seine Frau Barbara, in einem anderen, aus dem ein Schornstein hervorsticht, Roman Steffen B., genannt »Seemann«, mit Gefährtin Sylvia und Sohn Timm.

Seinen Spitznamen hat der geborene Leipziger aus seiner Zeit als Fahrensmann unter DDR-Flagge.

Abends, das Kind im Arm und unter einer Lampe, von der ein Jojo in Gestalt eines Schweins herabbaumelt, kommt »Seemann« mit Einzelheiten seiner Biographie heraus.

Er hat auf dem Nord- und Südatlantik gefischt, Neufundland und die Falklandinseln gesehen und nur ein einziges Mal nicht an Land gehen können. »Das war in den USA. Da standen sie auf der Pier, mit dem Gewehr im Anschlag, Soldaten, und brüllten: ›Kommunisten kommen nicht an Land!‹« »Seemann« war keiner, auch kein SED-Mitglied: »Dafür sorgten die schon selber, mit ihrem Politoffizier an Bord, der für die richtige Ideologie zu sorgen hatte. Ständig Versammlungen, aber frag mich nicht, was die da erzählt haben – das weiß ich nicht mehr. Ich habe das vergessen, restlos.«

»Wollten Sie mal ausreißen, von Bord gehen, nicht wieder mit zurücksegeln?«

»Seemann« denkt einen Augenblick nach, als verstünde er die Frage nicht, schaukelt den Sohn auf dem Arm, streicht der Gefährtin und Mutter, die vor beiden auf dem Boden hockt, übers Haar und sagt dann: »Meine Eltern waren doch da, meine Eltern.«

Mehr nicht.

Du verdammter, hundsgemeiner Stasistaat, du!

Ich habe mir für abends einen Platz im hinteren Zimmer ergattert. Da sitze ich und höre und sehe zu, wie die Kinder gefüttert, auf den Topf gesetzt und ins Bett gebracht werden.

Man schneidet sich gegenseitig die Haare, raucht (die Zahl der Raucher ist größer als die der Nichtraucher), sitzt am Tisch, liest oder palavert miteinander.

Ich fühle mich akzeptiert, habe den Eindruck, als nervten meine vielen Fragen niemanden, und horche mit allen Fibern hin, ob sich nicht doch innere Stauungen ergeben. Sollte hier wirklich Herrschaftslosigkeit instituiert sein, und das so lange schon?

Führt die Verschiedenartigkeit der Menschen nicht zu stillschweigender Anerkennung, gibt es also trotz aller Vorsätze nicht doch Rangordnungen, auch hier?

Würde ich so gefragt werden, um Auskunft ersucht, ob es hier einen Primus inter pares gäbe, also einen »Ersten unter Gleichen«, dann würde ich antworten: »Ja – Jürgen H.«

Auf dem Hof, auf dem Feld, im Büro – immer hatte ich den Eindruck, daß er so etwas wie der Mittelpunkt des Ulenkrugs sei, unaufdringlich und von ihm gewiß nicht herausgefordert, aber doch Zentrum, Respektsperson, Autorität – auch für mich, wenn ich hier bliebe. Ich gebe mir einen Stoß, passe den Moment ab und frage direkt: »Geben Sie in Wahrheit den Ton an? Sind Sie der Boß?«

Jürgen H. lacht und sagt: »Ganz sicher nicht. Der ist noch nicht gekommen – und könnte es auch nicht lange aushalten. Ich bin aber schon 24 Jahre im Geschirr.«

Das hat etwas Überzeugendes an sich. Und doch bleibe ich dabei, daß Jürgen H. eine Sonderstellung einnimmt, lerne daraus jedoch etwas Bestimmtes: daß nämlich Persönlichkeit und Aura nicht in Macht münden müssen, sondern für eine Gemeinschaft nutzbar gemacht werden können.

Weil im Ulenkrug der Platz nicht reicht, war ich in Stubbendorf untergebracht, im »Reiterhof«, der Gründung eines Westdeutschen, den ich nur flüchtig zu sehen bekomme – hier können Kinder und Jugendliche reiten lernen. Das Wohnhaus ist alt, mein Zimmer war sauber und Rudi, der wachhabende Schäferhund, kreuzbrav, obwohl er seine Lefzen gefährlich hochzog. Wann immer ich in sein Blickfeld geriet, kam er auf mich zu, schnüffelte ausgiebig an mir herum, begütigte aber gleich hinterher die eifersüchtig fauchende Hauskatze. Und wenn ich zum Wagen ging, folgte Rudi mir so nah, als wollte er mit einsteigen und auf dem Beifahrersitz Platz nehmen. Wie auch heute wieder, dem letzten Morgen.

In der Luft der Herbst, doch kalt ist es nicht.

Da gestern abend schon Abschied genommen worden war – von beiden Seiten übrigens so herzlich wie unsentimental, sieht man einmal davon ab, daß mir zuliebe wieder Kohlrouladen aufgetischt wurden –, könnte ich mich also gleich auf den Rückweg, die Straße nach Dargun/Malchin machen. Aber ich tue es nicht, sondern will vorher noch einmal einen Blick auf die einzige hiesige Niederlassung der »Europäischen Kooperative ›Longo Mai‹« werfen.

Deshalb rechts aus dem Ort gesteuert und über die Kerben und Wölbungen, die die Stoßdämpfer wieder ächzen und meinen alten Ford wie auf hoher See schlingern lassen, ein Stück näher heran. Und da wird er dann über ein abgeerntetes Weizenfeld hin sichtbar, der Ulenkrug – Wohnhaus, Scheune, Werkstatt, mit den roten Dächern inmitten von Bäumen wie eine in den Norden verschlagene Oase. Ein Anblick, der mir ambivalente Empfindungen einflößt – Freude und Trauer.

Freude, weil ich in einem Land lebe, wo die kleine Gemeinschaft dahinten mit ihrer Ethik, ihren politischen Manifestationen und ihrer atypischen Lebensweise sich, wenn auch gegen anfänglichen Widerstand, schließlich doch etablieren konnte.

Voraussetzung dafür war der Untergang der DDR – »Longo Mai« kann nur unter freiheitlichen Bedingungen geprobt und praktiziert werden.

Trauer, weil gerade diese Überlegung die Begrenzung eines antihierarchischen und unterdrückungsfrei konzipierten Gemeinschaftsmodells in unserer Zeit absteckt, so gefährlich, wie das Beispiel wäre für alle, die durch entgegengesetzte Prinzipien herrschen. Auf der globalen Machtkarte unserer Tage wären die Staaten, wo »Longo Mai« möglich wäre, viel rascher aufgezählt als jene, in denen es keine Chance hätte.

*»Hier gibt es kein Reglement.«*

Und du selbst? frage ich mich, was ist deine Antwort?

Nein, gestehe ich mir unterwegs ein, auf die Dauer könnte ich dort nicht sein – zuviel Ballast gelebten Lebens, zuviel Einlassungen auf andere Regeln stünden unüberwindbar dagegen. Aber auf die Barrikaden steigen, falls der Ulenkrug in seiner Existenz bedroht wäre – jederzeit!

# Skizzen aus Deutschland

Weimar.

Es regnet, das Wetter ist trostlos, aber die Auskunft des Parkpflegers freundlich: Ja, hier gehe es zum Goethehaus, geradeaus, nur immer geradeaus, es sei unverfehlbar.

Von der Kapuze meines Mantels tropft es herab. Links tost mit starker Strömung die braungefärbte Ilm. Über Deutschland entladen sich in diesem Sommer wahre Sintfluten.

Mir kommt ein junges Paar entgegen, russisch sprechend. Sonst ist niemand zu sehen. Große Abgeschiedenheit, die Stadt ganz verborgen hinter abschirmendem Grün.

Das erste, was ich vom Goethehaus erblicke, ist seine linke obere Ecke, dann stehe ich davor.

Ein schlichtes Bauwerk, an der Vorderfront sechs, seitlich im oberen Stockwerk zwei Fenster, wie auch auf dem hohen gedeckten Dach. Ich lese »Goethes Gartenhaus«, erfahre die unterschiedlichen Öffnungszeiten – März–Oktober, November–Februar – und daß dienstags geschlossen ist.

Leuchtende Blumenbeete vor dem Haus und an der Seite, sehr gepflegt. Heimliche Rekapitulation verschollener Bildung: 1776 hat Goethe das Haus in Besitz genommen, am 20. Februar 1832 es zuletzt besucht. Dazwischen lagen 56 Jahre – und waren es bis zu seinem Tod am 22. März 1832 noch ein Monat und zwei Tage.

Hinten am Eingang des Hauses die Warnung: »Vorsicht, nach unten führende Stufe«.

Drinnen der Ofen, schon 1770 hier installiert, also sechs Jahre vor Goethes Einzug; ein Stehpult; der sogenannte *Esel* oder *Reiter*, ein Sitzbock, um 1780; der Schreibtisch erst zehn Jahre später – Originalmobiliar.

Neben mir zwei junge Franzosen, gedämpft, bewundernd, andächtig. Wenn man aus dem Haus kommt und nach vorn tritt – der Park, weit, weit, mit knorrigen Eichen. Wie alt, wie jung waren die Bäume, als Johann Peter Eckermann 1824 hier mit dem 75jährigen Olympier lustwandelte, den Stift gezückt für die nachmaligen »Gespräche mit Goethe in den letzten Jahren seines Lebens«? Ich sehe das Bild förmlich vor mir, den Geistespatriarchen wiegenden Hauptes vorneweg, einen halben Schritt dahinter, die Ohren gespitzt, der (unbezahlte) Helfer und Ordner des Goetheschen Alterswerks, ein Paar von geradezu archaischem Zuschnitt.

Hier will mir die Zeit stehengeblieben sein, scheint ringsum alles noch so, wie es damals war – bis just in diesem Moment von irgendwo aus dem Dickicht die himmlische Stille durch eine frisch angeworfene Motorsäge schrill zerfetzt wird. So kann ich von hier nicht scheiden.

Deshalb abends noch einmal zurück in den Park.

Von der Straße her das mildgelbe Licht der Laternen, auf der Wiese junge Leute mit Federbällen, ohne Laut oder Zuruf, gleichsam im luftleeren Raum, wie der Radfahrer, der im Dunkeln spurlos verschwindet. Erst dann vernehmbare Stimmen, aber auch sie gedämpft, von einer Gruppe kleinwüchsiger Frauen – Japanerinnen.

Vor mir Baumgebirge mit Spitzen, Kuppen und Graten vor einem trotz vorgerückter Stunde immer noch hellen Sommerabendhimmel. In der Finsternis hier unten nun ein Denkmal, auch ohne Licht erkennbar, wem es geweiht ist – der mächtige Schopf, das scharfe Profil, die Hände, diese Hände der unvergleichlichen Tremoli und Glissandi: Franz Liszt.

Ob ich will oder nicht, in mir steigt unnachgiebig eine seiner Melodien auf und übertönt alle Herrlichkeiten der »Ungarischen Rhapsodien«, der »Préludes«, der Sinfonien und Oratorien – die perlenden Kadenzen des Lisztschen »Liebestraums«! Sie haben mich schwach gemacht von Jugend an, obschon sie der Gräfin Marie d'Agoult gewidmet waren, Mutter der schrecklichen Cosima Wagner (offenbar geht es nie und nirgends ohne einen Wermutstropfen).

Über eine Wiese, weit hinten, sehe ich das Goethehaus, nein, nur einen Ausschnitt, einen Teil der weißen Fassade, die jetzt herüberleuchtet – wobei ich es belasse: Von hier aus ist die Illusion des Damals perfekt.

Da dringt vom Stadtkörper her klar und rhythmisch Musik herüber, Jazz, und holt mich zurück in die Gegenwart.

Die droht mit Ungutem: Es soll, ist bis zu mir gedrungen, ein zweites »Goethehaus« geplant sein, zur Schonung des historischen, gleich daneben errichtet und vollkommen originalgetreu, wie versichert wird.

Die Idee will mir so pervers erscheinen, daß ich sie nicht näher an mich heranlasse.

Vom Rand des Parks aus, über eine Rasenfläche – das Haus der Frau von Stein, Charlotte, erst Goethes Freundin, später seine Feindin, ein Drama. Vergangen. Aber je näher man kommt, desto edler erscheint einem die schweigende Front des alten Palais.

Jetzt steht außer mir kein Mensch davor auf der »Kifferwiese«, die so heißt, weil sie ein Zentrum der Weimarer Drogenszene ist. Zwischen dem Haus der Frau von Stein und der Musikschule ragt ein Ginkgo, den Goethe ihr angeblich gepflanzt haben soll, ohne daß der Chronist dafür seine Hand ins Feuer legen könnte – ein riesiges Gewächs. Steil und exotisch, streckt es sich noch über das Dach der Schule hinaus, düster, schwer und ewig.

Abendspaziergang in Weimar.

Ein Denkmal für Alexander Puschkin (1799–1837), das Fundament aus Stein, die Büste aus Metall, eine eherne Physiognomie. Was wäre noch von diesem größten russischen Lyriker und hartnäckigen Aufrührer zu erwarten gewesen, wenn er nicht, mit 38, in einem überflüssigen Duell tödlich getroffen worden wäre?

Vor dem Hintergrund des Schlosses mit dem massigen Glokkenturm das Denkmal des Herzogs Carl August, Johann Wolfgang von Goethes Zeitgenosse und fürstlicher Mäzen, hoch zu Roß abgezeichnet gegen einen dramatischen Himmel. Ein paar Schritte weiter nur die volle Gegenwart, viel junges Volk im Café »Residenz«, eine Art Künstlerklause, »Resi« genannt, mit lauter Musik jetzt, Lärm und Trubel – von daher also waren die Jazztöne in den Park gedrungen.

Am Marktplatz, mit wehenden Fahnenbündeln davor, das Rathaus, barocker Stil, magisch angestrahlt und so, lichtübergossen, von fast italienischem Architekturflair. Festlich beleuchtet auch das Hotel »Elephant«, restauriert, modernisiert und doch unversehrt alt geblieben.

Dann, wonach ich gesucht habe, das Schillerhaus in der Schillerstraße.

Einen besucherabweisenden Eindruck macht es, wie die unteren Fenster da mit Holzgittern fest verbarrikadiert sind, während die Tür so geschlossen ist, als wäre sie seit Jahrzehnten zugesperrt. Und klein ist es dazu, gemessen an Goethes Weimarer Stadthaus, klein und schmucklos.

Doch was macht das schon?

Da hat er gewohnt, da drüben, Friedrich von Schiller, seit 1799, sechs Jahre nur und im Wissen, daß er früh sterben würde.

45 Jahre war er, als 1805 der Tod eintrat, vier Kinder zurücklassend und Ehefrau Charlotte, geb. von Lengefeld (deren Busen ihn einmal in einer glücklichen Stunde zu dem denkwürdigen Seufzer von »den beiden Halbkugeln einer besseren Welt« inspiriert hatte). Sonst aber war es, wie das Mozarts, ein Dasein in ständiger finanzieller Bedrängnis, doch mit so ungeheuer komprimierter Arbeitsleistung, als hätte der Frühvollendete von seiner bemessenen Frist auf Erden gewußt, auch darin dem nur 35 Jahre alt gewordenen Musikgenie aus Salzburg ähnlich.

Es ist schon spät, aber die Luft ist warm.

Ich hocke da und denke: Die frühe Rivalität der Sympathien in meiner Brust, bereits des Fünfzehn-, Sechzehnjährigen, mal mehr Goethe hingewendet, mal Schiller zugeneigter – das hat lange hin- und hergewogt. Einmal befeuert vom revolutionären Dichter der »Räuber«, dem literarischen Feldherrn des »Wallenstein«, dann wieder bis zum Delirium enthusiasmiert von Goethes »Italienischer Reise«, dieser von ihm selbst staunend wahrgenommenen Weltblickerweiterung, ihrem unerschöpflichen Begegnungs- und Wahrnehmungsreichtum und seiner biographischen Zäsur, die schließlich zum Bruch mit Charlotte von Stein führte. Lange war der Widerstreit in mir, wem von beiden die Palme gebührte, in mir unentschieden geblieben, bis zur Lektüre des *Briefwechsels* zwischen Goethe und Schiller, dieser langsamen geistigen und persönlichen Annäherung der so grundverschiedenen Geisteheroen ihrer Zeit. Ich erlebte das als eine Korrespondenz, in der der zunächst Umworbene langsam zum Werbenden wird, ein unendlich komplizierter Prozeß, der Goethe schließlich die leisesten und innigsten Töne von Anerkennung abzwingt, die diesem Egomanen je über die Lippen und in die Feder gekommen sein dürften. Und die gipfelten in der Gleichstellung des Schillerschen Genies mit dem eigenen – ein unerhörter Schritt in Goethes Leben, ohne Präzedenz und ohne Wiederholung.

Ich hocke da an der Wand gegenüber dem Schillerhaus in Weimar, und obschon sie ein halbes Jahrhundert zurückliegen, erinnere ich mich noch genau der wohligen Schauer, die den entzückten Jüngling von damals beim Lesen der Briefe durchflossen hatten – über die Mutation eines lebensgewohnt Verehrten in einen nun seinerseits bekennenden Verehrer, und das, Unterpfand seiner Glaubwürdigkeit, mit den sanften Tönen heimlichoffener Abbitte für früheres Fehlverhalten.

Was dann aber in mir doch die Waage auf die Seite des um zehn Jahre jüngeren Dichters neigen sollte (und sie seither dort hält), war Schillers tief noble, triumphlose Reaktion auf die späte Anerkennung, eher geraunt als offen formuliert. Ein unaufdringlicher Dank bei unerschütterlichem Selbstbewußtsein, die Sprache eines lauteren Herzens, von dem das meine entflammt und überwältigt wurde, so überwältigt wie von der Trauer über die Kürze dieses gleichwohl gewaltigen Lebens. Kostbare Stunden einsamer innerer Auseinandersetzungen waren das damals, noch zu Zeiten der Hakenkreuzherrschaft, eine sphärische Ahnung erst, wie das Leben sein könnte, jenseits von Todesangst und ewiger Ungewißheit um das Morgen, um die Meinen, um mich selbst. Eine fast nicht auszuhaltende Flucht in die Halluzination eines Daseins, in dem Schönheit, Geist und die Freiheit der Begabungen obwalten würden, eine Fata Morgana, die den jeweiligen Rücksturz in die damalige Wirklichkeit dann nur um so schauerlicher machte.

Inzwischen ist es fast Mitternacht geworden, als ich mich vor dem Schillerhaus erhebe und zu meinem Quartier aufbreche – am Ende eines langen Tages in Weimar.

Aber während der ganzen Zeit, von der Ankunft an und was immer ich danach auch tat, sah und dachte – keine Sekunde lang, nicht eine, habe ich vergessen, wo, in welcher Richtung von meinem Standort aus, der Ettersberg mit der Gedenkstätte des KZ Buchenwald liegt.

Hannover.

Im Tiergarten des Stadtforsts Eilenried. Ich bin hier zum erstenmal, hatte nie von ihm gehört. Um so größer mein Entzükken. Der Boden von naßwelkem Novemberlaub übersät. Hinten, auf einem langen, schnurgeraden Weg, Rehwild, zärtlich, mit geneigten Köpfen, fast regungslos, ein Gemälde.

Windstille, in der Luft Krähen.

Alter Baumbestand, Eichen über Eichen, darunter 500jährige. Wie dieser urige Veteran da vor mir, herrlich in seiner verzweigten Pracht, der mächtige Stamm schräg aus der Erde hochgestemmt, die Äste verrenkt gegen den diesigen Himmel, das Relikt eines verschollenen Zeitalters. Ein Blitz, glühendheiße Elektrizität aus dem Himmel, hat dem Baumgreis eine offene Wunde in die Seite gefurcht - lang, tief und, wie zu lesen ist, »baumchirurgisch« behandelt.

Gegenüber, noch schwerer mitgenommen, geradezu ausgehöhlt, aber nicht durch Feuer, sondern durch ihr schieres Alter, eine andere Eiche - die Öffnung so klaffend, daß ein Mensch darin bequem Platz fände. Einblick ins bloßgelegte Innerste, in die vertrockneten, abgestorbenen Eingeweide des Baumes. Kann bei soviel modrigem Verfall noch Lebenssaft hochquellen in seinen unsichtbaren Kanälen, Photosynthese stattfinden, Chlorophyll anorganische Stoffe in organische verwandeln? Es kann, wenn auch aufs kaum Wahrnehmbare reduziert - denn dem Ast, der ganz oben links heraussticht, entspringt, wenn auch herbstverblichen, ein bescheidenes Grün! Da muß also noch eine verborgene Verbindung bestehen, eine unendlich schmale, mit dem Humus, den Nährstoffen aus einer Erde, der der Stamm in ferner, ferner Vergangenheit entwachsen war.

Nichts als sprachlose Bewunderung vor einem Mysterium.

»Altholzparzelle. Hier wird der Wald seiner natürlichen Entwicklung überlassen. Kranke und tote Bäume werden nicht gefällt.« Endlich.

Drei Rehe, junge Tiere, von links nach rechts huschend, ein viertes und fünftes nun dazu, hintereinander in einer Reihe, die Spiegel auf- und abhüpfend wie Lämpchen im Waldesdunkel. Dann verharrt das Rudel auf einer kleinen Lichtung, die Ohren spitz aufgestellt, ehe es langsam weiterzieht, ein Bild betörender Grazie.

Hier haben einst Welfenherzöge Hochwild ausgesetzt, zur Jagd, für die fürstliche Küche und zur Zucht, ein streng separiertes Terrain in feudaler Zeit - bis 1799. Seither ist es für die Öffentlichkeit zugänglich.

Heute ist der Tiergarten im Stadtforst Hannover-Eilenried artenreich wie nie zuvor. Außer Reh- und Damwild wühlen hier Wildschweine, tummelt sich anderes Niederwild, gibt es reiche Vogel- und Fledermausbestände.

Und Verbote, massenhaft, einen ganzen Katalog: Wege zu verlassen, Wild zu beunruhigen und zu füttern, Fahrräder zu benutzen und zu schieben, Eichen und Kastanien zu sammeln oder zu diesem Zweck Abwurfstangen mitzunehmen.

»Das Betriebspersonal ist berechtigt, Anweisungen zu erteilen und in besonders schwerwiegenden Fällen Besucher des Tierparks zu verweisen.«

Na ja, na ja, auch wenn da keineswegs nur Unverständliches aufgezählt wird, manches davon wohl als Folge schlechter Erfahrungen mit einem unsensiblen Publikum – aber warum dieser Ton, dieser autoritäre Ton?

Am Rand einer Lichtung ein Futterplatz, doch kein Wild. Leichter Wind ist aufgekommen, es rauscht verhalten in den Wipfeln der uralten Bäume. Lärmvoll, mit jähen Schreien, fliegt ein Raubvogel drüberhin.

Dann bin ich am Ende des langen, schnurgeraden Wegs angelangt, der auch die Grenze dieses mir bis vor einer Stunde noch völlig unbekannten Tierparks ist – und kehre um.

Da, in diesem Moment, durchbricht am westlichen Himmel, weit hinten, eine kosmische Verschwendung sondergleichen, golddurchwirktes Sonnengewölk das Filigran der hohen Bäume.

Kiel.

Von der Feldstraße den asphaltierten Weg steil hinab, durch einen Herbstwald, der leuchtet, obwohl die Sonne nicht scheint – es ist das Laub, sind die Blätter, die da funkeln und blinken. Der Himmel über der Förde schickt sein Licht bis auf den Boden des Waldes. Es riecht angenehm modrig. An einem Strauch noch rote Beeren, schön, aber sommerverlassen, wie verloren. Kinderstimmen, irgendwo muß hier eine Schule sein.

Ins Freie getreten, beginnt es hinter mir zu säuseln, als würde ich gerufen, ein leises Konzert aus dem Wald, das mich umblicken läßt – ein gelber, grüner, roter Wall, changierend und flirrend, aus dem es tönt und singt, angeblasen vom melodischen Hauch der See.

Und dann wird der Blick frei auf ihre weite, endlose Fläche, kreischen Möwen über der Uferstraße, liegt der Spiegel der Förde flach da, als seien nie Wassergebirge und Wellenschluchten über sie hingestürmt.

Vom Meer her links ein größeres Schiff, weiße Kommandobrücke, schwarzer Rumpf; von rechts ein kleineres, »Langeland-Kiel« lese ich.

Auf der Betonbrüstung des Sporthafens tappelt eine Möwe von geradezu furchterregender Riesenhaftigkeit, wie ich es noch nie gesehen hatte - und mit Möwen bin ich vertraut von Kindheit an.

Ich beuge mich übers Geländer, das Wasser der Ostsee ist hier vorn von gläserner Klarheit, so durchsichtig, daß man den Grund erkennen kann, schwarze Steine und hellen Sand. Aber nur, weil sich nichts regt, keine Welle, bloß schlierige Buckel, von denen die nasse Haut nicht aufgerissen wird.

Ein helles Motorboot jagt fördeeinwärts, hinter sich eine quirlige Gischtspur. Weit draußen, auf dem anderen Ufer, das Marinedenkmal von Laboe, das ich in Erinnerung habe als problematischen Zwitter zwischen deutschnational-nazistischem Marinemuseum zur Glorifizierung beider Weltkriege und dem Versuch, ihm nach dem Zweiten einen Friedensgedanken aufzupfropfen, der sich mit dem Geist seiner Erbauer und Förderer nicht deckt.

Jetzt ist das größere Schiff auf meiner Höhe, »Oktogon 3 - Konstanta« lese ich, also kein Russe, wie ich zunächst annahm, weil es von fern kyrillische Schriftzeichen zu tragen schien.

Durch ein Wolkenloch schimmert, falsche Ankündigung, so etwas wie die Sonne. Doch seltsam, ich brauche sie hier an der See nicht, habe sie als Kind der Wasserkante eigentlich nie gebraucht, war immer weit mehr dem Regen zugetan, von früh an. Woran sich, wie ich spüre, bis heute nichts geändert hat.

In diese Gedanken hinein stößt, vom Oslokai her, der großen Anlegebrücke, eine dieser gigantischen Ostseefähren, wahre Hochhäuser der Meere, nautische Ungetüme, vierfach höher über Wasser aufragend, als die Verdrängungstiefe darunter mißt.

Ein Anblick, bei dem man sich immer wieder fragt, ob hier nicht alle physikalischen Gesetze auf den Kopf gestellt worden sind, müßte bei der Angriffsfläche doch schon ein rauhes Lüftchen genügen, den Koloß gefährlich seitwärts krängen zu lassen, mehr davon ihn aber aus dem Gleichgewicht bringen und mit Mann und Maus, allen Passagieren samt ihren Autos, auf den Grund der See schicken.

Schließlich warnen da ja auch etliche schwere Unglücke der letzten Jahre in heimischen und europäischen Gewässern, allen voran das der »Estonia« vom September 1996, daß nicht nur Fähren zu den Sundainseln oder übers Chinesische Meer gefährliche Transportmittel sein können.

Aber wie der Pott jetzt zwischen den Ufern der Förde so geräuschlos seewärts vorbeigleitet; wie das Großschiff majestätisch, mit ragendem Bug, das Wasser wie eine scharf geschliffene Klinge durchschneidet, als könnte keine Naturgewalt, auch die wütendste nicht, ihm etwas anhaben, ja, es auch nur um eine Steuersprosse aus seiner vorgezeichneten Bahn abdriften lassen – da bleiben einem hier am Ufer nur Staunen und die Schauder einer skeptischen Achtung, auch wenn Wind und Wetter heute morgen wahrlich keine Herausforderungen sind.

Doch ein Laie aus küstenfernen Zonen, wer vermeinte, diese Hunderte von Metern langen und bis zu den Mastspitzen mehr als fünfzig Meter hohen Fähren nach Oslo, Stockholm, Helsinki, St. Petersburg und retour seien für die Ostsee von ihrer Tonnage her größenwahnsinnig konstruiert. Er weiß offenbar nicht, daß gerade dieses Binnenmeer mit den Hieben seiner kurzen, aber tödlichen Wellenpranken schon manchen Kahn auf Nimmerwiedersehen spurlos verschwinden ließ.

Es dauert lange, bis der phantastische Anblick der Fähre am Horizont verschwunden ist, aber ich habe ausgeharrt. Und dabei beobachtet, daß in diesem Zeitraum keiner der zahlreichen Autofahrer mit Kieler Kennzeichen in beiden Richtungen der Uferstraße auch nur einen Blick auf das grandiose Schauspiel geworfen hat. Was so manchen Touristen umwerfen könnte, ist hier an der Förde Alltag.

Aber nun zurück und den Weg hinauf in das Wäldchen. »Tirili, tirili« kommt es aus dem Dickicht von Buchen, Linden und

Eichen. Links und rechts vom Weg schöne Naturbelassenheit, klare Seeluft. Doch das letzte Stück bergan geht es dann ein wenig keuchend, während zwei junge Männer ohne jede Anstrengung auf ihren Mountainbikes an mir vorbeiziehen, gefolgt von einem dritten, der es noch müheloser als die beiden anderen schafft.

Wie lange schon habe ich nicht mehr Rad gefahren? Sollte man aber.

Am Niederrhein, vor Xanten.

Später Sommer, weite Landschaft, Rübenfelder von endloser Ausdehnung, reifender Mais, Baumsilhouetten, die Rinder schwarzweiß, am Horizont irgendwo immer ein Kirchturm und am hohen Wolkenhimmel blaue Löcher.

In diesem südwestlichsten Teil der norddeutschen Tiefebene bin ich nie zuvor gewesen – also eine Fahrt ins Blaue hinein, kreuz und quer zwischen Maas und unterem linken Niederrhein.

Neuland, erste Eindrücke, flüchtige und verweilende.

Kalbecker Forst, Schloß Kalbeck, Gutsherrensitz eines Barons, übersät mit Einschußlöchern aus der Endphase des Zweiten Weltkriegs und Zentrum von 99 Höfen – Großgrund, Latifundien, so etwas gibt es noch.

Überall Pappelalleen, seit Napoleons Zeiten, aber die alten Bäume sind weg, moderner Straßenerweiterung zum Opfer gefallen, die neugepflanzten daher erst halb erwachsen. Es brennt mir im Schlund. Hat der Autowahn hier etwa alle Baumherrlichkeiten umgesägt?

In Pfalzdorf fällt ein ungewöhnliches, fast stechendes Grün auf, besonders an den Fensterläden – Anfrage bei Passanten. Dabei erfahre ich: Der Ortsname rührt her von Pfälzern, die im 18. Jahrhundert nach Amerika auswandern wollten, dann aber hier hängenblieben – Preußen offerierte den Siedlern Land. Sie haben es angenommen, haben es gerodet und urbar gemacht, ihre Häuser aber mit einem leuchtenden Grün versehen, damit sie sich von den anderen unterschieden. Ein Brauch, der sich bis heute erhalten hat.

Wie die regionale Anordnung der Bauernhäuser zur Kirche in den Ortschaften, so auch in Louisendorf – das läuft hier in vier Achsen auf das Gotteshaus zu: Frontseite, Wohntrakt, Stall und

Wirtschaftsraum dahinter, das ganze in T-förmiger Bauweise, mit großem rötlichem Walmdach.

Vorbei an Pappeln, die aussehen wie überdimensionale Wacholder, weiter nach Kalkar.

Rast vor dem backsteinernen Rathaus aus dem Jahr 1446 - Kopfsteinpflaster, in der Mitte des Platzes eine gewaltige Linde, darunter Bänke. Im gotischen Ratskeller weißgedeckte Tische, braunes Gestühl, altes Gemäuer, das den Gruftgeruch seiner Jahrhunderte ausströmt.

Wie St. Nikolai, Kalkars mächtige Kirche aus Veldbrandstein (mit V, wie ich belehrt werde) - so heißt der selbstgebrannte Stein, mit dem hier auch die Bauern ihre Höfe errichteten. Drinnen die überwältigende Pracht und hohe Kunstfertigkeit der holzgeschnitzten Altäre, zuklappbar, wie es in dieser Form kaum ihresgleichen geben dürfte. Der Hochaltar, kerzenumgeben, unter einer hängenden Madonna.

In einer Nische der vom Kreuz abgehobene Jesus, die Hände im Schoß gefaltet, die Wunde an der rechten Seite unter der Rippe peinigend realistisch.

Dann, halben Herzens und unschlüssig, zu dem längst außer Gefecht gesetzten Schnellen Brüter von Kalkar, jener legendären Sieben-Milliarden-Mark-Atomkraftwerksruine, an der auch die Niederlande und Belgien beteiligt waren, deren Inbetriebnahme jedoch verhindert werden konnte - bisher größter Erfolg der Antiatombewegung gegen eine der finanzstärksten Wirtschaftslobbys Deutschlands.

Natürlich hatte ich damals, in den siebziger und achtziger Jahren, immer wieder von Zusammenstößen zwischen Polizei und Atomkraftgegnern gehört und gelesen, vieles auch am Bildschirm gesehen. Aber eine wirkliche Vorstellung von dem Festungscharakter des Atommeilers hatte ich, wie ich jetzt an Ort und Stelle erkennen muß, dadurch nicht bekommen.

Das von seinen Konstrukteuren als »nukleares Perpetuum mobile« angepriesene Bauwerk war hingeprotzt worden wie eine Zitadelle in Feindesland, ein Einigelungssystem, in dem sich mittelalterliche und elektronisch gesteuerte Verteidigungselemente mischten. Kameras, die Tag und Nacht das gesamte Gelände abtasten sollten; Schleusen mit Videoüberwachung;

im Pförtnerhaus schußsicheres Glas; Tresortüren, die Panzerfäusten standgehalten hätten. Dazu rings um das Gelände ein Wassergraben und, heute noch zu besichtigen, ein Hochsicherheitszaun, der sowohl über wie auch unter der Erde je drei Meter mißt. Da hätte sich niemand durchwühlen können.

Man steht davor und will es nicht glauben.

Nur ist hier bekanntlich niemals spaltbares Plutonium aus Uran zur Energieerzeugung »erbrütet«, ja, nicht einmal angeliefert worden. 1972 begonnen, kam angesichts ununterbrochenen Widerstands, der Katastrophe von Tschernobyl, der von anfänglich 500 Millionen auf 7,1 Milliarden Mark gekletterten Kosten und nach achtzehn Jahren Bauzeit im März 1991 vom Bonner Forschungsministerium das Aus.

Was jedoch nicht bedeutet, daß die Stätte tot sei, abgestorben und verödet – ganz im Gegenteil.

Das Gehäuse des ehemaligen Meilers mit seinen meterdicken Betonwänden, dem haushohen Stahlzylinder samt dem 290 000 Quadratmeter großen Areal geht einer Zukunft entgegen, die schon in unserer Gegenwart begonnen hat und von einem sarkastischen Zeitgenossen treffend mit »Kirmes statt Kernkraft« überschrieben worden ist. Neuer Besitzer ist ein holländischer Schrott- und Fuhrparkunternehmer, der mit sieben Millionen Mark, also dem tausendsten Teil der Summe, die der Brüter von Kalkar die deutschen, belgischen und niederländischen Steuerzahler kostete, den Gesamtkomplex der abgerüsteten Atomruine übernommen hat, um sie in einen (zum Teil schon verwirklichten) Vergnügungspark namens »Kernwasserwunderland« zu verwandeln.

Ein 1996 eröffnetes Hotel hat seither bereits Zehntausenden von Gästen Unterkunft geboten, sozusagen als Grundausstattung eines familienfreundlichen Phantasiageländes mit Fondue-Restaurants, Diskos, Bierausschank, Westernbar, Streichelzoo und Yachthafen. In Souvenirshops kann man ein Alkoholikum namens »Reaktor-Geist« erstehen. Angeboten wird auch ein neunzigminütiger Rundgang durch das Reaktorhaus, ein Atomgruseltrip gewissermaßen. Und zwar entlang einer mit bunten Comic-Figuren beschilderten Route, auf der man sich per Knopfdruck bekanntmachen kann mit der Arbeitsweise eines

»Schnellen Brüters«, dessen einzelne Etappen hier zum Glück nur noch als Fiktion, sozusagen als Muster ohne Wert, aufleuchten.

Die Betreiber des »Kernwasserwunderlands« scheinen ihrem Erfindungsreichtum keine Grenzen setzen zu wollen. So können sich an dem fast fünfzig Meter hohen Kühlturm nahe dem Rheinufer Hochleistungskletterer versuchen, während gleichzeitig in Luftgondeln anschwebende Besucher die mit Alpenmotiven bemalten Betonwände bewundern dürfen und im ehemaligen Turbinenraum Kinder abgegeben werden von Eltern, die sich ohne die Kleinen in Schwimmbädern, Squashhallen, in der Einkaufszeile oder im »Kernwasserkino« aufhalten möchten.

Bei der möglichst flächen- und kostendeckenden Ausnutzung des Geländes ist sogar an die Wehrertüchtigung von NATO-Truppen gedacht worden. Und in der Tat erschlösse sich in den labyrinthischen Reaktorhallen mit ihren über tausend Sicherheitstüren eine Vielzahl von Möglichkeiten ungestörter Freund-und-Feind-Spiele – nordniederländische Luftbrigaden sollen schon ihr Interesse bekundet haben.

Da stehe ich nun auf dem seinem ursprünglichen Zweck total entfremdeten Gelände des einstigen »Schnellen Brüters« von Kalkar, finde, daß der Spruch »Kirmes statt Kernkraft« in der Tat besser ist als seine Umkehrung, ohne daß sich jedoch rechte Freude einstellen will über das Ergebnis eines historischen Widerstands, dessen Zentralfigur der Bauer Josef Maas war. Meine Absicht, ihm die Hand zu geben, schlägt fehl – die Seele des Widerstands gegen den Bau des »Schnellen Brüters« ist nicht da. Schade.

Mir ist ohnehin nicht wohl, nach allem, was ich hier gesehen habe. Wie sehr der Abstecher nach Kalkar mir aber tatsächlich zugesetzt hat, das zeigt sich erst richtig unmittelbar vor der Weiterfahrt. Da erfahre ich nämlich, daß der Besitzer des »Kernwasserwunderlands« sich hier einen Kindheitstraums erfüllen will: mit einem Dampfmaschinenmuseum! – eine Nachricht, die mich überall woanders sofort in die Delirien eines wahren Freudentaumels befördert hätte.

Was die matte, eher pflichtschuldige Resonanz statt dessen über meinen inneren Zustand verrät, das können wohl nur nahe

Freunde und treue Wegbegleiter des notorischen Dampfmaschinenfans Giordano ermessen.

Also Flucht, auf Kleve zu.

Schatten über der Straße, Bauminseln in der flachen Landschaft, versteckte Gehöfte an Feldwegen. Auf dem Deich oben Schafe, unten Rinder, diesmal bunte, und auf den abgeernteten Äckern das bewegliche Schwarzweißensemble der Möwen und Krähen.

Überall hier zwischen Maas und Niederrhein herrscht das Wasser, strömt, fließt es, tun sich Kolks auf, Löcher mit grün bewachsener Oberfläche. Beim Emmericher Eyland Dunstschleier über dem windbewegten Kalflock, einem der verkümmerten Nebenarme.

Dann, wie eine Erscheinung, Schloß Moyland, die Begegnungsstätte Friedrichs II. von Preußen und Voltaires – »Teurer Freund, ohne Sie kann ich nicht leben!« So der König 1740. Danach mehr als vierzig Jahre Korrespondenz, über alle Schluchten und Höhen dieser beiden Leben hinweg, bis zum Tod Voltaires 1778, den Friedrich um acht Jahre überlebte. Und auf Moyland hatte ihre persönliche Bekanntschaft begonnen.

Das Schloß, ursprünglich eine Renaissanceburg, dann barokkisiert und später neugotisiert, ist nach der fast völligen Zerstörung am Ende des Zweiten Weltkriegs erst jüngst aufwendig restauriert worden. Das sah noch ganz anders aus, als ich vor zwanzig Jahren Aufnahmen für einen Fernsehfilm über Voltaire machte.

Vier Türme im Tudorstil, an denen Efeu hochklettert, eine erhabene Fassade. Der linke Turm spiegelt sich, karikaturesk verzerrt, im sonnenflirrenden Wasser des Grabens. Am Ufer bunte Blumen, ein innerer Gartenring, dahinter ein Märchen von Pappeln, Ahorn, Eiche.

Hier am Niederrhein begegnet mir plötzlich wieder ein Name, der Erinnerungen an längst vergangene gymnasiale Geschichtsstunden wachruft, ein Stichwort für Abenteuer und Größe, eine Art Leuchtturm inmitten historischer Tristesse in der Ära des Dreißigjährigen Kriegs, lang, lang zurück schon, aber immer noch wach in mir: Moritz Prinz von Nassau-Siegen.

Ein Haudegen seiner Epoche, ein Mann der Lorbeerkränze, Insignien und Orden, Philosoph, Humanist und Kosmopolit mit biographischem Radius bis zum Gouverneur in Brasilien, war der Prinz aber auch ein großer Gartengestalter, ein Techniker der Fontänen und Ästhet unvergleichlicher Parkanlagen. Vom Großen Kurfürsten 1647 zum Statthalter Kleves berufen, hat Moritz Prinz von Nassau auch am Niederrhein seine Spuren hinterlassen.

In Sichtweite der Stadt mit der mächtigen Schwanenburg, bei Bergendahl, stoße ich auf sein Grab.

Ein Halbrund, Back- und Naturstein, Amphoren, kübelartige Gefäße, oben offen. Durch eine Öffnung geht es nach hinten zum Mal. Davor, eingerammt in die Erde, zwei Kanonenrohre und die Inschrift: »Dieses Grabmal errichtete Fürst Johann Moritz von Nassau-Siegen, 1604–1678, für sich selbst. Den Standort wählte er in Berg und Tal wegen der unmittelbaren Nähe zu seiner Einsiedelei. Das Grabmal war bereits damals eine Sehenswürdigkeit. Im Laufe der Jahrhunderte wurde es wiederholt beschädigt.«

Ein gewaltiger Sarkophag aus Gußeisen, mit Wappen und Ritterarmierung. Nur liegen die Gebeine des Prinzen nicht hier, sondern in Siegen.

In einiger Entfernung ein mächtiger Stein, Ehrerweisung für den Prinzen vom »Imperator Napoleonis«.

Von den Bäumen tröpfelt es erst, dann dröhnt der Regen herab. Völlige Einsamkeit. Hier war lange kein Besucher.

Immer noch prägen die Parks und Alleen des Prinzen Kleve und Umgebung. Aus dem Fenster des Museums Kurhaus Kleve blicke ich auf die wunderbare Gartenanlage, die sich in zwölf Stationen bis zum Grabmal dehnt, eine Symmetrie von Teichen, Obelisken, Tempeln, Amphitheatern und Alleen, die sogar Ludwig XIV., den Sonnenkönig und Erbauer des Schlosses von Versailles, inspirierte. Vieles ist zerstört, einiges restauriert worden. Es genügt, um in mir eine Ahnung von Arkadien aufkommen zu lassen.

Im Zentrum von Kleve dann aber Kunst unseres Jahrhunderts, eine kolossale Schöpfung, die mich sofort fesselt, in ihren Bann schlägt – liegend, wie von einer Sekunde auf die nächste mit ungeheurer Wucht gefällt: Ewald Matarés »Toter Krieger«.

Der Kopf hängt, Schulter und Brustkorb sind gewölbt, die ganze Gestalt flieht schräg auf die Füße zu. Sie liegt auf der rechten Seite, hat Augen und Mund geschlossen, die Finger der linken Hand hinten halb gekrümmt und an der Stelle des Herzens einen Einschuß.

Ein Mahnmal gegen den Krieg, wie ich selten eines gesehen habe, ohne Glorifizierung, ohne Heroisierung des Schlachtentods und die übliche vaterländische Verkleisterung. Ich bin erschüttert - so geht es also auch!

Aber der »Tote Krieger« hat hier nicht immer gelegen. 1931 aufgestellt, als Teil eines Ehrenmals für die Gefallenen des Ersten Weltkriegs, kamen die Planer des Zweiten bald dahinter, daß sein Geist und der Spruch »Wer das Leben liebt, der meidet das Böse und tue das Gute. Er suche den Frieden und jage ihm nach« den eigenen Gesinnungen diametral entgegengesetzt waren.

Es gibt dafür ein ebenso makabres wie verräterisches Foto aus dem Jahr 1934. Und da auf ihm die ganze Anlage der »Heldenverehrung« zu sehen ist, erkennt der Betrachter neben Hakenkreuzfahnen, aufmarschierter Hitlerjugend in Uniform und einem Spalier der SS einen deutlich abgedeckten Teil - den »Toten Krieger«. (Unter den Pimpfen befand sich übrigens auch Joseph Beuys, der damals noch nicht ahnte, daß der diskriminierte Schöpfer der Skulptur, Ewald Mataré, später sein Lehrer werden sollte.)

1938 wurde die Figur entfernt und erst 1981, restauriert, als Mahnmal gegen Unrecht und Gewalt wieder aufgestellt - ein unerhörter Eindruck, schweres Friedensgeschütz, befreiend wie die Wahrheit: Am Krieg gibt es nichts zu rühmen!

Auf dem Weg nach Rindern dann eine Allee von Platanen, daß es mir die Sprache verschlägt - die hellen Stämme wie geschält und die Wipfel von beiden Seiten oben, einem Dom gleich, geschlossen. Das geht über in eine Parade knorriger Eichen, mit wilden Gabelungen und gewundenen Ästen, die sich in neun, zehn Meter Höhe ineinander verhaken. Da habe ich sie, die Antwort auf meine bange Frage: Es gibt sie hier also doch noch, wenn auch selten, die Kulturerrungenschaft unversehrter Alleen mit Tunneleffekt.

Dazu rechts und links Maisfelder, Teichaugen, Schwäne; Pferde auf der Weide, mit gespitzten Ohren und geöffneten Nüstern, neugierig und furchtsam zugleich. Auf einem Hügel, jenseits des Rheins, der Kirchturm von Hochelten; vor Düffelward ein Schwarm Möwen in der Luft, und hier an der Fähre über den Griethausener Altrhein auf den Lippen die Feuchtigkeit der wassergeprägten Flachlandschaft.

Mit stampfendem Motor setzt das Bötchen über nach Schenkenschanz.

Der Ort liegt auf einer Kuppe, ist aber trotzdem durch starke Flutbarrieren gesichert. Schwer vorstellbar, daß das Hochwasser bis hier aufsteigen könnte, wenn man sieht, wie der Rhein da weit unten friedlich fließt. Aber der innere Zirkel des Städtchens mit seinen blumengeschmückten Häusern und den verwinkelten Gassen hätte allein in diesem Jahrhundert dreimal unter Wasser gestanden, wie die Markierungen ausweisen, wenn er nicht gesichert gewesen wäre: 1926, 1993 und 1995 – jedesmal war der Pegel bis nahe an die Zehn-Meter-Marke über Normal herangekrochen.

Aber nicht nur die Natur setzte Schenkenschanz zu, sondern ebenso eine bewegte Geschichte. Seiner strategischen Lage wegen auch »Schlüssel zu den Niederlanden« genannt, eine Festung in Europas Kriegen mit wechselnder Herrschaft, war es von den Spaniern gegen Ende des 16. Jahrhunderts schwer bombardiert worden, 200 Jahre später von den Truppen der Französischen Revolution besetzt und 1816 an Preußen gefallen.

Gespräche auf der Straße, freundlich geführt, ergeben eine erstaunliche Kenntnis über die lang zurückliegende Historie, und das vielleicht auch deshalb, weil der Ort vom Zweiten Weltkrieg verschont blieb, jedenfalls was Dynamit, Phosphor oder Artilleriebeschuß betrifft, nicht Gefallene, wie ein Denkmal zeigt.

Aber da gibt es wohl keine Ortschaft in Deutschland, und sei sie noch so klein, deren Bevölkerung davon verschont geblieben wäre.

Vorbei an der Emmericher Hängebrücke und weiter nach Grieth. Der Rheindeich hat hier Dimensionen wie die Deiche an der Nordseeküste, eine völlig neue Erfahrung für mich: Die Hochwasserstände sind für 1926, 1970 und 1988 mit sechzehn und siebzehneinhalb Metern markiert.

Dann, von einer stillgelegten rostigen Eisenbahnbrücke aus, denkmalgeschützte Konstruktion eines vergangenen Industriezeitalters, entdecke ich am Deich den Schäfer und seine Herde. Ein Berg von einem Mann, kariertes Hemd, Hosenträger, Hütchen, Raucher, sehr auskunftswillig.

400 Tiere hüten er und seine wieseligen Hunde, drei Rassen: Merinos, Schwarzköpfe und Suffolk (er spricht es nicht englisch aus, sondern sagt »Sufolk«). Ich notiere: Pro Schaf fallen drei Kilogramm Wolle an, das heißt vier Mark fünfzig, das Scheren kostet drei Mark pro Schaf, es bringt also nichts. »Warum üben Sie den Beruf dennoch aus?«

»Weil es keinen schöneren gibt«, sagt der Schäfer und saugt an seiner Zigarette.

Und in der Tat, arm ist er nicht, rechnet er vor: »Ein Schaf kostet 160 Mark, macht bei 400 Tieren über 60 000 Mark, stimmt's?«

Im Kreis Kleve gibt es außer ihm nur noch einen hauptberuflichen Schäfer.

Während er spricht, hat er die Hände in den Hosentaschen und behält die Zigarette im Mund. Ihr Rauch kräuselt langsam aufwärts gegen die diesiger gewordene Kulisse des unteren linken Niederrheins.

Der Deich fällt hier scharf ab. Schafe dürfen darauf weiden, Kühe nicht. »Die machen mit ihren Hufen den Deichhang kaputt, meine Schafe dagegen lassen ihn unbeschädigt.«

Für die Weide muß Pacht bezahlt werden, aber das sei »nicht die Welt«. Die Tiere sind auch im Winter draußen.

Der Schäfer trägt eine Armbanduhr und grüne Hosenträger. Er ist braungebrannt wie Menschen, die ständig an der frischen Luft sind, und sieht aus wie die Gesundheit und das Daseinsglück selbst.

Einen Augenblick ficht mich Rousseauscher Neid an, Sehnsucht nach einem naturnahen Leben und weniger Zivilisation, eine bukolische Träumerei, die rasch verfliegt und meiner Wirklichkeit Platz macht (die ja auch nicht zu verachten ist, wenn ich es recht bedenke).

Trotzdem hat der Abschied eine wehmütige Note.

Noch von weitem sehe ich den Schäfer oben an der Deichkrone und seine unentwegt äsende Herde mit den huschenden Hunden – ein Bild, wie ich mich an kein zweites erinnern kann.

Als ich dem Mann zuwinke, winkt er zurück.

Bylerward – Huisberden – Kiebitzwardhof.

Dann bei Brienen am Griethausener Altrhein, neben dem Deichkamm auf der Innenseite ein eingefriedetes Denkmal. Ich lese: »Johanna Sebus, ein siebzehnjähriges Mädchen, rettete im Jahr 1809 bei einem Deichbruch seine kranke Mutter aus den Fluten des Rheins. Danach stürzte sie sich wieder in den Strom, um eine Frau mit ihren Kindern dem Tode zu entreißen. Sie kam dabei um. Dieses Denkmal wurde zu ihrem Andenken errichtet im Jahre 1811.«

Den Text gibt es, schwer leserlich, auch auf französisch. Es heißt, Napoleon sei von der uneigennützigen Tat des Mädchens so beeindruckt gewesen, daß er ihm das Denkmal gestiftet habe (vielleicht, sinniere ich, weil der Korse in seinem Leben nie etwas Selbstloses getan hat?).

Ringsum uralte Bäume, auf dem Boden Kies, der Papierkorb leer, naß die Bänke des Heimatvereins (gestiftet von der Sparkasse Kleve).

In der Mitte das schlichte Mal, eine Steinmetzkomposition von anrührender Naivität: Im oberen Drittel Sterne, darunter, in einem Kreis, eine in den Wellen schon halb versunkene Rose.

Im nahen Keeken dann eine Demonstration entgegengesetzter Art, pompös, ja, bombastisch – ein Kriegerdenkmal, geschaffen in jenem Geist, der die Toten, deren hier gedacht werden soll, ermöglichte. »Sie starben den Heldentod 1914«. Links ein Soldat mit Frau und Kind, die Mutter und Ehefrau hält die Hände vor die Augen, der Vater und Ehemann das Gewehr in der Hand, während die Gruppe von Jesus und Engeln gesegnet wird.

Dann »Im Zweiten Weltkrieg starben fürs Vaterland ...« Hier hängt Jesus am Kreuz, daneben Maria Magdalena, und über allem das *Eiserne Kreuz*. »Die Gemeinde Keeken ihren gefallenen Söhnen«. Einer von ihnen, schon im Himmel angekommen, kniet vor Jesus.

Ich habe Mühe, mich nicht zu erbrechen – über das verlogen Religiöse, die Segnung der Waffen, die Hinnahme des Massentods, die Entsorgung der Profiteure und ihrer Interessen, die Verdrängung des Völkermords hinter den Fronten, diese ganze Entrealisierung des wahren, des kriminellen Tatgeschehens. Ein

Monument falscher Tradition, unversehrt erhalten geblieben bis gegen Ende des Jahrhunderts und alle Ingredienzien in sich bergend, die zu den nationalen und europäischen Katastrophen seiner ersten Hälfte geführt hatten.

Die Gegend hier ist katholisch, tief katholisch, heißt es. Aber auf diesem Gebiet geben die Konfessionen einander wohl nichts nach.

Weg von hier.

Bimmen, Niel, Zyfflich an der Grenze zu Holland - inzwischen ist es dunkel geworden.

Zurück zu meiner Unterkunft in Kleve. Wo Alleen sind und die Verkehrssituation es zuläßt, wird das Licht der Scheinwerfer aufgeblendet bis zu den unteren Ästen der Bäume.

Am Morgen dann, so früh es geht, noch einmal hin zu Ewald Matarés »Totem Krieger« und seiner Botschaft: Am Krieg ist nichts zu rühmen!

Mit dem Kontrabild von Keeken als letztem Eindruck wollte ich den Niederrhein jedenfalls nicht verlassen.

Karlsruhe.

Auf dem Markplatz soll eine riesige Schwarzwaldtanne aufgerichtet werden - für Weihnachten. Es ist zwar erst Mitte November, aber der Kommerz verlangt es wohl so (und nicht nur in dieser Stadt).

Noch liegt die Baumkönigin quer auf einem Anhänger, aber schon ist zu erkennen, daß es sich dabei um ein besonders gut gewachsenes Exemplar der Gattung Nadelhölzer handelt.

Nun muß es also aus der Horizontalen in die Vertikale gehievt werden. Zu diesem Zweck kriecht ein Mann mit leuchtender Oberbekleidung in das Gezweig hinein, um den Haken, der jetzt von einem Kran herabkommt, genau an der richtigen Stelle anzubringen. Falsch befestigt, könnte der mächtige Baum durch das eigene Gewicht zerbrechen.

Auf dem Platz versammeln sich die ersten Zuschauer. Polizei war schon vorher da. Der Haken ist befestigt und der Mann aus dem Baum verschwunden. Jetzt heult laut ein Motor auf, und dann wird das majestätische Ungetüm Zentimeter um Zentimeter angehoben, leise vibrierend und immer wieder verharrend, ob auch das Gleichgewicht gewahrt bleibt. Unten sind drei Leute beteiligt, die nur mit Hand- und Armbewegungen dem Kranführer in seinem Hochsitz stumm zuarbeiten – bei den Pferdestärken, die da rumoren, wäre ohnehin kein Wort zu verstehen.

Die Zahl der Umstehenden hat sich verstärkt, innere Beteiligung wird spürbar. Langsam, nur allmählich, tauen die morgenmuffligen Gesichter der Karlsruherinnen und Karlsruher auf, wird ihr Ausdruck um so gelöster, je höher der Baum schwebt. Und wirklich, die Tanne sieht aus, als wollte die Natur an ihr ein Beispiel makelloser Vollkommenheit statuieren.

Gut fünfzehn Meter lang, schwingt sie regungslos an ihrem höchsten Punkt, ehe sie allmählich, mit dem Auge kaum verfolgbar, herabgelassen wird. Dann, im letzten Drittel, sinkt sie rascher und rascher, ehe sie etwa einen Meter über dem steinernen Boden des Marktplatzes verharrt – mit Ästen, die so symmetrisch wippen, als wollten sie einer gelungenen Darbietung applaudieren.

Und tatsächlich, die Zuschauerschaft läßt sich zu zaghafter Begeisterung hinreißen – Zurufe, Händeklatschen, sichtliches Aufatmen.

Doch ist das Werk noch nicht getan.

Denn nun wird eine Kettensäge angeworfen und der dicke Stumpf an den Seiten schmaler geschnitten, um in das vorgebohrte Loch zu passen. Der Mann, der die gefährlich offene Säge bedient, als wäre sie ein harmloses Spielzeug, hat eine Gesichtsmaske aufgesetzt. Eine Ritterrüstung wäre angebrachter, denke ich bei dem Anblick.

Indessen rollt rumpelnd und quietschend eine Tram nach der anderen an der Szene vorbei – Karlsruhe, die Stadt der stolzen, der überlangen, der buntbemalten Straßenbahnen!

Die Tanne verharrt immer noch über dem Loch im Boden. Einer der Männer verscheucht Passanten, die zu nahe herangetreten sind; ein anderer achtet darauf, daß die Schienen publikumsfrei bleiben; der dritte dirigiert, mit abgezirkelten Bewegungen zum Kranführer hoch, die Last in die ausgehobene Versenkung.

Darin verschwindet jetzt das untere Ende, wenn auch, wie ich finde, nur ein verstörend kurzes Stück.

Als dann einige Äste, armdick, mit der Säge so mühelos vom Stamm getrennt werden, als würde Watte zerschnitten, denke ich unwillkürlich: Welche Kraftersparnis gegenüber früherer Holzfäller- und Waldarbeit! Doch nur, um sogleich trübselig anzufügen: Und welche Leichtigkeit, mit den gleichen Maschinen den tropischen Regenwald vom Antlitz unserer Erde auf Nimmerwiedersehen auszurotten.

Das Loch im Boden ist zu weit, der Spielraum zu groß, die Tanne schwankt. Das bleibt nicht so, heißt es von einem der Männer auf meinen fragenden Blick: »Jetzt sind die Pflöcke an der Reihe.«

Woraufhin ein gewaltiges Hämmern auf die Holzkeile beginnt, noch einmal und noch einmal. Man spürt richtig, wie sich da am Schaft alles verfestigt, wie es eingeengt, wie es fachmännisch gesichert wird.

Trotzdem – von der gigantischen Tanne ist nur wenig in der Erde verschwunden, ganz wenig, kaum, daß davon überhaupt etwas zu merken ist. Gut nur, daß die etwas verfrüht aufgestellte Weihnachtstanne auf dem Marktplatz von Karlsruhe immer noch am Haken ist – was allerdings nicht ewig währen soll.

Die Spannung wächst wie die Schar der Zuschauer. Alle starren nach oben, denn die Minute der Wahrheit rückt näher und näher.

Doch da wird Pause angesagt, Unterbrechung für einen Imbiß oder Schluck. Nur der Kranführer bleibt oben, erspart sich den Weg herab und wieder hinauf und hat sich, wie von hier unten zu sehen ist, in Kenntnis der Gepflogenheiten ein Butterbrot mitgenommen.

Ich nutze die Unterbrechung und biege links in die Geschäfts- und Ladenzeile der Kaiserstraße ein, immer wieder aufgestört durch scharfes Klingeln, das den straßenbahnentwöhnten Besucher von den Gleisen scheucht, während offenbar außer mir hier niemand in die Gefahr kommt, von dem nostalgischen Verkehrsmittel angefahren oder überfahren zu werden.

Ecke Herrenstraße ertönt Gesang, erst auf englisch, dann auf russisch, Tevjes »Ach wär' ich doch ein reicher Mann ...« aus dem Musical »Anatevka«, des jüdischen Milchmanns und Vaters mehrerer heiratsfähiger Töchter flehentliche Bitte an ein Schicksal, das so ganz anders geraten ist als das erwünschte.

Der Sänger ist ein junger Mann, mit einer wunderbaren Stimme und einer Jamolka auf dem Kopf, also ein Jude. Auf dem Pflaster vor sich einen umgestülpten Hut, singt und singt er an gegen den Lärm der Straßenbahn, der Autos, gegen das ganze Geräuschpotpourri der quirligen Verkaufspassage, und keiner, keiner hört ihm zu. Niemand bewundert die Reinheit der Töne, die Sicherheit der Übergänge, die Klarheit der Melodien. Auch wirft ihm niemand ein Geldstück in den Hut, es ist, als würde er gar nicht wahrgenommen, so desinteressiert gehen die Passanten an ihm vorbei, die Augen geschlossen und die Ohren dicht.

Er kommt aus Minsk, gibt seinen Vornamen mit Pawel an, sein Alter mit 27, und ist geflohen aus seiner Heimat, einfach weg – »no hope«, keine Hoffnung. Jetzt, da er nicht singt, fällt ein Geldstück in den Hut.

Zurück zur Karl-Friedrich-Straße und in der jetzt wärmer herabscheinenden Sonne vor die leuchtende Front des Schlosses mit seiner herrlichen Rotunde und den gepflegten Rabatten.

»Karl Friedrich, 1728–1811, Erster Großherzog von Baden« – die Statue wirkt verspakt, der Herzog ein wenig steif, das linke Bein vorgestellt, in der Rechten eine Schriftrolle – so schaut er von seinem Podest auf die große Schwarzwaldtanne da am Anfang der Straße, die seinen Namen trägt.

Die Pause ist vorüber. Um den senkrecht aufgestellten Baum hat sich ein dichter Kranz von Zuschauern beiderlei Geschlechts gebildet. Alle blicken auf den Mann mit der augenschmerzenden Oberbekleidung, der am Ende eines stählernen Arms in einem Korb steckt, dessen Position er mit einem Schaltgerät selbst regulieren kann. Vorsichtig stoppt er auf der Höhe des Hakens, an dem die Tanne noch immer hängt, und tastet sich langsam heran an den schweren Metallkörper, der von hier unten in dem Grün nicht auszumachen ist.

Jetzt langt der Mann in das Geäst, rüttelt mehrmals darin, ehe er dem Kranführer mit pumpender Faust ein Zeichen gibt. Und da kommt er hervor, hat er sich gelöst, der Haken, wird er höher und höher gezogen, über den Wipfel hinweg, bis er wie erschöpft vor der Fassade der Evangelischen Stadtkirche baumelt, aus der Orgelmusik tönt.

Und da steht sie, aufrecht und selbstbewußt, die größte Tanne in der Geschichte des Schwarzwaldes, wie ich behaupte, und die schönste, die allerschönste dazu. Sie schwankt nicht und bebt nicht, fachmännisch eingepflockt von den Männern, die nun mit Recht ihr Werk bejubeln und dabei sichtlich den Applaus ringsum genießen.

Nur eine Schar männlicher und weiblicher Winzlinge streicht an dem Baum vorbei, ohne ihm große Beachtung zu schenken - lachend, rufend, kindlich laut: muslimische Schülerinnen und Schüler.

Momentaufnahme, Marktplatz Karlsruhe, Skizzen aus Deutschland.

Freie und Hansestadt Hamburg, an der Alsterschleuse bei Poppenbüttel.

Ein traumhafter Herbsttag, frühmorgens. Ich gehe über laubbedecktes Kopfsteinpflaster zum Fluß hinunter, höre das Rauschen des Wassers und sehe die Waldwand gegenüber im hellen Sonnenschein.

Die alte Schleuse - moosiges Holz, spakig; verrostetes Eisen, über einem Rundbalken Ketten hinunter zum Wehr; alles feucht durchwirkt, glitschig - Vorsicht, Ausrutschgefahr.

Da stürzt das Wasser über eine schwere Schicht naßgepreßten Laubs an die drei Meter hinunter, tönend, wobei aus einem Loch an der Wand neben dem Wehr ein dicker Strom hervorquillt - »Bruhns Fischpaß« lese ich, warte aber vergeblich, daß sich seine Funktion bestätigt.

Über die Brücke hinweg auf das rechte Ufer.

Die Oberalster fließt von ihrer nicht weit entfernten Quelle hier aus mehreren Armen auf die Schleuse zu. Das ist nicht der Amazonas und auch nicht die Elbe, deren rechter Arm die Alster ist, wohl aber eine Landschaft, die vom Wasser geprägt wird - abgesoffene Bäume, tot, kahl, uralt, mit Ästen, die sich, lauter bizarre Scherenschnitte, wie hilfeflehend in den offenen Morgenhimmel recken.

Ich betrete den Alsterwanderweg, der hier schmal ist und streng eingezäunt – nach rechts gegen eine abschüssige, baumbestandene Fläche hinunter zum Fluß; nach links gegen einen Hang mit Vorgärten – oben, wie ein Kranz, Häuser, Gebäude, Privatbesitz, »Betreten verboten«.

Der Weg führt hinauf, wodurch die Alster da unten immer tiefer gerät, als sackte sie Meter um Meter in ihrem Bett ab. Ich bleibe oft stehen, beobachte am treibenden Blattwerk, wie träge die Strömung dahinschleicht, und bin entzückt über die tänzelnden Sonnenfinger auf der goldbeschienenen Oberfläche. Der Fluß, die Bäume, ihr Herbstkleid, der glitzernde Spiegel – lauter Kunstwerke der Natur, Gemälde ohne Rahmen.

Es ist fast windstill. Und warm.

Rechts am Hang geht es immer hochherrschaftlicher zu, dräuen Wohnschlösser, wahre Residenzen; links, am anderen Ufer, wird es dagegen ländlich, öffnet sich die Gegend weit und flach, Felder, Wiesen, grasende Rinder. Vorn am Wasser eine Idylle, Kuh und Kalb, das Fell der Mutter beschienen von einer Seite, die andere dunkel, und beide mit geneigten Köpfen, nahe beieinander, unentwegt am Gras rupfend.

Wann bin ich den Alsterwanderweg zum erstenmal gegangen, mit den Eltern, stumm staunend und doch voll innerer Erregung, wie ich der Schönheit immer gegenübergestanden habe? Heute wabern davon nur noch verwehte Erinnerungen im Herzen, verschwimmende Bilder, ungreifbar wie im Traum – die Mutter im weißen Kleid, der Vater liebevoll bewunderte Autorität, beide groß, Hort unerschütterlicher Geborgenheit, und ich zwischen ihnen.

Von diesen ganz frühen, vorschulischen Ausflügen an die Oberalster sind nur noch Konturen geblieben, in der Luft verwehende Rauchzeichen.

Nur eines habe ich von damals noch behalten, etwas, das mir im Ohr haftet, das jetzt ganz tief drinnen eine Saite zum Klingen bringt und mich wehmütig ins Nirwana der Kindheit zurückholt – das Rauschen des Wehrs, sein ewig gleicher Ton, der tosende Schwall unter der Holzbrücke, die Musik der Mellingburger Schleuse bei Poppenbüttel!

Wo ich nun wieder stehe, lange stehe, auf rutschigem Grund,

und sehe, wie die Alster flußabwärts, weit hinten, in einer Linksbiegung verschwindet. Von hier bis zur Anlegestelle am Jungfernstieg, Zentrum der Hansestadt an der Elbe, sind es nur fünfzehn Kilometer.

Aber was sich für mich dazwischen ballt, geht über ein ganzes Leben hin.

# Hamburg – Ode an eine Vaterstadt

Anfang Januar, das Thermometer zeigt zehn Grad unter Null.

Auf dem verschneiten Gänsemarkt, in lässiger Pose, grün oxidiert auf dem Podest vor dem alten Pressehaus: Gotthold Ephraim Lessing (1729-1781), ein Buch in der Linken, den Zeigefinger zwischen den Seiten, und die rechte Hand auf das rechte Knie gestützt.

Auf dem vereisten Steinboden vor dem Denkmal, neben dem Siel, eine aufgetaute, feuchte Stelle – da muß aus der Tiefe Wärme emporsteigen. Drum herum Dutzende von Tauben, mit ruckenden Hälsen, während eine sich hoch auf Lessings Haupt niedergelassen hat und dort stoisch verharrt.

In meiner Erinnerung: Dieselbe Statue auf die Erde gestürzt, mit der Nase nach unten, oben ein schwefelgelber, sonnenundurchlässiger Himmel, Qualm in der Luft, überall Trümmer, ringsum keine heile Fensterscheibe mehr und die Temperaturen erstickend, nicht nur der Jahreszeit wegen – der Gänsemarkt am 25. Juli 1943, einem Sonntag, nach dem ersten von vier schweren Nachtangriffen der Royal Air Force, die Hamburg innerhalb von dreizehn Tagen in Schutt und Asche legen werden.

Wer aus meiner Generation stammt, der wird die Stadt, mag sie sich, auferstanden aus Ruinen, über ein halbes Jahrhundert hin noch so gemausert und restauriert haben, doch immer sehen mit den Reminiszenzen an ihren Untergang im Bombenhagel und in der Phosphorglut jenes schrecklichen Sommers.

Heute morgen drängt sich am Rand des Gänsemarkts, Kühler an Heck, Heck an Kühler, der Taxipulk in der Parktasche der ABC-Straße, abrufbereit für Gäste des Marriott-Hotels; lockt drüben mehrstöckig eine der modernsten Verkaufspassagen; reckt sich daneben die blinkende Glasfront einer bekannten deutschen Versicherungsgesellschaft auf und ist von Hamburgs einst vornehmstem Puff gerade gegenüber keine Spur mehr zu finden – eben jenem Kalkhof, wo ein nordischer Monarch vor dem Ersten Weltkrieg während allzu stürmischer Ausübung des Liebesakts einem Herzschlag erlegen sein soll.

Bei klirrender Kälte nun in den Jungfernstieg eingebogen und über die Fahrbahn hin zur Binnenalster – bis zur Lombardsbrücke eine weißerstarrte Fläche. In ihrer Mitte, den unübersehbaren Warnschildern zum Trotz, dick Vermummte, und rechts an der Pier, wie ein erst geflüchtetes, dann festgefrorenes Rudel, die Flotte vertäuter Alsterdampfer.

Sylvester und seine verunzierenden Spuren sind noch sichtbar – auf dem Eis, am Rand des Beckens, ausgebrannte Feuerwerkskörper, leere Sektflaschen, eingebeulte Bierdosen, schmutzige Papierschlangen. Dazwischen, pechschwarz, eine einzelne Krähe, die mal den einen, mal den anderen Krallenfuß in so exakten Abständen einzieht, als versetzte ihr der Frost gleichförmig getaktete Kältestöße.

Von der Lombardsbrücke aus dann, mit Blick nach Süden und im Uhrzeigersinn aufgezählt, Hamburgs unvergleichliches Türmeensemble: links die kleinste, die Jakobikirche, die spät ersetzte Spitze weit weniger eindrucksvoll als das kriegszerstörte Original; näher, höher, schlank emporstechend – St. Petri an der Mönckebergstraße; in Hafennähe die Katharinenkirche mit ihrem doppelstöckigen Säulenrund; der ehrwürdige Rathausturm, aus wilhelminischen Zeiten noch, aber architektonisch längst jenseits von Gut und Böse. Es folgt Sankt Nikolai, mit dem Ulmer Münster eine der höchsten Kirchen der Welt, nun Gedenkruine und Mahnmal für den von Hitlerdeutschland begonnenen Luftkrieg gegen Zivilisten, der dann so fürchterlich auf die eigene Bevölkerung zurückgeschlagen hat. Und schließlich die Michaeliskirche, der Michel, Hamburgs Wahrzeichen. Hochvertrauter Anblick seit meiner Kindheit, mir nun aber doch ein wenig fremd geworden, seit sein oxidiertes Kupferhaupt nach sicherlich notwendiger Renovierung nicht mehr patinagrün überzogen ist, sondern die bräunliche Urfarbe des Metalls zeigt – und das bei der Zähigkeit des chemischen Verwandlungsprozesses sicherlich noch so lange, daß ich die alte Herrlichkeit wohl kaum mehr erleben werde.

Drüben, über die Binnenalster hinweg, die aristokratische Front des Jungfernstiegs, rechts das Nobelhotel »Vier Jahreszeiten«, links das Hapag-Lloyd-Gebäude, beide mit wehenden Hausfahnen über den grünlichen Dächern wie Ausweise solider hanseatischer Geschichte.

Welch ein Panorama – wäre da nur nicht zwischen Katharinenkirche und Rathaus die Betonzigarre eines Riesenschornsteins, aus dem es weißlich herausquillt: eine Bausünde der Hamburgischen Elektrizitätswerke (HEW), die allerdings, wie es heißt, bald abgerissen werden soll.

Hier an der Lombardsbrücke ist das brüchige Eis vogelbedeckt: Möwen über Möwen, viele hundert. Hocherregt in der Erwartung, von der Brüstung her gefüttert zu werden, fliegen sie in Scharen gemeinsam auf, setzen sich aber gleich wieder, auch das zusammen und wie abgestimmt. Dabei stoßen sie im Chor grelle Schreie aus, während auf einem gefrorenen Placken vor dem mittleren der drei Brückenbögen ein einzelnes, aber besonders großes Exemplar der Gattung, unberührt von allem und königlich erhobenen Köpfchens, sich in ruhiger Würde einsam dahintreiben läßt.

Nun unter der alten Lombards- und der neuen Kennedybrücke durch die Fußgängerverbindung zwischen Binnen- und Außenalster, den Tunnel mit den graffitiübersäten Wänden, aus dem herausgetreten sich ein atemverschlagender Anblick bietet: Auf der weiten Fläche des großen Beckens, zwischen dem Uhlenhorster und dem Harvestehuder Ufer, Menschen über Menschen, Tausende und Abertausende – stehend, schlendernd, eilend; auf Schlitten, Schlittschuhen und sogar auf Rädern. Dazwischen Kinder, viele Kinder, und Buden, Verkaufsstände, die Bier anbieten und Würstchen, Punsch und Frikadellen, Hamburger Speck und andere Leckereien. Stimmengewirr schallt herüber, und gegen das Weiß von unten und den grauen Himmel sehen sie alle, egal ob Mann, ob Frau, wie in Tinte getaucht aus.

Hunde schnüffeln zwischen der flanierenden Menge herum, hier vorn in Gestalt eines fellbarocken, aber sichtlich kälteempfindlichen Afghanen; Kinderwagen werden geschoben, schalumwickelte Gesichter begrüßen sich, gerötete Nasenspitzen nikken einander zu, und nach Norden, zur Schönen Aussicht hin, verklumpt sich die Menge zu einer undurchsichtigen Masse.

Kann der Frost sie alle tragen?

Zwar sorgen strenge Behördenauflagen dafür, daß die Alster nur ab einer bestimmten Dicke des Eises betreten werden darf (es sollen fünfzehn Zentimeter sein), dennoch bleibt es unheimlich, wie da so viele Tonnen Menschengewicht auf der glatten Decke lasten und sogar, wie gerade in meiner Nähe kolportiert wird, vor kurzem ein Autofahrer laut hupend die Außenalster in ihrer ganzen Breite mit einem Kraftfahrzeug der gehobenen Klasse überquert haben soll.

Ich erblicke all das verblüfft und auch ein wenig beschämt von dem, was mir da passiert. Geborener Hamburger, der die ersten fünfzig Jahre seines Lebens ständig in dieser Stadt zugebracht hat und ihr auch seit dem Umzug nach Köln stets innig verbunden geblieben ist, erlebe ich per Zufall und unverhofft, was ich natürlich vom Hörensagen kannte, selbst aber noch nie gesehen hatte: das berühmte Alstervergnügen!

Ich stehe da, schaue auf das quirlige Treiben vor mir und denke: mein Hamburg.

*Mein* Hamburg?

Das war das Paradies der Kindheit, Wonne, Nest im Schutz der Mutter, unter den Fittichen des Vaters; war an der Ecke der Hufnerstraße die Sandkiste, mit den zwei ewig besetzten Schaukeln, dem »Pinkelwinkel - Nur für kleine Kinder« - und der schartigen, uralten Eiche davor; war an einem Junitag des Jahres 1930, meinem siebten, das Luftschiff »Graf Zeppelin«, dröhnend am Himmelsausschnitt hoch über Barmbeks Häuserschluchten; waren die wilden Streifzüge mit den Spielgefährten im Stadtpark, stets auf der Flucht vor erbosten Wärtern und hin zu seinen herrlichen Wahrzeichen und Verstecken - dem Planschbecken und dem Ententeich, dem Pinguinbrunnen und dem Wasserturm, der Freilichtbühne und dem steinernen Panther.

*Mein* Hamburg, das war das gischtige Wunder des Hafens, die stählerne Stirn seiner Werften von der Hochbahnbrücke zwischen den Stationen Baumwall und Landungsbrücken aus; war der Fernweh erweckende Anblick der großen Passagierschiffe der Hapag und der Hamburg-Süd an der Überseebrücke - die »Albert Ballin« und die »Hamburg«, die »Cap Arkona«, die »Monte Rosa« und die »Monte Sarmiento«. Dazwischen, auf der glitzernden, funkelnden Norderelbe, die bulligen, aus hohen Schornsteinen schwarzdicke Rauchwolken paffenden Schlepper; das Buckelgewölbe des Elbtunnelein- und -ausstiegs nach und von Steinwerder, und die Landungsbrücken mit ihren damals noch hölzernen Pontons.

*Mein* Hamburg, das war das kilometerbreite Band der Unterelbe, von der Empore des Hirschparks überblickt; das flirrend weiße Meer der Obstblüte drüben im Alten Land zur Frühlingszeit und der mediterrane Anblick Blankeneses mit dem Süllberg vom Wasser aus. War die bestaunte Ausfallgerade nach Norden, die Fuhlsbütteler Straße, Hamburgs längste, wie es damals hieß, bis hin zur erhaben gruftigen Schönheit des Ohlsdorfer Friedhofs am Ende der Welt; war an seiner Flanke der Bramfelder See und in dessen schilfiger Ufernähe der Schrebergarten der Großeltern mütterlicherseits, mit Erinnerungen an lange, lange Märsche von Barmbek über Steilshoop und todmüder abendlicher Rückkehr, dabei häufig genug den Magen von gierig verzehrtem unreifem Obst schwer verdorben.

*Mein* Hamburg, das waren schneereiche Winter, mit kerzenbeleuchteten Schneehöhlen, richtigen Iglus, und stämmigen, sich dreikugelig nach oben verjüngenden Schneemännern, die Augen aus Kohle, eine Rübe als Nase, in der kalten Hand ein abgebrochener Besenstiel und auf dem Kopf – woher bloß? – oft ein Zylinder; war der Regen, der viele Regen – tief vertraut und voller Zustimmung erwartet, seine nassen Fäden an der Dachrinne des gegenüberliegenden Hauses, sein monotones Rauschen im Rohr neben unserem Balkon; war an der Ecke Hufnerstraße/Fuhlsbütteler Straße die Gaststätte mit *Rundstück warm* auf der Speisekarte (aufgeschnittenes Brötchen, Schweinefleisch dazwischen und schwere braune Bratensoße drüber), ein wegen permanenten Geldmangels im elterlichen Haushalt höchstens zweimal im Jahr genossenes Festmahl. Und gegenüber, vor dem letzten Haus der Hufnerstraße mit der Nummer 131, die kleine schräge Treppe und ihr von unzähligen Hosenböden spiegelblank gewetzter Steinsaum zu beiden Seiten:

*»Nachmittags, im Sommer, wenn Lea einkaufte und die Söhne mitnahm, benutzte Roman die Gelegenheit und sprang, von einer melancholischen Sonne beschienen, das Fell vor Wonne zuckend, in die laue Luft, wo schwadig Mücken geisterten, und griff nach den Insekten und taumelte wieder hoch und sah sich um in der Lindenallee und blieb plötzlich wie angewurzelt stehen. Er hörte, roch, schmeckte und sah, ohne sich zu*

*bewegen, nach allen Seiten, hatte zugleich in seinem Blick das dürre Gesicht der Grünfrau, die Lea im Obst- und Gemüseladen bediente; den häßlichen, rührend zittrigen Hund des Bäckers nebenan, dessen Terriereingeweide am nächsten Tag unter dem Vollgummireifen eines Lastwagens hervorquellen würden; die ganze spielende, zankende, von gesundem Dreck gezeichnete Brut der volkreichen Arbeiterstraße. Von dem ernsten Cesar neben der Mutter verblüfft und bewundernd gemustert, nahm Roman das alles wahr in der Sekunde zwischen zwei Sprüngen nach den Mückenschwaden über seinem lockenumwehten Haupt. Dann eilte er hin zu Lea und vergrub das Gesicht in ihrem Kleid, um nicht vor lauter Glückseligkeit zu schluchzen.«* (»Die Bertinis«)

*Mein* Hamburg, das war auch, wenn es damals hieß: *»Wir gehen in die Stadt!«* – und nicht etwa, wie heute, in die *City*.

Gemeint war damit das Viertel zwischen Hauptbahnhof und Dammtor, Stephansplatz und Mönckebergstraße, Rathaus, Neuer Wall, Gänsemarkt – eben die große Welt.

Ein atemlos angestrebtes Ziel war das, wenn es von Barmbek her losging, entweder mit der Straßenbahnlinie 6 über die Hamburger Straße und den Mundsburger Damm zum Glockengießerwall oder, mir viel lieber noch und deshalb innig erhofft, von der Anlegestelle Richardstraße zum Jungfernstieg – mit dem Alsterdampfer!

*»Diese Fahrten waren für Roman Bertini ein großes Erlebnis, nicht allein wegen der schönen Route, die nach kurzem Kanalabschnitt hinter der Uhlenhorster Brücke das grandiose Panorama der Außenalster mit den Hamburger Kirchtürmen am südlichen Horizont preisgab. Es war vielmehr der Dampf, der ihn inspirierte, vor allem die Stätte, aus der er hervordrang, nämlich der Maschinenraum. Auf Alfs Arm, den schmalen Kopf durch eine offene Luke gezwängt, konnte Roman in die bebende, stampfende, glühende Gruft hinabschauen. Er erblickte dort unten den Heizer, schwarz im Gesicht und ständig Kohlen nachschaufelnd, die stampfenden, vom Druck in den Zylindern auf und ab geschleuderten Pleuel, den ganzen phantastischen Mechanismus einer Dampfmaschine, der damals Roman Bertinis technisches Fassungsvermögen bei weitem überstieg, ihn aber in seiner bewegten Sichtbarkeit von allem Anfang an faszinierte.«*

Wie verwurzelt die frühen Eindrücke von *meinem* Hamburg sind, zeigte sich erst jüngst noch, als ich davon erfuhr, daß seit einiger Zeit wieder ein Oldie auf der Alster verkehrt, an Sonn- und Feiertagen, von Mai bis Oktober – das älteste aktive Dampfschiff Deutschlands, ein klassischer Alsterdampfer, die 1922 erbaute »St. Georg«: zwei Zylinder, 75 PS, bei 200 Umdrehungen pro Minute!

Hingerissen studierte ich die Werbebroschüre, konnte mich an den technischen Einzelheiten der darin photographisch detailliert und koloriert abgebildeten Maschine nicht sattsehen und schlürfte die historischen Daten der Hamburger Alsterdampfergeschichte nur so in mich hinein – darunter, daß 36 der flachen Schiffe bis 1914 elf Millionen Fahrgäste befördert hatten.

Viele Jahrzehnte hatte der Veteran auf Linienfahrt zwischen Jungfernstieg, Winterhude, Barmbek und Mühlenkamp, später dann auch auf der Havel verkehrt, ehe das ausgemusterte Schiff 1985 vom Verein Alsterdampfschiffahrt neu instand gesetzt worden war und als die »St. Georg« nun an seinen Ursprungsplatz zurückgekehrt ist.

Klar, daß ich das Deck der »St. Georg«, nachdem ich so spät von ihrer Renaissance erfahren habe, bei der nächsten Gelegenheit betreten werde – unglücklicherweise fiel mir die Broschüre zwischen Oktober und Mai in die Hände.

»*Wir gehen in die Stadt!*« – das frühe Zauberwort hat für mich immer noch etwas von seinem alten Glanz, der einstigen Erregung beibehalten, läßt auch so lange danach noch unvergessene Gefühle und dauerhaft ins Gedächtnis eingestanzte Bilder aufsteigen – so das Rathaus und seinen Turm, eingerahmt vom ersten Bogen der Alsterarkaden.

Vor dem ich auch jetzt wieder stehe, ohne mich jedoch schon in der richtigen Position zu befinden. Sie wird mir ahnungslos von einer jungen Frau verwehrt, Hanseatin ihrem dezenten Habitus nach, zu ihrer Seite ein Schwarzer, der lebhaft auf sie einredet und dabei temperamentvoll mit den Armen in Richtung Ballindamm, Mönckebergstraße und Börse weist, gerade, als berichtete er ihr etwas über Örtlichkeiten, von denen sie bisher nichts gewußt hat.

Dann gehen beide lachend weg – und nun finde ich meinen »Ausschnitt« von den Arkaden, ein perspektivisches Kunstwerk: in der Bogenwölbung die unnahbare Kulisse des Rathauses mit der vielfenstrigen Front, die Schwäne auf dem Wasser vor der Schleusenbrücke, der weite Rathausplatz dahinter – eine Art Urbild, Realität und Symbol zugleich für *mein* Hamburg.

Auf dem Alten Wall streiche ich an dem mächtigen Gemäuer des Rathauses entlang, behauene Naturquader, betrete den Hof der Börse mit dem Brunnen, aus dem zehntausend Wasserkristalle sprühen, träufeln, herablecken.

Aber dann, eingebogen in die Bleichenbrücke, spüre ich, wie auf der Kreuzung zum Neuen Wall meine Beine schwerer werden und mich eine Hemmung befällt, die mich hindern will, weiterzugehen.

Links, auf das Ende des Neuen Walls zu, an der Ecke zur Stadthausbrücke, liegt das Stadthaus, einst Sitz der Geheimen Staatspolizei – Tatort und Symbol für das *andere* Hamburg.

Ich will das alte Entsetzen in mir unterdrücken, beschimpfe mich selbst – »Es ist doch schon so unendlich lange her« –, kann aber nur hoffen, daß ringsum niemand meine zittrige Verfassung gewahrt.

Denn dahin, in das Gebäude an der Ecke, war ich am 1. September 1939 gebracht und dort tagelang gefangengehalten worden – sechzehnjährig und von gleichaltrigen Spielkameraden über Eltern und NS-Blockwart an die Gestapo denunziert – wegen »staatsfeindlicher Äußerungen«.

120 Stunden war ich dort und kann bei der Niederschrift dieses Buches, in der Mitte meines achten Lebensjahrzehnts, sagen: Es waren die furchtbarsten meines bisherigen Daseins.

*»Roman Bertini blieb volle vierundzwanzig Stunden an den Stuhl gefesselt, von oben bis unten beschmutzt, eine lebende Leiche aus Kot, Urin, Auswurf und Blut, als er schließlich abgebunden wurde und auf der Stelle zu Boden schlug. (...)*

*Am Abend, nach Einbruch der Dunkelheit, führte der Gestapomann Roman durch das Stadthaus in einen Hof, wo er ein Tor öffnete und es sofort wieder hinter ihm schloß.*

*Da stand Roman Bertini nun, äußerlich hergerichtet, und die Passanten hätten schon sehr genau hinsehen müssen, um zu erkennen, was die letzten fünf Tage in ihm angerichtet hatten.«*

So steht es in meinem autobiographischen Roman »Die Bertinis«.

Es gibt für mich nichts, was mehr mit Hamburg verknüpft, mehr an Hamburg gebunden ist als dieses Werk.

Deshalb zu seiner Entstehung und seinem Werdegang ein paar Worte.

Die Idee zu dem *Buch*, wie ich es sogleich nannte, war mir in einer Januarnacht des Jahres 1942 gekommen, drei Jahre und vier Monate vor der Befreiung, und natürlich ohne zu wissen, ob dieser Tag je eintreten würde: das eigene Leben, so fürchterlich, so grausam und so großartig, wie es unter der Bedrohung durch die Rassengesetze geworden war, als Rohstoff für eine künstlerische Reproduktion zu nehmen. Keine bloße Kopie der Wirklichkeit, keine photographische Ablichtung nur, so stand es von Anfang an fest, doch in allem authentisch, von der ersten bis zur letzten Seite, und erkennbar, daß der Autor weiß, wovon er kündet.

Pate gestanden hatte dabei der ebenfalls tief autobiographische Roman »Schau heimwärts, Engel« des großen amerikanischen Epikers Thomas Wolfe, eine Lektüre von überwältigender Bedeutung für mich als Schriftsteller.

Das *Buch* – ein »Heureka«-Erlebnis war es, das mir die Luft nahm und mich in die Kissen zurückfallen ließ und das Dasein von Grund auf veränderte – wohlwissend, was mir da mit der allgegenwärtigen Todesbedrohung als ständige Begleiterin in die Hände gegeben war, etwas, das sich keine dichterische Phantasie, auch die größte nicht, vorstellen könnte, es sei denn um die Last des selbst Erlebten.

*»Da ragte es vor ihm auf in der Finsternis wie ein Himalaya, den er mit dem Teelöffel abzutragen hatte; wie ein ferner Sirius schimmerte es, ein unglaublicher Stern, den er auf die Erde herabzuholen hatte. Kalt und siedendheiß brach es ihm aus den Poren, wie er da lag in dieser Urstunde und erkannte, daß ihm niemand helfen konnte bei dem Auftrag, den er sich selbst erteilt hatte und dessen er sich nicht anders entledigen konnte als um den Preis seiner Bewältigung – eine titanische Arbeit, so schwebte ihm vor, angefangen von den Ahnen über die Gegenwart bis – hier stockte ihm der Atem – in die verborgene Zukunft.«*

Im Roman wird die Geschichte des Buches bis zu seinem Ende verfolgt, also Mai 1946, ein Jahr nach der Befreiung. Dann bricht sie ab – mit der jähen Erkenntnis des Autors und seines Alter ego, daß das Werk entgegen der langgehegten Erwartung nicht gleich mit heißer Feder niedergeschrieben werden konnte.

*»Da lagen sie vor Roman Bertini, die Tausende von Aufzeichnungen und Zehntausende von selbst erlebten, nie notierten Bildern, die sich unerschöpflich in seinem Hirn drängten und stießen und heraus wollten und durcheinanderwogten wie die Wellen eines sturmgepeitschten Meeres.*

*Und plötzlich, hier auf den Ziegeln, wußte Roman Bertini, daß es um einen Lebenstraum ging, den er verwirklichen wollte, und daß er für diese Verwirklichung Jahre um Jahre, möglicherweise Jahrzehnte brauchen würde. (...) Und den Kopf schüttelnd über sich selbst, Roman Bertini, den Phantasten, der die Welt erschaffen wollte an einem Tag, packte er seine Sachen zusammen und ging still in den Keller zurück.«*

Der Stunde der Wahrheit folgten Berge von Manuskripten, Schreibversuche, immer wieder neu begonnen und verworfen, bis Mitte der fünfziger Jahre – noch angekränkelt von jener wahnwitzigen Literaturtheorie, die sich *Sozialistischer Realismus* nannte und darin bestand, den real existierenden Sozialismus in eine menschenbergende Heimstatt umzulügen, Fesseln, die durch die lang aufbereitete Erkenntnis meines politischen Irrtums und seiner Konsequenzen dann mit überfälliger Plötzlichkeit gesprengt werden konnten.

Damit sah sich die Arbeit an dem *Buch* dann zwar von den Eierschalen realsozialistischer Apparatschiktheorien befreit, war aber von seiner stilistisch und chronologisch endgültigen Form noch weit entfernt.

Das Gefühl, sie gefunden, endlich gefunden zu haben, hatte ich erst schlagartig an jenem Herbsttag des Jahres 1961, als mir auf dem Gelände des NDR in Hamburg-Lokstedt, unterwegs in den Schneideraum, urplötzlich der erste Absatz wie von selbst auf die Lippen kam:

*»Giacomo Bertini war fünf Jahre alt, als er beschloß, sein erbärmliches Geburtsnest Riesi im sizilianischen Regierungsbezirk Caltanisetta auf dem Rücken eines nachbarlichen Esels zu verlassen – das Meer, Palermo, Musik! Aber er kam nur knapp auf den Weg. Noch im*

*Weichbild der Ortschaft bockte das Tier, warf den jugendlichen Reiter ab und schmetterte ihm den rechten Hinterlauf so nachdrücklich ins Gesicht, daß das Blut spritzte – spitz durchstieß das Nasenbein die Haut.*

*Giacomo wendete.«*

Fast zwanzig Jahre nach der Januarnacht von 1942 und rund 12 000 beschriebenen Seiten war es das zweite Heureka-Erlebnis und das Fundament, auf dem die Bausteine des Romans dann einer auf den anderen gesetzt werden konnten – während der folgenden vierzehn Jahre allerdings ausschließlich in meinem Kopf.

Denn so lange dauerte es, bis ich mich im Oktober 1975 an die letzte Fassung machte – und sie über die nächsten fünfeinhalb Jahre fertig schrieb, so, wie das *Buch* dann später gedruckt wurde, von der ersten bis zur letzten Zeile ohne jede gestalterische Veränderung.

Es wurde ein ungeheures Erlebnis – Sätze, Absätze, ganze Seiten, seit Jahren vorformuliert und ungezählte Male wiederholt, konnten nun endlich an ihre vorgegebene Stelle eingefügt und ihrer zugedachten Bedeutung übergeben werden.

Um die verlegerische Seite, um einen Vertrag hatte ich mich bis dahin so gut wie gar nicht gekümmert. Ich hatte das *Buch* schreiben müssen, hatte mich seiner zu entledigen durch einen Eigenauftrag, der an nichts gebunden war als an seine Erfüllung – und das nie auch nur eine Sekunde von des Zweifels Blässe angekränkelt.

Da mir bei dem schmerzhaften und zugleich beseligenden Schöpfungsprozeß niemand helfen konnte, habe ich die meisten seiner Wehen für mich behalten, immerhin aber doch so viel von der fortschreitenden Arbeit nach außen gekehrt, hier und da auch Ausschnitte vorgelesen, daß Freunde und Bekannte informiert waren und das Projekt interessiert und neugierig begleiteten.

Je mehr Zeit jedoch darüber verstrich, erst Jahre, dann Jahrzehnte, desto deutlicher wurde ihre Skepsis. Und so unterschiedlich sich die auch äußerte – entweder erstaunt: »Wie, du arbeitest immer noch dran?« oder anteilnehmend resigniert: »Ach ja, die ›Bertinis‹ ...« –, stets schwang darin unausgesprochen, doch nicht verbergbar, der Tenor mit: »Aus dieser Sache, mein Lieber, wird nichts, da schiebst du einen Lebenswunsch vor dir her, der, wie's nun mal so geht, nie realisiert wird, auch wenn du vorschützt, du behieltest den Glauben daran. Doch bleibt der allerschönste Traum bekanntlich Schaum.«

Ich dagegen dachte, besserwisserisch wie Rumpelstilzchen und in mir tief drinnen völlig sicher: Und es wird doch geschrieben, das *Buch* – und zwar noch vor meinem Sechzigsten!

Tatsächlich dann, im Frühling 1982, gerade 59 geworden, hielt ich es in den Händen, das Schmerzenswerk, die »Bertinis« – vierzig Jahre und drei Monate nach der Uridee vom Januar 1942.

Sein Hauptschauplatz ist Hamburg, das gespalten ist in *meines* und in das *andere*, eine Teilung, die durch Buch und Autor geht, ein Wechselbad der Gefühle – und das bis auf den heutigen Tag.

Denn es blieb nicht beim Paradies der Kindheit, bei Wonne und Nest, und die Orte der Zerstörung und ihre Nähe, sie werden von mir, ich kann nicht anders, immer wieder aufgesucht.

So auch der (heute völlig veränderte) Platz an der Ecke Hufnerstraße/Rübenkamp, wo einst die Sandkiste war, mit ihren zwei ewig besetzten Schaukeln und dem von den *Großen* streng mißachteten Hinweis »Pinkelwinkel – Nur für kleine Kinder«, denn hier ereignete sich die erste der schweren inneren Versehrungen.

Die aber kam nicht von staatlicher Stelle, nicht von Partei oder Gestapo, sondern aus geliebtem, aus vertrautem Umkreis – 1936, im Jahr der Berliner Olympischen Spiele, deren Helden wir Barmbeker Jungen in der Sandkiste frenetisch mit Lauf, Sprung und Wurf nacheiferten. Und der Angriff, der da geführt wurde, kam von dem bis dahin vermeintlich besten Freund:

*»Und dann geschah es, zwischen zwei Wettspielen, in einer verschwitzten, atemlosen Pause – Heinzelmann Scholz schlug den Zeigefinger seiner rechten Hand gegen Romans Nase und kreischte: ›Judennees! Judennees!‹*

*Und als die atemlose Stille blieb, als alles Leben, alle Bewegungen ringsum zu erstarren schienen, statt den Schmäher zu packen und im Sand zu ersticken, da schrie Roman Bertini furchtbar auf, war mit einem Satz hoch und lief, von Cesar plattfüßig verfolgt, wie gepeitscht davon. Er lief die Lindenallee hinunter, hin zu Lea, seiner Mutter, und wimmerte, und wimmerte erbärmlich in ihrem Schoße.«*

So begann die Geschichte des *anderen* Hamburg.

Seine Stätten sind über die ganze Stadt verteilt, und immer noch nähere ich mich jeder von ihnen, nicht nur dem Stadthaus, mit Atembeklemmung und feuchten Händen.

Es hat Jahrzehnte gedauert, bis ich mich traute, am Winterhuder Johanneum vorbeizugehen oder zu -fahren, jenem Gymnasium, wo der Antisemitismus eines Lehrers, genannt *Speckrolle*, mich, den Fünfzehnjährigen, in den Versuch einer Selbsttötung getrieben hatte, im Hamburger Stadtpark, November 1938:

*»Es wurde bitterkalt in dieser Nacht, und Roman Bertini lag in dem Graben und betete, schon am nächsten Tag besinnungslos zu sein vor Hunger, Kälte und Erschöpfung, und wollte sterben, ohne noch einmal aufzuwachen. Aber er wurde nicht besinnungslos, obwohl ihn hungerte und er am zweiten Tag die gefrorenen Glieder kaum noch bewegen konnte. Er blieb bei vollem Bewußtsein auch in der dritten Nacht. Nicht ein einziges Mal erhob er sich über den Grabenrand, aber tagsüber meinte er Leas Gesicht am Himmelsausschnitt zu sehen, und er sah es überall, wohin er auch schaute. Er schloß die Augen, aber die Mutter blieb vor seinem Blick. Nachts fieberte er und glaubte zu sehen, wie die Speckrolle über den Rand lugte und Anstalten traf, zu ihm herabzusteigen, und er warf sich auf den Bauch und preßte sich enger an den schwammigen Boden und wußte nicht mehr, was Schlaf war.«*

Ich mußte siebzig werden, bis ich den Mut fand, an den Schilfufern des Bramfelder Sees den Ort zu suchen, wo einst der 500 Quadratmeter große Schrebergarten meiner Großeltern war, dessen unreif gepflücktes Obst uns Kindern so oft verdorbene Mägen beschert hatte, wo aber eines Tages, 1934, am Gartentor ein anderes Schloß angebracht war und über der Laube die vom Nachbarn aufgepflanzte Hakenkreuzfahne geweht hatte.

Nichts fand ich dort mehr so wie früher, ausgenommen die Bilder im Kopf von meiner fassungslosen, aufgelösten, still vor sich hin weinenden Großmutter.

Noch schwerer für mich war es, jenen Abschnitt des Elbestrands wieder aufzusuchen, wohin wir Kinder alljährlich voller Vorfreude mit den Eltern gezogen waren. Ausgestiegen in der Station Hochkamp, ging es über die Elbchaussee und am Hirschpark vorbei die große Treppe hinunter, um knapp links davon unser sommerliches Stammlager aufzuschlagen. Den Blick auf den Strom, auf Wellen und Schiffe, rechts der Süllberg mit seiner Turmkrone und hier unten, ob Ebbe, ob Flut, warmer Sand, in der Nase den spezifischen Geruch des großen Stroms und in mir die nie versiegende Neugierde auf die großen und kleinen Pötte elbab oder elbauf, ihre Tonnage, ihre Herkunft, ihre Ziele. Bis dies geschah, im Juli 1935:

*»Der große Herr betrat den Strand einige Schritte entfernt von der Sandburg der Bertinis, wobei ihm Lea am nächsten war. Er löste die Leine des riesigen Hundes und sagte so laut, daß jedes Wort weithin verstanden werden konnte: ›Ich gebe Jerusalem zehn Minuten Zeit zu verschwinden, sonst ...‹ Und den knurrenden Hund mit der Linken am Halsband gefaßt, schritt er so hart an den Bertinis vorbei, daß sein Fuß den halben Wall zum Einsturz brachte.*

*Lea war zusammengesunken, mit geschlossenen Augen und zuckenden Lippen, als wollte ihr der Atem vergehen. Dann, vor dem Verlöschen, kam sie wieder zu sich, raste hoch, packte, und torkelte und taumelte mit den Ihren davon.«*

Immer wieder, geradezu magnetisch angezogen, stehe ich in der Hufnerstraße, dort, wo wir gewohnt hatten, neunzehn Jahre bis zur Ausbombung in der Nacht vom 29. auf den 30. Juli 1943, und wo sich unter der gleichen Nummer von damals – 113 – ein ganz anderes Haus erhebt, ohne meine Erinnerungen an damals trüben zu können.

Hinter dem Balkon im Hochparterre war das Nest, waren Geborgenheit, Wärme und Glück. Bis die Mutter nach Einbruch der Dunkelheit, zu helleren Jahreszeiten ab zwanzig Uhr, die Straße nicht mehr betreten durfte, wie es ihr auch verboten war, Cafés, Restaurants, Kinos und Konzerte zu besuchen, sich auf Parkbänke zu setzen, Bücher auszuleihen und ihren Beruf als Klavierpädagogin auszuüben. Dies nur ein winziger Ausschnitt aus einem endlosen Verbotskatalog, Charta eines Daseins, das langsam, aber stetig aufgefüllt worden war von einer eingefressenen, Tag und Nacht gegenwärtigen, alles andere zurückdrängenden Drohung: der Furcht vor dem jederzeit möglichen Gewalttod. Nicht weil wir offen oder heimlich Widerstand geleistet, nicht weil wir am hellichten Tag »Nieder mit Hitler!« gebrüllt hätten, sondern weil wir da waren auf der Welt, weil wir lebten und atmeten – unser Verbrechen war unsere körperliche Existenz.

Dann die Stätte unseres illegalen Verstecks in den Trümmern Nordhamburgs, das lichtlose, feuchtkalte Verlies an der Alsterdorfer Chaussee, über Monate hin, ein 24stündiges Inferno aus Hunger, Verzweiflung, Angst vor Entdeckung – und furchtbaren »Mitbewohnern«:

*»Alle Bertinis wurden von Ratten angenagt, an Armen und Beinen, Alf auch im Gesicht. In den kleinen, aber tiefen Wunden zeichneten sich deutlich die Hauer ab. Da die Tiere immer wieder in dieselben Stellen bissen, gerann das Blut schwerer. Obwohl die Schmerzen unerträglich waren, mußten die Bertinis sie über sich ergehen lassen. Das mechanische, hilflose Wedeln ihrer Hände schreckte die Ratten nicht ab. So konzentrierte sich ihr einziger Wunsch, eine gierige, allmächtige Sehnsucht, auf jenen Zustand, der ihnen allein Linderung verschaffen konnte und in dem sie nun die meiste Zeit dahindämmerten – Bewußtlosigkeit.«*

Egal, ob ich vom Ohlsdorfer Bahnhof komme oder mit dem Auto, meine Beine werden wie Blei, wenn ich mich dem (inzwischen längst wiederaufgebauten) Häuserkarree nähere, zu seiner Innenseite gehe und an die kleine Treppe ins Souterrain trete. Heute führen ihre Stufen in einen Abstellraum für Mülleimer, damals zum Eingang in den ehemaligen Waschkeller, von dem aus unser Versteck durch ein verborgenes Loch in der Mauer zu erreichen war. Niemand kannte es, außer jener Frau, die sich das Souterrain ausgebaut hatte, die bis zur Ausbombung jahrzehntelang in der Hufnerstraße unsere Nachbarin gewesen war und die im Herbst 1944 auf meine Frage, ob wir uns bei ihr verstecken könnten, wenn die Deportation drohe, ohne zu zögern und wohl wissend, daß bei Entdeckung auch ihr Leben verwirkt gewesen wäre, mit einem einzigen Wort antwortete: »Natürlich!« Ihr verdankten wir unsere Befreiung.

Ich kann nicht beten, aber es muß etwas Ähnliches sein, was in mir vorgeht, wann immer ich an die oberste Stufe der kleinen Treppe ins Souterrain der ehemaligen Waschküche trete, jedesmal noch:

*»Die Panzer kamen am späten Nachmittag, dröhnend und von zwei Seiten – aus der Richtung des Ohlsdorfer Bahnhofs, die Alsterdorfer*

*Straße herunter, und vom Stadtpark, über die Kreuzung zum Flughafen Fuhlsbüttel.*

*Was dann nacheinander aus der ehemaligen Waschküche hervorkroch, hatte nur noch wenig Ähnlichkeit mit Menschen – es war ein Anblick, auf den niemand vorbereitet sein konnte. Da keiner der Bertinis aufrecht zu gehen vermochte, bewegten sie sich auf unterschiedliche Weise über den freien Platz des ausgebrannten Häuserkarrees auf die Panzer zu. Alf und die Söhne auf allen vieren, Lea auf den Knien, rutschend, aber auch sie dann und wann mit den Handflächen auf der Erde. Dabei hielten die fünf immer wieder an und bedeckten die Augen, die ohne diesen Schutz fest zusammengekniffen waren – das Licht des Tages stach wie mit Messern auf die Pupillen ein. (...)*

*Schließlich kroch Roman zurück. Als er an Lea vorbeikam, gewahrte er durch einen Schlitz seiner schmerzenden Augen, daß das Haar der Mutter schneeweiß geworden war, daß nicht ein einziger dunkler Faden es mehr durchzog, daß die schwarze Pracht, mit der Lea das Versteck vor fast einem Vierteljahr betreten hatte, erloschen war. Aber erst, als er Cesar unter freiem Himmel erblickte, weinte er – wie von einem schnurgeraden Scheitel getrennt, war die rechte Hälfte seines Haupthaars silbern verfärbt, während die linke das gewohnte dunkle Braun zeigte.*

*Es dauerte geraume Zeit, bis Roman Bertini das Loch in der Mauer passiert hatte. Er entzündete eine Kerze und stellte sie an das obere Ende seines Lagers. Dann nahm er die Waffe aus der rechten Hosentasche, legte die Pistole neben die Menora, rückte das Buch ›Schau heimwärts, Engel‹ von den Manuskripten, holte unter dem Umschlagdeckel sein silbergraues Notizbuch mit dem Goldschnitt hervor und schrieb da hinein: ›Wir sind befreit.‹*

*Dies geschah an einem Freitag, dem vierten Mai, im Jahre Neunzehnhundertfünfundvierzig.«*

Und trotzdem, dennoch, nach alldem – »Ode an eine Vaterstadt«?

Ein Frühlingstag, über fünfzig Jahre danach.

Auf der Kleinen Alster zwischen Arkaden und Reesendamm schwimmt eine Barkasse. Mit Touristen beladen, steuert sie auf die Schleuse zum Fleet zu, dessen Spiegel gut drei Meter unter dem der Kleinen Alster liegt. Während das Schiff vorsichtig einfährt und der Steuermann und Barkassenführer, Bowler auf dem Kopf, schwarze Weste, eine Zigarette in der Hand, mit links und laufendem Motor fachmännisch in der Schleusenkammer operiert, gruseln sich die Passagiere im schnell absinkenden Schiff. Wer einmal vor der äußerst mickrigen Alsterquelle nördlich von Hamburg gestanden hat, der fragt sich unwillkürlich, woher das ganze Wasser kommt, das da jetzt aus dem Wehr der Doppelschleuse ins Alsterfleet Richtung Baumwall schießt. Ein immer wieder beeindruckendes Bild, das nun allerdings noch seine besondere Note durch das Unikum von Steuermann bekommt. Die Zigarette im Mund und mit den Insassen in unverfälschtem Hamburger Dialekt nölend, lenkt der Bowlerträger lässig die Barkasse aus der Schleuse ins Fleet und winkt, ohne sich umzudrehen, stolz hoch zu den Zuschauern auf der Brücke - das Gebaren eines Siegers, der gerade in einem Nachen den Absturz in den tosenden Niagarafällen überstanden hat.

Ich setze mich an diesem warmen Tag links neben dem Alsterpavillon auf die Brüstung über der langen Pier des Jungfernstiegs, wo die Schiffe des innerstädtischen Wasserverkehrs anlegen und abfahren. Unten auf der Fläche vor mir, in vollem Schutzwichs an Knien und Ellbogen, die Skater, wie schwerelose Irrwische auf ihren Brettern dahinflitzend, springend, taumelnd, stürzend - und gleich wieder auf und weiter. Wie elastisch jugendliche Knochen doch sind, denke ich seufzend.

Mit dem Rücken an eine steinerne Halbkugel gelehnt, vor sich einen prächtigen Wolfsspitz - ein junges Mädchen. Es vergeht keine Sekunde, in der sich die beiden nicht miteinander beschäftigen. Der Hund legt seine Schnauze auf ihren Oberschenkel, schnüffelt an ihr herum, während sie ihn streichelt und das Tier mit der Pfote nach ihrer Hand greift. Dann stecken sie die Köpfe zusammen, hocken sich hin, stehen schließlich auf und ziehen davon.

Ich gehe, die Binnenalster rechts, das Hotel »Vierjahreszeiten« links, den Neuen Jungfernstieg hinunter zur Esplanade, trete dann, über die Kreuzung Alsterglacis-Kennedybrücke, an das Becken der Außenalster und denke: Hier fuhren die Alsterdampfer vorbei, wenn es *in die Stadt* ging, hier verschwanden wir mit ihm unter dem mittleren Brückenbogen, drei Minuten, bevor am Jungfernstieg angelegt wurde. Und denke weiter: Wie war das noch damals, bald nach dem 4. Mai 1945, hier ganz in der Nähe, mit dem Bruder Seit' an Seit', noch ungläubig, überlebt zu haben, und konfrontiert mit den ersten Reflexionen auf dieses Wunder?

*»Sie gingen ein Stück auf der Lombardsbrücke entlang und blieben gedankenverloren stehen, sahen über die noch immer getarnte Binnenalster auf das Hamburger Türme-Panorama – die Wölbung von St. Katharin, das Kupfergrün der Petrikirche, den Stumpf von St. Jakobi, den ausgeglühten Turm der Nikolai-Kirche und das unversehrte Haupt des Michel. Und plötzlich, bei diesem Anblick, begann Romans Herz heftig zu schlagen. Es schlug ihm so stark, daß er fürchtete, das Pochen müßte zu hören und zu sehen sein, so klopfte es ihm an die Rippen. (...) Er liebte diese Stadt! Er liebte Hamburg, liebte es mit jeder Faser seines Körpers, mit jedem Winkel seiner Seele, liebte es völlig ungeachtet dessen, was die Bertinis hier während der vergangenen zwölf Jahre erlebt hatten. Irgend etwas war soeben in ihm aufgesprungen, etwas Verkapseltes, was nun völlig neu ausströmte da drinnen, winzig und doch reißend, so überschwemmte es ihn von seinem unbekannten Ursprung. Roman Bertini schloß die Augen, überwältigt, zitternd, schutzlos.*

*›Ist dir schlecht?‹ fragte Cesar und trat besorgt einen Schritt näher. ›Du bist ganz blaß geworden.‹«*

Der Autor könnte auch sagen: Es war die früheste Erkenntnis, daß das *andere* Hamburg wohl eine unaufhebbare Erfahrung hinterlassen hatte, mir aber *mein* Hamburg nicht zerstören konnte.

So kam es zum Titel dieses Kapitels.

Denn *Ode*, aus dem Griechischen, kann *Preislied* sein und *Trauergesang*. Und so ineinander verwoben, klingt es in mir, wenn ich in Hamburg bin, ein Duo voneinander abhängiger Gegensätze, wenn ich an Hamburg denke – Symbol des Licht- und Schattenspiels, das von dieser Stadt aus über die volle Dauer meines Lebens ab dem zehnten Jahr gefallen ist.

Es war ein weiter und lange ungewisser Weg, der damals mit dem Herzklopfen einer bitteren Liebe begann. Der Verlust des Zugehörigkeitsgefühls durch jenes »Judennees! Judennees« in der Sandkiste benötigte nicht mehr als die Frist von einer Sekunde auf die andere, seine Aufhebung aber Jahrzehnte.

Eine einseitige Zugehörigkeit kann es nicht geben, sie ist von ihrer Natur her wechselseitig, partnerabhängig. Um sie erneut herzustellen, nachdem sie einmal verlorengegangen ist, bedarf es beider Seiten. In meinem Fall eine lange Metamorphose.

Wie oft bin ich durch die Straßen gegangen und dabei immer wieder heimgesucht worden von der Frage, ob sich alte Vertrautheiten regenerieren ließen, nachdem sich vermeintliche Gewißheiten von Integration als Illusionen herausgestellt hatten? Wahrscheinlich wirken Erlebnisse, Ereignisse und Begegnungen, von denen Isolation, Entfremdung und Diskriminierungserfahrungen abgebaut werden, innerhalb des Wandlungsprozesses eher unbewußt, arbeiten seine Korpuskeln heimlich und verborgen. Aber es gibt eben auch Tage, an denen ablesbar wird, daß sich etwas getan hat, unvergeßliche Daten, Schlüsselereignisse.

Eines davon, ein ganz wesentliches, hat das Stichwort *Johanneum*. Nach zähen Berührungsängsten, von beiden Seiten, Mitte der achtziger Jahre dann die Einladung des Direktors – und ich betrete, mittlerweile zweiundsechzig, zum erstenmal seit 1940 wieder die Schule, die ich mit siebzehn verlassen mußte. Gehe über ihre Treppen, durch ihre Gänge und Flure, stehe, an den Grenzen meiner Fassung, auch im einstigen Klassenzimmer der *Speckrolle* und spüre, daß ich trotz der heiteren Malereien und kühnen Sprüche an den Wänden von den Erinnerungen überwältigt zu werden drohe.

Doch glücklicherweise kommt es gleich zu einem Entkrampfungserlebnis.

Ich sehe unter all den Johanneern ein Mädchen, das erste überhaupt, das ich in diesen heiligen Hallen jemals erblickte, und halte es – kein Ende der Scham – angesichts der freundlichen Begrüßung für die hierher verirrte Tochter des Direktors. Bis der mich, den Zerknirschten, lachend darüber aufklärt, daß es inzwischen längst Johanneerinnen gibt, und das in beträchtlicher Zahl. Da hatte sich inzwischen, wahrlich, was getan.

Aber auch zwischen dem Johanneum und mir tat sich etwas.

Ich habe in der Aula vor Schülerinnen und Schülern, Eltern und dem Lehrerkollegium aus meinen Büchern gelesen und den Johanneumszenen bei der Verfilmung der »Bertinis« zugeschaut;

habe 1991, ungeachtet der in meinem Fall von der *Speckrolle* verhinderten Matura, teilgenommen am Treffen der Überlebenden unserer alten Klasse, des Abiturientenjahrgangs 1941, anläßlich seiner fünfzigsten Wiederkehr, mit Gesprächen ohne falsche Töne und bewegenden Begegnungen, aus Krankheitsgründen leider ohne Walter Jens, den treuesten meiner treuen Mitschüler von damals. Schließlich, eine Überraschung, das Foto des einst Ausgestoßenen in dem von Schülerinnen und Schülern gefertigten »Kalender des Johanneums 1998«.

Heute habe ich beim Anblick des Johanneums andere Gefühle als die so lange gehegten, nur *ein* Beispiel jener komplizierten Gemengelage, in der sich Beschädigung und Erneuerung mischen, trennen und wieder mischen – ein biographisches Destillat, in dem abwechselnd das eine über das andere dominieren kann, ehe sich entscheidet, welches von beiden die Oberhand gewinnt.

Ich würde heute, nach langer Überlegung, sagen, daß die Beschädigungen den Prozeß der Erneuerung nicht verhindern konnten. Und nicht verschweigen, daß ehrende Anerkennungen von der Stadtspitze dabei mitgeholfen haben. Und daß es heute einen »Bertini-Preis« gibt für Hamburger Schülerinnen und Schüler, die eine humane Tat und Haltung nachweisen können, erfüllt mich mit Stolz und Dankbarkeit.

Ich hatte das Privileg, durch meinen Beruf beinahe die ganze Welt kennenzulernen und dabei auch ihre eindrucksvollsten Städte. Von Rios Zuckerhut bis zu Hongkongs Dschunkenhäfen; von Manhattans ragender Skyline bis zu Stockholms nordischer Backsteinschönheit; vom weißschimmernden Zentrum Recifes, des alten Pernambuco, bis zum Platz der drei Kulturen Mexico Citys, um nur sie zu nennen. Aber wenn ich gefragt werde, welche Stadt auf Erden die schönste sei, antworte ich wie aus der Pistole geschossen: »Hamburg!«

Ich will es immer noch nicht glauben – nicht glauben, daß aus der rauchenden Wüste zwischen Fuhlsbüttel und Finkenwerder, den bombenvernarbten Quartieren von Altona bis Wilhelmsburg, den ausgeglühten Mondlandschaften von Rothenburgsort über Hammerbrook und Wandsbek bis Barmbek das leuchtende Stadtgesicht des heutigen Hamburg entstanden ist. Für alle, die die Vergleichsmöglichkeit haben, wird seine urbane Auferstehung ein ewiges Mirakel bleiben – ein *Preislied*.

Doch nicht, daß ich idealisieren oder verklären will; nicht, daß ich die Bausünden ignoriere, den Schmutz, die Bettler am Glitterrand der Konsumtempel, das Obdachlosenelend am Hauptbahnhof, die Drogenszene auf der Reeperbahn oder im Schanzenviertel, das geballte Elend vergeblicher Jobsuche auf den Arbeitsämtern. Nicht, daß ich über die Jahre hin aus der Nähe und aus der Ferne nicht oft geflucht hätte – über die unvergessene Brutalität des *Polizeirings* auf dem Heiligengeistfeld; die Skandale persönlicher Bereicherung skrupelloser Genossen im Penthouse der gemeinnützigen (!) Wohnungsgesellschaft Neue Heimat, wie auch über die unverkennbaren Anzeichen hartnäckiger Ausländerfeindschaft und rassistischer Gewaltbereitschaft, bei oft halbherzigen Reaktionen hanseatischer Politiker – ein höchst unvollständiger Kritikkatalog.

All das ist ebenfalls ein Segment meines Hamburggefühls, sozusagen seine sozialpolitische Grauzone, und wird es bleiben, da auch all ihre Auslösungen, fürchte ich, andauern werden.

Außerdem trage ich noch ein anderes Unbehagen mit mir herum: die Legende von Hamburg als einer besonders antifaschistischen, vielleicht sogar *der* antifaschistischen Stadt, wie es postum gern wahrgehabt werden will. Schwindel! Auch hier ging die Gleichschaltung der Berufsverbände und -stände so rasch voran wie überall, wurden jüdische Beamte in vorauseilendem Gehorsam aus den Ämtern gestoßen und Bücher öffentlich verbrannt, war das Heer der Denunzianten so zahlreich wie anderswo. Auch hier inflationierten sich die barbarischen Aufmärsche der SA, zeigen Fotos die hingerissenen Mienen Hamburger Werftarbeiter beim Anblick Hitlers, wenn wieder ein Kriegsschiff, von ihm getauft, bei Blohm & Voss vom Stapel lief; auch hier klirrten die Fensterscheiben jüdischer Geschäfte in der Nacht vom 9. auf den 10. November 1938, wurden ihre Besitzer mißhandelt, verhaftet, ermordet.

Auch in Hamburg ließen die Jubelmienen unübersehbarer Menschenmassen hoch zum *Führer* auf dem Balkon des Rathauses keinen Zweifel an ihrer Hingerissenheit, befand sich, wie überall sonst, ein bestürzend großer Bevölkerungsteil bald auf seiten einer sichtbar kriminellen Herrschaft – *das* war das Typische, das Exemplarische, nicht Widerstand, todesmutiger Widerstand, vor allem von links. Und dann, nach 1945, hier wie überall: Verdrängung, Lebenslügen, Unfähigkeit zu trauern, der *Große Frieden mit den Tätern* – vom doppelten Freispruch des »Jud-Süß«-Regisseurs Veit Harlan durch ein Hamburger Gericht über die Pensionsnachzahlung von 100 000 Mark an die Ikone hanseatischer NS-Justiz, Kurt Rothenberger, bis zur ehrenhaften Bestattung Bruno Streckenbachs, als Personalchef des Reichssicherheitshauptamts einer der größten Schreibtischtäter der Menschheitsgeschichte.

Auch sie, die *zweite Schuld*, verzögerte für mich Heimkehr, blockierte Zugehörigkeit, verlangsamte Identitätsfindung – ein *Trauergesang*.

Was die Oberhand gewinnt, Bindung oder Versehrung, diese Bilanz kann nur jeder für sich aufmachen. Ich verstehe alle, die nach ähnlichen biographischen Erfahrungen zu anderen Schlüssen kamen als ich. Meine Unlösbarkeit erwuchs aus der Erkenntnis, daß Hitler zwar militärisch, nicht aber geistig geschlagen ist. Aus ihr gab es kein Entrinnen – wohin auch immer ich gegangen wäre, sie wäre mir nachgekommen.

Es war ein langer, hindernisbepflasterter Weg bis hin zu dem Buch »Die zweite Schuld oder Von der Last Deutscher zu sein«, und es mußten viele Voraussetzungen erfüllt werden, um mit dem Titel in redlicher Übereinstimmung zu sein. An den Etappen und Stationen bis dahin war allerdings nicht nur Hamburg beteiligt.

Die Rückgewinnung eines Gefühls, das ich trotz seiner Unschärfe am ehesten noch mit dem Adjektiv *heimatlich* bezeichnen möchte, hat in meinem Fall einen überlokalen Radius, sozusagen eine nationale Ebene.

Ihm zugrunde liegt die kontinuierliche Erfahrung, daß ich in dieser zweiten deutschen Demokratie, erst der alten, dann der geeinten Bundesrepublik, meine publizistische Arbeit ohne jede Einschränkung ausüben konnte, und das in der Regel antipodisch zu mehrheitlich herrschenden Ideen und mit dem Gegenwind offiziell favorisierter Ansichten, Auffassungen und

Strömungen. Freiheiten, für deren Kostbarkeit es keinen Ersatz geben kann.

Hier kommt Köln ins Spiel, beginnend mit dem Stichjahr 1964 und der Tätigkeit beim Fernsehen des WDR, der mir Möglichkeiten gab, die ich mir in meinen kühnsten Träumen nicht erhoffen konnte. Themen wie »Hunger«, »Slums«, »Folter«, »Flüchtlinge« – und ich konnte hinausfliegen in die Welt, 25 Jahre lang mit märchenhafter Eigenbestimmung. Damit begann die lichte Phase meines kreativen Daseins, konnte ich spät, doch nicht zu spät, in die Speichen meiner Begabungen greifen, tauchte eine dem so lange vorherrschenden Lebensgefühl schrittweise abgetrotzte Ahnung von Zugehörigkeit auf, die sich bestätigte und eine immer noch andauernde schrankenlose Kreativität mit innerlich manch veränderten Positionen nach sich zog. Wichtigstes Ergebnis: Die Reaktionen auf meine Filme und Bücher annoncierten eine große Bundesgenossenschaft und weisen hin auf ein starkes Reservoir Gleichgesinnter.

Diese Ära begann für mich mit der Stadt am Rhein, ich habe Klärendes dazu schon im ersten Kapitel gesagt und will meine Dankbarkeit auch hier gegen Ende nicht unterschlagen. Auf Köln könnte, so gesehen, aus meiner Feder nichts als ein *Preislied* fließen, was jedoch nur die eine Begriffsbestimmung von *Ode* wäre. Bei meinem Geburtsort aber kommt noch die zweite hinzu, der *Trauergesang*. Erst beide zusammen ergeben ein Amalgam von Glück und Schrecken, Freude und Schmerz, von *meinem* und dem *anderen* Hamburg, das biographisch nicht wiederholbar ist.

Die Nabelschnur dahin war nie durchschnitten und wird es, solange ich lebe, auch nicht sein. Keine andere Stadt wird je Gefühle in mir hervorrufen können, wie sie aufsteigen, wenn ich in Hamburg eintreffe, aus welcher Richtung und mit welchem Verkehrsmittel auch immer.

Für diese Verwurzelung gibt es in meinen Schriften einen programmatischen Doppelbeleg, mit weit auseinanderliegenden Daten. Der eine ist oben schon zitiert worden: Roman Bertini, mit den Seinen im letzten Moment einer zwölfjährigen Lebensnacht entronnen, entdeckt im Mai 1945 pochenden Herzens und trotz allem seine lang verschüttete Liebe zu der Stadt, in der er vor 22 Jahren geboren war.

Ein halbes Jahrhundert später, 1995, hielt ich im Hamburger Rathaus zum 8. Mai, dem Tag der Befreiung, anläßlich seiner fünfzigsten Wiederkehr eine Rede, die die Brücke zum frühen Datum schlug, es bestätigte und folgendermaßen endete:

»Auch diesmal wieder, beim Anblick Hamburgs, der Reliefs seiner Türme, der Silhouetten seines Hafens, und eingetaucht dann in den geliebten, erzvertrauten Stadtkörper – Herzklopfen, wie immer und unvermindert, Herzklopfen bis zum Halse!«

Was kann eine Vaterstadt von ihrem 75jährigen Sohn mehr verlangen?

# Epilog oder Aktuelle Anleihe bei Kurt Tucholsky

Während der Arbeit an diesem Buch, verstärkt gegen ihr Ende, zeigen sich Wahlerfolge des deutschen Rechtsextremismus, die den politischen Himmel der Bundesrepublik zu verdunkeln drohen. Werden dabei regional nun doch Zahlen erreicht, die jenem unentwegten Siebtel der Gesamtbevölkerung, etwa dreizehn, vierzehn Prozent, entsprechen, die ein geschlossen rechtsextremistisches Weltbild haben. Und das nach demoskopischen Umfragen seit Jahrzehnten, also auch zu Zeiten großer wirtschaftlicher Prosperität, so daß sich die Erfolge dieser Rechten keineswegs allein aus Massenarbeitslosigkeit, Mangel an Perspektiven und Defiziten an Ausbildungsplätzen erklären und begründen ließen. Vielmehr ist zu befürchten, daß es sich nicht um eine bloß vorübergehende Erscheinung handelt, sondern daß antidemokratische und antirepublikanische Anfälligkeiten aus der Epoche des deutschen Nationalstaats noch lange nach seinem Untergang im Jahr 1945 virulent geblieben und unter bestimmten Umständen selbst in einer so gründlich veränderten Welt wie der unseren durch Demagogie leicht zu revitalisieren sind.

In den verflossenen Dekaden zersplittert und bei Wahlen nicht in ihrem wahren Umfang sichtbar geworden, scheint sich diese Rechte nunmehr zu formieren und zu konzentrieren. Zu voller parlamentarischer Größe dürfte sie allerdings erst auflaufen, wenn ihren Reihen, siehe Jörg Haider in Österreich, ein charismatischer *Führer* erwüchse, mit Folgen, die das Profil der Berliner Republik sehr wohl verändern könnten.

Aber welche differenzierten Ursachen die Erfolge auch immer haben mögen – es bliebe unheimlich genug, wenn trotz aller blutigen Standpauken der Geschichte sozialpolitische Konflikte in Deutschland wieder zu verstärktem Rechtsruck führten und damit jene pessimistischen Stimmen bestätigten, die genau diesen Gang der Dinge schon lange vor dem Ende der *Schönwetterdemokratie* als seine wahrscheinlichste Folge prognostiziert hatten.

Nein, die zweite deutsche Republik wird nicht das Schicksal der Weimarer erleiden, aber die Schmerzgrenze der Toleranz beginnt nicht erst da, wo diese Gefahr auftaucht, sondern viel früher – und diese Linie ist längst erreicht und unzählige Male überschritten worden, von rechts und von links. Nur, daß die demokratiefeindliche Linke nie einen wirklichen Rückhalt in der Bevölkerung hatte und ihn nach der welthistorischen Implosion des real existierenden Sozialismus weniger denn je hat, die Rechte aber durchaus.

Heute sind ihre Vertreter, gestiefelt und gespornt, präsenter denn je, im Internet wie auf der Straße, an der Front des Ausländerhasses und des Antisemitismus, mit deutlichem Aktionsschwergewicht im Osten und finanzmächtigen Mäzenen im Westen – all diese schwarz-weiß-roten Vaterlandsbesitzer, die Dauerinhaber, Alleinvertreter und einzig wahren Anwälte solcher Begriffe wie *Heimat* und *Volk*, die Schreier und Brüller, in deren Mund das Wort *Deutschland* nach innen und außen zur Waffe wird. Und holen dabei doch nur wieder die schlimmste aller historischen Erfahrungen mit ihren Vorgängern hervor: daß nämlich keiner dem vielbeschworenen Vaterland größeren Schaden zugefügt hat als eben jene deutsche Rechte, deren angebliche »Liebe« zu ihm nie etwas anderes war als Haß auf die Vaterländer der anderen.

Und da ihre zeitgenössischen Nachfolger und Nachbeter ganz offenbar die Stunde der Wiedergeburt für gekommen halten – laßt uns ihnen einen Strich durch die Rechnung machen! Und das im Sinn einer aktualisierten Anleihe bei jemandem, der sich damit auskannte – Kurt Tucholsky.

Unter den Büchern, die mich während meiner »Deutschlandreise« begleiteten und nach denen ich immer wieder griff, war eines, das mir bald nach der Befreiung in die Hände gefallen war, schon im Herbst 1945, zerlesen, zerfleddert, mit Eselsohren und Rissen auf mancher Seite, aber von unerhörter Eindruckskraft und nachhaltiger Lehre: Ich spreche von dem 1929 in Berlin erschienenen satirischen und mit den meisterhaften Fotomontagen John Heartfields angereicherten Bild-/Textband »Deutschland, Deutschland über alles«.

So leidenschaftlich und schneidend, wie Tucholsky es zu Papier gebracht hat, scheint es mir, als hätte der Autor nicht eine Feder in der Hand gehalten, sondern ein Skalpell, mit dem er die Weimarer Demokratie im letzten Drittel ihrer Existenz sezierte, gnadenlos und durchdrungen von der zentralen Botschaft: Der Feind steht rechts!

Und der wird darin aufgespießt, einer nach dem anderen: nichtuniformierte und uniformierte Militaristen; aktive Weltkrieg-I-Generäle und ausgediente Feldmarschälle, die auf Hitler hoffen (»Tiere sehen dich an«); bekennende Antisemiten und schon damals furchtbare Juristen; deutschnationale Stiernacken und Reichswehrfahnen tragende Vorläufer der Wehrmacht; kriegsordenbehangene Schützenvereinler; todesstrafenversessene Zylinderträger; Visagen revanche- und profitlüsterner Montanherren von Rhein und Ruhr, und unter der bestürzend prophetischen Überschrift »Richter von 1940« das Foto zweier im Gesicht gerade frisch schmißzerfetzter, blutüberströmter Burschenschaftler.

Richtig, so sieht das Deutschland von heute mit seinen nachgewachsenen Generationen nicht mehr aus, da hat sich, um den Preis zweier Weltkriege, Grundlegendes geändert und gewandelt, sind Strukturen, Ausgangspositionen und Perspektiven am Ende des Jahrhunderts völlig verschieden von denen seiner ersten Hälfte. Solange jedoch hier bei uns die Umtaufe einer Straße, eines Platzes oder einer Universität nach Heinrich Heine oder Carl von Ossietzky, wie die Erfahrung lehrt, Jahrzehnte dauert, noch länger aber die Umbenennung von nach Hitlergenerälen titulierten Bundeswehrkasernen, wenn überhaupt, so lange bleibt Kurt Tucholsky aktuell und jede Anleihe bei ihm legitim.

Dabei war mir natürlich nach einiger Zeit klargeworden, daß das Buch manch blinde Flecken hatte, parteiische Ausblendungen, daß taktische Rücksichten genommen wurden, so etwa, um ein Beispiel zu nennen, auf die KPD und den ferngelenkten Anteil, den sie bis 1929 schon an der Zerrüttung der ersten deutschen Demokratie hatte. Doch ihr Hauptfeind, ein in Staatsapparat, Gesellschaft, Wirtschaft, Justiz, Diplomatie und Heer tief nistender Konservatismus mit brauner Schlagseite, wird in »Deutschland, Deutschland über alles« wie unter einem Elektronenmikroskop personifiziert und skelettiert.

Aber dann, nach so vielen Seiten, auf denen »Nein aus Mitleid und Nein aus Liebe, Nein aus Haß und Nein aus Leidenschaft« gesagt wird, kommt als Ausklang ein Finale, das mich schon damals, vor über fünfzig Jahren, förmlich umgeworfen hatte, ein gleichsam betäubender Schlag, so unerwartet, wie er erfolgte, und dabei doch etwas, was mich von Stund an, wenn auch lange Zeit wohl eher unterbewußt, bestimmt hat, eine Weichenstellung, ohne die mein Leben wahrscheinlich anders verlaufen wäre: Ein Bekenntnis zu dieser schwierigen Heimat, wie ich trotziger und zärtlicher, lyrischer und unbeirrbarer, ehrlicher und tragischer keines kenne. Den Triumph der Ewiggestrigen, den Sieg des Hakenkreuzes, die Vertreibung ins schwedische Exil und Kurt Tucholskys Freitod dort am 21. Dezember 1935 hat *seine* Interpretation von »Deutschland, Deutschland über alles« allerdings nicht verhindern können.

Aber gerade deshalb soll sie hier, am Ende meines Buches und in Übereinstimmung mit ihm, zitiert werden – Menetekel an der Wand unserer Gegenwart und Vermächtnis für die Zukunft:

*»Und nun will ich euch mal etwas sagen: Es ist nicht wahr, daß jene, die sich ›national‹ nennen und nichts sind als bürgerlich-militaristisch, dieses Land und seine Sprache für sich gepachtet haben. (...) Sie reißen den Mund auf und rufen: ›Im Namen Deutschlands ...!‹ Sie rufen: ›Wir lieben dieses Land, nur wir lieben es.‹ Es ist nicht wahr. (...)*

*Wir pfeifen auf die Fahnen – aber wir lieben dieses Land. Wir lieben es, weil die Luft so durch die Gassen fließt und nicht anders, der uns gewohnten Lichtwirkung wegen – aus tausend Gründen, die man nicht aufzählen kann, die uns nicht einmal bewußt sind und die doch tief im Blut sitzen.*

*Und so wie die nationalen Verbände über die Wege trommeln – mit dem gleichen Recht, mit genau demselben Recht nehmen wir, wir, die wir hier geboren sind, wir, die wir besser deutsch schreiben und deutsch sprechen als die Mehrzahl der nationalen Esel – mit genau demselben Recht nehmen wir Fluß und Wald in Beschlag, Strand und Haus, Lichtung und Wiese: es ist unser Land.*

*(...) wie einfach, so zu tun, als bestehe Deutschland nur aus den nationalen Verbänden.*

*Deutschland ist ein gespaltenes Land. Ein Teil von ihm sind wir. Und in allen Gegensätzen steht – unerschütterlich, ohne Fahne, ohne Leierkasten, ohne Sentimentalität und ohne gezücktes Schwert – die stille Liebe zu unserer Heimat.«*

Ja!